Introduction to
E-Commerce

中国工信出版传媒集团2020年优秀出版物教材类二等奖

高等院校经济管理类新形态系列教材

电子商务概论

（附微课 第6版）

□ 白东蕊 岳云康 主编
□ 成保梅 张卫东 副主编

人民邮电出版社
北京

图书在版编目（CIP）数据

电子商务概论：附微课 / 白东蕊，岳云康主编.
6 版. -- 北京：人民邮电出版社，2025. --（高等院校
经济管理类新形态系列教材）. -- ISBN 978-7-115
-65937-8

Ⅰ. F713.36

中国国家版本馆 CIP 数据核字第 2024WW5494 号

内 容 提 要

本书共 12 章，着重介绍了电子商务主要的商业模式（B2C、C2C、B2B、新零售等），概括介绍了电子商务新技术及新业态新模式、网上开店与管理、网络营销、新媒体运营、短视频与直播电商、电子商务安全与支付、电子商务物流及供应链管理、电子商务客户关系管理等内容，简要介绍了农村电商、跨境电商。每章开篇有引例导入，结尾有实训案例，以具体操作或案例分析为主，章后习题包括客观题、复习思考题和技能实训题等。

与本书配套的教学大纲、电子教案、电子课件、各类题目参考答案、实训指导书、补充案例（文本、视频）和模拟试卷及答案等教学资料的索取方式参见附录中的"更新勘误表和配套资料索取示意图"（部分资料仅提供给授课教师，咨询 QQ：602983359）。

本书为高等院校经管类专业相关课程的教材，也可作为相关技术人员的自学用书及培训班的培训教材。

◆ 主　　编　白东蕊　岳云康
　　副主编　成保梅　张卫东
　　责任编辑　万国清
　　责任印制　胡　南

◆ 人民邮电出版社出版发行　　北京市丰台区成寿寺路 11 号
　　邮编　100164　电子邮件　315@ptpress.com.cn
　　网址　https://www.ptpress.com.cn
　　大厂回族自治县聚鑫印刷有限责任公司印刷

◆ 开本：787×1092　1/16
　　印张：16.5　　　　　　　　　　　2025 年 1 月第 6 版
　　字数：444 千字　　　　　　　　　2025 年 6 月河北第 2 次印刷

定价：59.80 元

读者服务热线：(010)81055256　印装质量热线：(010)81055316
反盗版热线：(010)81055315

第 6 版前言

自 2010 年 9 月第 1 版出版以来，十多年来本书历经多次修订再版，受到越来越多教师和学生的欢迎。近年来，电子商务这一学科的理论与实践又有了突飞猛进的发展。为了跟上学科的发展，我们广泛收集了用书教师的意见和建议，对本书进行了全面、细致的修订。

本版保持了前 5 版的优点，保留了原有的知识体系，微调了部分章节的内容，采用了新数据和案例，增加了新的电子商务知识，其中最主要的修订有以下几项。

（1）将第 5 版第一章中的"在线教育""互联网医疗""旅游电子商务"移入第二章"第三节　电子商务新业态新模式"中。

（2）将第 5 版的"第二章　电子商务技术基础"替换为"第二章　电子商务技术基础及新业态"，增加了社交电商、内容电商、共享经济等新业态的内容。

（3）将第 5 版的"第三章　网络零售""第四章　新零售"和第五章中的"B2B 电子商务"等内容整合为"第三章　电子商务主要的商业模式"。

（4）新增了"第四章　网上开店与管理"，主要包括网上开店概述、选品和商品发布、网店运营数据分析等内容。

（5）将第 5 版的"第七章　新媒体运营"拆分为"第六章　新媒体运营"和"第七章　短视频与直播电商"。第六章中增加了新媒体平台运营、新媒体运营数据分析指标与工具；第七章强化了短视频运营、直播电商运营等内容。

（6）将第 5 版的"第八章　电子商务安全"和"第九章　电子支付与互联网金融"整合为"第八章　电子商务安全与支付"。

（7）将第 5 版的"第十二章　移动电商"删除，部分内容整合到第二章"第三节　电子商务新业态新模式"中。

（8）增加了"第十一章　农村电商"，主要包括农村电商概述、农村电商平台等内容。

为更好地落实立德树人这一根本任务，编者团队在深入学习党的二十大报告后，在各章预设了更多的素质教育内容，并更新了素质教育指引等配套教学资料。

与本书配套的教学大纲、电子教案、电子课件、各类题目参考答案、实训指导书、补充案例（文本、视频）和模拟试卷及答案等教学资料的索取方式参见附录中的"更新勘误表和配套资料索取示意图"（部分资料仅提供给授课教师，咨询 QQ：602983359）。

本书由白东蕊、岳云康担任主编，具体分工如下：白东蕊编写第一章、第三章、第十一章；王勇杰编写第二章；岳云康编写第四章；张秀英编写第五章；张卫东编写第六章；成保梅编写第七章、第十章；冯小玲编写第八章；李桂娥编写第九章；郭燕萍编写第十二章。

本次修订参考了众多专家及百余位授课教师的意见和建议，编者在此向这些专家和授课教师表示诚挚的谢意！衷心希望各位专家、教师和同学继续批评指正，我们将利用重印或再版的机会对本书不断进行更新和完善（扫描"更新勘误表和配套资料索取示意图"中的二维码，可查阅本书的更新勘误记录表和意见建议记录表）。

编　者

目　　录

第一章　电子商务概述

【知识框架图】

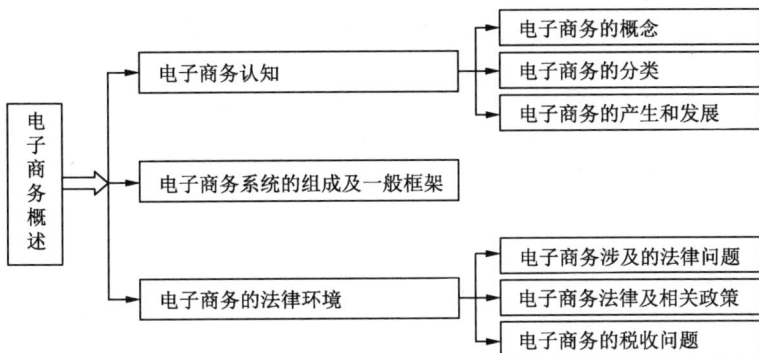

【学习目标】

【知识目标】

1. 掌握电子商务的概念及分类。
2. 掌握电子商务的一般框架。
3. 了解电子商务的产生和发展。
4. 熟悉电子商务法律及相关政策。

【技能目标】

1. 能够举例说明电子商务的分类及应用情况。
2. 能够清晰地描述电子商务的一般框架，能根据该框架总结电子商务的相关岗位和技能。

【引　　例】

电子商务改变了人们的生活方式和企业的经营管理模式

电子商务改变了人们的生活方式。零售新业态加速了线上与线下的融合，促进了新消费，数字经济也将转向深化应用、规范发展、普惠共享的新阶段。我们足不出户就可以悠然自得地在网上购物，网上银行、支付宝、微信零钱等多种支付形式的出现，大大改变了人们的消费和支付方式，人们只需一部手机就可以购物、乘坐交通工具、交水电费等。

电子商务改变了企业的经营管理模式。在电子商务构架下，企业信息传递的方式由单向的"一对多"到双向的"多对多"转换，信息无须经过中间环节就可以到达沟通的双方，效率明显提高。一位外资企业的员工说："自公司开展移动电子商务以来，我们随时随地都能了解最新的商机，随时随地都可以和客户取得联系，业务越来越好开展了。"

那么，究竟什么是电子商务呢？电子商务的分类是怎样的？电子商务的一般框架是什么？电子商务发展趋势是怎样的？

第一节　电子商务认知

20 世纪 90 年代，随着互联网技术的突飞猛进，商务活动电子化的条件逐步成熟，电子商务得到了蓬勃发展。如果说 20 世纪末电子商务还只是一个新名词，那么进入 21 世纪后，电子商务将生产企业、流通企业、消费者和政府等都引入了一个数字化的虚拟空间，影响和改变了人们生产与生活的方方面面。以网络和电子商务为主要特征的新经济，已成为推动经济全球化的重要手段。

一、电子商务的概念

《电子商务法》①认为，电子商务是指通过互联网等信息网络销售商品或者提供服务的经营活动。"互联网等信息网络"包括互联网、电信网、移动互联网、物联网等，"经营活动"是指以营利为目的的持续性业务活动。判断某项活动是否为"经营活动"，主要考察行为的主观性，即目的是否为营利，而不论结果或者事实上能否赢利。因此，即使电子商务经营者提供的基础服务是免费的，只要其活动具有营利目的，就应该被认定为电子商务。

编者综合多种说法后认为，电子商务是指利用互联网及现代通信技术进行的任何形式的商务运作、管理活动或信息交换。它包括企业内部的协调与沟通、企业之间的合作及网上交易等三方面的内容。

1. 狭义和广义的电子商务

狭义的电子商务（Electronic Commerce，E-Commerce）是指人们在互联网上开展的交易或与交易有关的活动。

广义的电子商务（Electronic Business，E-Business）是指人们利用信息技术使整个商务活动实现电子化的所有相关活动，包括利用互联网（Internet）、内联网（Intranet）、外联网（Extranet）等不同形式的网络。它不仅包括企业商务活动中面向外部的业务流程，如网络营销、电子支付、物流配送等，还包括面向企业内部的业务流程，如企业资源计划（Enterprise Resource Planning，ERP）、管理信息系统（Management Information System，MIS）、客户关系管理（Customer Relationship Management，CRM）、供应链管理（Supply Chain Management，SCM）、人力资源管理（Human Resource Management，HRM）、战略管理（Strategy Management）、市场管理、生产管理、研发管理及财务管理等内容，如图 1.1 所示。

2. 电子商务的概念模型

电子商务的概念模型是对现实世界中电子商务活动的抽象描述，由电子商务实体、交易事务、电子市场、信息流、资金流、商流和物流等基本要素构成，如图 1.2 所示。

（1）电子商务实体是指从事电子商务活动的客观对象，它可以是企业、中介机构、政府或消费者。

---

① 简洁起见，无歧义时，法规名、机构名等直接使用简称。

（2）交易事务是指电子商务实体之间开展的具体商务活动，如询价、报价、转账支付、广告宣传和商品运输等。

（3）电子市场是指电子商务实体进行商品和服务交易的场所，它是商务活动参与者利用各种接入设备，通过网络连接而成的一个完整市场。

图 1.1　电子商务的业务组成

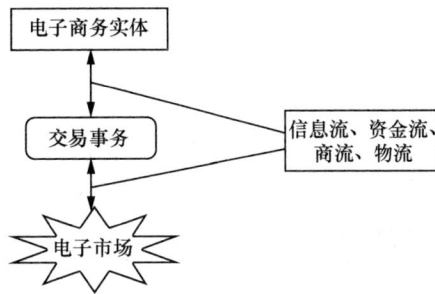

图 1.2　电子商务的概念模型

视野拓展

中介机构

电子商务中的中介机构是指为完成一笔交易，在买方和卖方之间起桥梁作用的各种代理机构。随着电子商务的发展，中介机构越来越多，如第三方电子商务交易平台、第三方支付、第三方物流、数字证书认证中心、银行、基金组织、保险公司、风险投资公司、代理人和仲裁机构等。

（4）传统商务活动基本都离不开"四流"，即信息流、资金流、商流和物流。电子商务作为电子化手段的商务活动同样如此。电子商务的每一笔交易也基本都包含信息流、资金流、商流和物流四个基本要素，如图 1.3 所示。

1）信息流贯穿电子商务交易的整个过程，既包括商品信息的提供、促销、技术支持和售后服务等内容，又包括询价单、报价单、付款通知单和转账通知单等商业贸易单证，以及交易方的支付能力、支付信誉等。

2）资金流主要指资金的转移过程，包括付款、转账、结算、兑换等过程。它始于消费者，终于商家，中间可能会经过银行等金融机构。

3）商流是指商品在购销方之间进行交易及商品所有权转移的运动过程，具体指商品交易的一系列活动。

4）物流是指物品从供应地到接收地的实体流动过程，包括运输、储存、装卸、搬运、包装、流通加工、配送、物流信息管理等各种活动。不动产交易等电子商务交易不含物流。

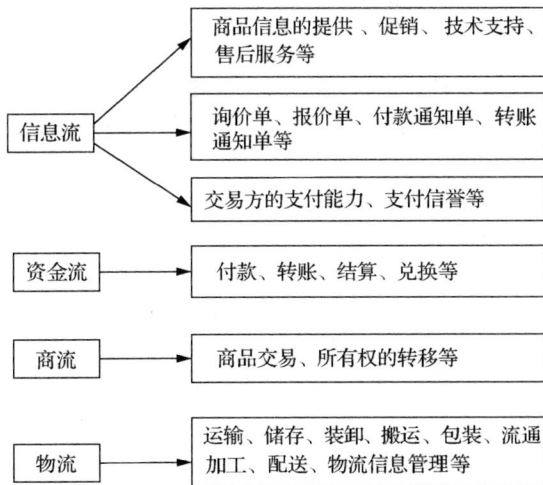

图 1.3　"四流"的基本功能

"四流"间的关系可以表述为：以信息流为核心和桥梁，通过资金流实现商品的价值，通过商流使商品的所有权发生转移、商品价值形式发生变化，通过物流实现商品的使用价值。

二、电子商务的分类

电子商务应用广泛，可以从不同角度将其分为不同的类型。

（一）按交易主体分类

电子商务通常在三类交易主体之间进行，即企业（Business）、政府部门（Government）和个人消费者（Consumer）。按信息在这三类交易主体之间的流向，电子商务可以分为以下七种类型。

1. 企业与企业之间的电子商务

企业与企业之间的电子商务（Business to Business，B2B）是一种企业与企业之间通过互联网开展商务活动的电子商务模式。B2B是目前应用最广泛的一种电子商务类型。企业可以是生产企业（如海尔、戴尔等），其与上游原材料和零配件供应商，下游经销商、物流运输商等利用各种网络商务平台开展电子商务活动；企业也可以是商家，如某商家通过阿里巴巴平台采购宝洁公司的商品等。B2B网站的典型代表有阿里巴巴、中国制造网和敦煌网等。

2. 企业与个人消费者之间的电子商务

企业与个人消费者之间的电子商务（Business to Consumer，B2C）是一种企业与个人消费者之间进行商品或服务交易的电子商务模式。B2C是我国最早产生的电子商务模式，它的产生以1999年8848网上商城（2001年9月与其他公司合并，随后很快没落）的正式运营为标志。B2C中的企业通常建有自己的网站，用来宣传或销售商品（或者为其他企业提供交易平台）。它们销售的商品几乎包括所有的消费品，有的还可提供各类在线服务，如在线教育、互联网医疗等。目前典型的B2C网站有京东商城、唯品会、亚马逊、当当网和天猫等。

如果企业为生产厂商，这种模式又称为M2C（Manufacturers to Consumer），是生产厂商直接向消费者提供自己生产的产品或服务的一种商业模式。

3. 个人消费者与个人消费者之间的电子商务

个人消费者与个人消费者之间的电子商务（Consumer to Consumer，C2C）是一种个人消费者之间通过网络商务平台实现交易的电子商务模式。该模式不仅能够让消费者出售所持有的闲置物品，而且能够促使个人消费者在网络商务平台上开网店创业。例如，物品持有者可通过淘宝网发布物品信息，物品需求者可在淘宝网上购买或出价拍下所需要的物品。

4. B2B2C电子商务

B2B2C（Business to Business to Consumer）电子商务模式主要包括两种形式：第一种形式是生产厂商对商家、商家对消费者的交易链条，如出版社出版图书后，直接将图书交给销售商，销售商在网上销售，消费者在网上购买这一商品；第二种形式是生产厂商同时面对供应商和消费者，如海尔通过海尔招标网采购原材料（B2B），通过海尔商城销售海尔系列产品（B2C）。

5. 个人消费者与企业之间的电子商务

个人消费者与企业之间的电子商务（Consumer to Business，C2B）是一种先由消费者提出需求，后由生产厂

> 消费者群体主导的C2B，如天猫"双十一"期间的节前预售，其流程是提前交定金抢占"双十一"优惠价名额，然后在"双十一"当天交尾款。

商或商家按需求组织生产或货源的电子商务模式。

（1）消费者群体主导的 C2B，即通过聚合消费者的需求，组织生产厂商或商家批量生产或组织货源，让利于消费者。团购属于一种由消费者群体主导的 C2B。团购就是生产厂商或商家将零散的消费者及其购买需求聚合起来，形成较大批量的购买订单，从而可以得到生产厂商或商家的优惠价格，生产厂商或商家也可以从大批量的订单中享受薄利多销的好处，这对消费者与商家而言是双赢的。团购也称为 C2T（Consumer to Team）。

（2）消费者个体参与定制的 C2B，也叫深度定制。在这种模式下，消费者能参与定制的全流程，企业可以完全满足消费者的个性化需求。如果企业为生产厂商，这种模式也可以称作 C2M（Customer[①] to Manufacturer）。目前，应用这种模式最成熟的当数服装、鞋、家具等行业。我们可以把 C2B 看成 B2C 的反向过程，也可以看成对 B2C 的补充。

学而思，思而学
列举几个你熟悉的电子商务网站并分析它们分别属于哪种电子商务模式。

案例 1.1

阿里巴巴的"淘工厂"

"淘工厂"是阿里巴巴旗下1688事业部的一个平台，是连接淘宝卖家与有生产能力工厂的平台，其前身于2013年上线。淘工厂迭代始于2019年，基于淘特C2M的发展，在产业带为想要做电商的工厂提供托管的代运营服务。工厂通过托管模式，可快速入驻淘工厂并享受淘工厂提供的数字化选品、智能化定价、营销托管、供应链优化、物流和本地化服务等解决方案。

1. 淘工厂打通了零售端数据和生产端数据

淘工厂凭借阿里巴巴庞大的数据资源，能够洞悉消费者需求并将其反馈给厂家，从而实现生产数字化选品，帮助厂家捕捉市场趋势，形成差异化卖点。淘工厂把零售端数据和生产端数据打通，通过互联网平台整合分散、闲置的资源，通过资源的重新配置生产产品，进而刺激新的消费需求，在改变生产方式的同时为经济发展注入了新活力。

2. 淘工厂为生产工厂提供完善的供应链服务

淘工厂通过规模化收集订单，降低工厂物流成本，形成价格优势。淘工厂为经营商家提供销量预测、补货入仓、仓间调拨、库存管理、物流履约等全链路一体化供应链服务。淘工厂的诞生是阿里生态协同的产物，整合了阿里巴巴1688积累的地方产业资源、电商全链路效率优化的能力、菜鸟的物流仓储能力以及众包云客服等各个系统。

加入淘工厂后，工厂只需专注于供货和生产，可将定价、营销、物流仓储、咨询和售后等工作交给淘工厂，这让阿里巴巴离自己的愿景"让天下没有难做的生意"更近。对于工厂而言，加入淘工厂可以实现业务的快速增长；对于淘宝用户而言，搜索淘工厂意味着享受性价比更高的产品。

阿里巴巴淘工厂在商业领域展示了其在供应链和产业价值方面的显著优势。通过消除中间商环节，运用大数据和人工智能技术，淘工厂实现了厂家利润的提升和消费者价格的下降。

启发思考：

1. 淘工厂是如何为生产工厂提供完善的供应链服务的？
2. 分析阿里巴巴淘工厂的运作模式。

6. O2O 电子商务

O2O（Online to Offline）电子商务是指将线下商务与互联网结合在一起，让互联网成为线下交易的前台。这样商家可以在线上揽客，在线下提供商品或服务；消费者可以在线上搜

---

① Customer 指顾客、客户，它和 Consumer 的含义略有差异，本书不做详细阐述和区分。

索商品或服务，在线下完成交易。

O2O 和团购、B2C、C2C 既有联系，又有区别，如图 1.4 所示。B2C 和 C2C 模式下，在线支付购买的商品会通过物流公司送到消费者手中；而 O2O 模式下，消费者在线支付购买线下的商品或服务，然后在线下自提商品或享受服务。与团购相比，O2O 是线上线下结合的销售模式，而团购是低折扣的临时性促销。例如，小米、华为的线下体验店与线上销售的结合就是典型的 O2O 模式。

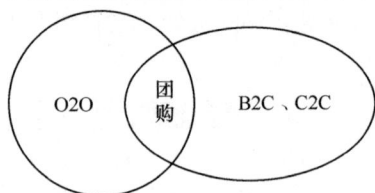

图 1.4 O2O、团购、B2C、C2C 的关系

7. 电子政务

传统观点认为，广义的电子商务包括电子政务。电子政务和纯"商务"的电子商务有广泛的交集，如政府采购、税收、跨境报关等，无法将两者割裂开来。本书采纳传统观点，将电子政务视为电子商务的一种类型或特殊领域的应用。

视野拓展
电子政务新闻

电子政务是指运用计算机、网络和通信等现代信息技术手段，实现政府组织结构和工作流程的优化重组，打破时间、空间和部门分隔的限制，建成一种精简、高效、廉洁、公平的政府运作模式，以便全方位地向社会提供优质、规范、透明、符合国际水准的监管与服务。

电子政务的应用范围非常广泛，其内容几乎包括传统政务活动的各个方面。根据用户的不同，电子政务可分为政府与企业之间的电子政务（Government to Business，G2B）、政府与公民之间的电子政务（Government to Citizen，G2C）、政府与政府之间的电子政务（Government to Government，G2G）。图 1.5 所示为电子政务的分类。

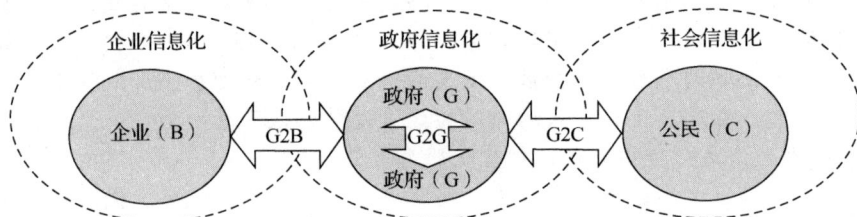

图 1.5 电子政务的分类

（1）G2B 涵盖了政府与企业间的各项事务，包括政府采购、税收、商检、管理条例发布，以及法规和政策颁布等。G2B 可以使政府和企业之间通过互联网方便、快捷地进行信息交换。一方面，政府作为消费者，可以通过互联网发布采购清单，公开、透明、高效、廉洁地完成所需物品的采购；另一方面，政府对企业实施的宏观调控、监督管理等能通过互联网以数字化的方式更充分、及时地发挥作用。例如，中国政府采购网和各地税务局的网上报税服务厅等就属于该模式。

（2）G2C 涵盖了政府与公民之间的若干事务，如个人住房公积金的缴纳、养老金的领取和个人向政府纳税等。G2C 网站是政府工作重要的透明化窗口，也是公民了解政府发布的各项信息和政策的重要渠道。例如，住房公积金管理中心网站、交管 12123App 等都属于 G2C 模式。

（3）G2G 是指政府与政府间的电子政务，即上下级政府、不同地方政府和不同政府部门之间实现的电子政务活动。

（二）按开展交易的地域范围分类

按开展交易的地域范围，电子商务可分为本地电子商务、国（境）内电子商务和全球电子商务等三类。

（1）本地电子商务通常是指在本城市或本地区内开展的电子商务。本地电子商务覆盖的地域范围较小，是开展国（境）内电子商务和全球电子商务的基础。

（2）国（境）内电子商务是指在本国（或某一关境）范围内开展的电子商务活动。其覆盖的地域范围较广，对软硬件和技术要求较高，要求在全国（境）范围内实现商业电子化和自动化，以及金融电子化，同时交易各方需要具备一定的电子商务知识和技术能力等。

（3）全球电子商务也称跨境电子商务（跨境电商），是指在全世界范围内开展的电子商务活动。它涉及交易各方的相关系统，如海关系统、金融系统、税务系统、运输系统、保险系统等。跨境电商业务内容繁杂，数据来往频繁，要求电子商务系统严格、准确、安全、可靠，并需制定全球统一的电子商务标准和电子商务贸易协议。

三、电子商务的产生和发展

（一）电子商务产生和发展的条件

20 世纪 60 年代后，计算机和网络技术飞速发展，从而构建了电子商务赖以生存的基础，并预示了未来商务活动的发展方向，电子商务这个概念随之被提出。电子商务产生和发展的条件主要有以下两个。

1. 信息技术的发展

信息技术的发展是电子商务产生的基础，这主要体现在以下两个方面。

（1）计算机的广泛应用。20 世纪 90 年代之后，计算机的处理速度越来越快，处理能力越来越强，价格越来越低，应用越来越广泛，这为电子商务的产生奠定了基础。

（2）网络的普及和成熟。随着互联网逐渐成为全球通信与交易的媒介，全球上网用户数量呈几何级数增长，网络快捷、安全、低成本的特点为电子商务的产生提供了条件。

2. 社会经济的发展

随着社会经济的发展，大多数商品出现了供应远远大于需求的现象。这时急需一种新的商务模式来增强企业的竞争力，电子商务即扮演了这种角色。电子商务是人类社会经济发展的必然趋势。

总之，信息技术的进步和商务的发展使社会网络化、经济数字化、竞争全球化、贸易自由化成为必然，现代电子商务也应运而生。图 1.6 所示为电子商务产生和发展的条件。

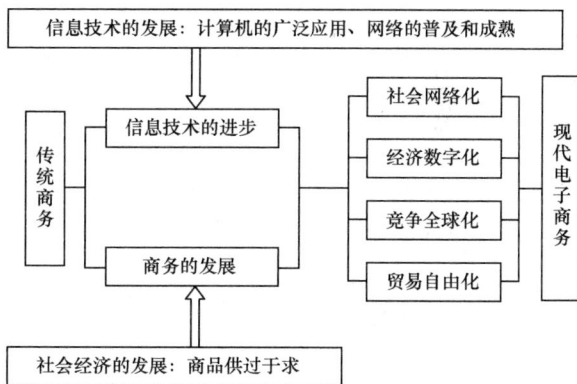

图 1.6　电子商务产生和发展的条件

（二）电子商务的发展阶段

根据电子商务使用的网络不同，电子商务的发展可分为以下四个阶段。

1. 基于电子数据交换的电子商务

从技术的角度来看，人们利用电子通信的方式进行贸易活动已有几十年的历史了。早在 20 世纪 60 年代到 70 年代初，人们就开始利用电报、传真发送商务文件，但这还不是严格意义上的电子商务。20 世纪 60 年代末 70 年代初，为了节约纸张、提高效率，贸易活动中产生了电子数据交换。当时，用纸质订单订货，平均每笔业务需要 55 美元，而用电子数据交换技术订货，平均每笔业务只需要 27 美元。在互联网普及之前，电子数据交换技术是最主要的电子商务应用技术。

20 世纪 90 年代以来，电子数据交换技术在美国、英国、日本、新加坡等国的贸易活动中得到了快速发展，涉及化工、电子、汽车、零售业和银行等行业。

我国基于电子数据交换技术的电子商务始于 20 世纪 90 年代初。1991 年，"中国促进 EDI 应用协调小组"成立；1996 年，北京海关与中国银行北京分行在我国首次开通了电子数据交换通关电子划款业务。与此同时，各省、自治区、直辖市及中央部委也都设立了专门的职能部门来负责协调电子数据交换的应用、推广工作。经过各级政府部门的大力推广，电子数据交换从应用最多的进出口贸易逐渐扩展到了商检、税务、邮电、铁路和银行等领域。

📖 视野拓展

电子数据交换

电子数据交换（Electronic Data Interchange，EDI）是贸易伙伴及相关部门之间通过传输标准格式的电子数据而实现贸易信息交换的活动。早期的电子数据交换网络是专用的增值网络（Value Added Network，VAN），当时的电子数据交换可以被看作现代电子商务的雏形。

电子数据交换简介及应用

电子数据交换系统的三要素分别为数据标准化、电子数据交换软件和硬件、通信网络。电子数据交换标准是指电子数据交换专用的一套结构化数据格式标准。电子数据交换软件包括格式转换软件、翻译软件和通信软件；电子数据交换硬件是以增值网络为连接的各种硬件的组成，包括计算机、网线（专线）等。在互联网普及之前，电子数据交换采用专用的增值网络进行通信。

2. 基于互联网的电子商务

20 世纪 90 年代初，互联网迅速从大学、科研机构走入企业和家庭，一直被排斥在互联网之外的商业贸易活动也进入了互联网世界，电子商务很快成为互联网应用最大的热点。

基于互联网的电子商务起源于 1995 年，它的先驱是一些互联网零售公司，如亚马逊。2014 年后，电子商务出现了许多新的发展趋势，如与政府的管理和采购相结合的电子政务服务、与个人手机通信相结合的移动电商等均得到了很好的发展，跨境电商也成了电子商务发展的一个新的突破口。

3. 基于 3G、4G、5G 的移动电商

随着移动通信技术的发展，手机上网已经成为一种重要的上网方式。在 3G 和 4G 时代，智能手机、平板电脑的普及使移动电商的发展极为迅速，改变了很多基于互联网的电子商务的"规则"。2018 年，我国三大电信运营商开始投入 5G 网络建设，2019 年 11 月 1 日正式上线 5G 商用套餐。我国已建成全球规模最大的 5G 独立组网网络，截至 2024 年 10 月底，我国 5G 移动电话用户达 9.95 亿户，已开通 5G 基站 414.1 万个，占移动基站总数的 32.8%。在 5G 时代，电子商务迎来了更深层次的变化。

📖 视野拓展

移动互联网给传统企业带来的挑战

4. 基于新兴技术的智慧电子商务

云计算、大数据、物联网、人工智能、虚拟现实和增强现实等新兴技术与现代制造业结合，促进了电子商务、工业互联网和互联网金融的快速发展，提高了用户体验和销售效率，优化了供应链管理，降低了运营成本。智慧电子商务是电子商务发展的必然趋势，它将极大地提升电子商务的智能化水平和用户体验，帮助企业实现高效的市场拓展和竞争力提升，推动电子商务行业的持续健康发展。

（三）我国电子商务的发展特点与趋势

1. 数字经济助力电商新业态新模式快速发展

数字消费是推动我国数字经济发展的关键动力，也是促进国内需求加快恢复、持续扩大的重要力量。近年来，以移动电商、内容电商、社交电商、网络直播、短视频、在线教育、共享经济等为代表的数字消费新业态新模式迅猛发展，深刻改变着人们的消费习惯。

更多新技术的应用为数字消费升级带来新机遇，在新一代物联网、云计算、大数据、人工智能等的支撑下，数字消费、数字生产、数字网链、数字化资源配置都会显著优化。

（1）移动网络零售市场向多方向发展。移动网络零售市场交易增速远高于网络零售市场整体增速。移动端用户可以随时随地利用碎片化时间登录互联网，这一特性使移动端成为消费者和商家之间最便捷的纽带，助推移动网络零售市场向"线上+线下""社交+消费""PC+手机+TV""娱乐+消费"等方向发展。同时，移动端的便捷性也使农村网络零售市场规模迅速扩大。

（2）从交易型电商向内容型电商发展。抖音、快手在电商领域的快速崛起，让内容成了电商不可或缺的部分。淘宝、京东和拼多多这"三巨头"在这样的形势下，加速内容化布局：鼓励商家大量生产短视频、让直播成为大促期间的主阵地、推出各维度官方"种草"榜单等。

（3）电商与社交融合。平台上的关键意见领袖（Key Opinion Leader，KOL）、关键意见消费者（Key Opinion Consumer，KOC）通过分享消费理念、消费窍门吸引粉丝购买商品，他们虽然通过推荐商品与粉丝建立商业关系，但这种关系是建立在双方强信任或强追随的社交关系之上的。以社交打通带货渠道，开辟了一条用户自买省钱、会员分享赚钱的新门路。

📖 视野拓展

关键意见领袖和关键意见消费者

关键意见领袖，简单来说就是那些在某个领域有非常深厚的专业知识，为相关群体所接受或信任，并对该群体的购买行为有较大影响的人。关键意见领袖也可以是在其领域内有号召力、影响力和一定公信力的账号。

关键意见消费者可以理解为粉丝量不大、知名度不高，但通过自身试用、推荐而影响身边的消费者产生购买行为的人。

关键意见领袖和关键意见消费者的比较如表 1.1 所示。

表 1.1　关键意见领袖和关键意见消费者的比较

属性	营销范围	角色定位	转化率	互动效果	报价	常用计费方式
关键意见领袖	公域流量	专家、艺人、"网红"等	较低	强	高	CPM
关键意见消费者	私域流量	朋友、普通消费者、转介绍者等	较高	弱	低	CPS

2. 农村电商提质升级，电商兴农不断深入

电子商务加速了农业产业化、数字化发展，一系列适应电商市场的农产品持续热销，有力推动了乡村振兴。商务部持续开展农产品"三品一标"认证、农产品品牌推介洽谈，推动农产品上行。农村电商消费层次发生重大变化，追求品牌与品质成为生活水平不断提升背景下的新趋势，需要顺势推动农产品品牌化进程。

3. 跨境电商持续发力，有力推动外贸发展

由于电子信息技术和经济全球化的进一步发展，电子商务在国际贸易中的影响力和关键作用日渐凸显，已成为影响国际贸易格局的重要力量。跨境电商的发展有助于降低交易成本、

推动全球贸易便利化，有助于增进各国民众福祉，有助于打造良好的营商环境，推动经济长期健康发展。近年来，作为外贸新业态，跨境电商展现出了强劲的活力，在推动国际贸易高质量发展上的作用越来越强。

4. 数据驱动明显，数据争夺将更激烈

以数据为依托，可以改善电商企业的成本效率，提高电商运营的精确程度，为电商企业带来真正的竞争力。随着数据变得越来越重要，谁拥有了数据，谁就掌握了话语权和未来。客户行为数据代表了客户的消费轨迹，企业通过它能够更好地了解客户，从而预判客户下一次消费的机会点。在未来，大数据会成为线上、线下商务的"能源"，会成为多数商业行为的基本判断依据。

5. 互联网与传统产业的融合，智慧电商是趋势

想要更好地优化用户的购物体验，"线上+线下"模式的运作已经成为必需。近年来，越来越多的电商企业纷纷开设线下体验店，将渠道从线上发展到线下，开启"线上+线下"渠道模式。这种模式能够将线上产品信息与线下用户体验相结合，拉近与用户之间的距离，提高与用户的互动频率，促进用户购买并提升品牌知名度。

随着信息技术、智能技术的逐步成熟，人工智能将会逐步取代部分人力而使零售效率得到提升。机器人货架，可替代人工上货、盘点、管理货架。从成本、效率、体验出发，智能化零售、无人零售已经成为当前零售创新发展的新热点。

6. 特色电商产业链和生态圈的构建，促进 B2B 电商的发展

随着供给侧结构性改革的提出，以重点行业、特色产业为基础的我国 B2B 电商将通过打通上下游产业链，促进产业优化重组，聚合当地产业带的好商家、好货源，在电商平台上构建专属卖场，同时整合线上线下服务型资源，推动整个产业链由简单的空间集聚向专业化、系统化集聚，形成上下游的良性互动。

电商生态圈是指企业在开展电子商务的过程中，与上下游企业及供应商等利益相关者建立的一个价值平台。在该平台中，各个角色关注平台的整体特性并通过平台激发其余各个参与者开展电子商务的能力，使电子商务生态系统能够创造价值，并从中分享利益。电商生态圈的构建将成为产业互联网发展的突破点。

第二节　电子商务系统的组成及一般框架

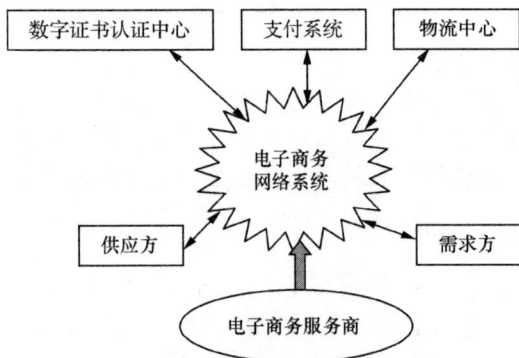

图 1.7　电子商务系统的组成

一、电子商务系统的组成

电子商务系统包括电子商务网络系统、供应方和需求方、数字证书认证中心、支付系统、物流中心、电子商务服务商等，如图 1.7 所示。

（1）电子商务网络系统包括互联网、内联网和外联网。互联网是电子商务的基础，是商务、业务信息的载体；内联网是企业内部开展商务活动的场所；外联网是企业与企业之间，以及企业与政府之间开展商务活动的纽带。

（2）供应方和需求方统称为电子商务用户，包括个人用户和组织用户。个人用户使用手机、计算机等终端接入互联网；组织用户通过建立企业内联网、外联网和企业管理信息系统，可对人力、财力、物力、供应、销售、储存等进行科学的管理。

（3）数字证书认证中心即 CA（Certificate Authority）认证机构、CA 认证中心，是法律承认的权威机构，负责发放和管理数字证书，以使网上交易各方能够相互确认身份。数字证书是包含证书持有人个人信息、公开密钥、证书序列号、有效期、发证单位的电子签名等内容的数字凭证文件。

（4）支付系统。多数电子商务用户通过银行系统、第三方支付机构进行结算，数字货币是第三种便捷的结算方式。

（5）物流中心接受商家的送货要求，组织运送无法从网上直接发送的商品，跟踪商品的运输进度，将商品送到消费者手中。

（6）电子商务服务商在这里专指提供网络接入服务、信息服务及应用服务的信息技术厂商，如互联网服务提供商、互联网内容服务商、应用服务供应商等。

👓 视野拓展

互联网服务提供商、互联网内容服务商、应用服务供应商

互联网服务提供商（Internet Service Provider，ISP）：向用户提供互联网接入业务、增值业务的运营商，如中国移动、中国联通、中国电信等。

互联网内容服务商（Internet Content Provider，ICP）：通过网站提供信息内容和与之相关的服务，如新浪网、网经社等。

应用服务供应商（Application Service Provider，ASP）：提供从域名申请、网站建设到网络营销等全流程应用服务，如阿里云、腾讯云、西部数码等。

二、电子商务的一般框架

电子商务的一般框架（参见图 1.8）是指实现电子商务从技术到一般服务所应具备的完整的运作基础。完整的电子商务体系体现在全面的电子商务应用上，而这需要由相应层面的基础设施和众多支撑条件构成的环境要素。这些环境要素从整体上可分为四个层次（网络层、技术支持层、服务支持层、应用层）和两大支柱（国家政策及法律规范、技术标准和网络协议）。

👓 视野拓展

电子商务从业者可以选择框架中的一部分或几部分去学习或从事相关工作。在电子商务的一般框架中，前三层属于社会经济及技术环境，取决于政府或社会其他部门，而第四层则是企业或企业与其他合作伙伴需要共同完成的业务内容。

（1）网络层是指网络基础设施，是实现电子商务的底层基础设施。它是信息传输系统，是实现电子商务的基本保证。网络层包括远程通信网、有线电视网、无线通信网和互联网等。因为电子商务的主要业务是基于互联网的，所以互联网是网络基础设施中最重要的部分。

（2）技术支持层。网络层决定了电子商务信息传输使用的线路，技术支持层则决定和解决了如何在网络上传输信息和管理信息的问题。从技术角度来看，技术支持层主要包括应用开发技术、数据库技术和文件管理技术。应用开发技术包括后端开发和前端开发。后端开发需要考虑的是如何实现功能、数据的存取，平台的稳定性与性能等，可以用到的技术有 JSP、PHP 和 ASP 等；前端开发考虑的则是 Web 页面的结构、Web 的外观视觉表现及 Web 层面的交互实现等，涉及的技术包括 HTML、CSS 和 JavaScript 等。

（3）服务支持层为电子商务应用提供支持，包括安全服务、支付服务、物流服务、数字证书认证、目录服务等。其中，数字证书认证是服务支持层的核心，因为数字证书认证保证了电子商务交易的安全。它通过为参与交易者签发数字证书，来确认电子商务活动中各方的身份，然后通过加密和解密的方法实现安全的网上信息交换与交易。

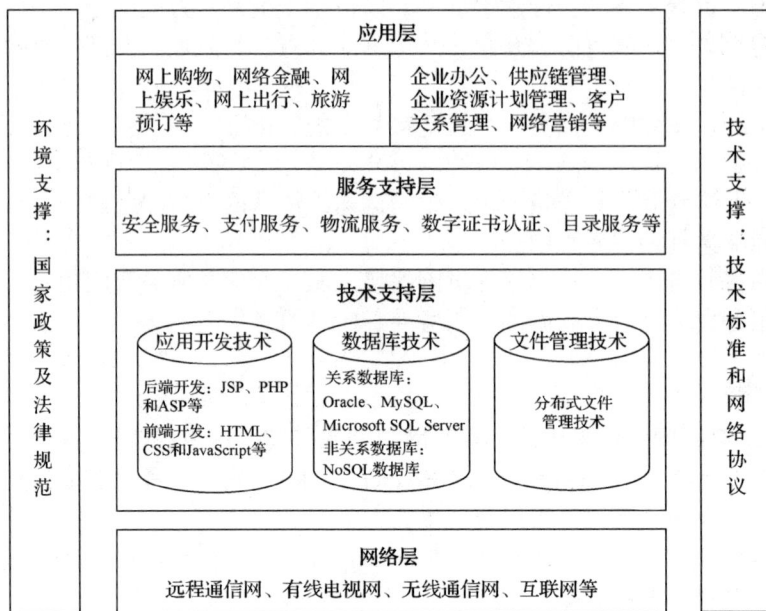

图1.8　电子商务的一般框架

（4）应用层是指生产、流通和消费等领域的各种电子商务应用系统，主要包括网上购物、网络金融、网上娱乐、网上出行、旅游预订等个人用户的电子商务应用，以及在此基础上企业开展的企业办公、供应链管理、企业资源计划管理、客户关系管理、网络营销等活动。

（5）国家政策及法律规范。开展商务活动必须遵守有关的法律、法规和相应的政策。电子商务出现后，其引发的问题和纠纷不断增多，原有的法律规范已经不适应新的发展环境，制定新的法律规范并形成一个成熟、统一的法律体系，已成为世界各国（地区）发展电子商务的必然趋势。

（6）技术标准定义了用户接口、传输协议、信息发布标准等技术细节。它是信息发布和传递的基础，是网络信息一致性的保证。就整个网络环境来说，技术标准对保证兼容性和通用性是十分重要的。

网络协议是计算机网络中为进行数据交换而建立的规则、标准或约定的集合。对处在计算机网络中两个不同地理位置上的用户来说，要实现通信，就必须按照通信双方预先约定的规程进行。这些预先约定的规程就是网络协议。

第三节　电子商务的法律环境

法律问题是电子商务中的前沿问题，也是电子商务框架中重要的社会环境问题。成熟、统一的法律法规能够为电子商务活动提供稳定的环境，保证电子商务交易顺利进行，使电子商务更加稳定、有序地发展。

一、电子商务涉及的法律问题

电子商务涉及的法律问题主要有电子合同问题、知识产权问题、个人隐私问题和管辖权问题等。实际上，电子商务涉及的法律问题不止这些，这些只是最突出的和最主要的。下面就这些问题做简单介绍。

（1）电子合同问题。电子合同是数字化的，不同于传统的书面合同，其效力的认定及操作更复杂。

（2）知识产权问题。电子商务的无形化使知识产权保护更加困难。网络域名，网页上各种各样的文章、图像、音频和视频、软件及电子商务网站（电商网站）所涉及的商业秘密等都会牵涉专利权、商标权和著作权等知识产权问题。因此，保护知识产权与发展电子商务有密切联系。

（3）个人隐私问题。计算机和网络技术为人们获取、传递、复制信息提供了方便，但网络的开放性和互动性又给个人隐私保护带来了困难。在线消费时，消费者需将个人信息传给银行和商家，对这些个人信息的再利用已成为网络时代银行和商家的普遍行为。如何规范银行和商家对消费者个人信息的再利用行为，从而保护消费者的隐私也是一个棘手的问题。

（4）管辖权问题。传统的管辖通常有两大原则：属人管辖和属地管辖。网络的超地域性不仅对传统的法律管辖体系造成了极大冲击，还带来了一系列的问题。传统的管辖权确定原则要求具有一个相对稳定、明确的关联因素，如当事人的国籍、住所和财产所在地等。但在网络空间中，这些因素都变得非常模糊，从而导致确定网络纠纷的管辖权变得比较困难。

案例 1.2

通过某二手交易平台出售考试辅导课件侵害著作权纠纷

随着"互联网+教育"的兴起，保护与教育相关的知识产权、防止不正当竞争行为，有利于促进"互联网+教育"行业有序发展。

姜某是从事国际汉语教师资格面试教学的教师，通过某C2C平台分期销售其网络课程。管某曾通过C2C平台购买该课程，后在某二手交易平台闲置交易社区出售课程的视频和课件文件。姜某认为管某的行为导致其损失重大，诉请判令管某赔偿经济损失45万元及公证费4 000元、律师费8 000元。管某辩称，涉案课程是根据教材和真题总结形成的应试辅导内容，传授的技巧和方法的独创性较低。其已向姜某当面致歉，且因销售量低，获利甚微，希望取得姜某的谅解。

人民法院认为姜某销售的课程包括辅导考试的视频和课件文件，并可通过直播进行师生互动，虽然其内容的基础为国家统一的教材和历年考试真题，但与姜某从事的工作和教学经验直接相关，由此形成的完整的培训课程能为考生提供学习和考试方面的帮助，是具有一定独创性的智力成果。姜某对上述内容享有著作权，并因其在相关行业内具有一定影响力，可通过网络授课等方式进行销售和获益。管某将上述课程内容形成的视频和课件文件通过网络销售并获利，其行为侵犯了姜某的著作权。现管某已经停止销售并当庭向姜某表达了歉意，其还应赔偿其侵权行为给姜某造成的经济损失。

本案例中姜某课程的价格较高，管某销售课程的价格较低，人民法院综合参考姜某课程的销售价格，并考虑姜某课程可以参与直播授课及答疑等活动，与购买管某课程的效果存在差异，对赔偿数额酌情认定；同时部分支持了姜某的维权支出。人民法院最终判定，管某赔偿姜某经济损失1.5万元及维权支出8 000元。

本案例整理自网经社2020年4月21日讯《海淀法院发布"互联网+教育"知识产权典型案例》

启发思考：

1. 这个案例中，为什么说管某的行为侵害了姜某的著作权？
2. 在"互联网+教育"环境下，应该如何保护知识产权？

二、电子商务法律及相关政策

（一）我国已出台的电子商务法律及相关政策

1. 电子合同法律效力的相关规定

《民法典》规范了电子交易行为，对网络环境下合同的订立和合同的履行做了相应的规定。

（1）关于"合同的订立"，《民法典》再次确认了电子合同的有效性，并对电子合同的成立时间、成立地点进行了认定。当事人采用信件、数据电文等形式订立合同要求签订确认书的，签订确认书时合同成立。当事人一方通过互联网等信息网络发布的商品或者服务信息符合要约条件的，对方选择该商品或者服务并提交订单成功时合同成立，但是当事人另有约定的除外。采用数据电文形式订立合同的，收件人的主营业地为合同成立的地点；没有主营业地的，其住所地为合同成立的地点。

学而思，思而学

根据《民法典》对电子合同中的交付时间的规定，什么情况下收货人的签收时间为交付时间？什么情况下实际提供服务的时间为交付时间？

（2）关于"合同的履行"，《民法典》对电子合同中的交付时间进行了认定。通过互联网等信息网络订立的电子合同的标的为交付商品并采用快递物流方式交付的，收货人的签收时间为交付时间。电子合同的标的为提供服务的，生成的电子凭证或者实物凭证中载明的时间为提供服务时间；前述凭证没有载明时间或者载明时间与实际提供服务时间不一致的，以实际提供服务的时间为准。电子合同的标的物为采用在线传输方式交付的，合同标的物进入对方当事人指定的特定系统且能够检索识别的时间为交付时间。

2. 电子签名制度

《电子签名法》规范了电子签名行为，是我国电子商务与信息化领域的第一部专门法律。《电子签名法》为我国电子商务安全认证体系和网络信用体系的建立奠定了基础，自 2005 年 4 月 1 日起施行。自此，电子签名与手写签名或者盖章具有同等的法律效力，电子文件与书面文件也具有同等的法律效力。《电子签名法》于 2015 年 4 月 24 日、2019 年 4 月 23 日由全国人民代表大会常务委员会分别进行了两次修正。

3. 电子商务法

《电子商务法》自 2019 年 1 月 1 日起施行，这是我国第一部电子商务领域的综合性法律。《电子商务法》是一部调整消费者、平台、入驻经营者利益的法律关系的民事法律。

视野拓展

《电子商务法》解读

4. 网络交易监督管理办法

《网络交易监督管理办法》（以下简称《办法》）自 2021 年 5 月 1 日起施行，原《网络交易管理办法》废止。《办法》的出台是为了规范网络交易活动，维护网络交易秩序，保障网络交易各方主体合法权益，促进数字经济持续健康发展。《办法》制定了一系列规范交易行为、压实平台主体责任、保障消费者权益的具体制度规则。

5. 网络直播营销管理办法

《网络直播营销管理办法（试行）》自 2021 年 5 月 25 日起施行，它加强了网络直播营销管理，能促进网络直播营销健康有序发展，对整个直播行业市场规范化和保护消费者合法权益有重要意义。

6. 消费者权益保护法实施条例

《消费者权益保护法实施条例》自 2024 年 7 月 1 日起施行，对预付式消费、直播带货、"一老一小"、"霸王条款"、"刷单炒信"、"大数据杀熟"、自动续费、强制搭售等领域的新问题做了进一步规范。该条例还指出经营者通过网络直播等方式提供商品或者服务的，应当依法履行消费者权益保护相关义务。

7. 电子商务安全保障的相关法律

（1）为规范电子认证服务行为，原《电子认证服务管理办法》自 2005 年 4 月 1 日起施行，新《电子认证服务管理办法》自 2009 年 3 月 31 日起施行，原办法同时废止。新办法在 2015 年进行了修订。

（2）为加强对电子银行业务的风险管理，《电子银行业务管理办法》自 2006 年 3 月 1 日起施行。

（3）为规范非金融机构支付服务行为、防范支付风险，自 2010 年 9 月 1 日起施行的《非金融机构支付服务管理办法》，要求第三方支付公司必须在 2011 年 9 月 1 日前申请取得"支付业务许可证"，且全国性公司注册资本最低应为 1 亿元。该办法的出台意在规范当时发展迅猛的第三方支付行业。

（4）为保障网络安全，《网络安全法》自 2017 年 6 月 1 日起施行。

（5）为了规范数据处理活动，保障数据安全，促进数据开发利用，保护个人、组织的合法权益，维护国家主权、安全和发展利益，《数据安全法》自 2021 年 9 月 1 日起施行。该法是我国关于数据安全的首部法律，标志着我国在数据安全领域有法可依，为各行业数据安全提供了监管依据。

（6）为了保护个人信息权益，规范个人信息处理活动，促进个人信息合理利用，《个人信息保护法》自 2021 年 11 月 1 日起施行。

（7）为了规范非银行支付机构行为，保护当事人合法权益，防范化解风险，促进非银行支付行业健康发展，《非银行支付机构监督管理条例》自 2024 年 5 月 1 日起施行

（二）《电子商务法》主要解决的问题

对于电子商务发展过程中出现的主要问题或矛盾，《电子商务法》做出了相应的规定。

（1）电子商务经营者须依法办理市场主体登记。《电子商务法》规定，电子商务经营者应当依法办理市场主体登记。个人网店经营者、微商、代购等属于电子商务经营者，需依法办理市场主体登记，受《电子商务法》的约束。但是，个人销售自产农副产品、家庭手工业产品，个人利用自己的技能依法从事便民劳务活动和零星小额交易活动的，无须进行登记。例如，个人在微信朋友圈内销售农家自产土鸡蛋、自制手工艺品就无须进行登记。

问与答

问：什么是电子商务经营者？包括哪些类型？个人网店经营者、直播销售者分别属于哪种类型？

答：《电子商务法》所称电子商务经营者，是指通过互联网等信息网络从事销售商品或者提供服务的经营活动的自然人、法人和非法人组织，包括电商平台经营者、平台内经营者以及通过自建网站、其他网络服务销售商品或者提供服务的电子商务经营者。个人网店经营者属于平台内经营者，直播销售者属于其他电子商务经营者。

（2）商家销售的商品有问题，平台承担连带责任。对关系消费者生命健康的商品或者服务，电商平台经营者对平台内经营者（商家）的资质资格未尽到审核义务，或者对消费者未

尽到安全保障义务，造成消费者受到损害的，依法承担连带责任。

（3）明确由商家承担运输责任和风险。电子商务经营者委托物流企业对实物商品进行投递运输时，实物商品在投递运输过程中的所有权还在商家的控制下，商品在途风险和责任由商家承担。

（4）网络搭售商品不得设置为默认选项。《电子商务法》规定，电子商务经营者搭售商品或者服务，应当以显著方式提请消费者注意，不得将搭售商品或者服务作为默认同意的选项。例如，消费者在网上预订机票时，部分网站以前经常搭售酒店优惠券、接送机优惠券、航空险等，看似贴心的服务，实则暗中搭售，让消费者在不知情的情况下购买了搭售商品。《电子商务法》实施后，这些行为已被禁止。

（5）消费者付款成功后，经营者不得随意毁约。经营者负有诚实守信、切实履行合同的义务，消费者付款成功后，经营者不得以各种理由或借口随意毁约。同时，该规定的设立也为消费者依法维权提供了有力保障。例如，消费者在"双十一"期间下单后，如果经营者以弄错折扣为由拒绝发货，消费者就可以根据《电子商务法》追究经营者的违约责任。

（6）评价应真实，"刷好评"、擅自"删差评"会被严惩。为了提升网店的信用，有些经营者以前会采取"刷好评""删差评"等方式来提升店铺的好评率。《电子商务法》实施后，"刷好评"、擅自"删差评"会被严惩。这将确保消费者评价能发挥良好的作用，促使平台经营者及平台内经营者诚实经营。

（7）破解押金难退难题，退款方式被明确。消费者在网上预订酒店、骑共享单车等，往往需要先交押金。但随着电子商务的发展，押金难以退还的问题逐渐凸显，甚至出现了押金退还程序复杂、条件苛刻、退款不及时等情形，严重损害了广大消费者的合法权益。《电子商务法》规定，消费者申请退还押金，符合押金退还条件的，电子商务经营者应当及时退还。

三、电子商务的税收问题

在采用电子商务方式进行贸易时，贸易过程中的许多环节及费用的支付都可以通过网络完成，有些数字化商品甚至可以直接在网上传送。这就使税收的征缴变得非常困难，并产生了许多非常棘手的问题。

> 例如，德国在 2019 年正式生效的《2018 年税法》旨在确保在线零售商尤其是境外商户履行其在德国缴纳增值税的义务，以杜绝电商的偷税、漏税行为。2018 年 6 月，美国联邦最高法院通过了一项法案，各州政府有权对电商的跨州销售征收消费税，此前美国不对网购征收消费税。新法案的推出打破了电商不征税的"传统"，使美国的电商平台和卖家受到了一定影响。

（一）电子商务与税收

1. 电子商务涉及的税收问题

概括来说，电子商务主要涉及以下两类税收问题。

（1）由电子商务交易隐匿化引发的问题。电子商务使传统商务的纸质合同、票据、支付等均变成了数字流和信息流，并且计算机加密系统的开发和利用极大地方便了交易双方有效地隐匿交易内容、逃避纳税义务。鉴于法律和技术原因，税务部门无法进入加密程序，也无法获得真实的纳税资料。这使税务部门对隐匿的电子商务交易进行公平、有效的管理成为难题。

（2）税收管辖权的问题难以界定。目前，世界各国（或地区）在确定税收管辖权时，有的以属地原则为主，有的以属人（行使居民管辖权）原则为主，有的二者并行。绝大多数发达国家实行的是以属地税制为主的混合税制。属地税收管辖权是以各国（或地区）的地理界线为基准的，而电子商务使经济活动与特定地点间的联系弱化，纯在线交易更难确定属地。

在所有因素都未确定、世界各国（或地区）未达成共识的条件下，跨境电商的征税必然会引起国际税收管辖权的冲突，从而易造成多重征税（多重税收管辖权重叠导致多重征税）或不承担任何税负（游离于所有税收管辖权之外）等情况。

视野拓展

境外所得征税制度的国际税收原则

境外所得征税制度的国际税收原则有三种：一是属人原则，采用抵免法或扣除法消除双重征税，即居住国（地区）对本国（地区）境内居民的全球所得征税，对其境外所得已缴纳的外国（地区）税收给予抵免，或者作为成本费用扣除；二是属地原则，采用免税法消除双重征税，即居住国（地区）仅对来源于其境内的所得征税，对其居民来源于境外的所得免予征税；三是以属地税制为主的混合税制，如法国作为以属地税制为主的典型国家，规定企业在国外取得的积极所得适用免税法，但纳税人来源于协定国家（地区）的消极所得适用抵免法，来源于非协定国家（地区）的消极所得适用扣除法。

> **积极所得：** 在境内设立机构、场所从事经营活动而取得的所得。
>
> **消极所得：** 在境内未设立机构、场所，但有来源于境内的所得，具体包括红利、利息、租金、特许权使用费所得、转让财产所得或其他所得。

2. 《电子商务法》对税收的规定

电子商务经营者应当依法办理市场主体登记；应当依法履行纳税义务，并依法享受税收优惠；依照规定不需要办理市场主体登记的电子商务经营者在首次纳税义务发生后，应当依照税收征收管理法律、行政法规的规定申请办理税务登记，并如实申报纳税。个人卖家属于电子商务经营者，自2019年1月1日起应当依法办理市场主体登记，也应当依法履行纳税义务。

税收范围包括跨境税收、经营者普通交易税收；缴纳主体包括电商平台、平台内经营者。这也意味着通过电商渠道进行的各种交易都需要纳税。

视野拓展

个人卖家应当缴纳增值税，可以享受小微企业免征增值税的优惠政策

在我国境内销售货物、服务、无形资产、不动产，以及进口货物的单位和个人，为增值税的纳税人，应当缴纳增值税。另外，为了支持小微企业的发展，2023年1月1日起实施的《国家税务总局关于增值税小规模纳税人减免增值税等政策有关征管事项的公告》规定，小规模纳税人发生增值税应税销售行为，合计月销售额未超过10万元（以1个季度为1个纳税期的，季度销售额未超过30万元，下同）的，免征增值税；按固定期限纳税的小规模纳税人可以选择以1个月或1个季度为纳税期限，一经选择，一个会计年度内不得变更。这一规定也适用于电子商务经营者。

《电子商务法》把提供发票作为电子商务经营者应尽的基本义务，其目的除了堵塞税收漏洞外，更多的考量则是营造公平的电商竞争环境。

（二）与跨境电商相关的税收政策

在传统贸易方式下，商品的跨国（境）流动是由国际性的贸易公司来完成的，我国对此要征收进口环节流转税，如有所得还要征收所得税。如何针对跨境电商征税是目前世界各国（地区）都急需解决的问题。近些年，随着跨境电商进出口额的增加，我国出台了一系列相关的税收政策。

1. 跨境电商进口税收政策

财政部、海关总署、国家税务总局先后两次发布关于跨境电商税收政策的通知，2016 年 3 月 24 日发布了《财政部 海关总署 税务总局关于跨境电子商务零售进口税收政策的通知》，自 2016 年 4 月 8 日起执行；2018 年 11 月 29 日又发布了《财政部 海关总署 税务总局关于完善跨境电子商务零售进口税收政策的通知》，自 2019 年 1 月 1 日起执行。这两个通知的核心内容如下。

（1）跨境电商零售进口商品的单次交易限值为人民币 5 000 元，个人年度交易限值为人民币 26 000 元。在限值以内进口的跨境电商零售商品，关税税率暂设为 0；进口环节增值税、消费税暂按法定应纳税额的 70%征收。

（2）完税价格超过 5 000 元单次交易限值但低于 26 000 元年度交易限值，且订单下仅一件商品时，可以自跨境电商零售渠道进口，按照货物税率全额征收关税和进口环节增值税、消费税，交易额计入年度交易总额，但年度交易总额超过年度交易限值的，应按一般贸易管理。

（3）跨境电商零售进口商品自海关放行之日起 30 日内退货的，可申请退税，并相应调整个人年度交易总额。

（4）已经购买的电商进口商品属于消费者个人使用的最终商品，不得进入国内市场再次销售；原则上不允许网购保税进口商品在海关特殊监管区域外开展"网购保税+线下自提"模式。

2. 跨境电商出口税收新政策

为有效配合《财政部 税务总局 商务部 海关总署关于跨境电子商务综合试验区零售出口货物税收政策的通知》落实工作，国家税务总局于 2019 年 10 月 26 日发布了《国家税务总局关于跨境电子商务综合试验区零售出口企业所得税核定征收有关问题的公告》（自 2020 年 1 月 1 日起施行），其主要内容如下。

第一，综试区内的跨境电商零售出口企业，同时符合下列条件的，试行核定征收企业所得税办法：①在综试区注册，并在注册地跨境电商线上综合服务平台登记出口货物日期、名称、计量单位、数量、单价、金额的；②出口货物通过综试区所在地海关办理电子商务出口申报手续的；③出口货物未取得有效进货凭证，其增值税、消费税享受免税政策的。

📖 视野拓展

跨境电商零售出口货物试行增值税、消费税免税政策

财政部、国家税务总局、商务部、海关总署联合发文明确，2018 年 10 月 1 日起，对跨境电商综合试验区跨境电商零售出口企业出口未取得有效进货凭证的货物，同时符合下列条件的，试行增值税、消费税免税政策：①跨境电商零售出口企业在综试区注册，并在注册地跨境电商线上综合服务平台登记出口货物日期、名称、计量单位、数量、单价、金额的；②出口货物通过综试区所在地海关办理电子商务出口申报手续的；③出口货物不属于财政部和国家税务总局根据国务院决定明确取消出口退（免）税货物的。

第二，综试区内核定征收的跨境电商零售出口企业应准确核算收入总额，并采用应税所得率方式核定征收企业所得税。应税所得率统一按照 4%确定。

第三，综试区内实行核定征收的跨境电商零售出口企业符合小型微利企业优惠政策条件的，可享受小型微利企业所得税优惠政策；其取得的收入属于《企业所得税法》第二十六条规定的免税收入的，可享受免税收入优惠政策。

实训案例

了解亚马逊

亚马逊是全球最早开展电子商务活动的公司之一。亚马逊一开始只经营网络图书销售业务，后来扩展到计算机、软件、电子产品、服装、家具等商品的销售。

1. 亚马逊的发展

亚马逊是美国最大的电子商务公司，总部位于美国华盛顿州的西雅图市。2023年，亚马逊的营收达5 748亿美元，同比增长12%，净利润304亿美元。亚马逊占据了美国电子商务行业37.6%的市场份额。除了北美洲和欧洲，亚洲的日本、中国和印度也有其足迹。亚马逊成为完全意义上的全品类线上商城，得益于其强大的物流体系和平台上第三方卖家的支持。

随着中国跨境电商市场的迅速发展，亚马逊在中国以"海外购"和"全球开店"为"双引擎"，成为中国消费者便捷选购国际产品、中国企业轻松拓展境外零售与商业采购市场的平台。

2. 亚马逊"海外购"

亚马逊"海外购"商店于2014年上线，此后不断扩充，涵盖了美国、英国、日本和德国的产品，成为亚马逊第一个涵盖多站点的全球商店（其首页参见图1.9）。

图1.9　亚马逊"海外购"首页

亚马逊上跨境商品的品种一直在扩充，"亚马逊Prime会员"提供全球跨境订单全年无限次免费配送服务。

在亚马逊内部，有一个独特的创新方法论——逆向工作法，即亚马逊的创新总是以消费者需求作为本源。亚马逊"海外购"在跨境前置仓、智能尺码助手、千人千面等方面的创新，都是基于对消费者需求的洞察，为了优化消费者体验而进行的。同样，Prime会员服务也围绕消费者在购物过程中的痛点，不断改善消费者权益、优化消费者体验。

3. 亚马逊"全球开店"

亚马逊于2012年在中国推出了"全球开店"业务。在亚马逊"全球开店"的助力下，越来越多的中国卖家通过跨境出口直接接触到亚马逊全球消费者及大量的企业，拓展了全球业务。在本书出版前，包括亚马逊在美国、加拿大、德国、英国、法国、意大利、西班牙、日

第一章　电子商务概述

19

本、墨西哥等在内的站点已向中国卖家全面开放，数十万名中国卖家已加入了亚马逊"全球开店"。

2024年，亚马逊"全球开店"推出"品牌加速计划"，旨在从品牌启动、获取流量、衡量广告效果、品牌保护等多个维度支持新品牌的成长和发展。

思考讨论：
1. 亚马逊（中国）的跨境电商"双引擎"战略是什么？请做简要分析。
2. 亚马逊给中国的零售业带来了什么启示？

归纳与提高

本章介绍了电子商务的概念、电子商务的分类、电子商务的产生和发展、电子商务系统的组成及一般框架、电子商务的法律环境等内容。

建议读者在学习时注意以下几点：电子商务本身并不是高新技术，它只是对高新技术的应用；电子商务的本质是商务的电子化，而非技术；对企业来说，电子商务不只是建立网站或开发一款移动 App，更是一个事关企业发展全局的战略问题；电子商务是改良而非革命。

知识巩固与技能训练①

一、名词解释

电子商务　　电子政务　　MIS　　　　企业资源计划　　电商生态圈
电子数据交换　　　电子商务经营者

二、单项选择题

1. 电子商务的本质是（　　　）。
   A. 计算机技术　　B. 数据库技术　　C. 网络　　　　　　D. 商务的电子化
2. 广义上的电子商务对应的标准英文写法是（　　　）。
   A. E-Business　　B. E-Commerce　　C. E-mail　　　　D. E-Internet
3. 企业资源计划的英文缩写为（　　　）。
   A. CRM　　　　　B. ERP　　　　　C. SCM　　　　　D. MIS
4. SCM 指的是（　　　）。
   A. 客户关系管理　　B. 企业资源计划　　C. 供应链管理　　D. 人力资源管理
5. 国际现代商业的最新形式是（　　　）。
   A. EDI 商务　　　B. Internet 商务　　C. Intranet 商务　　D. 网站电子商务
6. 电子数据交换的英文缩写是（　　　）。
   A. EB　　　　　　B. EDI　　　　　C. NET　　　　　　D. EC
7. 最早的网上 B2C 公司是（　　　）。

---

① 本书习题中包含少量超范围的题目，建议读者在遇到这类题目时通过网络自行查找答案，以增强分析和解决问题的能力。

  A. 英国的网上服装店   B. 美国的网上商城亚马逊

  C. 英国的网上书店亚马逊   D. 美国的网上书店亚马逊

8. 我国最早产生的电子商务模式是（   ）。

  A. B2B   B. C2C   C. B2C   D. B2G

9. 生产类企业网上采购是一种典型的（   ）电子商务活动。

  A. B2C   B. B2B   C. C2C   D. B2G

10. 阿里巴巴网站的类型是（   ）。

  A. B2B   B. C2C   C. B2C   D. O2O

11. 上下级政府、不同地方政府、不同政府部门之间的电子政务，称为（   ）。

  A. G2G   B. G2B   C. G2C   D. G2E

12. 我国第一部关于电子商务的综合性法律是（   ）。

  A. 《电子合同法》   B. 《电子签名法》

  C. 《电子商务法》   D. 《民法典》

三、多项选择题

1. （   ）是电子商务概念模型的组成要素。

  A. 交易主体   B. 电子市场   C. 交易事务   D. 交易手段

2. 电子商务中的每一笔交易基本都包括（   ）。

  A. 物流   B. 资金流   C. 信息流   D. 现金流

3. 从结构层次的角度看，电子商务的一般框架包括（   ），支付服务属于（   ）。

  A. 网络层   B. 技术支持层

  C. 服务支持层   D. 国家政策及法律规范

  E. 技术标准和网络协议   F. 电子商务应用层

4. 电子政务可按用户分为三类，它们是（   ）。

  A. G2B   B. G2C   C. B2B   D. G2D

5. 《电子商务法》所称的电子商务经营者包括（   ）。

  A. 电商平台经营者

  B. 平台内经营者

  C. 自建网站经营者

  D. 通过其他网络服务销售商品或者提供服务的经营者

四、复习思考题

1. 电子商务的发展经历了哪些阶段？总结电子商务的发展特点与趋势。

2. 电子商务系统的基本要素中，每个要素的功能是什么？

3. 目前，电子商务涉及的法律问题主要有哪些？我国已出台的电子商务法律及相关政策有哪些？

4. 2019 年 1 月 1 日实施的《电子商务法》主要解决了电子商务哪些方面的问题？

5. 目前，电子商务涉及的税收问题主要有哪些？

五、技能实训题

  1. 分别进入京东商城、淘宝网、阿里巴巴 1688，浏览各网站首页的主要内容和功能，就电子商务模式、所经营的产品、购物搜索、支付方式、物流配送等进行详细的分析与对比，总结出这些网站的不同点和相同点，填入表 1.2。

表 1.2　电商网站对比

不同点	电商网站		
	京东商城	淘宝网	阿里巴巴 1688
电子商务模式			
所经营的产品			
购物搜索			
支付方式			
物流配送			

相同点：

2. 熟悉《电子商务法》的基本内容和立法状况，回答以下问题。

（1）讨论电子商务交易中容易出现的纠纷，分析如何运用《电子商务法》解决这些纠纷。

（2）分析近两年来影响较大的两起电子商务纠纷事件，并提出解决办法。

（3）通过网络，查找我国已出台的关于直播电商、社交电商、农村电商、跨境电商等新业态新模式的法律法规及相关政策。

第二章 电子商务技术基础及新业态

【知识框架图】

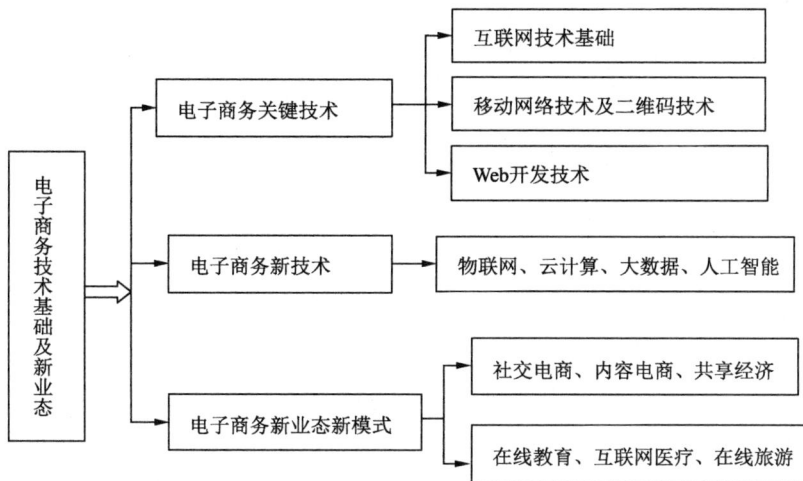

【学习目标】

【知识目标】

1. 了解互联网的基础知识、客户端技术和服务器端技术。

2. 熟悉物联网等新兴技术。

3. 熟悉电子商务新业态新模式的分类和基本特征。

【技能目标】

1. 能够举例说明社交电商、内容电商、共享经济等新业态新模式。

2. 了解物联网、云计算、大数据、人工智能等新兴技术的应用。

【引　　例】

电子商务新技术、新业态的出现

我国互联网产业实现高速发展和弯道超车，为网络强国建设提供了有力支撑。互联网行业顺应数字化发展大趋势，把握数字经济快速发展带来的新机遇，坚持发展和规范并重，促进平台经济规范健康持续发展。在数字经济的发展背景下，物联网、云计算、大数据、人工智能等新技术的应用更是层出不穷，社交电商、内容电商、直播电商等新业态新模式呈现井喷式发展，电子商务的新业态新模式，在数字技术的加持下呈现加速渗透、多元发展、提质扩容的新态势。

随着大数据、人工智能等数字技术的快速渗透，人们消费习惯的持续线上转移，电子商务在提升消费便利性、愉悦性、信息全面性等的同时，更是丰富和扩大了市场供给和应用场景，覆盖面也更广。

那么，互联网主要有哪些方面的应用？什么是物联网、云计算、大数据、人工智能等新技术？电子商务新业态新模式主要有哪些？

第一节　电子商务关键技术

电子商务是基于计算机的软硬件和网络通信等技术开展的经济活动。它以互联网、企业内部网和企业外部网为载体，使企业能够有效完成自身内部的各项经营管理活动及与外部的商业贸易等活动，最终降低产、供、销的成本，增加企业利润，开辟新的市场。互联网是由分布在全世界的计算机系统遵循一定的通信协议并通过各种网络设备相互连接而成的。

一、互联网技术基础

电子商务是基于互联网技术来传输和处理商业信息的。互联网是人类历史发展中的一个里程碑，也被称为国际互联网、因特网、交互网络和网际网等。

（一）互联网的产生和发展

互联网是将处于不同地理位置并且有独立计算能力的计算机系统，利用传输介质和通信设备相互连接在一起，在网络操作系统和网络通信软件的控制下，实现资源共享的计算机集合。互联网已经成为世界上覆盖面最广、规模最大、信息资源最丰富的计算机信息网络。

互联网起源于 1969 年，美国国防部高级研究计划局（DARPA）在这一年建立了 ARPAnet，推动了互联网技术进步并使其成为互联网的发展中心；1986 年，NSFnet 替代 ARPAnet 成为 Internet 的主干网，世界上第一个互联网产生；1995 年，Internet 正式宣布商业化；2000 年，移动互联网出现，将移动通信终端（如手机、笔记本电脑、平板电脑等）与互联网融合，获取网络服务。2009 年后，随着 3G、4G 及 5G 通信技术的发展，移动互联网逐渐渗透到人们生活、工作的各个领域。

👓 **视野拓展**

互联网发展史上的重要事件

1969 年，美国国防部高级研究计划局建立的 ARPAnet 被认为是互联网的起源。1971 年，电子邮件被开发出来；1986 年，现代互联网的主干网络开始组建；1993 年，搜索引擎出现；1994 年，网络广告产生；1995 年，网上书店亚马逊上线，中国黄页开通；1998 年，搜狐诞生，京东成立，新浪网上线，3721 网站诞生；1999 年，8848 电子商务网站诞生，阿里巴巴平台发布，腾讯QQ上线，当当网上书店上线；2000 年，百度成立，移动互联网出现。

（二）互联网协议

互联网协议是由多个协议组成的，包括 TCP/IP、HTTP、SMTP、POP3 和 IMAP 等。

1. TCP/IP

TCP/IP，即 Transmission Control Protocol/Internet Protocol，中文译名为传输控制协议/因特网互联协议，又名网际协议、网络通信协议，是 Internet 最基本的协议、Internet 国际互联网络的基础，由网络层的 IP 和传输层的 TCP 组成。TCP/IP 规范了网络中所有的通信设备，尤其是一台主机与另一台主机之间的数据往来格式及传送方式，可保证所有送到某个系统的数据能够准确无误地到达目的节点；并且非常详细地规定了计算机在通信时应遵循的规则。

TCP/IP 采用了四层的层级结构，每一层都呼叫其下一层提供的网络来满足自己的需求。

这四层结构分别介绍如下。

（1）应用层：为应用程序间沟通的层，如简单邮件传送协议（SMTP）、超文本传输协议（HTTP）、文件传输协议（FTP）和网络远程访问（Telnet）协议等都属于该层的协议。

（2）传输层：提供节点间的数据传送及应用程序之间的通信服务，其主要功能是进行数据格式化、数据确认和丢失重传处理等。

（3）互联网络层：负责提供基本的数据封包传送功能，让每一个数据包都能够到达目的主机（但不检查是否被正确接收）。

（4）网络接口层：接收 IP 数据包并进行传输。

2. HTTP

HTTP 是指超文本传输协议（Hyper Text Transfer Protocol），是客户端浏览器或其他程序与 Web 服务器之间的应用层通信协议，也是互联网中最核心的协议之一。互联网的网络服务器上存放的都是超文本信息，客户机需要通过 HTTP 获取所要访问的超文本信息。

用户在浏览器的地址栏中输入的网站地址称为统一资源定位符（Uniform Resource Locator，URL）。在浏览器的地址栏中输入一个统一资源定位符或在网页中点击一个超链接时，URL 就确定了要浏览的地址。例如，URL "https://www.ryjiaoyu.com/book/details/48293" 的含义如下。

（1）"https://"代表超文本传输安全协议，通知 ryjiaoyu.com 服务器显示网页，通常不用输入。

（2）"www"即万维网（World Wide Web），通常简称 Web。

（3）"ryjiaoyu.com"是存储网页文件的服务器的域名或站点服务器的名称。

（4）"book/details"是该服务器上的两级子目录（或路径），与文件夹类似。

（5）"48293"是"文件夹"中的一个网页文件（或数据库中的一个资源）。

3. SMTP、POP3 和 IMAP

SMTP 是指简单邮件传送协议（Simple Mail Transfer Protocol），其作用是向用户提供高效、可靠的邮件传输服务。SMTP 的一个重要特点是它能够在传送中接力传送邮件，即邮件可以通过不同网络上的主机进行接力式传送。它在两种情况下工作：一种情况是电子邮件从客户机传输到服务器；另一种情况是电子邮件从某一个服务器传输到另一个服务器。

POP 是指邮局协议（Post Office Protocol），用于电子邮件的接收。它使用 TCP 的 110 端口，现在常用的是第三版，所以简称为 POP3。POP3 仍采用客户机/服务器工作模式。当客户机需要服务时，客户端的软件（如 Outlook Express、Foxmail 等）将与 POP3 服务器建立 TCP 连接，从而完成邮件的发送。

IMAP 是指互联网邮件访问协议（Internet Message Access Protocol），是通过互联网获取信息的一种协议。IMAP 提供了方便的邮件下载服务，能让用户离线阅读电子邮件。

（三）IP 地址

IP 地址也称网际协议地址，它给每台连接在互联网中的主机（Host）分配一个地址，使互联网上的每台主机都有一个唯一的地址，计算机利用这个地址在主机之间传递信息。常见的 IP 地址分为 IPv4 与 IPv6 两大类。

在采用 IPv4 技术时，IP 地址的长度为 32 位，分为 4 段，每段 8 位；用十进制数字表示，每段数字的范围为 0～255；段与段之间用英文句点隔开，如 159.226.1.1。IP 地址由两部分组成，一部分为网络地址，另一部分为主机地址。其中，网络

地址用来标识连入互联网的网络，主机地址用来标识该网络上的主机。

随着互联网及物联网的发展，人们对 IP 地址的需求量越来越大，而 IPv4 的网络地址资源有限。2011 年 2 月 3 日，由因特网编号分配机构（IANA）管理的 IPv4 即时可用分配地址耗尽。2019 年 11 月 25 日，全球所有 43 亿个 IPv4 地址已分配完毕。截至 2024 年 6 月，我国 IPv4 地址数量为 39 235 万个。

为了扩大地址空间，IPv6 应运而生。IPv6 采用 128 位地址长度，几乎可以不受限制地提供地址。它不仅可以实现计算机之间的联网，还可以实现硬件设备与互联网的连接，如家用电器、传感器、照相机和汽车等的联网。截至 2024 年 6 月，我国 IPv6 地址数量为 69 080 块/32，较 2023 年 12 月增长了 1.5%。

视野拓展

解释：IPv6 地址数量 69 080 块/32

IPv6 地址的长度为 128 位，/32 就意味着前 32 位为网络号，由国际互联网相关管理机构分配给各个国家或企业整体使用，每个企业获得一个/32 的 IPv6 地址。由于还剩余 96（128-32）位长度，这个长度意味着地址可再分配给约 2^{96} 个接口（一般情况下一个接口代表一个终端，当然，到了 IPv6 时代，由于地址数多了，也很可能出现一个终端使用多个接口的情况）用于联网。

我国拥有的 IPv6 地址数量为 69 080 块/32，意思是我国已经从国际互联网管理机构申请获得了 69 080 个网络号为 32 位的 IPv6 地址块，每个地址块又可提供大约 2^{96} 个有效地址。

（四）域名

由于 IP 地址是数字标识，使用时难以记忆，因此在 IP 地址的基础上发展出了一种符号化的地址方案，用以代替数字型的 IP 地址。每一个符号化的地址都与特定的 IP 地址相对应，这种与网络上的数字型 IP 地址相对应的符号化地址称为域名。在访问一个域名时，域名服务器会通过域名解析将域名转换成 IP 地址。

1. 域名的构成

这里以人邮教育社区的域名为例来说明域名的构成，它的网址（www.ryjiaoyu.com）由两部分组成：www 是网络名，ryjiaoyu.com 为域名。其中，标号"ryjiaoyu"是这个域名的主体，最后的标号"com"则是该域名的后缀，代表这是一个国际域名，是顶级域名。

域名中的标号由英文字母和数字组成，每一个标号不超过 63 个字符，字母不区分大小写。标号中除连字符（-）外不能含有其他标点符号。级别最低的域名写在最左边，级别最高的域名写在最右边。由多个标号组成的完整域名应总共不超过 255 个字符。

一些国家也纷纷开发使用由本国文字构成的域名，如德文、法文等。我国也开始使用中文域名，但在今后相当长的一段时间内，以英文为基础的域名仍然是主流。

表 2.1 域名及类型

顶级域名		域名类型
国际顶级域名	com	商业机构
	edu	教育机构
	gov	政府部门
	int	国际组织
	mil	军事部门
	net	网络提供商
	org	非营利组织
国家（地区）顶级域名	国家（地区）代码，如 cn、us	各个国家（地区）顶级域名

2. 域名的级别

域名可分为不同的级别，包括顶级域名（参见表 2.1）和二级域名等。

顶级域名分为两类：一类是国际顶级域名，如表示商业机构的是"com"，表示网络提供商的是"net"，表示非营利组织的是"org"；另一类是国家（地区）顶级域名，如中国是 cn，美国是 us，日本是 jp。

二级域名是指顶级域名之下的域名。在国际顶级域名之下，它是指域名注册人的网上名称，如 ibm、microsoft 等；在国家（地区）顶级域名之下，它表示的是注册企业的类别，如com、edu、gov、net 等。

3. 注册域名

域名的注册遵循先申请先注册的原则，管理机构对申请人提出的域名是否损害了第三方的权利不进行任何实质审查。同时，每一个域名都是独一无二、不可重复的。

与传统的知识产权领域相比，域名是一种全新的客体，具有其独特性，如域名可在全球范围内使用，没有传统的、严格的地域限制；域名一经获得即可永久使用，但需要定期续费；域名在网络上是唯一的，一旦注册，其他任何人不得注册、使用相同的域名，因此其专有性也是绝对的。另外，域名非经法定机构注册不得使用，这与传统的专利和商标等客体不同。

二、移动网络技术及二维码技术

（一）移动网络技术

1. 无线应用协议

无线应用协议（Wireless Application Protocol，WAP）是一个全球性的开放协议。无线应用协议定义可通用的平台，把目前互联网上 HTML 的信息转换成用无线标记语言（Wireless Markup Language，WML）描述的信息，显示在移动电话或其他手持设备的显示屏上。无线应用协议不依赖某种网络而存在，4G、5G 时代在一些特定领域仍在发挥作用。

2. 蓝牙与星闪技术

蓝牙（Bluetooth）是一种短距无线通信技术，有时候人们也把蓝牙适配器简称为蓝牙。蓝牙技术广泛应用于手机、笔记本电脑及其外设、汽车、家电、医疗设备等领域。

星闪（NearLink）是源自华为，由国际星闪联盟推动的新一代短距无线通信技术。星闪较蓝牙有时延短、稳定性强、功耗低、传输距离长及可同时连接设备多等诸多优势，在智能汽车、智能家居、智能终端和智能制造等领域有极为广阔的应用前景。

> 时延是指一个报文或分组从一个网络的一端传送到另一端所需要的时间。它包括发送时延、传播时延、处理时延、排队时延。时延=发送时延+传播时延+处理时延+排队时延。

3. 3G、4G 和 5G 技术

3G（Third Generation of Mobile Communications Technology，3rd-generation）是第三代移动通信技术的简称，是指支持高速数据传输的蜂窝移动通信技术。3G 能够同时传送声音（通话）及数据信息（电子邮件、即时通信等）。3G 的应用已由最初的无线宽带上网拓展到了视频通话、手机电视、无线搜索、手机音乐等领域。

4G（4th-generation）即第四代移动通信技术。4G 集 3G 与无线局域网（WLAN）于一体，能够传输高质量的视频图像，功能比 3G 更强，频带利用率更高，传输速度更快。

5G（5th-generation）即第五代移动通信技术。5G 具有传输速度快、时延短、连接能力强、应用广泛等优势。5G 的网速是 4G 的 10 倍以上；5G 的时延为 4G 的 1/10；5G 的网络连接容量更大，即使 50 个用户在同一个地方同时上网，网速也能达到 100Mbit/s 以上；"5G+"的应用场景广泛，如 5G+无人驾驶、5G+物联网、5G+工业、5G+零售、5G+教育、5G+医疗、

5G+农业等，市场可发掘空间巨大。

（二）二维码技术

二维码是用特定的几何图形按一定规律在平面（二维方向）上分布的黑白相间的记录数据符号信息的图形，是新一代条码技术。其具有信息量大、纠错能力强、识读速度快、全方位识读等特点。将手机需要访问、使用的信息编码应用到二维码中，利用手机的摄像头即可识读。

视野拓展
本书官网链接
二维码

1. 二维码的用途

二维码是移动互联网的强大入口。二维码营销是一种潜力很大的营销方式，企业通过二维码营销，可实现传播、引导、刺激购买等目标。

二维码的用途极其广泛，如信息（电话号码、邮箱地址、名片、无线网络、文本等）获取、网页跳转、优惠促销（下载优惠券、抽奖等）、防伪溯源、会员管理、转账支付、账号登录等。以前，消费者在看到某种商品后，要查询详细信息或者获取优惠券，需要通过手机搜索进行。而现在，消费者只需要扫描该商品的二维码，就可以直接浏览商品网页或者其他一些商家希望消费者看到的内容。

二维码还可用于显示商品相关信息。流通环节的任何用户，只要使用二维码扫描枪或装有二维码阅读软件的手机就可以读取商品相关信息，如生产者信息、运输者信息等，这在一定程度上可以帮助用户识别商品的真假。

2. 二维码的特点

二维码具有储存量大、保密性强、追踪性强、抗损性强、备援性强、成本低等特点，特别适用于手机购物、安全保密、追踪、存货盘点和资料备援等方面。

与条形码相比，首先，二维码信息容量大，是条形码信息容量的几十倍，能够对图片、声音、文字、指纹等可以数字化的信息进行编码并将其表示出来；其次，二维码容错能力强，具有纠错功能，译码时可靠性强，二维码在因穿孔、污损等出现局部损坏时，仍可以被正确识读，其译码错误率不超过千万分之一，远低于条形码百万分之二的错误率；最后，二维码可以引入保密措施，其保密性较条形码强很多。而与射频识别相比，二维码的最大优势在于成本更低。

互联网上有不少免费的二维码生成软件，用户只要输入相关的文本、网址、名片、图片、多媒体内容和微信账号等即可直接生成二维码。常见的二维码生成器有草料二维码、联图网、微微二维码等。

三、Web 开发技术

Web 是建立在互联网基础上的应用技术。Web 主要由 Web 服务器、Web 浏览器，以及一系列的协议和约定组成，它使用超文本和多媒体技术，以便人们在网上漫游、进行信息浏览和信息发布。它可以提供收发电子邮件、阅读电子新闻、下载免费软件、网络查询、聊天和网上购物等功能。

（一）Web 应用系统结构

B/S（Browser/Server，浏览器/服务器）结构是典型的 Web 应用系统结构。这种结构统一了客户端，将系统功能实现的核心部分集中到服务器上，简化了系统的开发、维护和使用流程。

B/S 结构采用的是浏览器请求、服务器响应的工作模式，如图 2.1 所示。

B/S 结构包括客户端和服务器端。用户可以通过浏览器访问互联网 Web 服务器上的文本、数据、图片、动画、视频和声音等信息。而每一个应用程序服务器又可以通过各种方式与数据库服务器连接，大量的数据实际存放在数据库服务器中。

B/S 结构的工作流程如下。

（1）客户端发送请求：用户在客户端提交表单操作，向服务器发送请求，等待服务器响应。

（2）服务器端处理请求：服务器端接收并处理请求，如涉及数据库，则需要访问数据库，然后才能对请求进行数据处理，并进行响应。

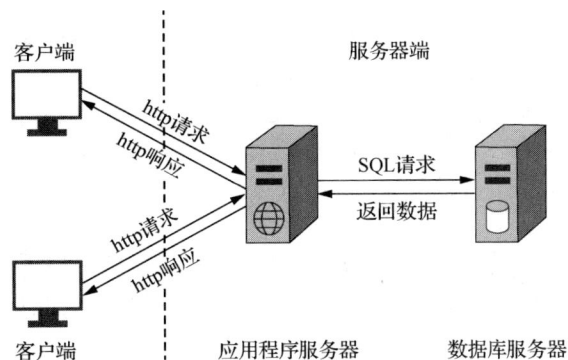

图 2.1　Web 应用系统 B/S 结构

（3）服务器端发送响应：服务器端把用户请求的数据（网页文件、图片、声音等）返回给浏览器。

（4）浏览器解释执行 HTML 文件，将页面呈现给用户。

（二）客户端技术

信息在客户端浏览器显示的样式，客户端对页面的控制、与服务器端的通信等均由客户端技术实现。常用的客户端技术有超文本标记语言（HTML）、脚本语言、可扩展标记语言（XML）、串联样式表和文档对象模型（DOM）等。这些技术各有优势，也各有适用的领域，这里只简要介绍前三种客户端技术。

1. 超文本标记语言

超文本标记语言是构建 Web 页面的主要工具，是用来表示网上信息的符号标记语言，是对标准通用标记语言（SGML）的简化实现。

超文本标记语言文档不仅制作起来不是很复杂，而且功能强大，支持不同数据格式的文件嵌入，这也是 Web 盛行的原因之一。它具备简易性、可扩展性和通用性等特点。

网页设计软件实现了超文本标记语言文档编写的"所见即所得"，使用起来十分方便。目前，常用的网页设计软件主要有 Adobe Dreamweaver 等。

2. 脚本语言

超文本标记语言可以实现文字、表格、声音、图像和动画等多媒体信息的显示。然而这种技术存在一定的缺陷，那就是它只能提供静态的信息资源，缺少动态的客户端与服务器端的交互。

脚本语言的出现，不仅使信息和用户之间不再仅是显示和浏览的关系，还实现了实时的、动态的、可交互的表达方式。脚本语言是一种新的描述语言，它可以被嵌入超文本标记语言的文件之中。脚本语言可以回应用户的需求，当用户输入一条信息时，信息不用经过传给服务器端处理再传回来的过程，可以直接被客户端的应用程序处理。

3. 可扩展标记语言

可扩展标记语言是专为 Web 应用而设计的，它是标准通用标记语言的一个优化子集，是由万维网联盟（W3C）于 1998 年 2 月发布的一种标准。它以一种开放的自我描述方式定义了数据结构，在描述数据内容的同时能突出对结构的描述，从而体现数据之间的关系。可扩展标记语言所组织的数据对应用程序和用户都是友好的、可操作的。

可扩展标记语言的精髓是允许文档的编写者制定基于信息描述、体现数据之间逻辑关系的自定义标记，以确保文档具有较强的易读性、易检索性和清晰的语义。因此，一个完全意义上的可扩展标记语言文档不仅要求有标准的格式，而且需要自行定义一些标签。它必须遵守文档类型定义（DTD）中已声明的种种规定。

（三）服务器端技术

随着电子商务的发展，静态网页越来越不能满足用户的需求。在此背景下，动态网页技术应运而生，逐渐成了电子商务系统中 Web 服务器端的基本实现方式。

1. 公共网关接口

公共网关接口（Common Gateway Interface，CGI）是运行在网络服务器上的可执行程序，它的作用是接收从客户端传过来的请求信息，然后运行服务器端的应用程序或数据库，再把结果转换为 HTML 代码并传送到客户端。

公共网关接口可以用许多编程语言来设计，如 C/C++、Java、Visual Basic 和 Perl 等，但必须遵守一定的规则。图 2.2 所示为公共网关接口运行示意图。

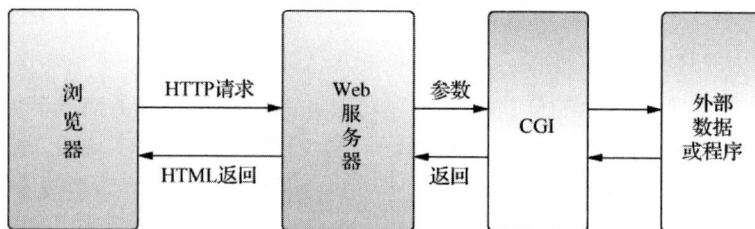

图 2.2　公共网关接口运行示意图

2. ASP

ASP（Active Server Pages，活动服务器页面）是在服务器端执行的程序，图 2.3 所示为 Web 程序语言运行示意图。ASP 由微软公司推出，实际上是一种在服务器端开发脚本语言的环境。利用 ASP 可以开发动态、交互、高性能的 Web 服务器端应用程序。因为脚本是在服务器端运行的，所以 Web 服务器在完成所有处理后，会将标准的 HTML 页面送往浏览器。

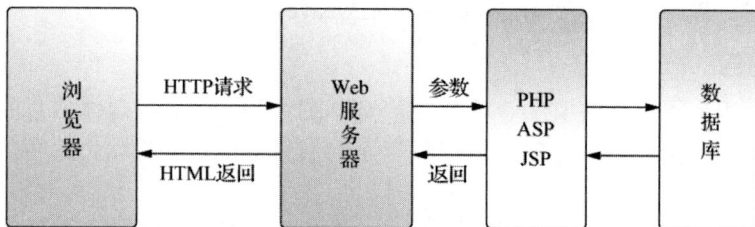

图 2.3　Web 程序语言运行示意图

ASP 技术存在很大的局限性，它只能运行于微软的操作系统平台之上，主要工作环境是微软的 IIS（Internet Information Server，互联网信息服务器）应用程序结构，又因 ActiveX 对象具有平台特性，所以 ASP 技术难以在跨平台 Web 服务器上工作，已经不是主流的开发技术。

3. JSP

JSP（Java Server Pages，Java 服务器页面）是由 Sun Microsystems 公司倡导，许多公司

参与并一起建立的一种动态网页技术标准。JSP 技术有点类似于 ASP 技术，它是在传统的网页超文本标记语言文档中插入 Java 程序段和 JSP 标记，从而形成 JSP 文件。用 JSP 技术开发的 Web 应用是跨平台的，既能在 Linux 下运行，也能在其他操作系统上运行。自 JSP 技术推出后，众多大公司都支持采用 JSP 技术的服务器，如 IBM、Oracle 和 BEA 公司等，所以 JSP 迅速成为商业应用的服务器端语言。

4. PHP

PHP（Page Hypertext Preprocessor，页面超文本预处理器）是一种超文本标记语言的内嵌式语言，是在服务器端执行的嵌入超文本标记语言文档的服务器端脚本语言。PHP 语言的风格类似于 C 语言。PHP 语言具有非常强大的功能，不仅能实现所有的公共网关接口的功能，而且支持几乎所有流行的数据库及操作系统。

（四）数据库管理技术

数据库是存储在计算机中的有组织、可共享的数据集合。数据库管理系统是为管理数据库而设计的计算机软件系统，一般具有存储、截取、安全保障、备份等基础功能。

早期比较流行的数据库模型有三种，分别为层次式数据库、网络式数据库和关系型数据库。而在当今的互联网中，最常用的数据库模型主要是关系型数据库和非关系型数据库。

关系型数据库是把复杂的数据结构归为简单的二元关系（即二维表格形式）。主流的关系型数据库管理系统有 Oracle、MySQL、SQL Server、Access 数据库等。

非关系型数据库也被称为 NoSQL 数据库，NoSQL 的本义是 "Not Only SQL"，意思是 "不仅仅是 SQL"，而不是 "No SQL"。因此，NoSQL 的产生并不是要彻底地否定关系型数据库，而是对传统关系型数据库进行有效补充。NoSQL 数据库在特定场景下具有难以想象的高效率和高性能。常用的非关系型数据库管理系统有 Memcached、Redis、MongoDB 和 Cassandra 等。

第二节　电子商务新技术

一、物联网

物联网（Internet of Things，IoT）是新一代信息技术的重要组成部分。顾名思义，物联网就是 "物物相连的互联网"，它有两层含义：第一，物联网的核心和基础仍然是互联网，它是在互联网基础上延伸和扩展的网络；第二，其应用场景延伸和扩展到了任何物体与物体之间的联通。

（一）物联网的概念与基本特征

物联网一词最早出现于比尔·盖茨于 1995 年所著的《未来之路》（*The Road Ahead*）一书中。1999 年，美国 Auto-ID 首先提出了 "物联网" 的概念，其主要建立在物品编码、射频识别技术和互联网的基础上。2005 年 11 月 17 日，在突尼斯举行的信息社会世界峰会（WSIS）上，国际电信联盟（ITU）发布了《ITU 互联网报告 2005：物联网》，正式提出了 "物联网" 的概念。根据国际电信联盟的描述，物联网是指通过为各种日常用品嵌入一种短距离的移动收发器，使人类在信息与通信世界里获得一个

视野拓展
物联网应用新闻

新的沟通维度，从任何时间、任何地点的人与人之间的沟通连接扩展到人与物和物与物之间的沟通连接。

物联网具有网络化、物联化、互联化、自动化、感知化、智能化等基本特征。

（1）网络化。机器到机器（Machine to Machine，M2M）的连接无论是无线还是有线形式，都必须形成网络；不管是什么形态的网络，最终都必须与互联网相连接，从而形成真正意义上的物联网（泛在性的）。

（2）物联化。人物相连、物物相连是物联网的基本要求之一。计算机和计算机连接成互联网，可以实现人与人之间的交流。而物联网就是在物体上安装传感器、植入芯片，然后借助无线或有线网络，让人和物体"对话"，让物体和物体"交流"。

（3）互联化。物联网是一个让人与自然界、人与物、物与物之间进行交流的平台。因此，在一定的协议条件下，实行多种网络融合互联，分布式与协同式并存，是物联网的显著特征。

（4）自动化。自动化指通过数字传感设备自动采集数据，根据事先设定的运算逻辑，利用软件自动处理采集到的信息，一般不需要人为干预；按照设定的逻辑条件，如时间、地点、压力、温度、湿度、光照等，可以在系统的各个设备之间自动进行数据交换或通信；对物体的监控和管理可自动按指令执行。

（5）感知化。各种物体都能被植入微型感应芯片，这样，任何物体都可以变得有"感觉"、有"知觉"。这主要是依靠射频识别设备、红外线感应器、定位系统、激光扫描器等信息传感设备来实现的。

（6）智能化。各类物体通过电子标签、传感器和二维码等与网络相连，配以人工智能软件，可实现人与物体的沟通和对话、物体与物体的沟通和对话。

（二）物联网的体系结构

物联网应用广泛，被称为继计算机、互联网与移动通信网之后的世界信息产业的第三次浪潮。物联网的体系结构大致可分为感知层、网络层和应用层三个层次（参见图 2.4）。

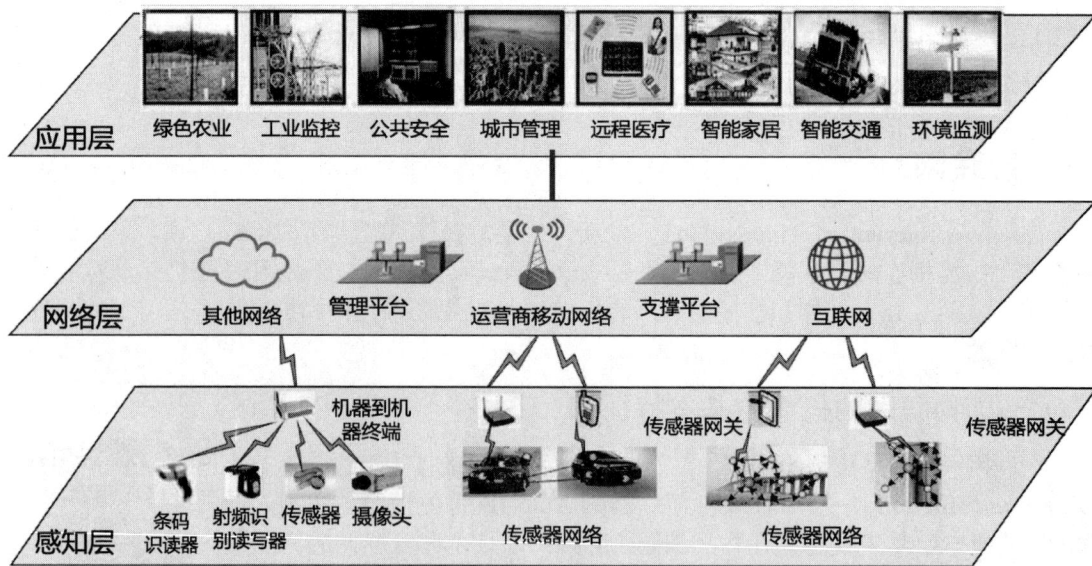

图 2.4　典型的物联网体系结构

物联网的感知层的主要功能是信息感知与采集。感知层主要包括条码识读器、射频识别读写器、传感器、摄像头等装置和设备，传感器主要有温度感应器、声音感应器、震动感应器、压力感应器等。感知层可完成物联网应用数据的采集和设备控制。

物联网的网络层是在现有通信网和互联网的基础上建立起来的，综合使用了 3G/4G/5G 网络、有线宽带、无线通信技术，实现了有线与无线的结合、感知层与通信网的结合。

物联网的应用层由各种应用服务器（包括数据库服务器）组成，可利用经过分析、处理的感知数据为用户提供丰富的特定服务。应用层服务可分为监控型（工业监控、环境监测等）、查询型（智能检索、远程抄表等）、控制型（智能交通、智能家居、路灯控制等）、扫描型（手机钱包、高速公路不停车收费系统）等。

微课堂
物联网的体系结构

（三）物联网的关键技术

从物联网的体系结构中可以看出，物联网产业链可细分为物体标识、感知、处理和信息传送等四个环节。另外，无论是智能手机、智能汽车还是智能仓储，定位都是不可或缺的技术。

1. 射频识别技术

物联网中，每个物体都需要用标签标识身份。射频识别（Radio Frequency Identification，RFID）技术是自动识别技术的一种，又称电子标签或无线射频识别技术，是一种融合了电子标签技术、短距无线通信技术和嵌入式技术的综合性技术，广泛应用于物联网设备。

2. 传感器技术

传感器是检测被测量的信息（如温度、湿度、光线强度、压力/压强、速度/加速度等）并能将检测到的信息按一定规律变换成电信号或其他所需形式输出的设备，以满足信息的传输、处理、存储、记录和控制等要求。

3. 数据处理技术

物联网的数据处理，初步的数据处理及存储一般由终端的嵌入式系统完成，大规模的数据处理及存储则要靠云计算技术进行。

4. 网络通信技术

网络通信技术按传输介质可分为有线通信技术和无线通信技术，按距离可分为短距通信技术和广域网络通信技术。

短距通信以无线为主，可选用的技术较多，如 Wi-Fi、射频识别、蓝牙、超宽带（Ultra Wide Band，UWB）、星闪等。其中，射频识别已成熟；超宽带这种新技术传输速率更高，适于高精度室内定位；星闪作为中国原生的新一代短距无线通信技术，应用前景极为广阔。

在广域网络通信技术方面，有互联网、3G/4G/5G、卫星通信技术等。

IPv6 使每个传感器都拥有 IP 地址成为可能，这为物联网的发展打下了良好的基础。

5. 定位技术

目前，主流的定位技术有卫星定位和室内定位。

卫星定位是较常见的定位技术，在生活中随处可见，如车载/手机导航都使用了卫星定位技术。美国全球定位系统（GPS）是投入使用最早、在民间使用非常广泛的卫星定位系统。我国的北斗卫星导航系统的服务范围在 2018 年年底由区域扩展为全球，有一定的后发优势。另外，比较成熟的卫星定位系统还有俄罗斯格洛纳斯卫星导航系统和欧洲伽利略卫星导航系统。

在卫星信号受遮蔽的区域（如库房、楼宇、隧洞等），则要用到室内定位。室内定位技术主要有手机基站、Wi-Fi、射频识别、蓝牙、超宽带、星闪等，无论哪种技术，多是通过计算移动终端相对于数个固定点位的远近、角度等得出移动终端具体位置的。

定位设备常采用多种技术的组合，以克服单一技术在某个方面的不足，如手机所用的定位系统多采用卫星定位与手机基站定位相结合的方式。

案例 2.1

传感器及卫星定位技术的应用

山东某公司依托物联网打造温室大棚智能监控平台，开展育苗生产。该公司将物联网技术引入温室大棚，在种苗培育阶段对每一个点进行实时动态监控，采集温度、湿度信息，保证各个工序被精确控制，使菜苗就像工业零件一样被生产出来；通过自动播种、自动喷水，自动调节温度、湿度，进行高效管理，从而应对环境的变化。5G信号已经覆盖整个种苗生产基地，负责人只要在手机App上进行简单操作，两千米之外的种苗培育大棚里，自动洒水机就可以开始行走，补光灯也相应亮起。应用这项技术，工作人员可以帮助千里之外的蔬菜种植者进行生产调控，使销售出去的种苗得到正确的技术指导，这样下游的种植效益也就有了保障。总之，物联网技术的应用大大提高了劳动效率，节省了育苗人工成本。

启发思考：本案例中，育苗生产是如何运用物联网技术减轻工人劳动强度的？

（四）物联网的应用

目前，我国的物联网行业处于稳步发展阶段，初步具备了一定的技术、产业和应用基础，呈现出良好的发展态势。《中国互联网发展报告（2024）》显示，移动物联网用户数量大幅增长，物联网应用进入规模化爆发期。

物联网的应用主要包括智能家居、智能穿戴、智能交通、智能医疗和智慧城市等。今天的物联网，无时无刻不存在于我们的生活中。国内比较成功的物联网的应用主要有列车车厢管理、第二代身份证、大部分高校的学生证、市政交通一卡通、高速公路电子不停车收费系统等。

在电子商务体系里，物联网的应用也非常广泛。现在的电子商务，产品的生产、存储、物流配送等各个环节都存在改进空间，物联网技术可以有效地解决这些问题。利用物联网，电商企业不仅可以实现对每一件产品的实时监控、对物流体系的管理，还可以对产品在供应链各阶段的信息进行分析和预测。在电子商务的库存层面，物联网技术可以通过对库存物品信息的实时感知，实现自动化库存管理，并和网上零售营销体系实现数据共享。在物流领域，物体标识和定位技术可将配送包裹模块化，让消费者、网上零售商户和物流公司三方实时获悉货物的位置。

二、云计算

云计算（Cloud Computing）是通过网络提供可伸缩的、廉价的分布式计算能力的一种技术。用户只要在具备网络接入条件的地方，就可以随时随地获得所需的虚拟化资源，如网络、服务器、存储、应用软件、服务等。

1. 云计算的模式

云计算包括公有云、私有云和混合云等三种模式。

（1）公有云面向所有用户提供服务，用户一般可通过互联网使用，如阿里云、腾讯云、华为云等。它使用户能够访问和共享基本的计算机基础设施，包括硬件、存储和带宽等资源。

（2）私有云是为某一个用户单独使用而构建的，因而可实现对数据、安全性和服务质量的有效控制。私有云既可以被部署在企业数据中心的防火墙内，也可以被部署在一个安全的

视野拓展

物联网智能时代

主机托管场所。私有云能保障用户的数据安全，目前有些企业已经开始构建自己的私有云。

（3）混合云是公有云和私有云两种模式的结合。企业在选择公有云服务的同时，出于对安全和控制的考虑，会将部分企业信息放置在私有云上。因此，大部分企业使用的是混合云模式。

视野拓展

什么是云计算

2. 云计算的应用

当前，云计算已比较普及，在电商、教育、医疗等诸多领域都得到了广泛应用。

如今在淘宝、京东开店，都是在云端完成的，其中不仅涉及计算能力、数据库、带宽租用，还包括客户关系管理系统、数据分析系统、媒体服务、安全管理等诸多服务。

云教育从信息技术的应用方面打破了传统教育的固有边界。云计算能够在校园系统、在线教育、公开课或慕课（MOOC）、数据归档、协同教学等多种教育场景中得到应用，从而降低教育成本，实现教育资源的共享和及时更新。

医药企业与医疗单位一直都是国内信息化水平较高的行业用户。在"新医改"政策的推动下，医药企业与医疗单位对自身信息化体系进行优化升级，以适应医改业务调整要求。在此影响下，以"云信息平台"为核心的信息化集中应用模式应运而生，进一步增强了医药企业与医疗单位的内部信息共享能力以及医疗信息公共平台的整体服务能力。

三、大数据

大数据（Big Data）是指无法在一定时间范围内用常规软件工具进行捕捉、管理和处理的数据集合，是需要采用新处理模式才能具有更强的决策力、洞察发现力和流程优化能力的海量、高增长率和多样化的信息资产。

（一）大数据处理流程

大数据技术，就是从各种类型的数据中快速获得有价值的信息的技术。一般来说，大数据处理流程包括以下四个步骤。

1. 大数据采集及预处理

在互联网时代，数据来源广泛，包括商业数据、互联网数据、传感器数据等；数据类型复杂多样，有结构化、半结构化及非结构化等多种类型。

大数据采集，就是从大量数据中采集有用的信息，为大数据分析打下基础，它是整个大数据分析中非常重要的一步。大数据的采集需要庞大的数据库作为支撑，有时也会利用多个数据库同时进行大数据的采集。

采集端有很多数据库，工作人员需要将这些分散的数据库中的海量数据全部导入一个集中的大的数据库中，在导入的过程中依据数据特征对其进行简单的清洗、筛选，这就是大数据的导入和预处理。

2. 大数据存储及管理

大数据存储及管理要用存储器把采集到的数据存储起来，建立相应的数据库，并进行管理和调用。这一步主要解决大数据的可存储、可表示、可处理、可靠性及有效传输等关键问题。

3. 大数据分析及挖掘

大数据分析指对已经导入的海量数据依据其本身的特征进行分析并对其进行分类汇总，以满足大多数常见的分析需求。分析过程需要用到大数据分析工具。

第二章 电子商务技术基础及新业态

35

数据挖掘则是从大量的、不完全的、有噪声的、模糊的、随机的实际应用数据中，提取隐含在其中的人们事先不知道的，但又是潜在有用的信息和知识的过程。数据挖掘涉及的技术方法很多，只有运用相对准确、合适的方法，才能从大数据中得到有价值的结果。

4. 大数据展现

大数据技术能够将隐藏于海量数据中的信息和知识挖掘出来，为人们开展社会经济活动提供依据，从而提高各个领域的运行效率。大数据展现方式包括图形化展示（散点图、折线图、柱形图、地图、饼图、雷达图、K 线图、箱线图、热力图、关系图、直方图、树图、平行坐标、桑基图、漏斗图、仪表盘等）和文字化展示等。

视野拓展
了解交通大数据
平台

（二）大数据的应用

大数据已被广泛应用于各个行业，包括制造、金融、汽车、互联网、餐饮、电信、物流、城市管理、生物医学等在内的各行各业都已经与大数据紧密融合（参见表 2.2）。大数据的应用往往是与云计算、人工智能及物联网紧密结合的。

表 2.2　大数据的应用

行业	应用范围
制造业	利用工业大数据提升制造业水平，包括产品故障诊断与预测、工艺流程分析、生产工艺改进、生产过程能耗优化、工业供应链分析与优化、生产计划与排程等
金融业	对高频交易、社交情绪和信贷风险等进行分析
汽车行业	无人驾驶汽车
互联网行业	分析用户行为，进行产品推荐和精准广告投放，为用户提供更加周到的个性化服务
餐饮行业	实现餐饮精准营销，改变传统餐饮经营方式
电信行业	实现用户离网分析，及时掌握用户离网倾向，出台用户挽留措施
物流行业	优化物流网络，提高物流效率，降低物流成本
城市管理	实现智能交通、环保监测、城市规划和智能安防
生物医学	实现流行病预测、智慧医疗、健康管理；研究 DNA，攻克医学难题

案例 2.2

大数据在煤矿监测领域的应用

据人民网-贵州频道2024年6月6日报道（吴有康、杨婧、杨志坚）贵州素有"江南煤海"之称，煤炭资源丰富。为了更好地加强煤矿生产的监管，贵州各地将大数据、5G等技术融入煤矿行业生产管理的各个环节，通过智能化建设提升煤矿安全生产水平。

在此过程中，贵州电网公司充分发挥电力大数据的优势，将电力大数据运用到"煤矿用户监测"领域，通过对用电数据的分析，能在一定程度上掌握煤矿企业是否生产、是否存在故障等状态。

在2022年，贵州电网公司与贵阳市工信局建立合作机制，选取贵阳为试点，按照政府指导、电网主建的模式，共同开展煤矿监测应用建设。依托计量自动化系统，开发出"煤矿监测"安全态势分析预警系统，形成了数据收集、监测、分析、预警、现场核查、整改、反馈的全过程闭环工作机制。

系统通过对煤矿用电大数据的动态分析，可实现对煤矿违法违规生产行为的预测预警，为政府部门远程监管监察、现场检查等提供数据支持，突破了煤炭领域的关键性难题。系统可监测疑似偷产、超额生产等信息。以私自开采为例，贵阳某县3家矿业公司在名录中属停产企业，系统监测到其用电负荷超出模型标准，立即向政府相关部门推送"疑似偷采"预警信息，生成待办事项，随即由现场人员开展核查。

此外，系统可监测煤矿企业骤停骤启现象，为企业提供用电数据异常情况下的设备检修提醒等服务。例如，系统曾监测到某市某矿业公司在正常运营过程中出现日用电量突降，判定该用户有设备骤停嫌疑，立即向用户推送检修提醒，避免了因设备异常导致的灾害事故发生。

启发思考：总结大数据在煤矿监测中的应用。

四、人工智能

人工智能是计算机科学的一个分支，可以对人的意识、思维过程进行模拟。该领域的研究包括机器人、语音识别、图像识别、自然语言处理和专家系统等。

1. 人工智能的关键技术

人工智能已经逐渐发展为一个庞大的技术体系，其中较关键的技术有以下几项。

（1）机器学习，是一门多领域交叉学科，涉及统计学、系统辨识、逼近理论、神经网络、优化理论、计算机科学、脑科学等诸多领域。机器学习主要研究计算机怎样模拟或实现人类的学习行为，以获取新的知识或技能，重新组织已有的知识结构，使之不断改善自身的性能。

（2）深度学习，是机器学习研究中的一个新领域，其动机在于建立模拟人脑进行分析、学习的神经网络。它模仿人脑的机制来解释图像、声音和文本等数据。

（3）人机交互，主要研究人和计算机之间的信息交换，它是人工智能领域重要的外围技术。人机交互与认知心理学、人机工程学、多媒体技术、虚拟现实技术等密切相关。人机交互技术除了传统的基本交互和图形交互外，还包括语音交互、情感交互、体感交互及脑机交互等技术。

（4）自然语言处理，是研究人与计算机交互语言问题的一门学科。它主要研究的是能实现人与计算机之间用自然语言进行有效通信的各种理论和方法，涉及的领域较多，主要包括机器翻译、机器阅读理解和问答系统等。

（5）机器视觉，就是用机器代替人眼来进行测量和判断，让机器拥有类似于人类的提取、处理、理解及分析图像和图像序列的能力。机器视觉系统通过机器视觉设备（即图像摄取装置）将被摄取目标转换成图像信号，并传送给专用的图像处理系统，得到被摄取目标的形态信息，根据像素分布和亮度、颜色等信息，将其转换成数字信号，图像处理系统再对这些信号进行各种分析并抽取目标特征，根据判别的结果来控制现场的设备动作。

2. 人工智能的应用

人工智能具有广阔的应用前景，目前"AI+"应用已经比较广泛。下面介绍人工智能应用最多的几大领域。

视野拓展
人工智能的应用领域

（1）智能家居，主要是指基于物联网技术，由智能硬件、软件系统、云计算平台等构成的一套完整的家居生态圈，用户可以对设备进行远程控制，设备间可以互联互通，并进行自我学习等。智能家居系统能整体优化家居环境的安全性、节能性、便捷性等，常见的有海尔智慧家电、小米智能家居（包括小米手机、小米电视、小米路由器三大核心产品）等。

（2）智能零售。人工智能在零售领域的应用已经十分广泛，无人便利店、重力感应无人售货机、自助结算、情绪识别系统、人脸识别技术及生物识别支付技术等已经逐步应用于新零售领域。智能零售正在一点一滴地改变人们的生活。例如，亚马逊实体店（Amazon Go）

用人工智能系统和设备取代收银员，优衣库用人工智能倾听顾客的心声。

（3）智能交通。智能交通系统是人工智能、物联网、云计算及大数据在交通系统中集成应用的产物。我国通过采集和分析车辆流量、行车速度等数据对交通进行监控和调度，有效地增强了道路通行能力、简化了交通管理、降低了环境污染。

（4）智能医疗。医疗是人工智能应用的一大领域。智能医疗在辅助诊疗、疾病预测、医疗影像辅助诊断、药物开发等方面发挥了重要作用。目前，比较流行的可穿戴设备，如智能手环、手表等，具有心血管状况监测、血压监测、睡眠监测、运动计步、行走里程计数、热量消耗统计等多种功能，对个人的疾病预防和医疗保健具有辅助作用。

（5）智能教育。智能教育通过图像识别可以实现机器批改试卷、识题答题等，通过语音识别可以纠正、改进学生的发音；而人机交互可以用来进行在线答疑解惑等。人工智能和教育的结合可以从工具层面给学生提供更有效的学习方式。

（6）智能物流。智能物流指利用集成智能化技术，使物流系统能模仿人的智能，具有思维、感知、学习、推理、判断和自行解决物流中的某些问题的能力，实现货物运输过程的自动化运作和高效率优化管理，提高物流行业的服务水平，降低成本，降低自然资源和社会资源消耗。目前，物流行业的大部分人力分布在"最后一公里"的配送环节，京东、苏宁、菜鸟争先研发无人车、无人机、无人仓等，都是为了抢占市场先机。

（7）智能安防。在我国大部分城市，视频监控已经实现了公共场合全覆盖。人工智能监控设备的出现，成为打击犯罪的一大利器。

3. 人工智能大模型与生成式人工智能

人工智能大模型（Large Model）是指拥有庞大参数（通常在 10 亿个以上）的神经网络模型，这种模型能够通过学习海量数据来优化性能，以完成自然语言处理、图像识别等各种复杂任务。大模型推动了生成式人工智能（Artificial Intelligence Generated Content，AIGC，人工智能生成内容）的发展。

生成式人工智能的研发和部署成本极高，中小企业难以负担，但可以利用 OpenAI 的 GPT 系列、百度的文心一言、华为的小艺、科大讯飞的讯飞星火等模型开展工作。在电商领域，京东、阿里巴巴等电商平台都研发并部署了自己的生成式人工智能产品。这些产品不仅能根据用户要求生成文本、图像、视频，还能完成智能化选品、流量运营质量提升、个性化推荐、虚拟试穿（用）、客服系统优化、智能化广告投放等更复杂的任务，有效提高运营效率、降低运营成本。

第三节　电子商务新业态新模式

新业态是指基于不同产业间的组合，企业内部价值链和外部产业链环节的分化、融合，行业跨界整合，以及嫁接信息及互联网技术所形成的新型企业、商业乃至产业的组织形态。信息技术革命、产业升级、消费者需求倒逼是推动新业态产生和发展的三大重要因素。

近年来，以社交电商、内容电商、共享经济、在线教育、互联网医疗、在线旅游等为代表的电子商务新业态新模式迅猛发展（跨境电商、直播电商在后面的章节中介绍），深刻改变着人们的消费习惯。无论在城市还是乡村，数字消费新亮点频出，各项新技术加速落地应用。

一、社交电商

所谓社交电商，是指将关注、分享、沟通、讨论、互动等社交化的元素应用于电子商务交易过程。与传统电商相比，社交电商是先通过社交激发用户的购买需求，然后促使其实施购物行为；而传统电商是用户先产生强烈的购买需求，再根据需求有目的地购物。

常见的社交电商模式有以下几种。

1. 拼购型

（1）拼购型社交电商是用户以社交分享的方式进行组团，组团成功后可以享受更大的优惠，这种购物方式可提升用户的参与积极性，让用户主动分享商品，提高商品的曝光率和销量。这种模式以拼多多、淘特等为代表。

视野拓展

拼多多商业模式

拼购型是拼多多得以迅速兴起的一种社交电商模式。拼多多以团购价销售某种商品，用户可以将拼多多拼团的商品链接发给好友，拼团成功则成交，如果不成功，则会退款。这种在朋友圈、微信群发团购链接的操作风行一时，拼多多由此通过社交网络实现了裂变营销，得以迅速壮大。

通过朋友圈、微信群拼团发展新用户是移动电商与社交媒体相结合的创新商业模式，拼多多很好地利用了社交媒体，以用户发展用户的模式迅速打开了市场。

（2）特点：①通过低价诱惑，利用社交流量传播、拉新，用户留存效率较高；②厂商直接面向终端消费者，能有效控制成本，实现薄利多销；③平台对供应链、商品质量、物流、售后等环节控制力弱。

2. 会员分销型

（1）会员分销型社交电商是指企业将消费者发展为"会员"，使会员拥有代理商品并发展新会员的权利。这种模式相当于将消费者发展为自己的销售员，以销售利润刺激其不断通过自己的社交关系发展新会员。大部分分销平台上游连接商品供应方，为会员提供供应链、仓储、物流、售后客服等一系列服务。云集是会员分销型社交电商模式的代表。这种模式类似于直销模式网络化，终端消费者难以通过这种方式获得物美价廉的商品，所以发展情况一般。

（2）特点：①会员本身既是消费者，同时又是销售员；②推介、预售商品的方式让厂商易于收集消费需求进行定制生产，推动 C2M 发展；③会员是平台和消费者之间的纽带，会员黏度、忠诚度影响平台的收益和发展。

3. 社区团购型

（1）社区团购是融合拼购和会员分销的新模式，主要围绕线下生活社区，以社群为主要交易场景，以熟人社交关系为纽带，平台通过团长触达社区居民，完成销售。社区团购平台提供产品供应链、物流、仓储及售后支持；团长（通常是社区便利店老板或快递点老板）负责社群运营、订单收集、商品推广及货物分发等工作。社区居民加入社群后以低价参与拼团。在社区居民加入社群并通过微信小程序或 App 下单后，社区团购平台将商品统一配送至团长处，由社区居民上门自取或团长配送。这种模式以兴盛优选、多多买菜、美团优选等为代表。

（2）特点：①以社区为中心，主要品类集中在生鲜品类；②市场比较分散，规模化能力成为竞争关键；③省去开实体店的高租金、人力成本，轻运营模式易于规模化复制，扩张速度快。

4. 内容分享型

（1）内容分享型社交电商兼具内容电商和社交电商的特点，即通过社交渠道将内容呈现在消费者面前，吸引消费者购买。同时，该模式也鼓励消费者自己创作内容，如使用体验、购物心得等，并将其发布到社交媒体中，使商品信息得到二次传播。这种模式以小红书、宝宝树等为代表。

（2）特点：①通过内容和商品消费让志趣相投的消费者聚集，获得他人对自身生活方式的认同感；②消费者分享商品购买心得，为其他消费者节省甄选商品的时间和精力，降低购买商品时的筛选成本；③关键意见领袖通过发表高质量的内容吸引读者或观众，获得粉丝，从商品推荐中获得收益；④重视内容生产能力，平台供应链管理难度大，商品质量和售后服务等的管理难度大。

二、内容电商

内容电商是指在互联网信息碎片化时代，创作者通过形式多样的内容传播商品信息，引导消费者从更深层次理解商品，触发消费者的情绪共鸣和兴趣，使其产生购物行为。创作者采取的内容传播形式通常为图文、直播、音视频等。内容电商完整的内容供应链包括内容创作→内容分发→内容转化。

内容电商的本质是以内容连接人的情感，以内容为手段，吸引具有共同爱好和价值观的用户，形成高忠诚度的社群，并为他们推介合适的商品和服务，实现内容变现。

（一）内容电商的类型

1. 按内容创作者的类型不同分类

（1）基于 UGC（User Generated Content，用户生成内容）的内容电商，是指内容平台通过各种分成或激励政策吸纳内容创作者加入并分享原创内容，在用户阅读、观看内容的过程中实现内容变现。在这种内容电商模式下，内容平台本身不生产内容，负责主导内容的聚合、分发、变现及利益分成；内容生产者往往依附于平台，负责生产各种图文、视频或直播等内容，如微信的公众号、微博、知乎的问答社区等。

（2）基于 PGC（Professional Generated Content，专业生成内容）的内容电商，是指通过提供更高质量的、具有品牌调性的、人格化的内容，与用户建立情感连接，以用户运营为中心的内容电商模式。UGC 和 PGC 的区别本是有无专业的学识、资质，在所创作内容的领域是否具有一定的知识背景和工作资历；但在实际的内容创作中，二者并没有明显的区别。有些时候，UGC 中有一部分可以称为 PGC，只是这部分内容相当稀缺，如音视频课程、专业网站的新闻等形式。

（3）电商平台的内容运营，是指电商平台的运营者通过平台渠道，利用文字、图片、视频或直播等形式将商家信息友好地呈现在用户面前，并激发用户参与、分享和传播的完整运营过程，如淘宝直播等。

2. 按照平台运营模式的不同分类

常见的内容电商主要有电商平台内容化和内容平台电商化两种平台运营模式（见图2.5）。

（1）电商平台内容化是指运营主体在原有的电商模式上，增加内容板块，建立内容宣传矩阵，满足用户泛娱乐需求，实现平台拉新和促活。电商平台通过内容宣传扩大品牌影响力并提升粉丝黏度、提高用户转化率，主要的代表平台有淘宝、京东、苏宁等。

（2）内容平台电商化主要是指运营主体通过创作内容，建立自有品牌，在积累一定粉丝量的基础上引入电商业务，接入商品服务进行流量变现，主要的代表平台有今日头条、抖音、快手等。

学而思，思而学

举例说明电商平台内容化与内容平台电商化的区别和联系。

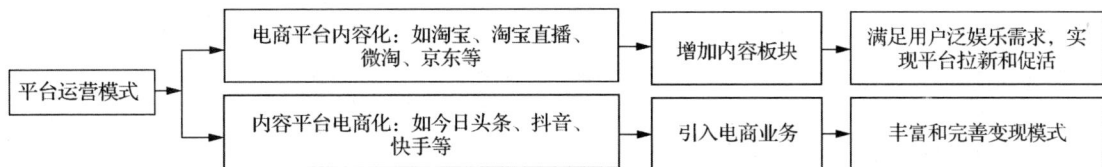

图 2.5　内容电商平台运营模式

（二）内容电商的运作模式

内容电商运作参与者一般包括内容生产者、高忠诚度社群、商品或服务的消费者等，具体运作模式如下（见图 2.6）：①内容生产者创作优质内容，吸引粉丝，形成高忠诚度社群；②高忠诚度社群扩大流量规模，进行二次推广，转化为商品或服务的消费者；③商品或服务的消费者促进高忠诚度社群的发展，提高商品或服务的影响力，也可能转换成内容生产者。

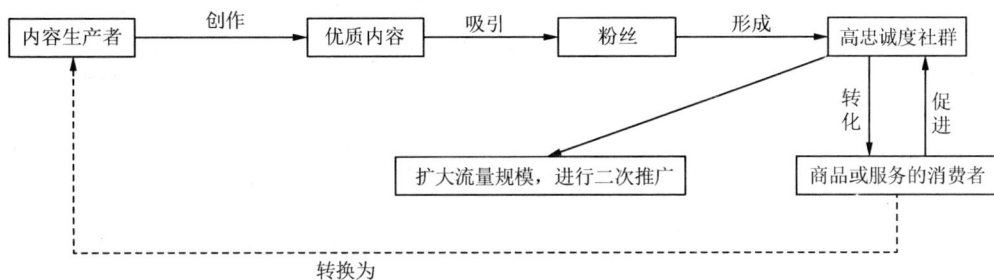

图 2.6　内容电商的运作模式

三、共享经济

共享经济是一种以信任机制为纽带，共享经济平台整合拥有闲置资源的机构或个人，供给方让渡资源使用权给需求方，从而获取一定报酬的经济模式。在共享经济模式下，供给方通过在特定时间内让渡物品的使用权或提供服务来获得一定的经济回报；需求方不直接拥有物品的所有权，而是通过租、借等方式使用需要的物品。

（1）共享经济的物质基础：社会中存在大量的闲置物品或资源，催生出活跃的个人或者企业间的共享行为，其实质是闲置资源的使用权交易。

（2）共享经济的技术基础：互联网技术不断进步、移动终端不断普及、移动支付不断完善。

（3）共享经济的信任基础：社会征信体系不断完善，为共享经济的发展提供了良好、可靠的信用安全保障。

（4）共享经济的理念基础：重使用而轻占有的新型消费观、发展观，丰富了消费者的消费形式，促进了可持续发展理念的现实化。

（一）共享经济的组成要素

共享经济的基本组成要素包括主体、客体和平台。

1. 共享经济的主体

共享经济的主体即共享经济的供需双方。共享经济主要通过集聚来实现规模经济和供需匹配，是一个典型的双边市场。供给方在共享经济模式中始终保有共享产品所有权、暂时让渡使用权，需求方虽未获得共享产品的所有权，但以较低价格满足了自身需求，供给方也因暂时让渡闲置物品的使用权而获得了额外收益。

共享经济发展之初，交易主体是个人，交易双方进行点对点的交易。随着共享经济不断向更多领域渗透、交易规模不断扩大，其主体范围逐渐扩大至具有交易能力和意愿的个人、组织或企业。根据供需主体类型的不同，共享经济可以分为 B2B、B2C、C2C、C2B 等四种模式。

（1）B2B 共享经济模式。基本特点为企业利用共享经济平台将闲置资源出租给另外一家企业。例如，共享经济平台把众创空间聚合起来做成搜索平台，想要租办公场地者在这个平台上可了解租金、办公环境、后勤服务等，有闲置众创空间的企业和有办公空间需求的企业都能从中获利。

（2）B2C 共享经济模式。基本特点为企业将闲置资源出租给个人，典型代表有共享单车、共享充电宝等。

（3）C2C 共享经济模式。基本特点为将个人闲置的固定资产、资金、技能等提供给有需要的他人，典型代表有滴滴出行等。

（4）C2B 共享经济模式。基本特点为个人向企业提供个人技能、闲暇时间等以获取收益，典型代表有众包、零工经济等。

问与答

问：什么是众包？什么是零工经济？

答：众包指公司或机构将过去员工完成的工作任务以自由、自愿的方式外包给非特定公共志愿者的做法，如美团众包、京东众包等。

零工经济是共享经济的一种重要的组成形式，是人力资源的一种新型分配形式。在这种经济形式中，大量自由职业者和雇主通过平台实现供需快速匹配，没有固定工作时间和地点，往往按照项目计酬。当下，自媒体、短视频、直播带货领域存在大量零工经济。

2. 共享经济的客体

共享经济的客体是没有得到充分利用的资源，即闲置资源。在共享经济模式下，闲置的海量资源可以提供给真正需要的人，使其潜力被释放出来，创造新的价值。目前，共享经济的客体不局限于物品和服务，也发展至知识、劳务、资金等众多领域。

闲置的物品或服务在现代技术下完成切分和重组，以平台先进的定位技术和实时信息分享功能为技术支撑。知识技能型分享平台的典型代表有 51Talk、知乎等，劳务型共享如 58 同城提供的家政服务。它们都在互联网分享平台的帮助下，突破了时空的限制，克服了异地见面的巨大交易成本。随着互联网向金融领域的渗透，产生了金融行业的共享经济，其目前以新生金融机构为主，涵盖了投资、融资以及支付领域，能够很好地服务于中小企业，特别是科技创新类企业。

3. 共享经济平台

共享经济平台本身可能并不投入商品或服务进入经济活动，只是作为运营管理者，建立起资源集约和需求匹配的低成本接入平台，构建交易与互动机制，实现市场中供给侧与需求侧双边市场主体的精准对接。共享经济平台其实是一种大数据化的"中介"，融合了网络空间和现实空间，使共享经济具有快速、廉价且隐形的特点。根据运营模式，共享经济平台可以分为以下三类。

（1）知识共享平台，如喜马拉雅、知乎等，主要共享知识性信息，拥有丰富经验和知识的用户可在上面分享自己的知识性产品。

（2）共享交易平台，如滴滴、爱彼迎（Airbnb，一个旅行房屋租赁社区），提供产品和服务的供求信息，也提供和参与签约服务，且契约表现出三方相互牵制的特征。

（3）共享资产管理组织，如神州租车、自如公寓等。其标的物通常是标准化程度较高的资产，平台拥有共享标的的所有权，统一经营用户，通过对剩余控制权的管理获得协同消费的增值。

（二）共享经济的发展现状

《中国共享经济发展报告（2021）》将共享经济分为知识技能、共享医疗、生产能力、生活服务、交通出行、共享办公、共享住宿等七大领域，共享经济的新模式层出不穷，在供给端整合线下资源，在需求端不断为用户提供更优质的体验。

《中国共享经济发展报告（2023）》显示，2022 年我国共享经济继续呈现巨大的发展韧性和潜力，全年共享经济市场交易规模约 38320 亿元，同比增长约 3.9%，生活服务、生产能力和知识技能等三个领域共享经济市场规模居前三位。受多种因素的影响，共享办公、共享住宿、交通出行等三个领域共享经济市场规模显著下降。

四、在线教育

在线教育，也称远程教育、网络教育，即为了教育、培训和知识管理而进行的在线信息传递。在线教育中的教与学可以不受时间、空间和地点等条件的限制，知识获取渠道灵活多样。近年来，我国在线教育市场的规模不断扩大，既有传统教育与互联网的结合，也有互联网巨头布局的在线教育，逐渐演化出了多种不同类型的在线教育商业模式。从电子商务模式的角度，在线教育一般可分为以下几种类型。

1. B2C 在线教育模式

B2C 在线教育模式的授课形式不断演变，从录播课程到直播，从大班授课到一对一授课，通过充分满足消费者需求来留住消费者。采用 B2C 模式的在线教育公司担任教育自营主体的角色，其课程产品一般属于相对垂直的教育领域，如语言培训、职业培训、技能培训等。

2. C2C 在线教育模式

C2C 在线教育模式经常被通识类课程的教学平台采用，集众人之力，为平台提供更全面的内容支持。例如，荔课、网易云课堂采用的就是 C2C 在线教育模式。

网易云课堂是网易公司打造的在线实用技能学习平台，主要为学习者提供大量优质的课程。学习者可以根据自身的学习需求，自主安排学习进度。网易云课堂用户除了能学习相关课程，还能申请成为个人讲师。申请方法：在网易云课堂首页底部单击"联系我们"→"讲师入驻入口"→"个人讲师入驻申请"。

当然，无论是在线教育的初创公司还是在线教育行业巨头，同样会面临讲师的素质不一、内容输出周期无法保障等问题，名师资源的争夺更是各个 C2C 在线教育平台需要解决的重要问题。

3. O2O 在线教育模式

O2O 在线教育模式主要是从"线上"将用户和流量引导到"线下"，将学习场景放在线下。O2O 在线教育平台大多将机构和教师的信息集中起来，然后分发给用户，它能够在一定程度上提升用户的筛选效率和扩大用户的选择空间，并且能为中小机构带来流量。

4. B2B 在线教育模式

B2B 在线教育模式最早是由早期门户网站（如百度、搜狐、新浪）为教育培训机构提供信息浏览服务，并通过用户导流，帮助教育培训机构将普通用户转化成付费用户的一种类型。

转型期的 B2B 在线教育模式更像在线教育的整体解决方案，比较常见的是为企业提供在线教育平台及相关服务工具，或向学校和社会培训机构提供多媒体学习内容和平台，如 2015 年新东方发布的"新东方教育云"。当然，单纯的 B2B 服务从技术上为教育企业提供了转型的客观条件，但是其核心仍在于企业对用户提供课程的价值，企业的痛点在于如何获取更多的流量。

五、互联网医疗

科技革新与消费需求升级是商业领域得以重塑的两大推动力，在医疗健康服务领域也是如此。在这两大推动力的作用下，现今的医疗健康服务领域出现了许多创新的商业模式。

1. 互联网医疗分类

互联网医疗（电子商务）主要指面向 C 端的医疗健康互联网产品。互联网医疗可以划分为以下几种类型。

（1）围绕"疾病"来提供健康服务。此类互联网医疗平台按照疾病类别提供健康服务，患者可以办理在线预约挂号、就医咨询、境外就医联系、住院信息查询等事项。常见的网站或 App 有平安好医生、好大夫在线、微医、春雨医生等。

（2）围绕"药品"来提供健康服务。此类互联网医疗平台依据各自对药品产业链的把控提供相应服务，常见的业务板块有在线找药（指常见药）、寻找稀缺药、药品咨询、购药、用药管理、慈善赠药等。常见的网站或 App 有天猫医药馆、1 药网、京东大药房、好药师、掌上药店、叮当快药、石榴云医等。

（3）围绕"内容"来提供健康服务。此类互联网医疗平台依据各自的健康知识库提供文字、语音、视频、直播、点播、搜索等类型的健康服务，常见的业务板块有患者自诊、医药百科、健康讲座视频、医药专业文章、健康搜索、健康直播等。常见的网站或 App 有快速问医生、寻医问药网、39 健康网等。

互联网医疗还可以按病患就诊阶段划分为诊前、诊中和诊后等三个阶段。

2. 在线问诊的模式

在线问诊是互联网医疗服务的主要形式。目前，在线问诊的模式主要有轻问诊模式、视频问诊模式和导医导药模式等。医生的响应时间根据不同模式也各有差异，从 15 分钟到 24 小时不等。

（1）轻问诊模式。轻问诊模式主要通过手机短信、在线问答、电子邮件等文本交流方式为客户提供医疗服务。客户描述症状、提出疑问，同时可附加图片或检查报告等，医生根据客户提供的信息为其提供基础性的诊断意见、建议和治疗方案。轻问诊模式自 2011 年起在国内有了一定的客户群，春雨医生、快速问医生、百度健康问医生等都属于轻问诊模式。通常，这类平台的响应速度相对较快，如春雨医生承诺 15 分钟内就能给出答复。

（2）视频问诊模式。通过视频进行的在线问诊对医生的专业水平要求更高，但因为沟通更充分，医生能掌握的信息相对更丰富，因而其为客户提供的诊断或建议的准确性更高。

（3）导医导药模式。通常情况下，客户完成在线问诊后，如果还有后续行为，则往往可分为去医院和去药店两类价值客户。在线问诊平台多通过与医院、药店的合作"引流"实现赢利，将客户引入线下医院就诊和治疗即导医模式，将客户引至附近的医院、药房或电商平台购药为导药模式。医院、药店会向在线问诊平台支付佣金。

六、在线旅游

在线旅游（旅游电子商务）指通过电话呼叫中心、网络等方式为消费者提供与旅游相关的信息、产品和服务。在线旅游包括在线机票/火车票预订、在线客房预订和为游客提供的其他旅游产品及服务（如保险、Wi-Fi 等）。按照不同的标准，在线旅游可以分为不同的类型。

按交易类型划分，在线旅游可分为旅游 B2B 模式、旅游 B2C 模式和旅游 C2B 模式。

1. 旅游 B2B 模式

旅游业是一个由众多子行业构成、需要各子行业协调配合的综合性产业，食、宿、行、游、购、娱等各类企业之间存在复杂的代理、交易、合作关系。旅游 B2B 模式一般分为以下几种类型。

（1）旅游企业之间的产品代理，如旅行社代订机票与客房，旅游代理商代售旅游批发商组织的旅游线路产品。

（2）组团社（与游客签订合同的旅行社）之间相互拼团，也就是当两家或多家旅行社经营同一条旅游线路，并且出团时间相近，而每家旅行社只招揽到为数较少的游客时，这些旅行社在征得游客同意后可将客源合并，交给其中一家旅行社运作，以实现规模运作从而使经营成本降低。

（3）旅游地地接社（旅游地负责接待、服务的旅行社）批量订购当地客房、景区门票等。

（4）客源地组团社与旅游地地接社之间进行的委托、支付等。

2. 旅游 B2C 模式

旅游 B2C 模式的 B 端一般是 B2C 在线旅游网站或 App，旅游散客可在上面获取旅游目的地信息、自主设计旅游活动日程表、预订客房和车船机票等，也可报名参加旅行团，通过在线旅游网站或 App 订房、订票。典型的旅游电子商务 B2C 平台有携程旅行网、途牛旅游网等。

未来，旅游 B2B 平台将往 C 端延展，旅游 B2C 平台将往 B 端延伸，打造 B2B2C 交易模式，整合旅游产业链上下游资源，完成旅游交易闭环，形成全新、健康、循环的旅游生态圈。

3. 旅游 C2B 模式

旅游 C2B 模式指由客户提出需求，然后由企业通过竞争满足客户的需求，它和定制旅游较相似。旅游 C2B 模式主要通过在线旅游中间商（专业旅游网站、门户网站旅游频道等）运作。这类在线旅游中间商提供一个虚拟开放的网上中介市场和信息交互平台。旅游 C2B 模式是一种由需求方主导的交易模式，客户在市场交易中占主体地位。国内专业的旅游 C2B 平台还未发展起来，综合性平台如携程旅行网、去哪儿网等都有 C2B 业务。

视野拓展

旅游产品的类型

观光旅游产品：自然风光、名胜古迹、城市风光等。度假旅游产品：海滨、山地、温泉、乡村、野营等。专项旅游产品：文化、商务、体育健身等。生态旅游产品：按产品性质划分，可分为生态观光旅游、生态度假旅游和生态专项旅游。生态旅游是指以注重生态环境保护、回归自然为基础进行的旅游活动。旅游安全产品：旅游意外保险产品、旅游防护用品等。

实训案例

人工智能重塑电商生态

据《每日经济新闻》2024年3月14日报道，随着互联网及移动互联网技术的蓬勃发展，线上消费成为主流。电商的诞生源于技术，如今依然是技术引领方向。随着生成式人工智能 ChatGPT、Sora 等大模型面世，人工智能技术的新浪潮卷向电商领域，平台、商家、用户、商品这四者之间的传统商业模式逐渐改变，电商生态会被重塑。

人工智能在电商领域的应用主要包括以下几方面。

（1）智能选品。选品处于电商生意的前端。选品需要洞察用户的需求，筛选、对比和分析商品的优劣势，最终找到"爆款"并进行差异化定位等。智能选品在跨境电商中的应用已经很广泛。

（2）智能导购。面对需求越来越个性化、精细化的用户消费趋势，智能导购需要做的是通过用户提出的一条简单需求，提供一站式解决方案。人工智能基于对多轮对话的理解和推理能力，结合算法分析用户行为、购物历史、浏览轨迹等数据，从而实现精准的商品个性化推荐。主流电商平台多已开放"虚拟试衣"算法，为用户提供线上实时选装、换装和查看试衣效果等功能。

（3）智能营销。做内容电商营销，生成式人工智能有潜力成为内容生成、自动化整合营销流程的智能营销工具。央视市场研究数据显示，36%的广告主已开始在营销活动中使用生成式人工智能技术；其中86%的广告主认为，在提高创意设计、内容生产效率等方面，生成式人工智能技术是有力的辅助工具。在内容创造上，抖音应用人工智能技术生成直播切片视频，并为主播提供个性化文案；"智能直播"功能还能生成个性化话术方案，以降低新主播和无团队主播的带货门槛。

（4）智能客服。智能客服在电商平台的普及大大提高了客服的服务质量和效率。以京东为例，2023年"双十一"期间，京东云言犀智能服务累计处理咨询超14亿次，使用智能客服京小智的商家超36万家。

（5）数字人。数字人主播可代替真人录制口播视频、进行直播带货，它是一种基于人工智能技术的虚拟主播。数字人能对真人形象、声音、表情神态、口型等进行一比一复制，同时具有对平台内核心内容的智能认知能力。数字人在京东、淘宝、抖音等电商平台的应用已相对成熟，随着数字人形象及表现无限接近于真人，用户对数字人主播的接受度有所提高。

思考讨论：
1. 自行查找资料，对 AIGC 和 Sora 进行简单介绍。
2. 人工智能在电商领域的应用还有哪些？

归纳与提高

本章主要围绕电子商务的关键技术及新技术、新业态做介绍，介绍了互联网的基础知识及使用的协议，并针对互联网应用进行了总结概括，还分析了移动互联网相关技术，同时介绍了常用的电商网站建设客户端技术和服务器端技术。

本章对物联网、云计算、大数据、人工智能等新兴技术进行了较全面的介绍，包括其概念、关键技术及应用领域等，这些技术是相互融合、相互支撑的。

本章还介绍了社交电商、内容电商、共享经济、在线教育、互联网医疗、在线旅游等电子商务新业态新模式。随着社会的发展，电子商务新业态新模式还会有新亮点频出，并会结合各项新技术加速新业态的落地应用。

知识巩固与技能训练

一、名词解释

互联网 Web 开发技术 物联网 云计算 大数据 人工智能 新业态 内容电商
共享经济

二、单项选择题

1. 在网络环境中，（　　）提供超级文本服务。
   A. FTP　　　　　　B. WWW　　　　　C. Telnet　　　　　D. 电子邮件
2. 浏览 Web 网页，应使用（　　）。
   A. 资源管理器　　B. 浏览器　　　　C. 电子邮件　　　　D. Office 2000
3. （　　）是文件传输协议。
   A. FTP　　　　　　B. HTTP　　　　　C. Telnet　　　　　D. BBS
4. 浏览网页属于 Internet 提供的（　　）服务。
   A. FTP　　　　　　B. E-mail　　　　C. Telnet　　　　　D. WWW
5. IPv4 地址中，IP 地址分为 4 段，每一段使用十进制数字描述，每段数字的范围是（　　）。
   A. 0～128　　　　B. 0～255　　　　C. −127～127　　　D. 1～256
6. 下面的 IP 地址中书写正确的是（　　）。
   A. 123.32.1.258　　　　　　　　　B. 145，42，15，50
   C. 168.12.150.0　　　　　　　　　D. 142；54；23；123
7. 为了解决地址紧缺问题，IPv6 将 IP 地址空间扩展到了（　　）。
   A. 64 位　　　　　B. 128 位　　　　C. 32 位　　　　　D. 256 位
8. 如果网址为 http://www.xxx.edu.cn，则可知这是一个（　　）网站。
   A. 商业部门　　　B. 教育机构　　　C. 政府部门　　　　D. 科研机构
9. 在浏览器地址栏中分别输入网站域名和 IP，结果发现访问的是同一个网站，则此工作是由（　　）完成的。
   A. Web 服务器　　　　　　　　　　B. DNS 服务器
   C. FTP 服务器　　　　　　　　　　D. 代理服务器
10. 射频识别读写器属于物联网的（　　）。
    A. 感知层　　　　B. 网络层　　　　C. 业务层　　　　D. 应用层
11. 共享经济的基本组成要素不包括（　　）。
    A. 共享经济主体　　　　　　　　　B. 共享经济客体
    C. 共享经济平台　　　　　　　　　D. 共享经济模式
12. 专业或职业化运作的（　　）往往拥有专业的内容生产团队、流程化的内容生产方式以及日常的运营团队。
    A. PGC　　　　　　B. KOL　　　　　C. UGC　　　　　　D. KOC
13. 以下对基于 UGC 的内容电商的描述正确的是（　　）。
    A. 通过提供更高质量的、具有品牌调性的、人格化的内容，与用户建立情感连接，以用户运营为中心的内容电商模式
    B. 内容平台通过各种分成或者激励政策吸纳内容创作者加入并分享原创内容，在用户阅读/观看内容的过程中实现内容变现
    C. 内容平台通过各种分成或者激励政策吸纳内容创作者加入，并不断积极进行用户调研，使用户在阅读内容的过程中实现内容变现
    D. 以上说法都对
14. 在线问诊的模式不包括（　　）模式。
    A. 轻问诊　　　　　　　　　　　　B. 视频问诊
    C. 健康教育　　　　　　　　　　　D. 导医导药

三、多项选择题

1. 二维码具有（　　　）等特点。
   A. 储存量大　　　　B. 保密性强　　　C. 追踪性强　　　D. 成本低
2. 物联网的体系结构大致可分为（　　　）等三个层次。
   A. 感知层　　　　　B. 传感层　　　　C. 网络层　　　　D. 应用层
3. 物联网的关键技术包括（　　　）等。
   A. 射频识别技术　　B. 传感器技术　　C. 网络通信技术　　D. 定位技术
4. 社交电商主要包括（　　　）等模式。
   A. 拼购型　　　　　B. 会员分销型　　C. 社区团购型　　D. 内容分享型
5. 共享经济平台根据其运营模式可分为（　　　）等类型。
   A. 知识共享平台　　　　　　　　　　B. 共享资产管理组织
   C. 共享财产平台　　　　　　　　　　D. 共享交易平台

四、复习思考题

1. 移动网络技术有哪些？
2. Web 客户端和服务器端分别有哪些开发技术？
3. 电子商务的新业态新模式有哪些？举例说明。
4. 社交电商的模式有哪些？内容电商的类型有哪些？
5. 分析物联网、云计算、大数据、人工智能等新技术在电子商务中的应用及其对电子商务产生的影响。

五、技能实训题

1. 分类搜索在线教育网站（如网易公开课）、互联网医疗网站（如平安好医生）、在线旅游电商网站（如携程旅行网）、农村电商网站（如一亩田）等，浏览并记录相关信息，选择其中一个类别，总结其电子商务应用现状。
2. 根据表 2.3 中的比较项目，通过体验，分析不同的社交电商平台的不同之处并填写表 2.3。

表 2.3　社交电商平台比较

比较项目	拼多多	小红书	美团优选
商业模式			
产品和市场细分			
流量获取方式			
赢利模式			
特色			
重点业务			

通过体验，你认为哪个社交电商平台更具有竞争优势？

第三章　电子商务主要的商业模式

【知识框架图】

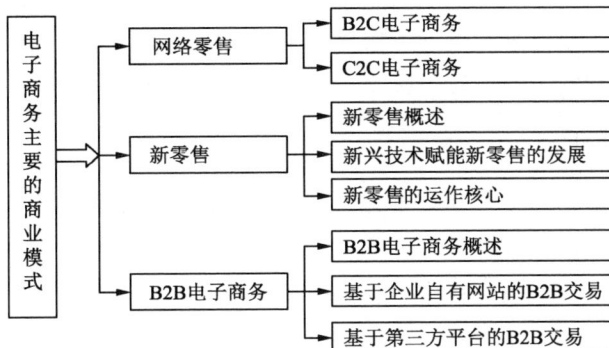

电子商务主要的商业模式
- 网络零售
  - B2C电子商务
  - C2C电子商务
- 新零售
  - 新零售概述
  - 新兴技术赋能新零售的发展
  - 新零售的运作核心
- B2B电子商务
  - B2B电子商务概述
  - 基于企业自有网站的B2B交易
  - 基于第三方平台的B2B交易

【学习目标】

【知识目标】

1. 熟悉 B2C 电子商务及 C2C 电商平台的分类、功能。
2. 掌握新零售的概念及运作核心。
3. 了解 B2B 电子商务的相关知识，以及垂直B2B电商平台和水平B2B电商平台的区别。

【技能目标】

1. 知道如何在威客网发布需求和完成任务。
2. 能够举例分析传统企业和互联网企业布局新零售的优势和劣势。
3. 学会在采购商网站上进行网上招投标以及在第三方 B2B 电商平台上进行交易。

【引　　例】

企业如何开展 B2C 电子商务

某高校在校生小李，自家做的手工挂面在十里八乡很有名。在他的鼓动下，家人先注册了公司，也申请了商标，生产规模扩大后开始给渠道商供货。渠道商一时不认小李家的商标，所以主要给渠道商做贴牌。小李给家人出主意，在京东和天猫给自家品牌开店。和家人商量好后，小李拉上几位同学开始谋划开网店的细节……

第三方 B2B 电商平台的运营模式及信息发布

B公司是一家五金生产企业，之前主要为几家手机生产商提供五金零部件，因质量过硬价格适中，客户非常稳定，开发新客户的事情一直没受到重视。最近有两件事让公司老板有点头疼：一是引进更多机器人后生产效率大幅提升，产能有些过剩；二是一家重要客户手机销量严重下滑导致订单减少，这让产能过剩加剧。

两件事叠加在一块，原来一直不太上心的新客户开发突然成了紧急事项，市场部压力大增，但大客户可不是一时半会儿就能谈好合作的。老板想着上网寻找新商机，但公司没有特别熟悉第三方B2B电商平台的员工，新招人？恐怕一时半会儿熟悉不了公司业务。老板和几位高管商量多次，准备抽调几位业务骨干进行培训，由他们在第三方B2B电商平台为公司招揽业务，但要请谁来培训他们呢？

第一节　网络零售

网络零售是指交易双方以互联网为媒介进行的商品交易活动，即通过互联网进行的信息组织和传递，以实现有形商品和无形商品所有权的转移或服务的消费。买卖双方通过电子商务（线上）应用实现交易信息的查询（信息流）、交易（资金流）和交付（物流）等行为。按照平台的交易对象划分，网络零售可分为 B2C 电子商务和 C2C 电子商务两种模式。

一、B2C 电子商务

B2C 电子商务是以互联网为主要手段，由商家或企业（以下统称企业）通过网站向消费者提供商品或服务的一种商务模式。B2C 电子商务具体是指企业通过信息网络，以电子数据流通的方式实现与消费者之间的各种商务活动、交易活动、金融活动和综合服务活动，是消费者利用互联网直接参与经济活动的形式。

（一）B2C 电子商务的分类

1. 按 B2C 网购模式分类

目前，B2C 电子商务模式主要是从 B2C 网购模式的角度来分类的。按 B2C 网购模式，B2C 电子商务可分为综合平台商城模式、综合独立商城模式、网络品牌商城模式、连锁购销商城模式等。表 3.1 所示为以代表平台为例，从销售的商品、商城的优势、商城的劣势等方面对 B2C 网购模式进行的比较。

表 3.1　B2C 网购模式比较

模　式	代表平台	销售的商品	商城的优势	商城的劣势
综合平台商城模式	天猫	商品的采购、拍摄、上架、发货等均由开店卖方全程自营、维护	只做网络交易平台，不涉及具体的商品采购和销售服务，便于平台商城做强、做大	平台难以控制商品的质量等；依靠第三方物流配送，容易出现物流速度慢、商品丢失等问题
综合独立商城模式	京东商城、当当网	一般自行经营商城，商品来源于正规渠道，自行采购、上架、仓储、发货、配送等	商城握有经营权，可以根据市场情况对销售的商品做出整体调整	内部机构庞大，竞争对手强大，投资巨大，在商品展示和订单管理等方面仍有一定的不足
网络品牌商城模式	韩都衣舍、珂兰钻石	品牌通常归属在线商城，采用自主生产或贴牌的形式进行销售	对市场趋势反应较快，拥有自己的品牌	商品线单一，毛利非常低，推广成本巨大，消费者认可度低，品类扩张困难
连锁购销商城模式	苏宁易购、国美在线	采用"实体+网销"模式，自主采购，独立运营	依托传统零售商采购平台与强大供应链的支撑，与厂商有合作关系，具有较高的品牌信誉度，品类丰富	线上、线下价格如不统一，易冲击现有的流通渠道与价格体系

2. 按商品品类多少分类

按商品品类多少，B2C 电子商务模式可分为以下两类。

（1）垂直 B2C 电子商务模式。垂直 B2C 电子商务专门销售某一行业或某一品类的商品。按照商品品牌的多少，垂直 B2C 电子商务模式又可以分为品牌型垂直电子商务商城和平台型垂直电子商务商城。

品牌型垂直电子商务商城，销售单品牌商品，如小米商城、华为商城均是分别销售小米和华为品牌旗下商品的品牌型垂直电子商务商城。品牌型垂直电子商务商城不仅需要强大的品牌影响力和足够多的商品种类，而且需要足够大的流量。

平台型垂直电子商务商城，销售单一品类下的多个品牌的商品，如苏宁红孩子母婴商城覆盖母婴产品品类下的众多品牌商品。平台型垂直电子商务商城不仅提供了多个品牌供消费者选择，还针对品类做了细分。

（2）综合 B2C 电子商务模式。综合 B2C 电子商务销售的商品品类多、品牌多，如京东商城和天猫等，它们销售 3C 产品（指计算机、通信和消费类电子产品）、服装、化妆品和图书等多品类商品，每个品类又涉及多个品牌的商品。

（二）B2C 网站的主要赢利模式

B2C 网站一般有以下几种赢利模式。

（1）网络广告收益模式。大多数 B2C 网站都把收取广告费作为主要的赢利模式。网络广告赢利是互联网经济的常规收益模式，也是很多电子商务网站的主要利润来源。这种模式成功的关键是其网页能吸引大量的访客，网络广告能受到关注，如京东商城的"快车"广告就是京东的一大利润来源。

（2）商品销售营业收入模式。一些 B2C 网站通过在网上销售商品，赚取采购价与销售价之间的差价和交易费，从而获取利润。综合独立商城电子商务网站的赢利模式大多属于这种，如京东商城、唯品会和海尔商城等。

（3）出租虚拟店铺和提供服务收费模式。有的 B2C 网站的主要收入来源就是出租虚拟店铺，如天猫。一部分 B2C 网站在销售自营商品的同时，也通过出租虚拟店铺赚取中介费，如京东商城、当当网等 B2C 网站会向入驻商家收取一定的费用，并根据提供服务级别的不同收取不同的服务费和保证金。

案例3.1

天猫的收费模式

天猫店铺的常规费用分为保证金、软件服务年费和实时划扣的软件服务费（佣金）。保证金：品牌旗舰店、品牌专卖店一般为5万元（带有®标志）和10万元（带有TM标志）；专营店一般为10万元（带有®标志）和15万元（带有TM标志）；卖场型旗舰店一般为15万元。其中R（Register）是注册商标的标志，TM（Trademark）是国家知识产权局已下发《商标注册申请受理通知书》的标志。

> 2024 年 9 月 1 日起，天猫取消软件服务年费，已支付2024 年 1～8月年费的商家，天猫将按结算规则分批退还。

软件服务年费的金额以一级类目为参照，分为每年3万元和6万元。在达到天猫"基础服务考核分"的前提下，天猫对软件服务年费有条件地向商家给予商业折扣，折扣比例为年费的50%和100%两档，不同类目折扣不同。如男装年销售额满36万元折扣比例为50%，年销售额满120万元折扣比例为100%。

实时划扣的软件服务费是按照实际交易的价格乘以一定百分比（不包含运费）得出的，各个类目的佣金不一样，具体要看天猫类目对应的佣金比例。

启发思考：

1. 天猫店铺的保证金需要每年缴纳吗？

2. 保证金、软件服务年费和软件服务费中哪种费用不开店铺了可以申请退回？

（4）网站的间接收益模式。除了将自身创造的价值变为现实的利润，B2C网站还可以通过价值链的其他环节赢利。当拥有足够多的网上支付用户时，B2C网站就可以开始考虑通过其他方式获取收入了。以淘宝、天猫为例，有近90%的淘宝、天猫用户会通过支付宝付款，这为淘宝、天猫带来了巨大的利润。淘宝、天猫不仅可以通过支付宝收取签约商户一定的交易服务费用，而且可以依靠庞大的用户群赚取广告费。

案例 3.2

天猫和京东商城运营模式的区别

天猫和京东商城是B2C电子商务的两种典型模式的代表，也是很多企业选择入驻的平台。

1. 领域区别

天猫是一个为买卖双方搭建的第三方平台；京东商城是以自营模式为主的平台。

旗舰店可以分为经营一个自有品牌商品的品牌旗舰店、经营多个自有品牌商品且各品牌归属于同一实际控制人的品牌旗舰店（仅限天猫主动邀请入驻）、卖场型品牌（服务类商标）所有者开设的品牌旗舰店（仅限天猫主动邀请入驻，如苏宁易购、酒仙网等）。

2. 商家入驻区别

天猫分为旗舰店、专卖店、专营店和卖场型旗舰店。旗舰店是商家以自有品牌（商标为®或TM状态）入驻天猫开设的店铺。专卖店是商家持品牌授权文件在天猫开设的店铺。专营店是经营天猫同一招商大类中两个及以上品牌商品的店铺。目前，天猫不接受个人入驻开店。

京东商城主要分为自营和第三方店铺。京东商城的第三方企业店铺分为旗舰店、专卖店、专营店、普通企业店和卖场店。2023年1月1日起，京东商城开始接受个人入驻开店。

3. 赢利模式区别

天猫的收入来源：①保证金、实时划扣的软件服务费等；②广告收入和关键词竞价收费；③间接收益，如天猫可以通过支付宝收取签约商户一定的交易服务费用。

京东商城的收入来源：①保证金、运营支持服务费和交易服务费；②广告费；③厂商返点和其他补贴；④以低价获得大销量，赚取采购价和销售价之间的差价和交易费；⑤间接收益，如京东金融收益等。

4. 物流区别

天猫主要依靠第三方物流商配送。商家如果不在本省，用户收到货需要三天左右，偏远地区则收货时间更长。京东商城的物流是自建的，它在全国大部分城市都设有物流配送中心，自营商品基本能当日送达。在物流配送上，京东自营可以说有较大的优势。

5. 搜索规则区别

天猫和京东商城的搜索规则是两套完全不同的体系。天猫拥有较强的店铺概念，如店铺搜索、店铺评分，店铺相关指标对天猫商品的排序有较大影响。在京东商城，店铺的概念较弱，主要按商品搜索的规则来判断哪些商品能排在前面。

启发思考：

1. 天猫和京东商城的主要收入来源分别包括哪几项？
2. 天猫的旗舰店、专卖店、专营店有何不同？
3. 简述天猫和京东商城的运营模式的主要区别。

二、C2C 电子商务

C2C 电子商务是指消费者与消费者之间通过互联网进行个人交易的电子商务模式。C2C 电商平台是为买卖双方提供在线交易的中介平台，在该类平台的支持下，卖方可以自主进行商品的网上展示与销售，而买方可以自行选择商品、购买付款或以竞价方式在线完成交易。

目前，我国的 C2C 电商平台主要有淘宝网、易贝等。淘宝网是我国最大的 C2C 电商平台，易贝主要是为面向境外销售的用户提供的交易平台。

（一）C2C 电商平台按交易的商品类型分类

按交易的商品类型，C2C 电商平台可以分为实物交易平台和智慧交易平台。

学而思，思而学

登录淘宝网和易贝，比较这两个网站的异同。

1. 实物交易平台

实物交易平台（如淘宝网等）的商品种类很多，从汽车、计算机到服饰、家居用品，种类齐全，除此之外，还有网络游戏装备等。

2. 智慧交易平台

威客网一般"交易"的是企业或个人的智慧，是常见的智慧交易平台。威客的英文 Witkey 是由"wit"（智慧）和"key"（钥匙）两个单词组成的，它也是"the key of wisdom"的缩写，是指那些利用互联网把自己的智慧、知识、能力、经验转换成实际收益的人。

威客网的用户按照行为可以分为两类：回答者和提问者。其中，提问者提出问题和发布任务，在获得满意的解决方案后支付报酬给回答者。回答者接受任务和回答问题，当回答者的解决方案得到提问者的认可后，回答者获得约定的报酬。

按参与的方式不同，威客网可分为三种类型，即 A 型威客（Ask Witkey）网、B 型威客（Bid Witkey）网和 C 型威客（C2C Witkey）网。

A 型威客网即知道型、知识问答型威客网，如百度知道和爱问等。

B 型威客网即悬赏型威客网，用户通过对某个项目进行投标并争取中标，从而获得项目开发机会，最终产生价值，如猪八戒网、一品威客网和威客牛网等。

C 型威客网即点对点威客网，用户通过对自身能力进行展示、证明，将能力转化为能力产品，与需求者之间建立 C2C 的买卖交易关系，如威客牛网等。

其实，A、B、C 型威客网的划分并没有绝对的界限，如威客牛网既属于 B 型威客网，又属于 C 型威客网。

案例 3.3

威客牛网

威客牛网（曾叫时间财富网、威客中国网）是一个通过互联网解决科学、技术、生活和学习问题的交流平台。威客可通过威客牛网把自己的智慧、知识、能力和经验转化成实际收益。

威客牛网上的悬赏项目涉及软件开发、平面设计、装修设计、文案取名、工业设计、网站建设等多个领域。威客牛网的金点子库会收集威客的创意，让更多的人了解威客的想法，与威客合作。每天，来自各地的威客都在这里交流，每位威客均可展示自己的特长，承接与发布悬赏项目，拥有威客牛网的二级域名。

威客牛网没有门槛，威客只要有本事就能拿到悬赏金，威客牛网能使知识和智慧充分体现其价值，是极容易发展威客潜力、展示威客才华、让威客成功的地方。

威客牛网上威客的年龄大多为18～35岁，主要群体为在校大学生和在职人员，工作方式多为兼职。

启发思考：

1. 威客牛网能为威客带来哪些利益？
2. 分析威客牛网的运营模式。

威客的运营流程取决于其任务形式，具体内容如下。

现金悬赏任务流程（参见图3.1）：任务发布者发布任务→全额预付定金给威客网→众多威客完成任务→威客网将任务奖金支付给完成得最好的威客。现金悬赏任务流程易于操作和理解，但它有一定的应用范围限制。现金悬赏任务流程主要适用于：①与生活相关的领域，如百度知道、爱问知识人用虚拟现金（积分）进行悬赏；②简单的在线工作，如起名、撰写文章、金额较小的图像设计和程序设计等；③威客营销，如万元悬赏征集广告语、好点子、产品使用建议等。

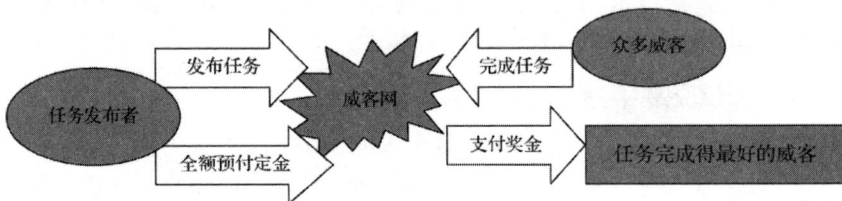

图 3.1 现金悬赏任务流程

招标任务流程（参见图 3.2）：任务发布者发布任务→支付少量定金或不支付定金给威客网→经威客网确认的高水平威客报名参加→任务发布者选择最合适的威客开始工作→由任务发布者或威客网根据工作进度向威客支付酬劳。招标任务流程可避免任务发布者预先支付大量定金，但需要威客网对威客和任务发布者进行信用管理。其适用的领域包括：①金额较大、难度较高的在线工作任务，如高水平的翻译、网站建设、企业策划、法律咨询、软件开发等；②工程技术领域，如化工、建筑、工程、电力、能源等。

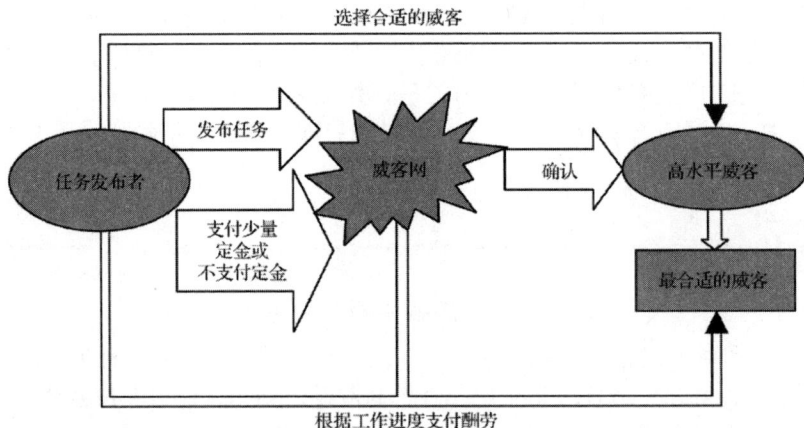

图 3.2 招标任务流程

（二）C2C电商平台按平台的运作模式分类

按交易平台的运作模式，C2C电商平台可以分为拍卖平台和店铺平台。

（1）拍卖平台。在拍卖平台运作模式下，C2C电商企业为买卖双方搭建网络拍卖平台，以成交金额的一定比例收取交易费用。在拍卖平台上,商品所有者或某些权益所有人可以独立开展竞价、议价、在线交易等活动,最初的易贝即为典型拍卖平台。

(2)店铺平台。在店铺平台运作模式下,C2C电商企业提供平台,以方便卖方在平台上开设店铺。店铺平台可以以会员制的方式收费,也可以通过广告或提供其他服务收取费用。

拍卖平台与店铺平台间没有明确的界线,如淘宝网既是拍卖平台,又是店铺平台。

(三)拍卖平台的运作模式

《拍卖法》明确规定,拍卖(Auction)是指以公开竞价的形式,将特定物品或者财产权利转让给最高应价者的买卖方式。

网络拍卖(Auction Online)是指网络服务商利用互联网通信传输技术,向商品所有者或某些权益所有人提供有偿或无偿使用的互联网技术平台,让其在平台上独立开展拍卖活动的在线交易模式。

网络拍卖的基本运作模式:卖家在拍卖网站上展示欲出售物品的图片等资料供买家挑选,买家登录拍卖网站挑选自己想购买的物品,出价竞标,实时查看整个拍卖过程。这种以竞拍方式进行的网上交易既能让卖家争取到公平的市场价格,又能让买家找到相对廉价的所需物品。例如,淘宝网的拍卖有阿里司法拍卖、资产交易、珍品好物、交易服务等。

👓 视野拓展

阿里司法拍卖、资产交易、珍品好物、交易服务

阿里司法拍卖的商品包括机动车、住宅、土地、林权、无形资产等诉讼资产。资产交易的商品包括诉讼资产、金融资产、二手商品等。珍品好物的商品包括艺术品、珠宝等,常以专场形式定期拍卖。交易服务主要涉及阿里资产下属的司法拍卖、破产资产、金融资产、非金融资产、贷款、保险、代办等业务,服务商可以入驻该平台为企业和个人提供相应的服务。

网络拍卖最常见的方式为增价拍。增价拍拍卖商品的数量为1,拍卖价格由低到高自由竞价;拍卖结束时,出价最高者获得拍卖的商品。这种方式通常规定了最低加价金额(即加价幅度)。买家在拍卖规定的时间内竞价,如果价格是唯一标准,获胜者就是出价最高的人。另外,拍卖前卖家可设定底价,若最高价低于底价,则卖家有权不出售此商品。增价拍是目前最普遍的网络拍卖竞价方式。

👓 视野拓展

竞价拍卖的相关知识

加价幅度指参与竞拍的买家在前一人出价基础上允许增加的最低出价金额。卖家在发布拍卖品的时候可以自定义加价幅度,也可以使用系统自动代理加价。系统自动代理加价的加价幅度会随着当前出价金额的增加而增加。

起始价,拍卖品最初拍卖时的价格。底价,委托人出售商品的最低价格,即能接受成交的最低心理价位。一口价,只要有人出价达到该价格,出价人可立即购得相应数量的商品。三者的关系:一口价≥底价>起始价。

C2C的购买和拍卖流程

(四)店铺平台的运作模式

店铺平台运作模式又称网上商城运作模式,由电商企业提供平台,用户在平台上开设店铺。

1. C2C 网上交易流程

C2C 网上交易流程：会员注册、搜索商品、联系卖家、出价和付款、收货和评价等。

视野拓展

淘宝网计分规则

淘宝网买卖双方成功交易后才可以进行评价，好评加 1 分，差评扣 1 分，中评不得分。根据《淘宝网评价规范》的规定，每个自然月，相同买、卖家之间的评价分不超过 6 分（以支付宝系统显示的交易创建时间计算）；若 14 天内相同的买、卖家之间就同一件商品进行评价，则多个好评只计 1 分，多个差评只计-1 分。表 3.2 所示为淘宝网卖方的信用等级。

表 3.2　淘宝网卖方的信用等级

积　　分	信用等级标志	积　　分	信用等级标志
1 星: 4 ~ 10	♥	1 皇冠: 10 001 ~ 20 000	👑
2 星: 11 ~ 40	♥♥	2 皇冠: 20 001 ~ 50 000	👑👑
3 星: 41 ~ 90	♥♥♥	3 皇冠: 50 001 ~ 100 000	👑👑👑
4 星: 91 ~ 150	♥♥♥♥	4 皇冠: 100 001 ~ 200 000	👑👑👑👑
5 星: 151 ~ 250	♥♥♥♥♥	5 皇冠: 200 001 ~ 500 000	👑👑👑👑👑
1 钻: 251 ~ 500	💎	1 金冠: 500 001 ~ 1 000 000	👑
2 钻: 501 ~ 1 000	💎💎	2 金冠: 1 000 001 ~ 2 000 000	👑👑
3 钻: 1 001 ~ 2 000	💎💎💎	3 金冠: 2 000 001 ~ 5 000 000	👑👑👑
4 钻: 2 001 ~ 5 000	💎💎💎💎	4 金冠: 5 000 001 ~ 10 000 000	👑👑👑👑
5 钻: 5 001 ~ 10 000	💎💎💎💎💎	5 金冠: 10 000 001 以上	👑👑👑👑👑

2. C2C 平台的赢利模式

（1）广告收入。广告收入是 C2C 平台最重要的收入来源。以淘宝网为例，淘宝网的广告收入来源主要有硬广、关键词推广（原直通车）、精准人群推广（原引力魔方）、内容营销等。其中，淘宝关键词推广是为淘宝卖家量身定制的按点击量付费的营销工具，能够实现商品的精准推广。淘宝关键词推广没有任何服务费，第一次开户预存 100 元起，全部用作广告费。淘宝关键词推广是按点击量付费的，即当别人看到你的广告，点击进去后才扣除费用，一般扣费不会高于关键词最终出价。

视野拓展

关键词推广展示位

淘宝网电脑端关键词推广商品展示位包括：搜索结果第一排 1~3 个广告位，页面右栏 16 个广告位（标有"掌柜热卖"），页面底部 5 个广告位（标有"掌柜热卖"）。手机端淘宝搜索结果中带有"广告"标志的商品为关键词推广展示位商品。搜索商品结果页面可一页一页往后翻，展示位以此类推。展现形式为图片+文字（标题+简介）。

其他展示位："已买到的宝贝"页面的"热卖单品"，"我的收藏"页面的"你可能还喜欢"（手机端淘宝），旺旺买家版"每日焦点"的热卖排行，"已买到的宝贝"页面的物流详情页面等区域。

（2）增值服务的收入。以淘宝网为例，淘宝网提供的旺铺服务（标准版）、数据统计分析服务（如生意参谋）以及各种营销工具会向卖家收取一定的费用。其中，淘宝店铺有普通店铺和旺铺两种，前者免费，后者信用 1 钻以下店铺免费，1 钻以上（含 1 钻）店铺收费。淘宝旺铺的价格为 50 元/月，如果加入了消费者保障服务，则为 30 元/月。淘宝旺铺展示商品的方式更灵活，为用户提供了更大的个性化页面设计空间。

第二节 新 零 售

一、新零售概述

新零售是互联网在实现社会信息化、数字化的过程中，零售行业发展、变化的一个阶段。新零售指以消费者体验为中心，进行人、货、场三要素重构，真正发挥"线上+线下+数据+物流"的系统化优势，以达到满足消费升级的需求、提升行业效率的目标。与新零售接近的词还有"无界零售""智慧零售""新消费"等，这些不同说法共同反映的是零售业态正迎来新一轮的革命。

1. 新零售的主要特征

（1）渠道一体化。渠道一体化即线上线下融合。真正的新零售应是 PC 网店、移动 App、直营门店、加盟门店等多种线上线下渠道的全面打通与深度融合，商品、库存、会员、服务等环节成为一个整体。

（2）经营数字化。商业变革的目标是先把各种行为和场景数字化后搬到线上，再实现线上线下的融合。零售行业的数字化指依托互联网技术实现顾客数字化、商品数字化、营销数字化、交易数字化、管理数字化等经营数字化，其中，顾客数字化是经营数字化的基础和前提。

（3）门店智能化。门店利用物联网等新兴技术进行智能化改造，应用智能货架与智能硬件延展店铺时空，构建丰富多样的全新零售场景。门店智能化可以优化顾客互动体验和提升购物效率，可以增加多维度的零售数据，可以把大数据分析结果应用到实际零售场景中。

（4）物流智能化。新零售要求实现顾客全天候、全渠道、全时段购物，并能实现到店自提、同城配送、快递配送等，这就需要对接第三方智能配送、物流体系，以缩短配送周期。新零售能够实现库存共享，改变传统门店大量铺陈与囤积商品的现状，引导顾客线下体验、线上购买，实现门店去库存化。

新零售真正实现了消费方式逆向牵引生产方式，是一种由 C2B 催生的高效经营模式，是一种以消费者为中心的、个性化的定制模式。零售企业按需备货，供应链企业按需生产，真正实现零售去库存化。

2. 新零售的本质

新零售的本质是对人、货、场三者关系的重构。人对应消费者画像、数据；货对应"商品+服务+内容+其他"及供应链组织关系；场是场景，对应商场表现形式。场是新零售的前端表象，人、货是后端的实质变化。图 3.3 所示为形成全息消费者清晰画像过程的示例。

🧑‍🦱📖 **视野拓展**

消费者画像

消费者画像指以大量数据为基础，通过收集与分析消费者的社会属性、生活习惯、消费行为等主要信息数据，对消费者全貌进行数学建模，以实现消费者类型的标签化，直观构建出消费市场的"全息画像"，完美地抽象出消费者的商业全貌。

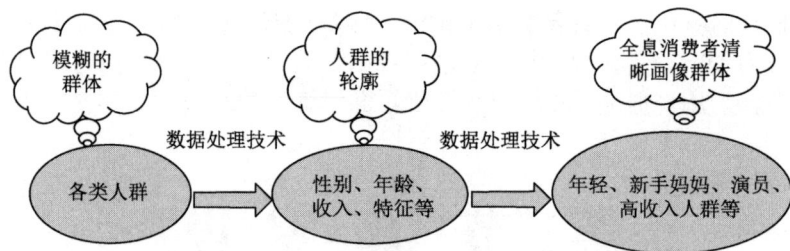

图 3.3　形成全息消费者清晰画像过程的示例

在线上流量红利期结束的大背景下，线上企业比拼的不仅仅是价格，更重要的是服务和体验，因此阿里巴巴等线上巨头纷纷拥抱线下企业，致力于打造线上线下消费闭环。线下实体店作为流量新入口，弥补了传统电商数据的缺失，可助力线上企业描绘多维、清晰的消费者画像。线下门店依托线上数据，有利于提高营销精准度和经营效率。

案例 3.4

盒马鲜生的新零售模式

2016年1月，阿里巴巴的自营生鲜类商超盒马鲜生在上海金桥国际商业广场开设了第一家门店。盒马鲜生是阿里巴巴在对线下超市完全重构后形成的新零售业态，消费者可到店购买，也可以在盒马App下单，盒马鲜生由此实现线上线下一体的全渠道融通。截至2024年6月27日，盒马鲜生在我国的自营门店数量突破400家，遍布30多个城市。

盒马鲜生凭借着集"生鲜超市+餐饮体验+线上业务仓储配送"于一体的开创性零售模式，让广大消费者得到了全新的购物体验。盒马鲜生的商品有生鲜、3R产品（生食、熟食、半熟食）、无人售货商品（如自动比萨机、自动椰汁机销售的商品）等。盒马鲜生门店内设餐厅区，消费者在店内选购了海鲜等食材之后还可以即买即烹，直接在现场制作，门店会提供厨房给消费者使用。这种做法深受消费者欢迎，提升了到店客流的转化率，带动了整个客流的高速增长。

除了支持消费者在线下门店内"逛吃"，盒马鲜生的线上体验也同样不凡。盒马鲜生通过电子价签等新技术手段，可实现线上线下同品同价；基于门店自动化物流设备，确保了门店的分拣效率。消费者使用App下单后，只要位于门店方圆3千米内，30分钟内即可收到货物。

盒马鲜生的这种商业模式完美诠释了"线上+线下+物流"的最初构想，利用大数据、移动互联网、物联网等技术实现了人、货、场的最佳匹配。盒马鲜生一出现就成了人们眼中的"网红店"，为传统超市的转型升级提供了参考样本。

盒马鲜生出现后，各路商家纷纷进入生鲜超市赛道，行业竞争越来越激烈。例如，苏宁旗下的苏鲜生、美团旗下的小象超市相继开业；而诸如物美超市、王府井百货等老牌零售商也先后推出了自有的生鲜品牌……悄然间，生鲜超市已成为新零售战场上的必争之地。

启发思考：

1. 盒马鲜生是如何改善线下体验的？
2. 查阅更多资料了解盒马鲜生，分析其是如何实现全渠道整合的。

二、新兴技术赋能新零售的发展

1. 智能制造技术改变了产品生产方式

智能制造技术贯穿应用于整个制造企业的子系统，可以极大地提高生产效率。智能制造技术主要应用于智能产品、智能服务、智能产线、智能车间、智能管理、智能物流与供应链等领域。智能制造技术的应用促进了产业模式的变革，主要体现在三个方面：一是大规模流水线生产转向规模化生产；二是产业形态从生产型制造向服务型制造转变；三是催生出"互联网+先进制造业+现代服务业"的模式。智能制造技术能够实现生产现场无人化、生产数据可视化、生产设备网络化、生产文档无纸化、生产过程透明化等。德国"工业 4.0"战略在制造业转型中发挥了重要作用，引领了传统制造业向智能制造的转变。

问与答

问：什么是"工业 4.0"？"工业 4.0"最突出的特点是什么？

答：工业 4.0 是德国政府提出的一个高科技战略计划，旨在提升制造业的智能化水平，在商业流程及价值流程中整合客户及商业伙伴。在"工业 4.0"和物联网的支持下，企业的生产设备将互相连接，企业有更好的条件去改进自身的生产工艺。

"工业 4.0"可以用两个词来概括："互联"与"融合"。人、设备和产品通过互联技术实现融合，在企业内部实现人与人、人与机、机与产品的无缝对接，在组织层面实现企业与企业、企业与消费者的对接。以物理信息系统为基础，实现信息技术与制造技术的深度融合，是产品设计过程、制造过程、服务过程及企业管理的数字化、网络化和智能化，这是"工业 4.0"最突出的特点。

2. 虚实结合的消费体验

（1）VR 即虚拟现实（Virtual Reality）技术，是指通过计算机技术生成一种模拟环境，使用户沉浸在创建出的三维动态实景中，通过多种传感器设备给用户提供视觉、听觉、触觉等感官的虚拟体验，给用户身临其境的感觉。我们可以将其理解为一种对现实世界进行仿真的系统。用户躺在家里戴上 VR 头显就可以直接"穿越"到商场、购物街、超市、美食店、体验店等任何场景，选择心仪的商品，眨眨眼、动动手指就可以下单，所见即所得，如亲临购物现场一般，能省下不少精力和时间。VR 的新零售应用领域主要有购物、汽车试驾、旅行体验等。

（2）AR 即增强现实（Augmented Reality）技术，是一种全新的人机交互技术。它将真实世界和虚拟世界的信息"无缝"集成，通过计算机图像技术将虚拟的信息应用到真实世界，使之被人类感官所感知，从而达到"增强"现实的目的。

AR 购物体验能让用户将商品的虚拟形象迁移到真实世界的环境中，从而看到商品的真实效果。例如在购买家具时，AR 技术能让用户感受到家具安装到家中的实际效果。表 3.3 为 VR/AR 组成方式及零售应用。

表 3.3　VR/AR 组成方式及零售应用

项目	VR	AR
组成方式	虚拟数字画面	虚拟数字画面+数字化现实
零售应用	购物、汽车试驾、旅行体验等	京东、百事可乐、宜家、资生堂、TOPSHOP、实体 AR 游戏等

资料整理自阿里研究院。

3. 物联网和信息传感设备优化门店消费体验

物联网是指通过信息传感设备，按约定协议将任何物品通过物联网域名建立连接，进行信息交换和通信，即将互联网延伸和扩展到任何物品与物品之间。信息传感设备主要包括射频识别设备、红外感应器、定位系统、激光扫描器等。

利用物联网和信息传感设备可以实现以下功能。①自动结账：消费者走出商店时自动结账。②布局优化：基于店内消费者数据全面分析，以便合理布局店内商品。③消费者追踪：实时追踪店内消费者行为数据，以优化消费者的体验。④实施个性化促销：根据消费者的特点、过往消费记录向消费者定向推送促销信息。⑤库存优化：基于自动货架和库存监控补货。

4. 人工智能贯穿新零售全过程

人工智能是用计算机科学对人的意识、思维的信息过程进行模拟的技术。人工智能的三大基石是数据、计算和算法。人工智能能够帮助零售业预测需求、实现自动化操作。国内外众多大型电商平台均已开始应用人工智能，如在促销、商品分类、配货等环节减少手工操作，自动预测客户订单、优化仓储和物流、设置价格、制订个性化促销手段等。

表 3.4　新零售"三通"的分类和作用

项目	分类	作用
商品通	价格打通	同款同价
	库存打通	库存全面打通，支持线上下单、线下提货
	促销打通	整合各种促销活动，使线上线下促销活动统一协调
会员通	账号通用	方便线上线下采集数据
	积分通用	以利益绑定消费者
	行为记录	方便数据挖掘和精准营销
服务通	售前服务	门店与线上导购融合
	售中服务	锁定消费者，方便社群服务
	售后服务	退换货服务，线上线下皆可办理

三、新零售的运作核心

新零售是全渠道融通，可实现商品、会员、交易、营销等数据的共融互通，为消费者提供跨渠道的无缝式体验。新零售的运作核心主要包括"六通"，即商品通、会员通、服务通、数据通、分销通、区域通。

1. 商品通、会员通、服务通

商品通、会员通、服务通是阿里巴巴总结的新零售的"三通"（参见表 3.4）。商品通意味着线下零售和线上零售高度融合，新零售的优势在于具有使商品实现线上线下同步销售的能力。线上线下库存全面打通，支持线上下单、线下提货，可提升转化率和库存周转率。新零售的发展，在于其具有强大的商品销售能力。企业需要强化商品的价格同步、库存同步、促销同步等，这样线上线下的商品销售才能并驾齐驱。

会员通指线上账号和线下账号融合。企业在线上快速精准获取大量会员信息，通过客户关系管理系统解决方案，打通会员数据，让消费者体验到线下和线上完全一致的无缝式会员权益和服务（如线上线下积分通用等）；甚至可以通过数据分析，提供更加有针对性的服务，从而提高消费者对品牌的黏性和忠诚度。

服务通指线上服务和线下服务的通达。随着国内商业的发展，多数企业已经从单纯的商品销售过渡到了"商品+服务"并重，而服务的通达包括售前、售中、售后的服务通达：门店与线上导购融合（售前）；锁定消费者，方便社群服务（售中）；退换货服务，线上线下皆可办理（售后）。服务通是新零售运作的核心环节之一，它能强化线上终端和线下终端的互联互通，并使其充分发挥各自的价值。

2. 数据通、分销通、区域通

新零售的数据通、分销通、区域通的核心内容及作用见表 3.5。

数据通不仅依赖于系统内数据中心、会员数据管理等技术模块的落地，更依赖于线下实体店的场景对接、活动核销对接和用户数据同步等。数据通是新零售运作的"情报站"，海量的数据是新零售发展的巨大推动力之一。

分销通让用户既享受了消费的愉悦，又可以获得一定的积分奖励或佣金，让用户乐于传播，也乐于分销。在新零售中，用户不仅是消费者，也可以成为分销商，他们既消费商品又分享商品。新零售的分销通强调的是意见领袖、分享达人等群体的影响力，其影响力可以帮助商家提升销售额和用户的价值。

表 3.5　新零售的数据通、分销通、区域通的核心内容及作用

项目	核心内容	作用
数据通	系统内数据打通	方便数据应用
	会员数据打通	方便会员管理
	线下实体店数据打通	场景对接、活动核销对接和用户数据同步
分销通	用户是消费者	让用户享受消费的愉悦
	用户是分享者、分销者	意见领袖、分享达人等群体通过分销获得一定的佣金
区域通	区域深度服务、区域的互联互通	发挥口碑效应，让分销商拥有自己的社群影响力
	终端互连	让各区域终端能相互配合，创造更多场景价值

区域通就是要立足于区域服务，强化区域的扶植，精耕区域以挖掘服务互通、终端互连等的价值。区域通的价值就在于强化区域的互联互通，真正发挥口碑效应，让分销商拥有自己的社群影响力，让各区域终端能相互配合，创造更多场景价值。

第三节　B2B 电子商务

一、B2B 电子商务概述

B2B 电子商务也称企业对企业的电子商务或商家对商家的电子商务，是指企业与企业之间通过互联网或专有网络等现代信息技术手段，以电子化方式开展的商务活动。

1. B2B 电子商务的特点

相对于 B2C 和 C2C 电子商务，B2B 电子商务有以下几个特点。

（1）交易金额较大。B2B 电子商务交易规模大、交易次数少，一般是大宗交易；以个人消费者为交易对象的 B2C、C2C 电子商务多以日用、休闲、娱乐等品类的消费品为主，往往是单笔交易，购买商品的数量少、交易金额小。

（2）交易操作规范。B2B 电子商务一般涉及的对象比较复杂，因此合同要求比较规范和严谨，注重法律的有效性。

（3）交易过程复杂。B2B 电子商务一般涉及多个部门和不同层次的人员，因此信息交互和沟通比较多，而且对交易过程的控制比较严格。

（4）交易对象广泛。B2C 和 C2C 电子商务一般集中在生活消费品领域，而在 B2B 交易平台上交易的商品种类广泛，既可以是原材料，又可以是半成品或成品。B2B 交易平台可将交易双方汇聚在一起，撮合双方的交易。

企业与企业之间开展电子商务的条件比较成熟，B2B 电子商务模式是未来电子商务发展的主流，具有巨大的发展潜力。

2. B2B 电子商务的类型

根据 B2B 交易平台构建主体的不同，B2B 电子商务可以分为基于企业自有网站的 B2B 交易和基于第三方平台的 B2B 交易。

（1）基于企业自有网站的 B2B 交易。企业为进行 B2B 交易自建的网站是一种以传统企业为中心的 B2B 电商网站，也叫作面向制造业或面向商业的垂直 B2B 网站，一般依托于传统企业的自有网站。企业建立电商网站的目的主要是自用，即利用这一网站实现供应链管理和客户关系管理的优化，以实现本企业采购、营销和企业形象宣传等商务目的。这种 B2B 电子商务的典型代表有海尔全球采购平台（海达源）等。

（2）基于第三方平台的 B2B 交易。第三方平台既不是拥有产品的企业建立的，也不是经营商品的商家建立的，该平台并不参与交易，只是提供一个将销售商和采购商聚集在一起进行交易的平台。这种 B2B 电子商务的典型代表有阿里巴巴、化工网等。

微课堂

基于企业自有网站的 B2B 交易

二、基于企业自有网站的 B2B 交易

基于企业自有网站的 B2B 交易可以分为两种，即基于采购商网站的 B2B 交易和基于供应商网站的 B2B 交易。

（一）基于采购商网站的 B2B 交易

基于采购商网站的 B2B 交易也称为以买方为主导的 B2B 电子商务，是指采购商基于自有网站与其上游供应商开展的各种商务活动，即网络采购或电子化采购。

网络采购即利用互联网或专用网络在企业间开展的商品、服务等的购买活动。网络采购的主要目标是对那些成本低、数量大或对业务影响大的关键商品和服务订单实现处理和完成过程的自动化。在我国，网络采购主要采用网上招投标的方式。

1. 网上招投标的形式

网上招投标是指企业通过互联网发布采购信息、接受供应商网上投标报价、采购商网上开标及公布采购结果的全过程。网上招投标是在市场经济条件下进行大宗货物买卖、工程建设项目的发包与承包以及服务项目的采购与提供时采取的一种交易方式。

网上招投标主要有两种形式：①公开招投标，是指招标人以招标公告的方式邀请不特定的法人或者其他组织投标，投标人应不少于 7 家；②邀请招投标，是指招标人以投标邀请书的方式邀请特定的法人或者其他组织投标，邀请的投标人应不少于 3 家。

2. 网上招投标的流程

网上招投标既可以实时进行，由采购商终止招标，也可以持续几天，直到预先确定的截止日期。网上招投标的流程（参见图 3.4）如下：①采购商新建招标项目；②采购商在自己的网站上发布招标公告，之后采购商可以寻找潜在的供应商，邀请供应商参加项目竞标；③供应商从网站上下载标书，并以电子化的方式提交标书；④截标后，采购商评定供应商的标书，可能会以电子化方式谈判，确定中标单位，以实现最佳交易；⑤采购商发布中标公告；⑥供应商查看中标公告；⑦采购商与中标供应商签订合同，生成销售单。

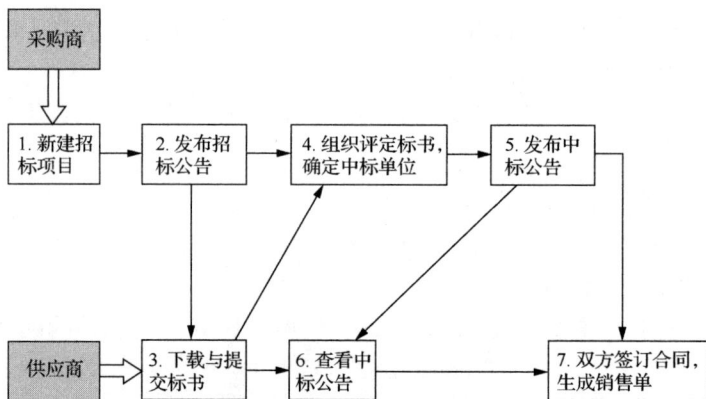

图 3.4 网上招投标的流程

案例 3.5

海尔采购网

海尔采购网主要有海尔招标网和海达源海尔全球采购平台两个网站。

1. 海尔招标网

海尔网上招标采购主要通过海尔招标网（首页参见图3.5）实现。海尔招标网主要为海尔系列产品的原材料等进行网络招标采购。

（1）如果海尔要采购用以生产海尔系列产品的原材料，海尔采购方就可以先在海尔招标网发布采购预告，再发布招标公告。参与海尔招标采购的供应商在注册登录该网站后方可进行投标。

图 3.5　海尔招标网首页

（2）选择招标公告中的某一个"采购公告"，可以看到海尔招标采购的详细信息，包括项目名称、招标方式、交货地点和时间、投标人资格要求等。

（3）投标截止后，海尔采购方会进行评标定标，然后发布中标公告。

（4）中标的供应商看到中标公告后，与海尔采购方联系，双方签订合同并生成销售单，采购交易达成。

2．海达源海尔全球采购平台

海达源海尔全球采购平台（首页参见图3.6）是海尔集团为满足全球采购需求而建立的采购服务平台，为全球用户提供个性化、智能化的生活解决方案。该平台旨在满足用户最佳体验，并持续吸引全球供应商参与设计，提供引领方案，为全球用户定制个性化智慧生活。海达源海尔全球采购平台主要具有以下功能。

> **采购预告**：采购方最近一段时间的采购需求情况的预告。
>
> **采购公告**：由采购方发布的最近一段时间的网上招标采购项目的信息。
>
> **变更公告**：如果采购方有投标时间变更、项目取消等，相关信息会被放到变更公告中。
>
> **中标公告**：采购方每完成一次招标项目，就会在线发布该项目的中标公告，供应商需登录招标网查看中标公告的详细信息。

（1）全球采购：平台汇集了全球范围内的优质供应商，实现了一站式采购服务。

（2）设计参与：吸引全球一流供应商参与产品设计，共同创造引领市场的产品方案。

图 3.6　海达源海尔全球采购平台

（3）技术共创：通过专题技术交流、科技日活动、专家讲座等多种形式，实现供应商与海尔之间的技术创新方案、行业最新技术趋势和创新技术需求的零距离交互。

（4）绩效评价：对积极参与的供应商给予绩效激励和方案选择优先权，鼓励供应商不断创新和提升服务质量。

（5）用户参与。海达源海尔全球采购平台还注重用户参与和反馈，用户可以通过多种终端查看产品"诞生"的整个过程，如定制内容、定制下单、订单下线等关节性节点。这种用户交互定制的方式使得用户不再是产品的旁观者，而是可以全流程参与其中，享受更加个性化的购物体验。

随着数字化变革的深入，海达源平台更加注重与供应商的深度合作和技术创新，为全球用户提供更加优质、个性化的产品和服务。同时，平台还将加强用户参与和反馈机制的建设，不断提升用户体验和满意度。

启发思考：

1. 海尔招标网和海达源海尔全球采购平台面向的用户有何不同？简述海尔招标的过程。
2. 海达源海尔全球采购平台是如何实现为全球用户定制个性化智慧生活的？

（二）基于供应商网站的 B2B 交易

基于供应商网站的 B2B 交易也称为以卖方为主导的 B2B 电子商务，主要是指供应商基于自有网站与其下游的企业用户开展的以电子化分销或网络直销为核心的各种商务活动。

基于供应商网站的 B2B 交易流程如图 3.7 所示。基于供应商网站的 B2B 交易类似于 B2C 电子商务，其一般程序分为以下几步。

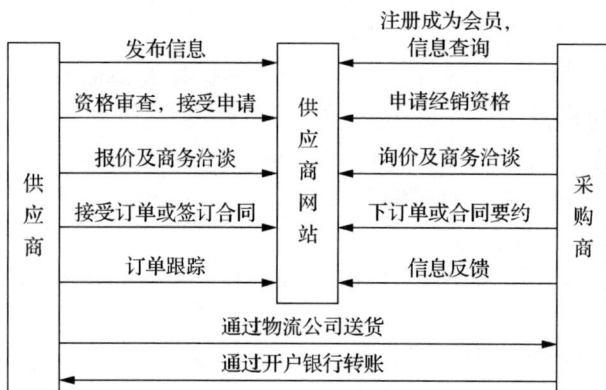

图 3.7　基于供应商网站的 B2B 交易流程

（1）供应商利用自己网站的信息发布平台发布买卖、合作、招投标等商业信息；采购商进入供应商网站，注册成为会员后查询有关商品信息。

（2）采购商提出经销申请；供应商进行资格审查后授予采购商经销资格。

（3）在询价及商务洽谈的基础上，采购商通过供应商网站信息交流平台下订单；供应商报价。

（4）采购商下订单后，供应商接受订单，如有必要双方还需签订合同。

（5）进行信息反馈与订单跟踪。

（6）进行货款结转和物流配送。

三、基于第三方平台的 B2B 交易

开展基于第三方平台的 B2B 交易时，由第三方 B2B 网站提供一个电子商务交易平台，交易双方需要注册成为该网站会员，才可以借助该平台进行交易。平台方并不参与交易，而是发挥中介服务作用。图 3.8 所示为 B2B 电商平台的机制。

（一）基于第三方平台的 B2B 交易的主要功能

B2B 电商平台的主要功能有以下几种。

（1）提供供求信息服务。买方或卖方只要注册成为网站会员就可以在 B2B 电商平台上发布采购信息或者供应信息，并根据发布的信息来选取潜在的供应商或者客户。网上发布的信息一般是图片、视频或文字信息。随着互联网的发展，信息形式会越来越丰富。

（2）提供附加信息服务。B2B 电商平台为企业提供其需要的相关经营信息，如行业信息和市场动态等；为交易双方提供网上交易沟通渠道，如网上谈判室、沟通软件和商务电子邮件等；提供信息传输服务，如根据客户的需求，定期将客户关心的交易信息发送给客户。

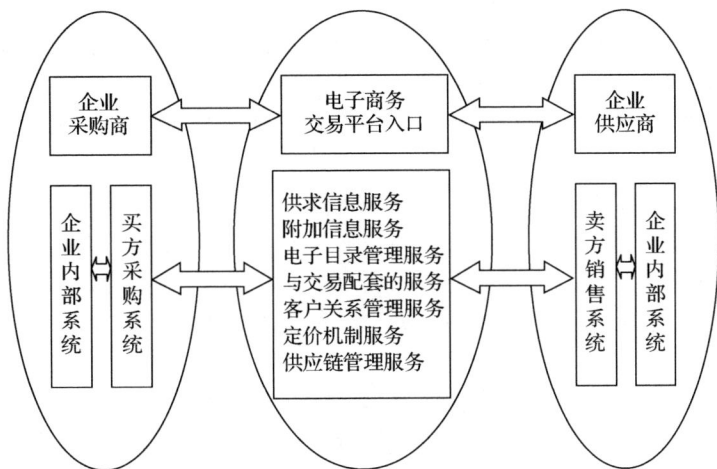

图 3.8   B2B 电商平台的机制

（3）提供电子目录管理服务。B2B 电商平台提供产业所需的不同的供应商产品目录管理系统，方便客户取得相关产品资料，以利于采购的进行。

（4）提供与交易配套的服务。B2B 电商平台提供网上签订合同服务、网上支付服务、物流配送及其他用以实现网上交易的服务。

（5）提供客户关系管理服务。B2B 电商平台为企业提供网上交易管理服务，包括合同、交易记录、客户资料等信息的托管服务。许多 B2B 电商平台专门开发了客户管理软件来帮助企业管理客户资料。

（6）提供定价机制服务。B2B 电商平台通过提供一些交易手段，如询价、协商议价和比价等，来满足交易双方的需求，在交易过程中形成合适的价格。

（7）提供供应链管理服务。供应链管理服务可分为两大部分：供应链规划和供应链执行。供应链规划包括供应链网络设计、需求规划与预测、供给规划和配销规划等；供应链执行包括仓储管理、运输管理、库存管理和订单管理等。

（二）第三方 B2B 电商平台的类型

按照第三方 B2B 电商平台面向的行业范围，可以将第三方 B2B 电商平台进一步划分为垂直 B2B 电商平台和水平 B2B 电商平台两种。

1. 垂直 B2B 电商平台

垂直 B2B 电商平台也称行业性 B2B 电商网站，如化工网、纺织网和全球五金网等。此类网站的优点是深耕一个行业，有较强的专业性；其缺点是受众过窄，难以形成规模效应。

由于垂直 B2B 电商平台的专业性强，其客户很多都是本行业的，潜在购买力较强，广告的效用也较大，因此其广告费较水平 B2B 电商平台更高。除了发布广告，垂直 B2B 电商平台还可以通过出售网上店铺、收取交易费、收取客户的信息费及数据库使用费等赢利。

垂直 B2B 电商平台的发展趋势是深入产业链上下游，做好产业电商、供应链生态，逐渐形成电子商务生态圈。

微课堂

垂直 B2B 电商平台

垂直 B2B 电商平台又分为以下四种模式。

（1）以提供供求信息服务为主的行业 B2B 模式。此类模式以向交易双方提供供求信息服务为主，主要以收取广告费赢利。该模式涉及的企业数量较多，产品品种繁多且标准化，能形成很大的市场。如一呼百应网、化工网、全球五金网、纺织网等都属于此类模式。

（2）以提供行业资讯服务为主的行业 B2B 模式。此类模式以提供行业资讯服务为主，主要收入来源为广告费。该模式一定要有精通行业、善于做市场分析调查的行业专家参与，只有这样才能形成高质量的市场分析报告，帮助企业正确决策。如我的钢铁网、纸业联讯等都属于此类模式。

（3）以提供招商加盟服务为主的行业 B2B 模式。此类模式以提供招商加盟服务为主，下游企业为了使产品能更好地面向消费者，可以采用这类模式的平台找分销商、代理商来销售其产品。此类模式一般以收取下游企业的广告费、会员费来维持运转，会员可在平台的一级或二级栏目上为自己的品牌做广告，也可以查看经销商的联系方式。如中国服装网、医药网等都属于此类模式。

（4）以提供在线交易服务为主的行业 B2B 模式。此类模式以提供在线交易服务为主，主要以收取交易费赢利，交易的对象一般为大宗商品，运营时必须建立良好的诚信机制，还要解决物流、资金流及诚信度审核等问题。如欧冶云商就属于此类模式。

案例 3.6

网盛生意宝

浙江网盛生意宝股份有限公司（以下简称"生意宝"）是一家产业互联网基础设施提供商，可为企业提供B2B电商平台基础设施、供应链金融基础设施、物流网络基础设施等，实现信息流、资金流、物流的"三流合一"。公司成功运营化工网、纺织网、医药网及生意宝，是首家在境内上市的互联网企业，是采用专业B2B电子商务发展模式的标志性企业。

B2B电商平台基础设施（信息流）依托行业网联盟的B2B社交电商平台（生意宝）、大宗商品数据平台（生意社）与网盛商品交易中心，为产业链企业提供产品推广、行情资讯与交易撮合等服务。供应链金融基础设施（资金流）为产业链企业提供全流程在线、全场景覆盖的供应链金融解决方案，解决企业向上采购的采购资金短缺问题与向下销售的应收账款回笼问题。物流网络基础设施（物流）为有实力的物流企业提供支持物流金融与物流供应链的网络货运平台完整解决方案。

化工网成立于1997年12月，是国内最早的垂直B2B电商平台，主要提供化工行业的网上信息发布及交易撮合等服务，建有国内最大的化工专业数据库，内含40多个国家和地区的2万多个化工站点、2.5万多家化工企业、20多万条化工产品记录，日访问量超过100万人次。

启发思考：生意宝是如何实现"三流合一"的？

2. 水平 B2B 电商平台

水平 B2B 电商平台也称为综合类 B2B 电商网站。之所以用"水平"这一概念，主要是因为这类平台覆盖的行业范围很广，很多行业都可以在这类平台上开展商务活动。典型的水平 B2B 电商平台有阿里巴巴、中国制造网等。这类平台一般注重在广度上下功夫，在品牌知名度、用户数、跨行业、技术研发等方面具有垂直 B2B 电商平台难以企及的优势，但是在用户精准度和行业服务深度等方面略有不足。

水平 B2B 电商平台有多种利润来源，如广告费、竞价排名费、技术

服务费、交易费用、金融服务费、软件使用许可费、会员费和其他服务费等。此外，平台自身也可以开展电子商务，并从商务活动中直接获利。

水平 B2B 电商平台又可分为以下几种模式。

（1）以外贸服务为主的综合 B2B 模式。此类模式以提供外贸线上服务为主，主要收入来源为会员费、提供增值服务所获取的广告和搜索引擎排名费用，以及向供应商收取的企业信誉等的认证费用。阿里巴巴国际站、中国制造网国际站等属于此类模式。

（2）以内贸服务为主的综合 B2B 模式。此类模式为各行业企业提供线上线下结合的内贸商业信息服务，主要收入来源为线下会展收费、会员费、信息服务费等。国联资源网等属于此类模式。

（3）以"行业门户+联盟"为主的综合 B2B 模式。此类模式以联盟的方式对各行业 B2B 网站进行资源整合，提供"既综合，又专业"的 B2B 服务，主要收入来源为提供网络基础服务、网络信息推广服务、加盟服务所收取的费用。中国网库等就属于此类模式。

（4）以交易服务为主的综合 B2B 模式。此类模式不仅提供信息服务，同时还整合了支付、物流以及客户关系管理等，其主要收入来源是企业交易佣金。敦煌网等就属于此类模式。

表 3.6 所示为水平 B2B 电商平台和垂直 B2B 电商平台的比较。

表 3.6　水平 B2B 电商平台和垂直 B2B 电商平台的比较

类　型	特　点	优　点	缺　点
水平 B2B 电商平台	为交易双方创建一个交流信息和交易的平台，涵盖不同行业和领域，服务于不同行业的从业者	追求的是"全"，能够获利的机会很多，潜在用户群较大，能够迅速地获得收益	用户群不稳定，被模仿的风险大
垂直 B2B 电商平台	将交易双方集合在一个市场中进行交易，网站的专业性很强，面向某一特定的专业领域，如信息技术、农业、化工、钢铁等。它将特定产业的上下游企业聚集在一起，让各层次的企业都能很容易地找到原料供应商或买主	专业性很强，容易吸引针对性较强的用户，并易于建立起忠实的用户群，从而吸引固定的回头客	短期内不能迅速获益，较难转向多元化经营或向其他领域渗透

📖 **实训案例**

阿里巴巴平台交易实训

阿里巴巴中国站为阿里巴巴1688网站，可注册的会员有普通会员和诚信通会员两种（参见图3.9、图3.10）。普通会员享受免费服务；诚信通会员于2002年3月推出，目前，会员费统一为6688元/年。阿里巴巴为诚信通会员提供旺铺，旺铺域名可以为二级域名，如"http://用户名.cn.1688.com"，也可以是WWW下的一级域名。

阿里巴巴平台简介

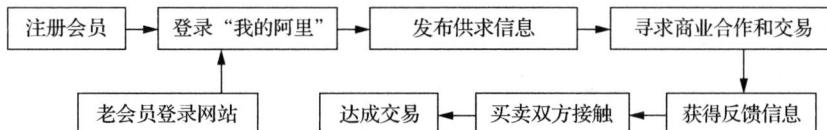

下文为某企业在阿里巴巴1688网站注册普通会员、发布供应或需求信息的操作步骤。

图 3.9　阿里巴巴普通会员的业务流程

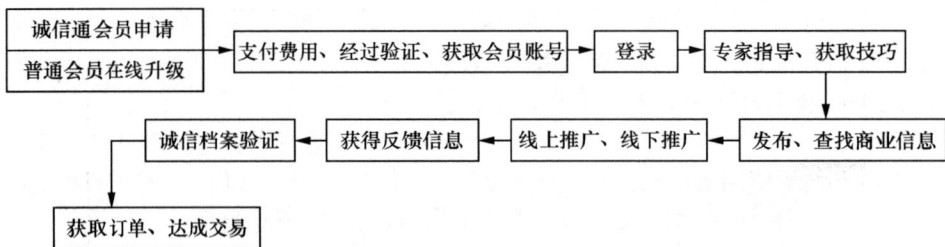

图 3.10　阿里巴巴诚信通会员的业务流程

一、采购流程

1. 注册普通会员

注册普通会员时，用户只需在阿里巴巴1688网站首页单击"免费注册"，然后填写表单就可以完成（现在阿里巴巴和淘宝的会员系统已经打通，用户也可以直接用淘宝账户登录）。

2. 找货源，填写询价单

会员在平台上寻找货源，可以在搜索到货源或供应商后直接询价，也可以在发布询价单后等待卖家反馈。

（1）在阿里巴巴1688网站首页的搜索框上方，选择"找工厂"。选择一个合适的供应商，之后选择"立即询价"，填写询价单，如图3.11所示，然后单击"立即发送"。

图 3.11　填写询价单（一）

（2）在阿里巴巴1688网站首页单击"我的阿里"→"买家中心"→"1688买家工作台"。图3.12所示为1688买家工作台。选择"发布询价单"，填写询价单，如图3.13所示。发布询价单后，等待卖家反馈。相应的供应商看到买家发布的信息后，就会通过阿里旺旺、站内留言等方式与买家联系，买卖双方可以进行贸易磋商，达成一致后即可成交。

图 3.12　1688 买家工作台

图 3.13　填写询价单（二）

二、销售流程

供应商在阿里巴巴平台上销售商品有两种方式：一是直接发布商品供应信息，等待买家与自己联系；二是搜索求购信息，主动与买家联系。

1. 直接发布商品供应信息，等待买家与自己联系

（1）发布商品。在图3.12所示的页面中，单击"卖家中心"→"发布供应产品"进入选择类目发品页面，有"现货""加工定制"两种方式可供选择，如图3.14所示。诚信通会员需要切换到1688商家工作台发布商品。

（2）选择商品类目。选择合适的类型，确认商品类目后，单击"确认类目 继续完善"，进入发布商品详情页面（卖家店铺需要是旺铺才能进入发布商品详情页面）。

（3）商品信息发布成功。在填写完详细信息后，单击"同意服务条款，我要发布"；系统会提示"恭喜，您的信息已发布成功并提交审核"。如果审核通过，则该信息发布成功。

2. 搜索求购信息，主动与买家联系

（1）选择求购商。在阿里巴巴1688企业采购平台选择"求购"，搜索框中输入关键词，如输入"打印纸"，单击"搜全站"，此时所有发布了该商品求购信息的买家都会被列出。图3.15所示为发布了求购信息的买家页面。

（2）单击信息标题，即可看到采购详情。选中某条信息后单击"立刻报价"（参见图3.15），再进行后续操作即可。

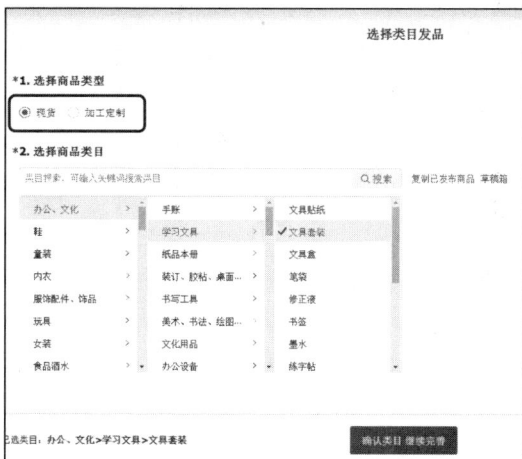

图 3.14　发布商品

图 3.15　发布了求购信息的买家页面

思考讨论：总结在阿里巴巴1688网站上采购和销售的流程。

归纳与提高

通过本章的学习，我们熟知网络零售可分为 B2C 电子商务和 C2C 电子商务两种模式。"B2C 电子商务"主要介绍了 B2C 电子商务的分类、B2C 网站的主要赢利模式等。"C2C 电子商务"主要介绍了拍卖平台与店铺平台的相关知识。

通过本章的学习，我们掌握了什么是新零售、新零售的主要特征与本质。新零售具有渠道一体化、经营数字化、门店智能化、物流智能化等主要特征。新零售的本质是对人、货、场三者关系的重构。本章还介绍了新兴技术赋能新零售的发展、新零售的运作核心是"六通"（即商品通、会员通、服务通、数据通、分销通、区域通）等知识。

同时，本章还介绍了 B2B 电子商务的相关内容。B2B 电子商务根据 B2B 交易平台构建主体的不同，可以分为基于企业自有网站的 B2B 交易和基于第三方平台的 B2B 交易两类。按照面向的行业范围的不同，第三方 B2B 电商平台可以分为垂直 B2B 电商平台和水平 B2B 电商平台。其中，垂直 B2B 电商平台面向某一专业市场，水平 B2B 电商平台面向多个行业。

知识巩固与技能训练

一、名词解释

威客 新零售 消费者画像 工业 4.0 网上招投标

二、单项选择题

1. 每位消费者在 B2C 电商网站上购物前必须做并且只需做一次的事情是（ ）。
   A. 登录　　　　　B. 结算　　　　　C. 购物　　　　　D. 注册

2. 当商品出现质量或其他问题时，消费者与商家联系，商家会要求消费者提供商品的（ ）。
   A. 订单号　　　　B. 购买金额　　　C. 商品名称　　　D. 商品描述

3. 网店要尽可能给客户留下深刻的第一印象。为实现此目的，网店应将关注点放在（ ）上。
   A. 商店的商标　　B. 漂亮的页面　　C. 优惠的价格　　D. 绚丽的动画

4. 在网上交易流程的设定方面，一个好的电商网站必须做到的是（ ）。
   A. 对客户有所保留
   B. 使客户的购物操作烦琐但安全
   C. 让购物流程简单和方便操作
   D. 让客户感到在网上购物与在现实世界中购物的流程是有区别的

5. 淘宝网上，每个自然月，相同买家和卖家之间的评价计分不得超过（ ）分；若（ ）天内相同买家和卖家就同一个商品进行评价，多个好评只计 1 分。
   A. 5，10　　　　　B. 5，15　　　　　C. 6，14　　　　　D. 6，30

6. 新零售的本质是（ ）。

A. 渠道一体化   B. 对人、货、场三者关系的重构
C. 经营数字化   D. 以消费者体验为中心

7. （   ）是新零售的前端表象。
    A. 人   B. 货   C. 场   D. 数据

8. 电商经过几年的高速发展，电商平台的获客成本越来越高，流量红利（   ）。
    A. 增加   B. 减少   C. 不变   D. 不确定

9. 与水平 B2B 电商平台相比，垂直 B2B 电商平台的主要优点是（   ）。
    A. 行业全   B. 服务全   C. 专业性强   D. 内容丰富

10. 阿里巴巴的电子商务交易模式属于（   ）。
    A. 基于企业自有网站的 B2B 交易   B. C2C 电子商务交易
    C. 基于第三方平台的 B2B 交易   D. B2C 电子商务交易

11. 阿里巴巴在 B2B 电子商务交易中扮演的角色是（   ）。
    A. 中介   B. 数字证书认证中心
    C. 交易主体   D. 商业银行

12. 敦煌网的商业模式是（   ）。
    A. 自营式模式   B. 平台式模式
    C. 综合服务商模式   D. 企业应用式模式

三、多项选择题

1. B2C 网站的赢利模式包括（   ）等。
    A. 收取广告费   B. 收取交易费
    C. 出租虚拟店铺   D. 收取软件使用费

2. （   ）等网站属于 B2C 电子商务购物网站。
    A. 当当网   B. 阿里巴巴   C. 京东商城   D. 天猫

3. 按 B2C 网购模式来分类，B2C 网站可分为（   ）等。
    A. 综合平台商城   B. 综合独立商城
    C. 网络品牌商城   D. 连锁购销商城

4. 拍卖主体主要包括（   ）。
    A. 竞买人   B. 买受人   C. 委托人   D. 拍卖人

5. 按交易的商品类型分类，C2C 电商平台可以分为（   ）。
    A. 实物交易平台   B. 智慧交易平台
    C. 拍卖平台   D. 店铺平台

6. 水平 B2B 电商平台的特征为（   ）。
    A. 面对某一行业   B. 面对多个行业
    C. 追求 "全"   D. 专业性强

7. 按照面向的行业范围不同，第三方 B2B 电商平台可分为（   ）。
    A. 垂直 B2B 电商平台   B. 水平 B2B 电商平台
    C. 信息服务型 B2B 网站   D. 交易服务型 B2B 网站

8. 根据 B2B 交易平台构建主体的不同，B2B 电子商务可分为（   ）。
    A. 基于企业自有网站的 B2B 交易   B. 基于第三方平台的 B2B 交易
    C. 水平 B2B 网站交易   D. 垂直 B2B 网站交易

四、复习思考题

1. 请谈谈如何使 B2C 网站获得更大的经济效益。

2. 按交易平台的运作模式分类，C2C 电商平台可分为哪几种？简要说明每一种平台的特点。

3. 简述威客的两种运营流程：现金悬赏任务流程和招标任务流程。

4. 新零售的主要特征有哪些？分析新零售的人、货、场三要素。

5. 网上招投标的形式有哪几种？网上招投标的流程是怎么样的？

6. 试比较水平 B2B 电商平台和垂直 B2B 电商平台的异同。

五、技能实训题

1. 在京东商城、苏宁易购或唯品会上找一件自己需要的商品并完成购买（用网上支付方式付款），写出操作流程（对关键步骤进行截图，整理在一个 Word 文档中，并对每一张截图进行简单说明）。

2. 分别进入天猫、京东商城、苏宁易购、唯品会网站或移动 App，分析这些网站的异同，填写在表 3.7 中。

表 3.7　B2C 电商网站对比

比　　较	天　猫	京东商城	苏宁易购	唯　品　会
1. 创建时间				
2. 上一年度市场份额				
3. 商品来源				
4. 支付方式				
5. 配送方式				
6. 售后服务				
7. 赢利模式				
8. 特色				
9. 相同点				

3. 联系一家企业，帮助该企业在阿里巴巴 1688 网站上开展网络销售，并试着主动寻找阿里巴巴 1688 网站上有采购意向的买家。

4. 尝试在阿里巴巴 1688 网站上进行网络采购。

六、实训拓展题

选择水平 B2B 电商、垂直 B2B 电商各三家网站，分析其近期的会员数量、赢利模式、主要业务模式等。你认为水平 B2B 电商平台和垂直 B2B 电商平台哪个更具有发展潜力？为什么？

第四章 网上开店与管理

【知识框架图】

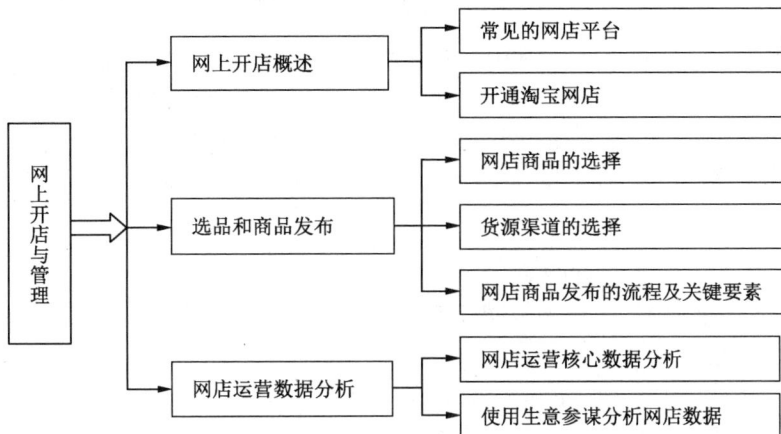

【学习目标】

【知识目标】

1. 了解常见的网店平台，常见的货源渠道及其特点。
2. 掌握淘宝网开店和商品发布的流程。
3. 掌握网店运营核心数据分析。

【技能目标】

1. 学会在淘宝网上开设网店，并进行商品的发布。
2. 学会淘宝网店商品的选择和货源渠道的选择。
3. 学会使用生意参谋分析网店数据。

【引   例】

如何在电商平台开网店

王强得知，淘宝网等平台上有很多成功创业的网店，如"御泥坊""小米包铺创始店"等。这些成功案例给了王强足够的勇气，他也想在一些电商平台（如淘宝网）上开网店，进行网上创业。但是他遇到了很多困难：他不了解如何开设网店、什么样的产品在网上好销售，以及如何才能经营好自己的网店等。面对这些困难，王强应该如何解决呢？

如何做好网店运营数据分析

淘宝卖家小张经过一段时间的网店运营，发现网店销量还是较低。后来，小张采用淘宝官方数据分析工具"生意参谋"对网店数据进行分析，他发现网店的流量和人气虽然有所提升，但是有不少的访客浏览了一个页面就离开了，且商品的成交转化率较低，其中有一小部分买家只把商品加入购物车，却并没有付款结算。小张想知道：出现这些情况的原因是什么呢？应该从哪些方面去提升商品的成交转化率呢？

第一节 网上开店概述

网络销售是在互联网时代背景下诞生的新的销售方式，其与传统实体店销售相比有很大的优势。对中小卖家来说，选择适合自己的网店平台对后期的推广和销售至关重要，这就需要了解常见网店平台的类型和特点。

学而思，思而学

个人还可以在哪些平台开网店？企业还可以在哪些平台开网店？

一、常见的网店平台

B2B、B2C 和 C2C 等类型的网店平台有很多，淘宝网、天猫、京东、拼多多、抖音等是国内网民接触比较多的平台，其中淘宝网和天猫都属于阿里巴巴集团创办的电商平台，个人适合在淘宝网、拼多多、京东等平台开设网店，企业可以选择在天猫、京东等平台开设网店。

1. 淘宝网

淘宝网（taobao）成立于 2003 年 5 月，由阿里巴巴集团投资创办。淘宝网的店铺类型有个人店铺和企业店铺两种。由于淘宝网开店具有门槛低、资金投入少的特点，很多个人创业者选择在该平台开店。

个人店铺对应个人身份证，企业店铺对应企业营业执照。在淘宝网开网店的主要条件为：①个人店铺使用个人身份证开设，一张身份证只能开通一个店铺；②企业法定代表人可以在淘宝网使用个人身份证开设个人店铺，也可以使用企业营业执照注册企业店铺。

2. 天猫

天猫（tmall）原名淘宝商城，是我国 B2C 综合平台商城、亚洲超大的综合性购物平台。天猫在 2012 年 1 月与淘宝网分离。天猫属于开放性的平台，主要由第三方的商家入驻，天猫店铺包括旗舰店、专卖店、专营店和卖场型旗舰店等四种类型。商家在天猫经营必须缴存保证金、软件服务费等。

天猫商家入驻的主要条件如下。

（1）基本要求：入驻天猫的只能是企业，暂不接受个体工商户的入驻申请；入驻的商家必须是在中国注册的企业，包括法人和合伙企业，并且持有企业的营业执照，且经营范围与天猫平台上的商品相符。

（2）品牌资质：取得国家知识产权局商标局颁发的商标注册证（®标志）或《商标注册申请受理通知书》（TM 标志）；不接受纯图形类商标的入驻申请。

（3）经营年限：入驻企业需依法成立并持续经营两年及以上，确保企业的稳定性和可持续性。

3. 京东

京东成立于 1998 年 6 月 18 日，京东商城是京东集团的核心业务。京东商城是较典型的 B2C 综合独立商城、自营式电子商务企业。2010 年 12 月京东开放平台正式运营，开始接受第三方的商家入驻，京东第三方企业店包括旗舰店、专卖店、专营店、普通企业店和卖场店等五种类型。京东集团定位于"以供应链为基础的技术与服务企业"，目前业务已涉及零售、科技、物流、健康、产发、工业、自有品牌、保险和国际等领域。

京东商家入驻的主要条件如下。

（1）基本要求：京东入驻主体可以是企业，也可以是个体工商户或个人（2023年1月1日起，京东开始接受个人入驻开店）。企业入驻京东"POP企业店"，个体工商户、个人入驻"京东小店"。入驻主体注册地点需在境内，京东暂不接受境外的商家入驻。

（2）品牌资质：和天猫基本相同。

（3）费用要求：商家在京东经营必须缴存保证金、运营支持服务费、交易服务费（自2023年1月1日起，京东针对新入驻京东小店的商家或个人，支持部分类目"0元开店"试运营）。保证金是商家以"一店铺一保证金"原则向京东缴纳的用以保证店铺规范运营及对商品和服务质量进行担保的金额；运营支持服务费是商家根据经营类目，在达成每一单交易时按比例（简称"费率"）向京东缴纳的费用；交易服务费是基于京东开放平台提供的服务产生的费用，通常按订单货款金额的0.6%收取。

4. 拼多多

拼多多成立于2015年4月，是一家专注于C2B拼团的社交电商平台。用户通过发起和朋友、家人、邻居等的拼团，购买更低价格的优质商品。拼多多通过沟通分享的社交理念，形成了独特的新社交电商思维。

拼多多店铺包括个人店铺和企业店铺两种类型。其中个人店铺包括个人店和个体工商户等两种类型；企业店铺包括旗舰店、专卖店、专营店和普通企业店等四种类型。企业店铺中普通企业店需要提交主体资质，其他三种则需要提交主体资质和品牌资质。拼多多店铺入驻需要缴纳一定的保证金。

拼多多商家入驻的主要条件如下。

（1）基本要求：入驻主体为拥有中国身份证、境内注册的个体工商户或企业，经营范围应在营业执照规定的经营范围内，经营期限或身份证期限距离有效期截止时间应大于1个月。

（2）售卖商品：售卖商品需包含在招商类目范围内，且具备相关资质。商品必须符合法律及行业标准的质量要求。

（3）品牌资质：和天猫基本相同。

5. 抖音小店

抖音是短视频社区平台，于2016年9月上线。抖音小店（简称"抖店"）是抖音为电商卖家提供的"一站式"经营平台。卖家抖音账号与抖音小店能进行一对一的绑定，方便运营管理。抖音小店开设门槛较低，2023年3月1日起，个人提供符合要求的身份证明并通过实名认证即可注册成为抖音小店商家。

案例4.1

淘宝网简介

淘宝网经过20多年的快速发展后，开始利用大数据、个性化、视频、社区等增强网购人群的黏性，利用优酷、微博、阿里妈妈、阿里巴巴影业等内容平台打造从内容生产、内容传播到内容消费的生态体系。下面是淘宝网的三种典型特色服务。

1. 千牛

千牛由阿里巴巴集团官方推出，淘宝卖家、天猫商家均可使用。千牛包含卖家工作台、消息中心、客服接待等主要功能。其核心功能是为卖家整合店铺管理工具、经营咨询信息和商业伙伴关系，借此提升卖家的经营效率，促进合作共赢。千牛目前有Mac端、移动端、网页端和Windows端等多个版本。

2. 淘宝的安全制度

（1）引入实名认证制。淘宝网注重诚信安全方面的建设，引入了实名认证制，并区分了个人用户认证与商家用户认证，一个用户不能同时申请两种认证。

（2）支付宝担保支付模式。对于买卖双方在支付环节中的交易安全问题，淘宝网推出了支付宝担保支付模式，以降低交易的风险。

（3）引入信用评价体系。买卖双方都可以查看对方的信用评价。淘宝网信用评价的基本原则是，成功使用支付宝支付完成一笔交易后，双方都可以对对方做一次信用评价。

3. 生意参谋

生意参谋是由阿里巴巴数据团队出品的店铺数据化、精细化经营分析工具，能帮助淘宝卖家、天猫卖家分析店铺经营状况，包括人（流量）、货（商品）、钱（交易）；通过实时直播（及时性）、无线专题（多终端）、竞争情报（结合行业）等增强卖家的精细化运营能力。

利用生意参谋，卖家可以了解店铺的整体情况及每条商品信息的排名，并可对比了解整个行业内的推广情况。同时，根据推广情况，生意参谋会向卖家提出优化建议，帮助卖家更好地推广商品。

启发思考： 淘宝网的三种典型特色服务分别能为卖家带来什么样的间接收益？

二、开通淘宝网店

在各网店平台开通网店的操作大体相似，下面以个人在淘宝开通网店为例进行介绍。个人开通淘宝网店的流程如下：①选择开店身份；②选择网店主体类型；③完成相关认证和登记主体信息。

（一）淘宝网开店入口和选择开店身份

1. 淘宝网开店入口

如果是淘宝网的新用户，首先要进行会员注册，在淘宝网首页单击"免费注册"（见图4.1）。如果作为买家已注册了会员，卖家可以用同一个会员账户。

（1）电脑端淘宝网开店入口。直接单击淘宝网首页的"免费开店"或"千牛卖家中心"→"开店入驻"（见图4.1），进入"0元开店"页面，取好店铺名称。

视野拓展
电脑端新手开店流程

手机端新手开店流程

图4.1　电脑端淘宝网开店入口

（2）手机端淘宝网开店入口。登录手机端淘宝App，依次点击"我的淘宝"→"设置"→"商家入驻"→"淘宝开店"，或者搜索"开店"找到"淘宝开店"入口。

视野拓展

个人在淘宝网开店需要的资料及注意事项：①一张未开过网店的身份证；②一张与身份证绑定的银行卡，银行卡、持卡人及身份证信息要一致；③一部能接收验证码的手机。

2. 选择开店身份

淘宝网开店身份主要有普通商家、达人商家、品牌商家等。

（1）普通商家：适用于想创业、发展副业的企业或个人。

（2）达人商家：一般是抖音、快手、B站（哔哩哔哩）、微博等平台的主播、达人、UP主（Uploader，上传者），其有一定的粉丝基础，通过短视频、直播等内容带货。

（3）品牌商家：适用于自有或独有品牌，有商标注册证；知名品牌推荐开天猫店，新创品牌推荐开淘宝店并进行品牌认证。

（二）选择网店主体类型

淘宝普通商家的网店主体类型有个人商家、个体工商户商家、企业商家。

（1）个人商家：适用于个人，需提供个人身份证正/反面照片、已实名认证的个人支付宝账户。

（2）个体工商户商家：营业执照类型为"个体工商户"，需提供营业执照照片、法人身份证正/反面照片、已实名认证的个人支付宝或企业支付宝账户等材料。

（3）企业商家：营业执照类型为"公司/企业/农民专业合作社"等，需提供营业执照照片、法人身份证正/反面照片、已实名认证的企业支付宝账户等材料。

下面选择普通商家开店身份、个人商家网店主体类型来介绍如何开通淘宝网店。

（三）完成相关认证和登记主体信息

（1）支付宝实名认证。①在电脑端登录千牛卖家中心，单击"支付宝认证"或"立即认证"，按照提示完成支付宝认证。②在手机端支付宝App中依次点击"我的"→右上角的"设置"图标→"账号与安全"→"身份信息"→"实名认证"，然后完善信息，信息完善后会提示"通过支付宝实名认证"。

（2）登记主体信息。需上传个人证件照片，登记经营地址、姓名、个人证件号等信息。

（3）实人认证。使用手机端淘宝App或千牛App扫描实人认证页面出现的二维码进入人脸识别系统，由进行信息登记的证件持有人本人刷脸认证。登录的淘宝账号需要与申请开通网店的淘宝账号保持一致。

> 淘宝网店释放是指网店将被删除。网店释放后重新开店，店铺创建时间仍会显示第一次开店时间，并且店铺链接地址不变。

完成以上步骤，商家即可开通淘宝网店，并发布商品。开店成功后五周内没有发布商品的网店将被自动释放。

第二节　选品和商品发布

卖家在选择网店主营商品之前，需要先对整个淘宝市场有充分的认识和了解。首先，要分析淘宝市场的整体趋势；其次，要对自己所在行业的趋势进行深入考察和研究，掌握所在行业采购市场的行情和动态，熟悉所在行业客户市场的趋势和特性。卖家可以通过生意参谋、百度指数等专业工具分析市场趋势（使用生意参谋分析市场趋势需要付费升级并订购相应的板块）。下面主要借助百度指数分析市场趋势。

一、网店商品的选择

（一）根据市场趋势选择商品

图 4.2　百度指数的首页

对市场趋势进行调查是开网店前非常重要的一环，卖家可以通过生意参谋→"市场"→"搜索排行"来了解市场趋势，还可以通过百度指数来分析市场趋势。百度指数是研究客户兴趣、习惯的重要数据参考平台。卖家通过百度指数可以查看商品的长期走势、客户群体特性、商品搜索量和成交量的排行榜等内容。图 4.2 所示为百度指数的首页，卖家可以在搜索栏中输入想查询的商品类目的关键词，通过搜索指数、人群画像等对该商品类目进行全方位的分析。

1. 搜索指数

搜索指数能反映市场搜索趋势，但并不等同于搜索次数。卖家通过搜索指数可以掌握商品的长期搜索趋势。在百度指数的搜索栏中输入几个关键词，可以比较这些关键词的搜索指数。如在图 4.2 所示的百度指数搜索栏中输入关键词"连衣裙,长裙,短裙"（逗号在英文状态下输入），可得到"连衣裙""长裙""短裙"的搜索指数，如图 4.3 所示。

图 4.3　"连衣裙""长裙""短裙"的搜索指数

通过搜索指数概览，卖家可清晰地了解商品近 7 天、近 30 天、近 90 天、近半年或自定义时段的搜索指数的变化情况。仍以上述关键词为例，从搜索指数概览中可以看到"连衣裙"近 30 天的搜索指数整体同比下降了 4%，整体环比下降了 4%，移动同比下降了 10%，如图 4.4 所示。由此可以大体掌握"连衣裙"的搜索指数的变化趋势。同时，卖家还可以通过搜索指数的变化趋势对未来一段时间内的市场行情变化做出判断。

搜索指数概览						
关键词	整体日均值	移动日均值	整体同比	整体环比	移动同比	移动环比
■ 连衣裙	1,083	912	-4% ↓	-4% ↓	-10% ↓	—
■ 长裙	280	204	—	—	—	-1% ↓
▧ 短裙	632	533	-10% ↓	-6% ↓	-13% ↓	-8% ↓
① 数据更新时间：每天12—16时，受数据波动影响，可能会有延迟。						

图 4.4　"连衣裙""长裙""短裙"的搜索指数概览对比

2. 人群画像

卖家如果想进一步了解什么人会搜索"连衣裙"，可使用百度指数的人群画像功能。人群画像通过对搜索人群的地域分布、人群属性做出精准的数据统计与分析，方便卖家更加准确地了解商品客户群体的特性。

（1）地域分布。例如，搜索"连衣裙"的网民地域分布结果显示，江苏、广东、安徽、浙江、山东等地区的网民近 7 天对连衣裙的关注度较高。另外，该功能还可以针对区域或城市继续进行排名分析。

（2）人群属性。搜索"连衣裙"的网民人群属性如图 4.5 所示。从年龄维度分析，搜索"连衣裙"的网民年龄主要集中在 20～39 岁，其中 20～29 岁（编者注："29"应改为"30"，即 30 岁以下不含 30 岁，本书未予纠正）人群占总体的 35.90%，30～39 岁人群占总体的 37.62%。从性别维度分析，搜索"连衣裙"的女性网民占 56%。综合以上两项数据指标分析，卖家在连衣裙的风格特色、功能、定价方面应重点考虑 20～39 岁女性客户的需求和消费特点，但是男性客户对连衣裙的关注度也是不容忽视的。

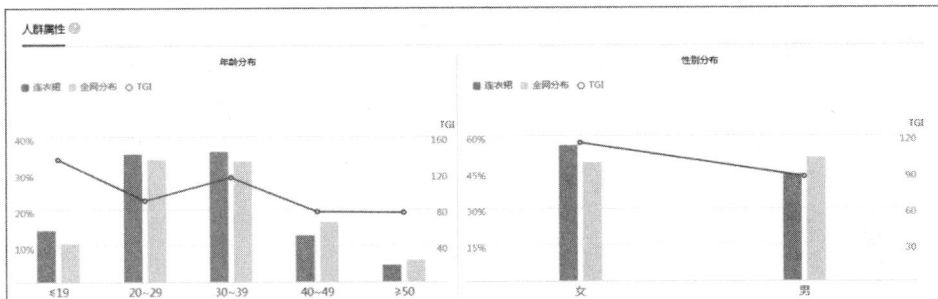

图 4.5　搜索"连衣裙"的网民人群属性

（二）选择符合市场需求和行情的商品

网店商品必须是符合市场需求的适销商品。适销指商品类目、价格、质量等方面与市场需求相适应。

卖家在选择网店商品时要分析网店商品所属的行业是否处于饱和状态、是否为当前热门行业、是否为潜力行业，行业竞争是否过于激烈，国家对于该行业是否有特殊的法律法规，等等。选择网店商品时，既可以选择热门行业的商品，以迎合大众的消费需求，也可以选择冷门行业的商品，打造有独特风格与特色的网店。

（三）卖自己熟悉的商品

对于刚入行的卖家，建议从自己喜欢和熟悉的商品着手，这样有助于快速入门。如果这类商品是卖家感兴趣的，那么卖家肯定愿意为它付出更多时间和精力，工作起来也会更加愉快和顺利。

一般来说，女性可以选择卖包、服饰、化妆品等，这样能够获得满足感，工作起来也会更加愉快；相应地，男性可以选择数码商品、创意品等来经营，这也比较符合自己的兴趣和喜好。

（四）卖有货源优势的商品

所谓货源优势，就是说卖家能够接触到更加优质或者低价的货源，如果有相关的货源优势，那么经营网店肯定会相对容易很多。比如，居住地靠近服装厂或农产品产地，就会具备一定的货源优势，进货、发货都能够更便捷。

二、货源渠道的选择

货源的好坏影响网店的运营，因此寻找货源、选择货源对新手卖家至关重要。

选择货源时,一般应重视其稳定性、利润空间等。货源要稳定,不能经常断货,断货会影响销售。如果不能及时发货,一方面,卖家可能会面临退款问题;另一方面,平台对此会有相应的处罚,如禁止参加活动一年等。有利润空间是选择货源的关键,只有存在利润空间,卖家才可能进行后续的网上销售业务。此外,商品的质量与价格要匹配。如果货源是品牌商品,则需要得到授权,否则可能会被举报或被平台处罚。网店的主要货源有以下几种。

(一)阿里巴巴官方平台

1. 阿里巴巴1688货源

阿里巴巴1688为卖家提供了海量商业信息和便捷、安全的在线交易平台,是国内较大的线上采购批发平台,也是卖家互动的社区平台。阿里巴巴1688为淘宝卖家提供多种货源。

(1)多种货源。1688厂家众多、地区覆盖面广,各厂家的商品品质、供应链情况参差不齐。因此,在1688挑选货源要看厂家的销量、评价、复购率、图片质量、网店单品销售情况、响应速度和发货速度、诚信通年限、是否有金牛标志等信息。另外,还需要查看厂家的联系方式、地址等信息。1688提供多种货源,如"淘卖专供""跨境专供"等。1688提供的货源基本都支持批发、一件代发等。

(2)产业带工厂。产业带是一个带状的链条产业集中区域,是相关或相同产业的基地,在此区域内可以形成产业集聚效应,可以更好地壮大产业,如杭州的女装、扬州的毛绒玩具、深圳的3C产品、佛山的卫浴产品等。产业带工厂拿货价格低、产品款式多、货源充足、供应链可控,缺点是要求进货量大、容易压货,且多数厂家不愿与小卖家合作。

2. 千牛卖家中心"商品"栏目下的货源

(1)"商机发现"。进入千牛卖家中心,选择"商品"→"商品运营"→"商机发现",然后选择行业类目及排序方式,单击"搜索"出现一些"稀缺蓝海"商品,卖家选中商品后可单击"发新品"或"提报"。

(2)"工厂货源"。进入千牛卖家中心,选择"商品"→"商品货源"→"工厂货源",可以看到1688提供的一些工厂货源。

(3)"淘分销"(2022年6月升级为"鲸芽")。进入千牛卖家中心,选择"商品"→"商品货源"→"淘分销",可进入"淘分销"后台选择商品。

视野拓展

鲸芽

淘分销是指由淘宝提供的分销平台,用于协助供货商搭建、管理及运营其网络销售渠道,协助分销商获取货源。2022年6月,淘宝宣布"淘分销"正式升级为"鲸芽",升级后,原有的功能和服务不受影响,还新增三大举措:①大规模引入天猫品牌商、跨境贸易商,提供全品类的商品,能让卖家、买手、主播更快速地搭建低成本、高效的分销矩阵;②扩大保障范围,全仓商品加载蚂蚁区块链溯源码,实现了一码溯全程,可保障正品;③高频促销并提供流量保障,具备一定影响力的"全球好物节"开放招商。

(二)分销网站

除了阿里巴巴官方平台外,还有很多提供批发服务的分销网站适合中小卖家选择货源,如购途网、四季星座网、货捕头、衣联网等。在这些平台上,应尽量选择满足以下条件的货源:提供图片包,可以直接上传商品,价格有优势,可以一件代发,售后服务周到。

（三）线下批发市场

一些线下批发市场也是卖家寻找货源的不错选择，如广州流花服装批发市场、义乌小商品城等。线下批发市场商品更新快、品种多，但是容易断货，品质难以得到保障。线下批发市场可以为国内电商平台提供货源，也可以为跨境电商平台提供货源。

（四）其他货源

除了以上货源外，卖家还可以通过如下渠道找到合适的商品。

（1）库存积压或清仓处理的商品。这类商品因为急于处理，通常可以以较低的价格买下，然后零售给需要的买家，这样也能获得一定的利润。

（2）外贸商品。外贸余单商品中有不少好货，这部分商品大多每款只有几件，款式有可能是现在或将来流行的，而价格可能只有商场的一半左右，因此比较容易销售。

（3）国外打折商品。在重大节日前夕，国外的一线品牌通常会有很大的折扣，卖家如果可以在国外买到打折商品，适当提高价格在网上销售，也能获得一定的利润。

（4）当地的特色农产品。特色农产品在主要产地出产量大，卖家方便直接和农户对接，从而容易得到较低的价格。

三、网店商品发布的流程及关键要素

商品的发布按照系统提示的步骤操作即可完成。虽然商品发布的流程很简单，但是商品标题的设置、主图的优化及详情的描述却非常重要，会直接影响商品的曝光率、点击率及转化率。

网店开通后，卖家就可以发布商品了。在发布商品前，卖家需要准备好商品的实物图片和信息资料。

（一）商品发布的流程

1. 准备商品发布的素材

对于自有货源的商品，在发布前，需要准备好商品图片和商品信息资料。商品图片包括5张尺寸为大于700像素×700像素（一般为800像素×800像素）的商品主图、不同角度的详情展示图，商品信息资料包括商品标题、商品属性、商品卖点等。

2. 商品发布页面入口

（1）进入商品发布页面。登录淘宝网后，进入千牛卖家中心，在左侧的"商品"栏目下单击"商品管理"下方的"发布商品"子栏目（见图4.6），即可进入商品发布页面。

图 4.6 "发布商品"子栏目

（2）选择商品类目，发布商品。商品发布有"搜索发品"和"以图发品"两种形式，如图 4.7 所示：①"搜索发品"，发布自有货源商品时，在搜索栏中可输入产品名称、类目关键词、条码信息等，选择合适的"类目"，单击图 4.7 中的"确认，下一步"按钮，进入完善商品信息页面（见图 4.8）；发布淘宝网推荐商品时，从淘宝网"热门推荐"的商品中选择合适的"类目"→"商品"，单击"发布"（见图 4.7），可直接进入完善商品信息页面。②"以图发品"适用于自有货源商品发布，选择"从本地上传"或"从图片空间上传"，上传图片后单击图 4.7 中的"确认，下一步"按钮，进入完善商品信息页面。

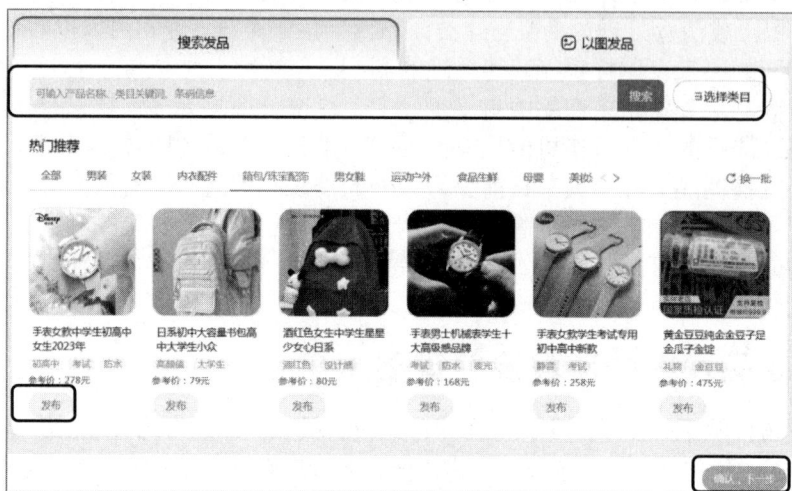

图 4.7 "搜索发品"商品发布页面

3. 完善商品信息

进入完善商品信息页面，完善商品信息时可以按照左侧的"填写助手"提示的内容填写。

（1）编写商品标题。最多允许 30 个汉字（60 个字符）。

（2）完善商品属性信息。根据要求，卖家需要完善商品属性信息，同时需要填写商品的销售信息，包括库存、价格、发货时效等信息。商品属性信息应尽量详细填写，如图 4.8 所示。完整的商品属性信息会增强买家对商品的信任感，获得淘宝网对商品的肯定，提升商品在淘宝网中的搜索排名，从而使商品获得更多的展示机会。

图 4.8 完善商品信息页面

（3）在"物流服务"中选中"使用物流配送"复选框，若要为一批商品设置同样的运费，可以选择商品的运费模板或者选择"新建"，如图 4.9 所示。

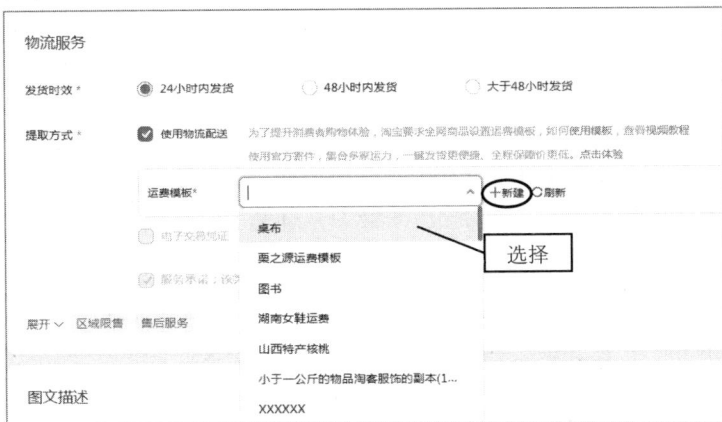

图 4.9 设置物流信息

（4）按要求上传主图、主图视频（选填）和商品详情描述等即可。

（5）完善商品信息后，选择商品上架时间（"立刻上架""定时上架""放入仓库"），单击"提交宝贝信息"按钮，即可完成该商品的发布。

（二）商品发布的关键要素

无论是哪种货源的商品，商品标题、商品主图、SKU 图和商品详情描述等都是商品发布的关键要素。

1. 商品标题

在淘宝网购物，常用的两种搜索商品的方式是按照商品的属性进行类目检索和在搜索栏中输入关键词进行搜索。关键词就是组成商品标题的主要元素，是提高商品曝光率的关键词语。商品标题应限定在 30 个汉字（60 个字符）以内，否则会影响商品的发布。如果商品标题中没有包含买家所搜索的关键词，则该商品就无法出现在搜索结果列表中。因此，商品的关键词非常重要。

2. 商品主图

当买家通过关键词搜索到想要的商品时，淘宝网会通过类目筛选和关键词截取的方法推送与之相关的商品图片给买家，买家第一时间看到的商品图片就是商品主图。

商品主图的质量关系到品牌的形象和定位，甚至会影响商品的搜索权重。因此，如果能设计好商品主图，就能使网店获得更多的流量和更高的点击率，从而扩大销量。

淘宝网的商品一般有 5 张主图（女装类目还有 1 张长图，共 6 张），一般要求为：①商品主图要求为正方形，这样在展示时才不会变形。②商品主图的大小不能超过 3MB，图片尺寸需为 700 像素×700 像素以上，这样商品主图可以在商品详情页放大。若第 5 张主图为商品白底图，则可以增加商品在手机端淘宝 App 首页曝光的机会。③商品主图应尽量色调统一。④商品主图不能有边框，不能由多张图片拼接而成，一张图片只反映商品某一方面的内容。⑤商品主图不得出现留白（即图片与模块大小不匹配，图片周围出现空白）。

3. SKU 图

当一款商品的品牌、型号、配置、等级、花色、包装、容量、单位、生产日期、保质期、用途、价格、产地等任一属性与其他商品存在不同时，可称其为一个单品。通常将一个单品定义为一个 SKU（Stock Keeping Unit，存货单位），每款商品都有若干个 SKU，以便对商品进行识别。

问与答

问：一款女装有粉红色、红色、白色、浅绿色、浅蓝色 5 种颜色，有 S、M、L、XL 等 4 种尺码，那么该款女装有多少个 SKU？

答：该款女装中粉红色的 S 码是 1 个 SKU，M 码是 1 个 SKU，L 码是 1 个 SKU，XL 码也是 1 个 SKU，所以一款粉红色女装有 4 个 SKU；同理，其他 4 种颜色也各有 4 个 SKU，这样该款女装共 4×5=20（个）SKU。

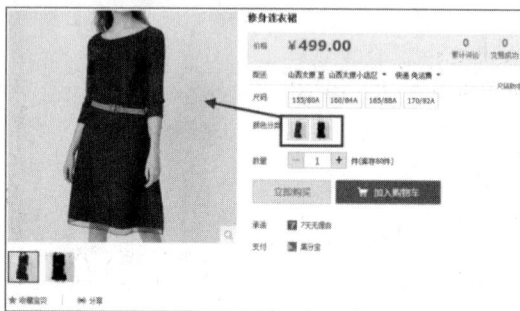

图 4.10　SKU 图的位置

（1）SKU 图的位置。在商品详情页主图的右侧，单击图 4.10 所示的"颜色分类"中的任意一张图片，在左侧主图的位置就可以看到选择的 SKU 图。

（2）SKU 图的设置。卖家登录千牛卖家中心，进入"一口价宝贝发布"页面，在"宝贝规格"的"颜色分类"中选择颜色后，就可以上传同色商品的 SKU 图，如图 4.11 所示。

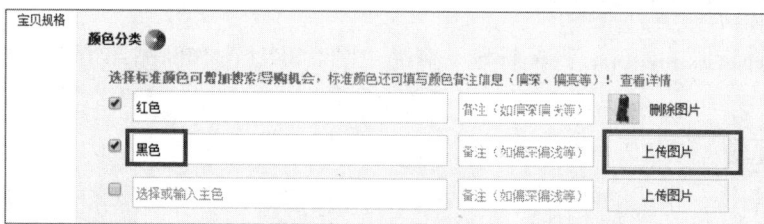

图 4.11　上传 SKU 图

4. 商品详情描述

商品标题的 30 个汉字不足以充分说明商品的优势和价值，因此商品的用途、特色等还需要用更多文字加以说明。商品详情描述是影响买家购买的一个重要因素。

淘宝网的商品详情描述容量是 25 000 字节（一个英文字母占一个字节，一个汉字占两个字节），足够用来列出商品的详细介绍和说明。

在撰写商品详情描述时要注意以下几个方面。

（1）内容要全面。卖家要站在买家的角度去思考其关心的问题。例如，材质、尺寸、价格、重量、颜色、适合人群、寓意、品质、赠品、服务承诺、支付方式等都是买家关心的内容。另外，服装类商品可以呈现面料、内衬、颜色、扣子（拉链）、走线和特色装饰等细节，特别是领子、袖口、腰身和下摆等部位的细节实拍可搭配简洁的文字说明，如图 4.12 所示。

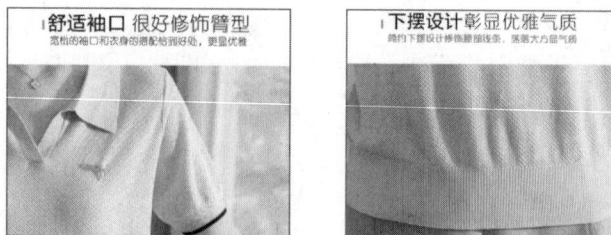

图 4.12　某商品部分详情描述

（2）突出商品卖点。各行业都存在商品同质化问题，因此，深挖商品卖点，编写独一无二的商品详情描述很关键。卖家可以从商品质量和品牌优势等方面着手，使用对比手法吸引买家购买。

（3）商品详情描述应结合文字、图像、表格等多种形式，这样能让买家更直观地了解商品，也会提高他们购买的可能性。

（4）参考同行网店。卖家可以参考同行的皇冠网店，看一看它们的商品详情描述，择其优点应用于自己的网店中。

第三节　网店运营数据分析

一、网店运营核心数据分析

涉及网店运营的数据类型有很多，但是最核心、最重要的数据有流量来源数据、网店主要流量指标、店铺综合体验分数据、转化率数据等。网店卖家应实时监控这些决定着网店经营好坏的数据，及时跟上市场的脚步。

（一）流量来源数据

网店有销量的首要条件就是有买家进入网店，而进入网店买家的多少就代表了流量的大小。流量来源数据是网店的重要监控对象。按照收费方式，流量可以分为免费流量和付费流量。

1. 免费流量

免费流量分以下 3 种情况。

（1）关键词搜索带来的流量，是指没有付费做广告推广，买家通过关键词搜索等途径进入网店中的流量。

（2）自主流量，是指买家自己主动访问网店的流量，这样的买家通常之前在网店中已经有过成功的交易经历，因此才会通过直接访问、收藏商品/网店、购物车等渠道来回访网店，这样的流量十分稳定且转化率也很高。

（3）站外免费流量，大多来自贴吧、论坛、社区、微博、短视频等，可以靠店主自己去发帖获取，也可以雇用别人去获取。这种流量的精准度不高，效果自然得不到保证。

2. 付费流量

付费流量是指通过投放广告、按点击率付费等方法引入的买家流量。这样的流量精准度高，容易得到，只要花钱就会产生。淘宝网上常见的付费流量有淘宝客、人群推广、关键词推广（原直通车），以及淘宝的各种活动等。由于付费流量会增加成本，所以卖家需要仔细斟酌，以免投入产出比失衡。

（二）网店主要流量指标

作为网店卖家，不仅要关心网店的销量，还要关心网店的流量。卖家通过查看网店流量数据、分析数据来了解网店的发展状况。网店流量数据分析的指标主要有以下几个。

（1）浏览量（Page View，PV）：即页面浏览量，是指在一定时间内，网店的首页或商品页被查看的次数。访客多次打开或刷新一个商品页，该指标值累加。

（2）人均浏览量：人均浏览量=浏览量/访客数，人均浏览量越高，表示访客质量越高。

（3）访客数（Unique Visitor，UV）：即独立访客数，是指在一定时间内，一个访客进店访问，不论重复访问了多少次或多少页面都计为 1 次。访客数等同于访问网店的用户数量。

（4）关注店铺数：指关注店铺的访客数，该数越多，说明对店铺感兴趣的访客越多。

（5）点击率：是指商品被点击的次数与被显示次数之比。新品上架后的随机展示概率是相似的，在固有的展示次数里，如果点击率高，则表示该商品的标题和图片的搭配比较合理，能够获得不错的关注度。这样，淘宝网会继续增加该商品的展示机会，反之，商品的点击率过低可能会被降低排名。

（6）平均停留时长：在一定时间内，平均每个访客访问网店首页或商品页的停留时间。停留时间越长代表访客对网店或者商品越感兴趣，购买商品的可能性也就越大。

（7）跳失率：跳失率是指买家只访问了一个页面就离开的访问量与总访问量的比率。淘宝网根据买家在网店的停留时间和跳失率来判断商品描述是否吸引人，买家停留时间越长、在网店中浏览的页面越多，跳失率就越低，就越有利于提高搜索排名。

（8）收藏率、加购率：收藏人数（商品的收藏人数或网店的收藏人数）和加购人数从侧面反映了网店或商品的受欢迎程度。收藏率是收藏人数与访客数的比值，加购率是将商品加入购物车的人数与访客数的比值。收藏率和加购率提升，意味着网店转化率有提升的潜在动力，网店或商品的排名也会提升。

（9）客单价：指每一位买家在网店里平均消费的金额。客单价=成交总金额/成交客户数。一个网店的销售额主要是由客单价以及客流量决定的，因此要想提升网店的整体销售额，除了吸引更多的客户进入自己的网店之外，提高客单价也是一个非常重要的途径。

（10）转化率：订单转化是指当访客访问网店时，访客转化为网店的消费用户。转化率为统计时间内，下单买家数与访客数的比值。转化率越高，说明网店的运营水平越高。例如，网店一周内有 1 000 个访客，支付成功的消费者为 20 人，转化率即为 2%。

（三）店铺综合体验分数据

店铺综合体验分是指店铺在近 30 天的综合表现得分，包括商品体验、物流体验、服务体验等三项指标，每项指标中卖家的体验得分都是 3～5 分。

1. 店铺综合体验分对卖家经营的影响

（1）考核表现面向消费者展示。综合体验分及项目分表现将直接在店铺首页、印象页等地方展示给消费者，为消费者下单决策提供参考，如图 4.13、图 4.14 所示。

图 4.13　店铺体验分在首页展示

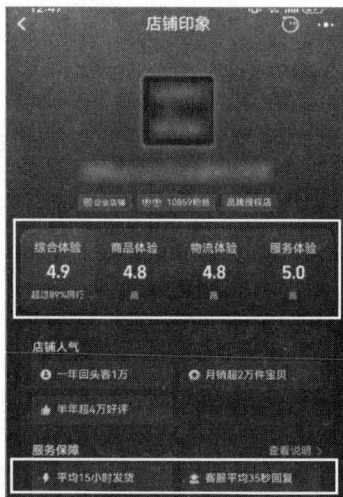

图 4.14　店铺体验分在店铺印象页展示

（2）影响商品搜索流量。综合体验分直接影响手淘首页商品搜索曝光度，综合体验分越高，商品搜索排名越靠前。

（3）影响营销活动报名。综合体验分及项目分过低，将影响店铺卖家报名日常行业活动、大促活动（"6·18""双11"等），以及报名参加聚划算、天天特卖、百亿补贴等营销活动。

（4）影响店铺前台透标（即商品在搜索结果中显示特定的标识，以区分新发布的商品）。综合体验分及项目分过低，淘宝卖家将无法获得金牌客服、金牌卖家、神店榜等的评选资格。

（5）影响消费者复购。根据平台数据分析，综合体验分越高，消费者复购概率越大。

2. 店铺综合体验分的计算方法

店铺综合体验分的计算公式为：店铺综合体验分＝商品体验得分×该项权重＋物流体验得分×该项权重＋服务体验得分×该项权重。

（1）各单项得分：根据卖家某单项指标在所处的主营类目中的排名综合计算得出在任一单项上，卖家的体验得分都是3～5分。

（2）单项权重：根据各行业策略要求，不同时期不同类目的权重不同。例如，店铺甲属于某类目，单项维度得分权重如下：商品体验4分，权重$A\%$；物流体验3分，权重$B\%$；服务体验5分，权重$C\%$。则店铺甲的店铺综合体验分＝$4 \times A\% + 3 \times B\% + 5 \times C\% = X$分。

（四）转化率数据

网店转化率是指进店的所有买家中，成功交易的人数所占的比例。提高转化率有助于提升业绩，要想使网店有销量，就要让进店的买家下单购买商品。网店的转化率是衡量网店运营状况的一个重要指标。与转化率有关的网店数据主要有全店转化率、单品转化率、转化的金额、转化的笔数和退款率等五个。卖家不仅要注意转化的金额和转化的笔数，还要注意退款率。如果转化率很高的同时退款率也很高，那么出现退款情况的交易不仅等于没有转化，反而还会影响网店的声誉。

网店的转化率跟商品的价格、网店的装修、客服人员的应答等因素都有密切的关系。总之，转化率对网店经营非常重要，卖家一切行动的终极目标就是消除进店买家的疑虑，促其下单购买商品，从而提高转化率，为网店带来更多的收益。

转化率根据买家行为的不同，可以分为静默转化率和询单转化率；根据收费方式的不同，又可以分为免费流量转化率和付费流量转化率。下面仅简单介绍静默转化率和询单转化率。

（1）静默转化率。静默转化率顾名思义就是进入网店的买家中，没有咨询客服人员就直接下单的买家比例，这样的买家一般以老客户居多，或者是之前就收藏过商品或网店的买家。静默转化率是卖家最喜欢的一种转化率，卖家当然希望静默转化率越高越好。

（2）询单转化率。询单转化率是指进入网店的买家中，通过咨询客服人员而成功下单的买家所占的比例。它的计算公式是：询单转化率＝（咨询客服人员后的下单人数/咨询客服人员的总人数）×100%。询单转化率反映的是客服人员的谈单能力。卖家想要查看网店在询单转化率方面的数据，可以使用客服绩效管理工具，如赤兔实时绩效、绩效雷达、E客服绩效等。卖家可以系统地对客服人员进行培训，让客服人员能快速、准确地响应买家的咨询，从而有效地促成交易，提高询单转化率。

视野拓展

正确解读生意参谋数据

二、使用生意参谋分析网店数据

为帮助商家对网店的经营数据进行分析和总结，淘宝网为商家提供了多种数据分析和管理工具，其中最常见的就是生意参谋。生意参谋是阿里巴巴推出的首个统一的官方数据产品门户，向全体商家提供一站式、个性化、可定制的商务决策体验。商家可以通过生意参谋了解网店目前的经营情况，进行流量来源分析和装修分析等，并且可以按照小时、天、周、月或者按照网店首页、商品页、分类页，记录网店的流量、销售、转化、推广及装修效果等数据，由此完善经营策略，提升销量。生意参谋首页如图 4.15 所示。下面主要介绍生意参谋的几个常用功能模块。

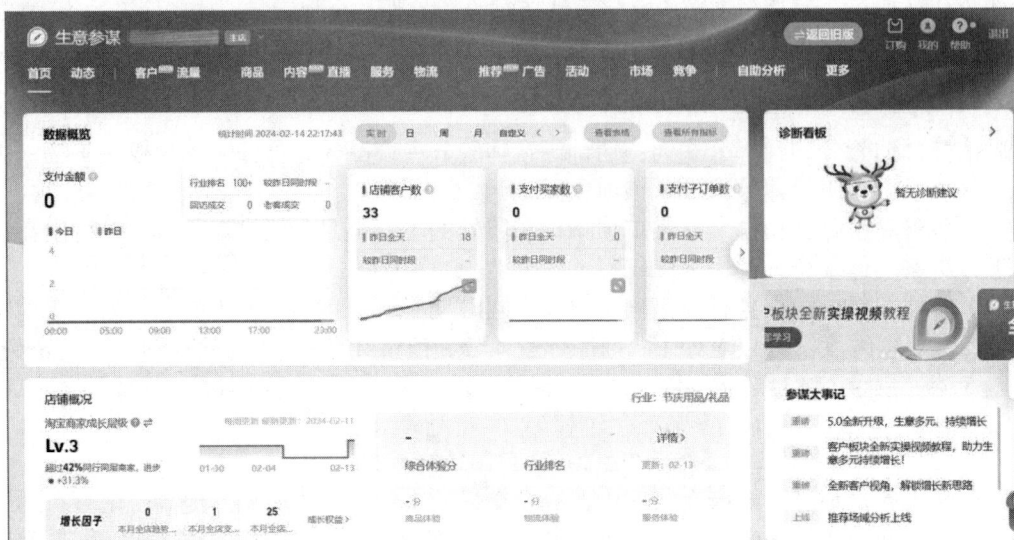

图 4.15　生意参谋首页

（一）动态分析

市场瞬息万变，作为卖家，实时洞悉网店运营情况很有必要。卖家可以通过"动态"（见图 4.16）观测实时数据，及时调整策略，抢占生意先机。生意参谋"动态"中的数据对网店的运营和发展有很大的作用。卖家通过动态分析，一方面可以跟踪商品的推广引流效果，观测实时数据，发现问题并及时优化、调整策略；另一方面可以实时查看商品引流效果，如果转化率和点击量情况不理想，同样可以及时加大推广力度。下面介绍生意参谋"动态"的具体功能。

图 4.16　动态分析

（1）"实时概况"提供网店实时的概况数据，主要包括实时访客数、实时浏览量、实时支付金额、实时支付子订单数、实时支付买家数及对应的排名和行业平均值等，还提供小时粒度的实时趋势图，并提供历史数据对比功能，所有数据都可以按照所有终端、无线端和PC端等三种模式查看。

（2）"店铺人气"页面可以展示统计日期内，店内加购人数、支付买家数及支付金额的相关数据等，并可以对店内人气情况进行实时播报。

（3）"实时来源"提供网店流量来源情况。流量来源数据可以为卖家提供各个流量来源的详细报告，这对网店运营是极为有利的，便于卖家了解哪些方面的流量来源多，哪些方面的流量来源少，进而反思在流量来源少的方面是否做得不足，对流量来源多的方面还可以进行优化。分析地域分布数据，根据支付买家数与访客数的比值，可以得出不同地区的转化率，对于流量大且转化率较高的地区应该加大推广力度。

（4）"实时榜单"主要提供商品TOP50榜单，显示根据访客数、加购件数、支付金额等三种方式排序的前50个商品，展示其浏览量、访客数、支付金额、支付买家数、支付转化率这五个维度的数据，并且还提供搜索功能，支持查询卖家想知道的商品实时销售效果数据。对于流量款，卖家一定要注意它的流量、转化率及库存的变化，做好解决可能发生的一切问题的准备。

（5）"实时催付宝"可实时更新在网店拍下商品而没有付款的买家。实时催付条件很苛刻，催付对象是下单未支付、未在其他网店下单且为潜力TOP50的买家，所以催付成功率很高。特别是在活动大促的时候，可以专门安排一个客服人员来负责实时催付。

（二）流量分析

流量分析提供了全店的流量概况、来源分析、动线分析等功能（见图4.17），可以帮助卖家快速了解流量的来龙去脉，在识别访客特征的同时了解访客在网店页面上的点击行为，从而评估网店的引流、装修等的健康度，进而更好地进行流量管理。网店流量主要分为PC端流量和无线端流量，在生意参谋中可以分别查看不同终端的流量情况，并可查看与本店历史数据及同行的对比情况。

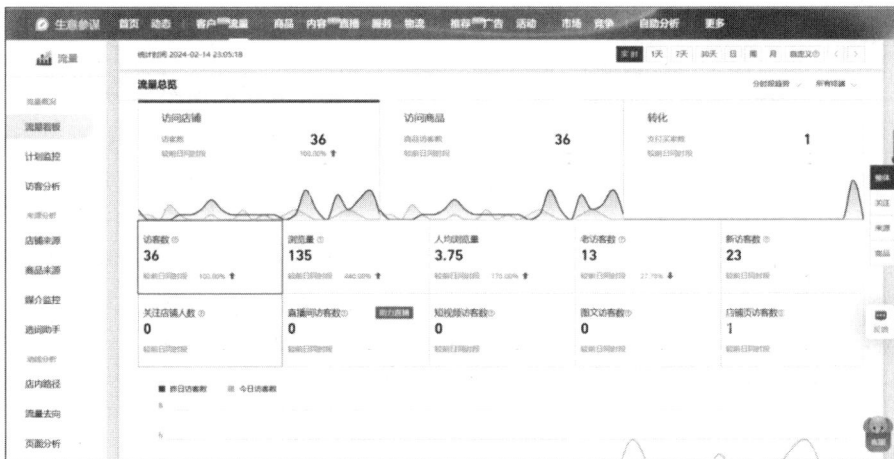

图 4.17　流量分析

1. 流量概况

流量概况提供"流量看板""计划监控""访客分析"等三种功能。

（1）在"流量看板"中可以查看流量总览、我的关注、流量来源排行 TOP10 及商品流量排行 TOP10 等数据。"流量看板"能够帮助卖家了解网店整体的流量规模、质量、结构，以及流量的变化趋势：从流量总览知道网店的访问量、访问商品数及其变化；从人均浏览量、关注店铺人数等，了解入店访客的质量高低。

学而思，思而学

查看网店的生意参谋→"流量概况"→"访客分析"数据，思考通过优化哪些数据指标可以有效提升转化率。

（2）在"计划监控"中可以制订年度运营计划并进行监控。

（3）在"访客分析"中可以查看访客分布的相关数据，包括访客时段分布、特征分布、行为分布等。通过对访客的相关数据进行分析，卖家可以更好地开展营销推广活动，以及设置商品上下架时间等工作。

2. 来源分析

来源分析提供"店铺来源""商品来源""媒介监控""选词助手"等四种功能。

在"店铺来源"中可查看网店流量来源的构成、流量来源的对比及同行流量来源。

在"商品来源"中可添加竞品进行对比分析，也可查看本店商品排行榜。

"媒介监控"可用于分析淘外媒介推广效果，如今日头条、微博、优酷等，需要订购"流量纵横专业版"才能使用。

"选词助手"是生意参谋中的专题工具之一，分别为 PC 端和无线端提供了反映用户需求的引流搜索关键词、给网店引流的竞店搜索关键词以及行业相关搜索词，另外还提供了这些关键词的搜索热度、引导效果等。"选词助手"可以帮助卖家快速了解搜索来源的关键词，验证和调整关键词投放策略；了解访客在店内的搜索行为，明确访客的确切需求；通过行业搜索词的拓展，找到更多适合网店的可拓展关键词，用于调整广告投放策略、优化标题或规划品类。其中，"竞店搜索关键词"和"行业相关搜索词"需要卖家订购市场洞察功能后才能使用。

学而思，思而学

"选词助手"能提供哪些类型的关键词？如何利用"选词助手"功能提升网店的流量？

案例 4.2

表 4.1 某淘宝网店的流量来源分布

类 型		比值	总计占比
自主访问流量	直接访问	19.25%	54.85%
	店铺收藏	11.23%	
	购物车	15.61%	
	已买到的商品	8.76%	
付费流量	淘宝客	10.76%	35.64%
	关键词推广	24.45%	
	人群推广	0.43%	
站内流量	短视频	3.23%	5.28%
	关注（订阅）	2.05%	
站外流量	今日头条	1.06%	4.23%
	微博	1.04%	
	优酷、西瓜视频	0.63%	
	抖音、B站等	1.5%	

淘宝网店流量来源分析

表 4.1 所示为某网店一天的流量来源分布情况。从表中可知，网店的自主访问流量大约占据全部流量的 55%，付费流量大约占据全部流量的 35%，站内、站外流量总计大约占 10%。这从侧面说明了网店此时正处于高速成长期，大多数淘宝买家能自主访问网店，说明网店的人气较高，一部分付费的精准流量为网店带来了优质的买家，而一小部分的站内流量和站外流量说明网店的流量来源多，有利于网店通过不同渠道进行推广。

启发思考：根据表 4.1，分析应如何使网店流量进一步增加。

3. 动线分析

动线分析可提供"店内路径""流量去向""页面分析""页面配置"等四种功能。

"店内路径"分别提供 PC 端和无线端的流量入口、页面访问排行及店内路径明细等，可以分别对网店首页、商品详情页、网店微淘页、商品分类页、搜索结果页、网店其他页的访客数、下单买家数、下单转化率进行查看，还可查看页面访问排行，或根据需要分别以周、日为单位查询流量来源。通过对这些数据的查询，卖家可以了解当前网店的流量结构，对于流量不足的情况，需要更换推广方式；对于转化率不高的商品，需对商品详情页、价格、网店装修、商品展示技巧、商品形象包装、促销活动搭配等因素进行分析，找到转化率不高的原因。

在"流量去向"中可查看离开页面排行及离开页面去向排行。

在"页面分析"中可对网店的首页、自定义承接页、商品详情页流量相关及引导转化的各项指标进行分析，也可对网店装修的不同页面进行装修诊断。

在"页面配置"中可定制添加自定义页、承接页、商品详情页等页面，以进行日常监控或实时监控。

（三）客户分析

客户分析从人群运营视角，了解店铺各类客户的数据情况，包括以下五个栏目。

1. 概况

在"客户概况"页面，可以查看店铺客户相关数据，如客户新访、未购客户回访、已购客户回访数据等，如图 4.18 所示。

图 4.18　客户概况

客户新访数是指在统计时间内，首次或"超出行为有效期"之后再次产生访问、互动、支付行为的人数。

未购客户回访数是指未购客户在统计时间内再次产生访问、互动、支付行为的人数，即"看了又看"的用户。

已购客户回访数是指在过去 365 天内买过的客户中，在统计时间内再次产生访问、互动、支付行为的人数，即"买了又看"的用户。

2. 旅程

旅程分析可以针对不同类型的客户分析其客户画像，预测客户地域、性别、消费层次、兴趣爱好及年龄等。旅程分析也可以分析客户的动作行为，如浏览、互动、意向、支付等；

还可以针对商品、店铺、直播、内容及权益等运营对象分析对应的客户情况。

3. 资产

在资产分析中，可以对粉丝、会员和已购客户分别进行分析。

（1）粉丝分析可以分析店铺活跃粉丝、普通粉丝、机会粉丝及沉睡粉丝的相关数据。在粉丝分析中还可以查看粉丝运营的效果数据，包括粉丝促活、粉丝激活、粉丝增长等。其中，粉丝促活是指在统计周期内，活跃粉丝或普通粉丝产生的访问行为、互动行为、支付行为；粉丝激活是指在统计周期内，机会粉丝或沉睡粉丝产生的访问行为、互动行为、支付行为；粉丝增长是指在统计周期内，新增加的粉丝。

（2）在会员分析中可以查看会员的基本数据，如会员总数、会员成交人数、会员成交金额、会员客单价、会员复购率等，这些数据产生的前提是卖家已开通会员运营工具。

（3）在已购客户分析中，可以查看已购客户回访人数、老客复购人数、复购金额及复购订单数等数据；对多单复购客户进行运营；对客户构成情况，如复购老客数、回访老客数、普通老客数形成画像并生成人群。

4. 场域

场域分析可以对关注的运营效果进行分析，核心指标包括曝光人数、浏览人数、互动人数及进店人数；还可以选择某一类型的关注内容统计其效果；也可以选择单条关注内容查看其效果。

5. 人群

人群分析可以对人群进行管理，即选定人群来源，搜索对应人群，并进行相应管理。

（四）商品分析

商品分析主要用于分析店铺内各类商品的数据表现。商品分析通过构建商品和品类的全方位洞察档案，帮助卖家沉淀商品和品类经营的分析方法，并结合商品和品类的典型经营场景，提供场景化、定制化的智能数据解决方案，帮助卖家实施商品和品类的精细化运营策略，可满足热销商品实时监控、新品上市效果追踪、商品价值评估、品类结构布局评估、货源工厂推荐、高级自定义分析等经营诉求。商品分析可提供图 4.19 所示的几个模块。

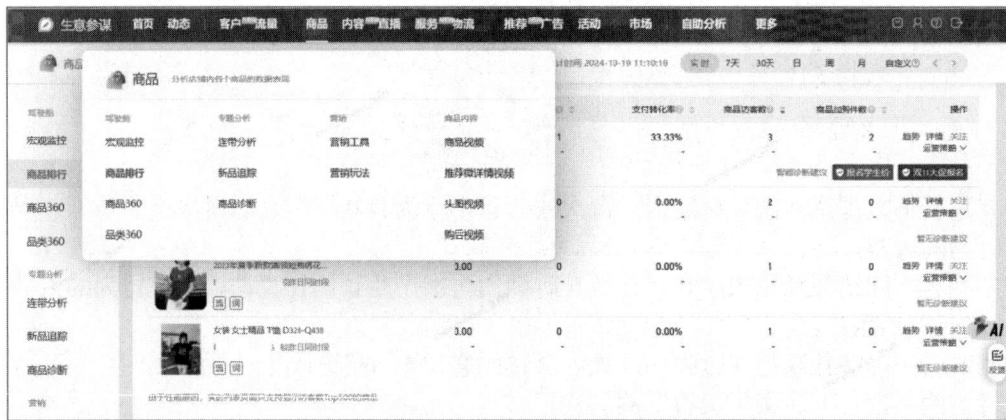

图 4.19　商品分析

1. 驾驶舱

驾驶舱可提供"宏观监控""商品排行""商品 360""品类 360"等四种功能。

"宏观监控"可实时展现商品核心关键指标，洞察商品转化情况。

"商品排行"可以针对某一类目商品，选择五个数据指标，对昨日、今日不同时段的指标表现进行对比，帮助卖家了解各商品的流量及转化情况。

"商品360"可以针对某一单品从单品诊断、销售分析、流量来源、内容分析、客群洞察、关联搭配及服务体验等维度剖析商品，从而助力卖家有效管理商品。

"品类360"可紧跟行业热销商品属性现状，分析店铺类目不同属性表现情况；还可对商品价格进行分析，检测商品价格趋势，剖析不同价格带货表现，指导卖家合理定价；提供商品所在类目市场的价格带分布情况，对标本品价格所在水平。品类360需要开通专业版才能使用。

2. 专题分析

专题分析包括"连带分析""新品追踪""商品诊断"等三种功能。

"连带分析"通过大数据模型，智能预测与商品相关性高的其他商品及引导支付件数，引导卖家提前制定组合营销策略，提升商品销量。

"新品追踪"提供新品时间轴，方便卖家浏览近期上新、全年上新及新品活动等情况，还可进行新品深入分析以诊断新品表现。

"商品诊断"通过专业的商品及品类分析方法和智能诊断模型，帮助卖家对商品和品类进行结构划分和评级，快速诊断商品和品类价值。

3. 营销

营销栏目包括"营销工具"和"营销玩法"等两种分析功能。

"营销工具"可以查看店铺营销工具，如单品宝、店铺宝、搭配宝、N元任选、店铺券、商品券和客服专属优惠等的使用效果。从支付件数、支付买家数、支付金额和客单价等维度分析营销效果，可帮助卖家及时发现营销中的问题。

"营销玩法"可以查看新品折扣、新客礼金、营销托管及购物金等营销方法的数据情况，如果卖家没有开展这些营销玩法，则此处不会产生数据。

4. 商品内容

商品内容模块用于分析内容运营效果，如商品视频、推荐微详情视频、头图视频、购后视频的投放效果，以及分析播放量、成交量及内容规模等数据指标。

（五）广告分析

广告分析展现网店付费推广的效果数据，包括效果广告、营销推广、V任务分析、超级短视频等栏目。

（1）效果广告展示店内整体推广的效果数据，包括展现量、点击量、花费、点击率、平均点击花费、总成交额等。查看效果广告数据先要获得"万相台无界版"的授权。

（2）营销推广分别展示的是应用对应工具所产生的效果数据，包括关键词推广、精准人群推广、货品运营及达摩盘等营销推广工具。淘宝网店的营销推广工具已整合到"万相台无界版"，展示营销推广工具创建的推广计划所产生的数据，包括展现量、点击量、花费、点击率、平均点击花费、千次展现花费等。

（3）V任务分析是针对直播、短视频、图文等效果进行分析，包括点击数、成交额、人群沉淀、商品点击数、商品点击次数等方面的数据。

（4）在超级短视频中可以查看超级短视频的播放人数、互动（评论次数）、引流（引导进店人数）等，较前一日的播放人数、播放次数、有效播放人数、有效播放次数、有效播放率、次均观看时长等。查看超级短视频数据前要进行授权。

（六）交易分析

交易分析可以通过在"更多"栏目下单击"交易"进入，主要提供"交易概况""交易构成""交易明细"等功能（见图4.20）。交易分析可从网店整体到不同粒度分别呈现网店交易情况，以帮助卖家及时发现网店的问题。

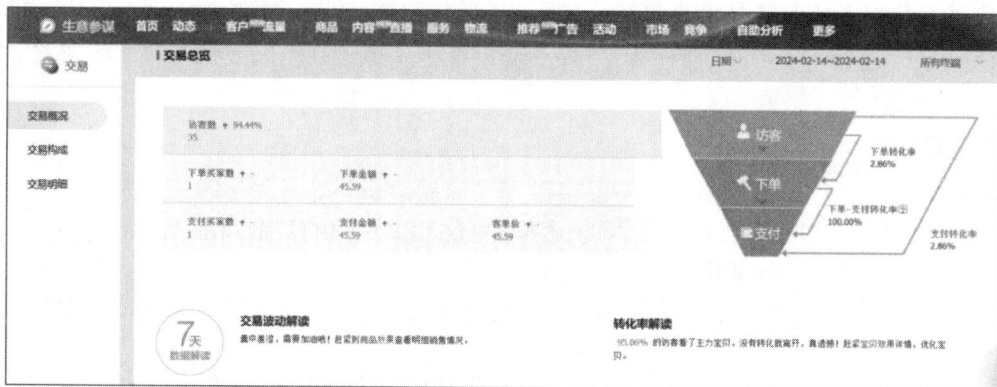

图4.20　交易分析

（1）通过"交易概况"，卖家可从整体上了解网店的交易情况，并对交易总览和交易趋势的数据进行查看和分析。通过交易总览，卖家可以了解任意天数的网店交易额、支付买家数、客单价和转化率等数据，还可在交易趋势栏中查看与同行平均支付金额的对比情况。

（2）"交易构成"可以从不同粒度呈现网店交易构成情况，主要有终端构成、类目构成、品牌构成、价格带构成和资金回流构成等五个方面，可以帮助卖家了解终端、类目和品牌等各方面的交易数据，以便有针对性地进行完善和优化。终端构成主要用于分析网店 PC 端、无线端的交易情况。类目构成主要从类目的角度出发，分析网店类目的交易情况。价格带构成主要分析网店商品各个价格的构成，哪个价格段更受买家喜欢，转化率如何，并从商品价格出发分析网店交易的数据。品牌构成主要分析网店各个品牌的交易构成，哪个品牌更受买家喜欢，从商品品牌出发分析网店交易的数据。资金回流构成主要显示完成交易但未确认收货的交易金额占比。

（3）在"交易明细"中可以显示任意一天的全部订单明细或当天任意一个订单的交易明细。

📖 实训案例

如何有效提高网店的销售额

大学生李华，早在大三的时候就利用业余时间开了家网店，产品主要定位在走甜美路线的青春时尚服饰，主要目标客户是18～30岁的年轻人。在毕业时，李华店里每天都能接到20个左右的订单，两年时间已经积攒了不少老客户。

李华的目标很明确，他抓住了与供应商开展促销活动的契机，使网店的业务量迅速提升，从两三个蓝钻突破并取得皇冠地位，好评度保持在99%以上。他采用了公司的运营模式，选品、设计、推广、客服、售后以及数据分析等岗位都安排专人负责。

李华认为，网店虽然涉及方方面面，但核心竞争力还是商品本身，并且网店运营人员要对商品的属性非常熟悉（参见表4.2）。

经过一段时间的运营，李华通过生意参谋查看数据时发现网店的流量和人气大幅度提升，但同时也发现有不少访客浏览了一个页面就离开了，且商品的成交转化率较低，其中有一小部分买家只把商品加入购物车，却并没有付款结算，网店销售额增长缓慢。针对以上具体情况，回答以下问题，以快速提升李华网店的销售额。

思考讨论：

1. 请根据李华网店商品的定位提出选择商品的方法。
2. 请为表 4.2 的商品编写商品标题和详情描述。
3. 请帮助李华分析商品成交转化率低的原因，并指出李华应该从哪些方面去提升商品的成交转化率。

表 4.2　某商品属性

属　性	说　明
尺码	S/M/均码
面料	其他
图案	纯色
风格	通勤
领型	娃娃领
衣门襟	单排多扣
颜色分类	杏色
袖型	常规
年份季节	2024 年秋季
袖长	长袖
衣长	常规款
服装版型	直筒型
服装款式细节	有纽扣
材质成分	其他材质

归纳与提高

　　本章介绍了常见的网店平台及每个平台的开店条件，并以淘宝网开店为例，讲述了开店流程。淘宝网开店流程：选择开店身份→选择网店主体类型→完成相关认证和登记主体信息→开店成功。选品是开网店的重要环节，本章主要介绍了淘宝网店商品的选择和网店货源渠道的选择。同时，本章讲述了淘宝网店商品发布的流程，重点介绍了发布商品的关键要素，包括商品标题、商品主图、SKU 图和商品详情描述等。

　　网店管理离不开数据分析，对网店运营数据进行分析可以帮助卖家发现网店运营中的问题，通过切实可行的办法解决存在的问题，同时基于以往的数据分析预测网店发展趋势，为网络营销等决策提供支持。本章介绍了网店运营中的核心数据指标及常用的网店数据分析工具——生意参谋。

　　通过本章的学习，读者可以对网上开店与管理有一个初步的认识，学会网上开店的流程、商品的发布以及运用数据分析工具对网店进行基本的数据分析的方法。

知识巩固与技能训练

一、名词解释

　　产业带　SKU　PV　UV　静默转化率　跳失率　客单价　店铺综合体验分

二、单项选择题

　　1. 一个淘宝会员最多可以绑定（　　）支付宝账户。

　　　A. 1个　　　　　　B. 2个　　　　　　C. 3个　　　　　　D. 不限

2. 发布商品时标题名称最多可以容纳（　　）个汉字，（　　）个字符。
   A. 30；60　　　　B. 30；50　　　　C. 20；40　　　　D. 40；80

3. 当设置好定时发布以后，商品页面显示为（　　）。
   A. 即将开始　　　B. 立即购买　　　C. 交易关闭　　　D. 加入购物车

4. （　　）的图片适合作为商品主图。
   A. 1 920 像素×120 像素　　　　B. 800 像素×800 像素
   C. 200 像素×300 像素　　　　　D. 750 像素×600 像素

5. 淘宝网的商品描述不得超过（　　）字节。
   A. 10 000　　　　B. 20 000　　　　C. 25 000　　　　D. 30 000

6. 关于商品基本信息的处理，说法错误的是（　　）。
   A. 如果商品图片较长，最好将图片分解为多个图片组合
   B. 详细的商品参数会为买家带来高度信任感，商品参数相对齐全的商品更容易被买家接受
   C. 重要的文字信息可以使用放大字体、改变颜色等方法进行突出，以引起买家的注意
   D. 商品描述中只能插入一张图片

7. 已知某淘宝网店当日通过搜索获得的 UV 为 50，通过直通车获得的 UV 为 80，一共成交了 26 笔交易，那么下列说法正确的是（　　）。
   A. 网店当日的转化率为 20%　　　　B. 网店当日一共获得了 80 个 UV
   C. 网店当日的 PV 为 130　　　　　D. 网店当日的跳失率为 10%

8. 淘宝店转化率的计算方法为（　　）。
   A. 转化率=产生购买行为的访客人数/所有到达网店的访客人数×100%
   B. 转化率=点击次数/展现次数×100%
   C. 转化率=成交的总笔数/进店买家总数×100%
   D. 转化率=进店买家总数×成交率×单笔平均成交率×100%

9. 在淘宝数据中，UV 的含义是（　　）。
   A. 页面浏览数　　　　　　　　B. 独立访客数
   C. 关键词被搜索次数　　　　　D. 用户一次访问店铺的页面数

10. 下列关于 SKU 说法正确的是（　　）。
    A. 商品库存方法　　　　　　　B. 商品库存的最小单元
    C. 商品存储方式　　　　　　　D. 商品库存数量

三、多项选择题

1. 在网上开店时，（　　）环节是必须有的。
   A. 注册　　　　　　　　　　　B. 开通第三方支付工具
   C. 实名认证　　　　　　　　　D. 交保证金

2. 以下关于商品发布技巧的叙述中，正确的有（　　）。
   A. 最好将几件商品分时段发布　　B. 将有特点的商品排在网店推荐位上
   C. 商品主图应尽量色调统一　　　D. 商品详情描述要细致

3. 关于商品描述的说法，（　　）是错误的。
   A. 商品描述必须全部是图片，不能有文字
   B. 商品描述的文字字号越大越好
   C. 商品类比就是与同类商品进行比较，体现本商品的优势

D. 商品描述中必须放大量好评截图

4. 下列选项中，（　　　）属于买家自主访问流量。

    A. 通过淘宝搜索进店的流量　　　　B. 买家从自己的购物车进店的流量

    C. 通过直通车进店的流量　　　　　D. 买家从自己的收藏夹进店的流量

5. 店铺综合体验分是淘宝平台为了帮助淘宝卖家提升服务体验所建立的一套全链路消费者服务体验评估标准，主要从（　　　）等维度进行考评。

    A. 商品体验　　　　B. 物流体验　　　　C. 服务体验　　　　D. 购物体验

四、复习思考题

1. 常见的网上开店平台有哪些？各有什么特点？
2. 简述淘宝网店商品发布的流程及商品发布的关键要素。
3. 简述淘宝网店商品选择要考虑的因素及货源渠道的选择。
4. 简述商品主图和商品详情描述的发布要求。
5. 生意参谋常用的功能模块有哪些？

五、技能实训题

1. 开通淘宝网店，选择合适的商品发布到自己的网店中。

（1）根据淘宝网开店的步骤及注意事项，开通自己的网店。

（2）选择要销售的商品，分析该商品的搜索指数和人群画像。

（3）登录千牛卖家中心选择"工厂货源"和"淘分销"，进入阿里巴巴 1688、鲸芽等选择货源。

（4）正确选择商品属性、上传商品图片、编写商品标题和详情描述，并填写商品价格、运费、服务等项目，将商品发布到自己的网店中。

2. 在生意参谋中查看网店运营的详细数据，如动态分析、流量分析、客户分析、商品分析、广告分析、交易分析等，总结网店存在的问题并参考系统建议进行解决，写出网店运营数据分析报告。

第五章　网络营销

【知识框架图】

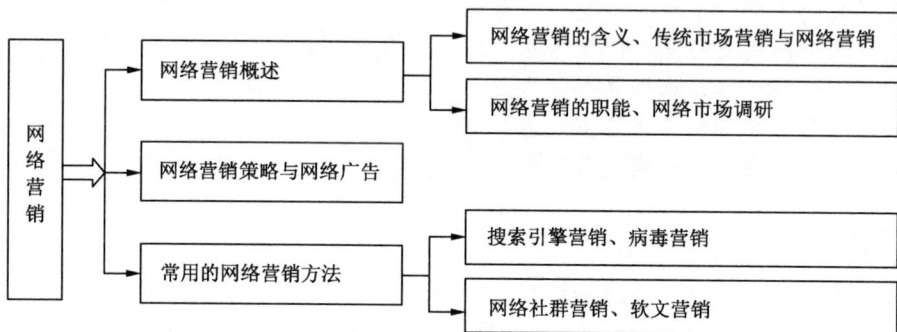

【学习目标】

【知识目标】

1. 掌握网络营销的含义及职能。
2. 了解网络市场调研的方法。
3. 熟悉网络营销策略的应用与网络广告的形式。
4. 掌握常用的网络营销方法。

【技能目标】

1. 能够写出网络市场调研报告。
2. 学会运用网络营销策略为企业制订网络营销方案。
3. 学会运用网络营销方法为企业进行产品或服务的推广。

【引　例】

如何增强网络营销效果

综合媒体报道，2020年，"秋天的第一杯奶茶"成为风靡全网的"梗"，仅用1天时间，就在微信朋友圈、微博、抖音、小红书、B站等社交平台"刷屏"。这个"梗"的意思是秋分已至，在这个渐冷的秋天，在意你的人会主动请你喝秋天的第一杯奶茶。仪式感强、参与门槛低、"秀恩爱"和从众"玩梗"，共同造就了这次"刷屏"。各大奶茶品牌开始借势营销，其中奈雪更是联合德芙、大龙燚、农夫山泉继续炒热话题。"秋天的第一杯奶茶"的"刷屏"使多个品牌的奶茶销量翻了三四倍，喜茶、一点点等品牌的部分门店甚至因为"爆单"而出现了"暂时打烊"的现象。这次营销有效地实现了病毒式社交传播和超预期的网络营销效果。

如何进行网络营销

3A汽车集团公司生产新能源电动轿车，在国内外新能源汽车市场上具有一定的影响力。目前，该公司拥有官方网站、官方微博、官方微信公众号、官方抖音账号等自有网络营销资源，同时也借助搜索引擎、社交媒体等第三方平台积极开展促销宣传，提供车型介绍、信息发布、价格查询、客户咨询服务等。小张是该公司的一名网络营销专员，他应如何运用网络营销方法提升公司知名度及销售业绩呢？

第一节　网络营销概述

网络营销是以互联网为基础实现的信息创建、发布、传递与沟通等一系列营销活动，是企业营销战略的核心。从广义上说，凡是以互联网为主要手段开展的营销活动，都可以称为网络营销。每个互联网用户都可能是网络营销的对象，如网络购物、网上订餐、网上订票、在线观看带有广告的短视频、在网页或 App 上浏览新产品信息等，都是在参与某种网络营销活动。近年来，在互联网、移动互联网高速发展的大背景下，自媒体、直播经济等互联网的新模式层出不穷，以微博、微信、抖音为代表的新兴网络营销方式加快了信息传播速度，为企业与用户之间构建了新的沟通桥梁。

网络营销诞生于 20 世纪 90 年代中期，目前已经成为企业重要的营销手段。网络营销是伴随着互联网进入商业领域而产生的，尤其是在万维网、电子邮件、搜索引擎等得到广泛应用之后，网络营销的价值越来越明显。

问与答

问：网络营销和电子商务的关系是什么？

答：网络营销是电子商务的组成部分；网络营销推进了电子商务的发展。

一、网络营销的含义

网络营销是市场营销的一个重要组成部分，其本质与市场营销是相同的，但在技术手段和应用背景上又有独特之处。在移动互联网广泛发展的基础上，我们将网络营销的定义总结为：网络营销是企业为了满足用户获取有价值的信息和服务的需求，通过互联网及社会关系网络连接企业、用户及公众，为实现用户价值及企业营销目标所进行的规划、实施及运营管理活动。对于这一定义，可从以下几个方面理解。

学而思，思而学

有人认为网络营销就是网上销售，你认为这种看法对吗？为什么？

（1）体现了网络营销的生态思维。网络营销以互联网为技术基础，它不仅建立了计算机和其他智能设备的连接，还建立了企业与用户及公众的连接。连接是网络营销的基础，运营则是网络营销的内容。

（2）突出了网络营销中人的核心地位。通过互联网建立的社会关系网络，其核心是人。人是网络营销的核心，网络营销的一切活动都以人为出发点，而不是网络技术、设备、程序或网页内容。

（3）强调了网络营销的用户价值。为用户创造价值是网络营销的出发点和目标，网络营销是一个以用户为核心的价值关系网络。

（4）网络营销具有系统性。网络营销的系统性是经过长期实践检验的基本原则之一，网络营销的内容包括规划、实施及运营管理，而不仅仅是对某种方法或某个平台的应用。

二、传统市场营销与网络营销

学而思，思而学

网络营销能代替传统的市场营销吗？为什么？

根据美国市场营销协会（AMA）的定义，市场营销研究引导商品和服务从生产者到达消费者和使用者所进行的一切商业活动，包括消费者需求研究、市场调研、产品开发、定价、分销、广告宣传、公关和销售等。网络营销作为一种全新的营销理念，对传统市场营销产生了巨大的影响。网络营销与传统市场营销相互促进、相互补充，并且随着"互联网+"和移动通信技术的发展，二者之间的界限越来越模糊。企业在进行营销时应根据企业的经营目标进行市场细分，并恰当地整合网络营销和传统市场营销的策略，以最低的成本取得最佳的营

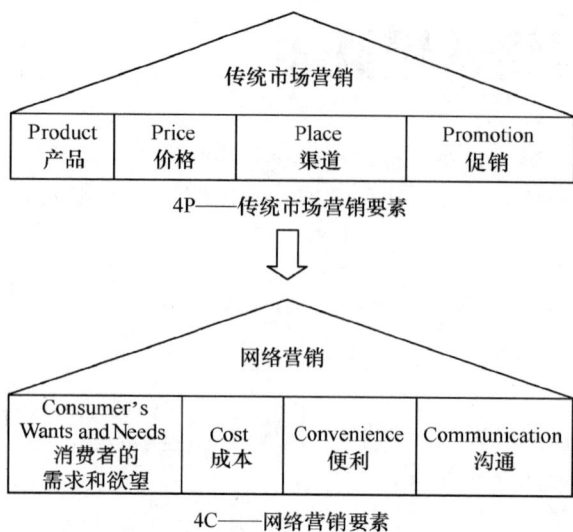

图 5.1　传统市场营销的 4P 策略与网络营销的 4C 策略

销效果。

1. 网络营销由传统市场营销的 4P 策略转向 4C 策略

网络营销已由在传统市场营销理论中占中心地位的 4P 策略逐渐转向 4C 策略（参见图 5.1）。与传统市场营销的"以产品为中心"相比，网络营销更强调"以消费者为中心"。4C 所代表的含义分别如下。

（1）消费者（Consumer）。企业不应急于制订产品（Product）策略，而应研究消费者的需求和欲望（Consumer's Wants and Needs），据此来提供产品。同时，企业提供的不仅仅是产品和服务，更重要的是由此产生的客户价值（Customer Value）。

（2）成本（Cost）。企业应首先了解消费者为了满足需要愿意付出多少钱，而不是先给产品定价（Price），即向消费者要多少钱。

（3）便利（Convenience）。企业应忽略渠道（Place）策略，着重考虑为消费者提供便利。

（4）沟通（Communication）。企业应抛开促销（Promotion）策略，着重加强与消费者的沟通。

网络营销应该支持企业的整个营销体系，成为企业整体经营方案的一部分。网络营销必须与企业的战略规划相互匹配、相互支撑。

2.　网络营销与传统市场营销的整合

网络营销与传统市场营销整合，即综合利用各种营销工具或营销策略，用目标营销的方法来开展企业的营销活动，以产生协同效应，实现以客户为中心的统一传播和双向沟通。整合营销包括 4P 策略与 4C 策略的整合、传播统一性、双向沟通和目标营销等四个方面的内容。

（1）4P 策略与 4C 策略的整合。传统市场营销 4P 策略的基本出发点是企业的利润，而没有将客户的需求放到与企业的利润同等重要的位置上，这个营销决策过程是一个单向的链条。而网络营销则需要企业同时考虑客户需求和企业的利润。整合营销始终体现了以客户为出发点以及企业和客户不断交互的特点，它的决策过程是一个双向的链条。

> **学而思，思而学**
> 试举例说明网络营销与传统市场营销是如何进行整合的。

（2）传播统一性。传播统一性是指企业向客户传达统一的信息，即用一种声音"说话"，客户由任何途径获得的信息都是一致的。其目的是运用和协调各种不同的传播手段，使营销策略发挥最佳且集中、统一的效用，最终在企业与客户之间建立长期良好的关系。

（3）双向沟通。双向沟通是指企业与客户展开富有意义的交流，迅速、准确地获得客户反馈的信息。如果说传统市场营销理论的座右铭是"客户请注意"，那么整合营销的格言则是"请客户注意"。后者的营销策略已从企业消极、被动地适应客户，向企业积极、主动地与客户进行沟通转变。

（4）目标营销。目标营销是指企业的一切营销活动都应该围绕企业的整体目标和整体营

> **视野拓展**
> 4C 策略应用实例

销战略来进行。

三、网络营销的职能

网络营销的职能不仅表明了网络营销的作用和网络营销工作的主要内容，同时也说明了网络营销应该实现的效果。认识网络营销的职能有助于全面理解网络营销的价值和网络营销的内容体系，因此，网络营销的职能是网络营销理论的基础。

网络营销的基本职能表现在八个方面：网络品牌建设、网站推广、信息发布、网上销售、销售促进、客户服务、客户关系管理、网络调研。

1. 网络品牌建设

网络营销的重要任务之一是在互联网上建设并推广企业品牌，让企业品牌在网上得以延伸和拓展。网络营销为企业利用互联网建立品牌形象提供了有利条件，使大型企业和中小企业都可以用适合自己的方式展现品牌形象。网络品牌价值是网络营销效果的一种表现形式，网络品牌的价值转化可以实现持久的客户忠诚，使企业获得更多的直接收益。移动互联网的发展为网络品牌提供了更多的展示机会。除了建设自己的网站，企业还可以在各种社交平台注册企业账户、开发企业 App 等，以扩大自己的影响范围。

视野拓展

网络品牌

存在于互联网上的企业品牌即网络品牌。网络品牌有两个方面的含义：一是基于互联网建立起来的品牌；二是互联网对线下既有品牌的影响。两者在品牌建设和推广方式、侧重点上各不相同，但它们的目标是一致的，都是实现企业整体形象的树立和优化。

2. 网站推广

传统的网络营销以网站运营和推广为基础，网络推广尤其是网站推广是企业网络营销的基本组成部分。企业网站获得必要的网站访问量是网络营销取得成效的基础。对中小企业而言，由于经营资源的限制，其发布新闻、投放广告、开展大规模促销活动等的机会较少，因此，通过互联网手段进行网站推广就显得尤为重要。即使对大型企业来说，网站推广也是非常有必要的。许多大型企业虽然有较高的知名度，但其网站访问量并不高。

网站推广是网络营销最基本的职能之一，是网络营销的基础工作。在移动互联网环境下，网站推广的职能还需要进一步扩展到企业的其他官方信息平台，如企业 App 的推广、企业社交平台账号的推广等。

3. 信息发布

网络营销的基本方法就是通过各种互联网手段，将企业营销信息以高效的方式向目标用户、合作伙伴、客户等群体传播，因此，信息发布是网络营销的基本职能之一。发布信息的渠道包括企业内部平台（如企业网站、企业 App、企业社交网络等）及第三方信息发布平台（如开放式网络百科平台、文档共享平台、B2B 信息平台等）。充分利用企业内外部平台发布企业信息，是提高企业信息网络可见度、实现网络信息传播的基础。

4. 网上销售

网上销售是企业线下销售渠道在互联网上的延伸。无论是否拥有实体销售渠道，企业都可以开展网上销售。网上销售渠道包括企业自建的官方网站、官方商城、官方 App，在第三方电商平台上开设的网店，通过社交网络销售及分销的微店，参与团购，以及加盟某 O2O 电商平台成为供货商，等等。与早期网上销售在网络营销中处于次要地位的情况相比，当前网上销售发挥着越来越重要的作用，许多新兴企业甚至已完全依靠网上销售。

5. 销售促进

市场营销的基本目的是为最终增加销量提供支持，网络营销也不例外。各种网络营销方法大都直接或间接地促进了销售。许多有针对性的网上促销方法（如发放网络优惠券、团购、积分兑换等）并不限于对网上销售的支持，事实上，它们对促进网下销售同样很有价值，这也是一些没有开展网上销售业务的企业有必要开展网络营销的原因。

6. 客户服务

互联网提供了方便的在线客户服务手段，从最简单的常见问题（Frequently Asked Questions，FAQ）解答，到电子邮件、邮件列表，以及在线论坛、即时信息、网络电话、网络视频、社交网络服务（Social Networking Service，SNS）等，其提供了不同形式的在线沟通和服务功能。在线客户服务具有成本低、效率高的优点，在提高客户服务水平、降低客户服务费用方面具有显著作用，同时也会直接影响网络营销的效果。因此，在线客户服务是网络营销的基本内容。

问与答

问：什么是 FAQ？网站为什么应该重视 FAQ 系统设计？

答：FAQ 意为"经常被问到的问题"，或者可更通俗地称为"常见问题"。在网络营销中，FAQ 系统被认为是一种常用的在线客户服务工具。一个好的 FAQ 系统应该至少可以回答客户 80% 的常见问题。这样不仅方便了客户，还大大减轻了网站工作人员的压力，节省了大量的客户服务成本，并且提高了客户满意度。因此，网站应该重视 FAQ 系统设计。

7. 客户关系管理

客户关系管理是社交关系网络中最重要的环节，对促进销售及开发客户的长期价值具有至关重要的作用。建立和维系客户关系的方式，从早期的电子邮件、邮件列表、论坛等发展到目前的微博、微信、社群等，使企业和客户的连接更紧密、沟通更便捷。客户关系资源是企业网络营销资源的重要组成部分，也是创造客户价值、发挥企业竞争优势的基础保障。

8. 网络调研

网络调研具有调查周期短、成本低的特点。网络调研不仅可以为企业制订网络营销策略提供支持，而且是企业开展市场研究活动的辅助手段之一。合理利用网络调研手段，对企业正确制订网络营销策略具有重要的意义。网络调研与网络营销的其他职能具有同等地位，既可以依靠其他职能的支持开展，又可以相对独立地进行，其结果也为改善其他职能提供了依据。

> 网络营销各个职能之间并不是相互独立的，而是相互联系、相互促进的。网络营销的最终效果是其各项职能共同作用的结果。

四、网络市场调研

企业通过网络市场调研可以更精准地掌握消费者的需求变化，从而可以灵活地调整营销战略。互联网为企业高效开展网络市场调研提供了良好的基础条件，而开展网络市场调研是网络营销的基本内容。

我们把基于互联网系统地进行营销信息收集、整理、分析和研究的过程称为网络市场调研，即利用各种网站、App、搜索引擎、第三方信息平台等寻找竞争环境信息、客户信息、供求信息的过程。

网络市场调研所采用的信息收集方式与传统市场调研所采用的信息收集方式有所不同，因而对市场调研设计中的部分内容（如调查问卷的设计、发放和回收等）提出了不同的要求。

（一）网络市场调研的步骤

网络市场调研一般包括以下几个步骤。

1. 明确问题与确定调研目标

明确问题与确定调研目标对网络市场调研是至关重要的，只有明确了网络市场调研需要解决的问题，并确定了清晰的调研目标，才能制订调研计划、选择合适的调研方法。

2. 制订调研计划

具体来说，制订调研计划就是要确定资料来源、调研方法及手段、抽样方案和联系方法等。

（1）资料来源。确定是收集二手资料还是一手资料。一手资料是调研人员直接向有关被调查者收集的资料，二手资料则是他人收集、记录、整理的各种数据资料。

（2）调研方法及手段。网络市场调研可以采用网上搜索法、网站跟踪法、网络问卷调查法和电子邮件调查法等。

（3）抽样方案。要确定抽样单位、样本规模和抽样程序。

（4）联系方法。采取网上交流的形式，如通过电子邮件传递问卷等。

3. 收集信息

网络市场调研可以在全国甚至全球进行，收集信息的方法也很简单，如网络问卷调查。

在回答问卷中的问题时，被调查者经常会有意或无意地漏掉一些内容，对此，页面中的程序会进行检查。如果被调查者遗漏了问卷中的一些内容，程序会拒绝被调查者提交调查问卷，或者在验证后重发问卷给被调查者要求其补填。最终，被调查者会收到问卷已完成的通知。问卷调查的缺点是无法保证问卷上被调查者所填信息的真实性。

4. 分析信息

收集信息后要对其进行分析，这一步非常关键，因为调研人员只有仔细分析信息才能得出需要的结果。调研人员能否从数据中统计和分析出与调研目标相关的信息，将直接影响最终的调研结果。目前，国际上较为通用的分析软件有 SPSS、SAS 等。绝大多数的调研数据较简单，可用电子表格（如 Excel、WPS 电子表格）分析和处理。

5. 提交报告

调研报告不是数据和资料的简单堆砌，所以调研人员不能把大量的数据和资料堆到管理人员面前，否则调研将失去价值。调研人员应分析并得出与市场营销关键决策有关的调研结论，并形成正式的调研报告。

> 调研报告一般包括标题、目录、引言、正文（调研目的、调研方法、调研数据统计分析等）、结论、启示及建议、附录等内容。

（二）网络市场调研的方法

网络市场调研的方法一般有直接调研和间接调研两种。直接调研也叫作一手资料的收集，间接调研也叫作二手资料的收集。获取一手资料的网络市场调研方法主要有网络问卷调查法、网络访谈法、在线观察法、电子邮件调查法、随机抽样调查法等；二手资料的收集相对容易，且成本更低、来源更广，常用方法有网上搜索法、网站跟踪法和订阅邮件法等。

我们在利用互联网进行市场调研时，实际上已经很难严格区分一手资料和二手资料。

网络市场调研的技术性很强，本节只做简要介绍，有兴趣的读者可通过相关课程和资料进行深入学习。下面列出部分专业网站，可供读者在查询具体信息时参考：问卷星；一调网；国家企业信用信息公示系统（可查询企业主体信息）；中国专利公布公告网；巨潮资讯网（证监会指定上市公司信息披露网站）；中国土地市场网（可查询全国范围内的土地出让信息等）；中国裁判文书网（可查询已判决案例）；中国执行信息公开网（可查询失信被执行人）。

第二节　网络营销策略与网络广告

一、网络营销策略

互联网的商业应用改变了传统的买卖关系，促使企业营销方式改变，对市场营销提出了新的要求。营销的内容也由此发生了较大的变化，但影响网络营销的基础因素仍是产品、价格、渠道和促销。

网络营销策略是企业根据自身在市场中所处地位的不同而采取的多种营销策略的组合，包括产品策略、价格策略、渠道策略和促销策略等。

（一）网络营销产品策略

在网络营销中，产品的整体概念可分为五个层次，每个层次都有相应的网络营销策略。

（1）核心利益层次。这一层次是指产品能够提供给顾客的基本效用或利益。企业在确定产品的核心利益时要从顾客的角度出发，要根据以往的营销效果来制订当前的产品设计开发策略。企业要注意网络营销的全球性，在提供核心利益时要面向全球市场。

（2）有形产品层次。物质产品必须保障品质，这要求企业注重产品的品牌和产品的包装，在样式和特征方面要根据不同的文化有针对性地进行设计。

（3）期望产品层次。在网络营销中，顾客处于主导地位，其消费呈现出个性化的特征，且不同的顾客可能对产品的要求不一样。为了满足这些个性化的需求，对于有形产品，企业在设计、生产和供应等环节必须实行柔性化的生产和管理；对于无形产品（如服务、软件等），企业要根据顾客的需要来设计。

> 产品定制当前已经比较常见，如消费者可根据自己的需求向海尔智家提出卧室、客厅、阳台、厨房、浴室等的个性化要求，海尔智家会根据消费者的个性化需求进行产品设计和生产。

（4）延伸产品层次。在网络营销中，由于大多数竞争对手都能提供送货、安装等附加服务，因此网络营销应突破传统的限制，加强外延产品的开发，如增加售后服务、免费提供培训等。

（5）潜在产品层次。潜在产品与延伸产品的主要区别是，顾客没有潜在产品层次的需要时，仍然可以很好地获得所需要的产品核心利益，但在得到潜在产品后，其心理会得到超预期的满足，其对产品的偏好度与忠诚度会提高。

> **延伸产品示例：** IBM 发现，用户购买计算机时不仅是在购买工具设备，而且是在购买解决问题的服务。用户希望得到产品使用说明、配套的软件程序、快速简便的维修方法等。因此，该公司率先向用户提供了一整套服务体系，包括硬件、软件、安装、调试、维修等。

在刚进入线上销售并需要选择适合网络营销的产品时，建议企业从以下角度进行考虑：选择具有持续性消费特征或者有后续性消费特征的产品（如零食、生活用品、生活服务等）；选择单价相对较低的产品，以免造成压货；选择体积小、方便运输的产品；选择具有分享特性的产品（如美容护肤、健康类产品等），方便消费者在亲朋好友间传播产品信息；选择有质量保证的、由正规厂家生产的产品；选择具有较高利润的产品，这样的产品更适合进行网络分级代理销售；等等。

（二）网络营销价格策略

网络营销价格是指网络营销过程中买卖双方的成交价格。网络营销价格的形成机制是极其复杂的，会受到成本、供求关系和竞争等多种因素的影响和制约。企业在进行网络营销决策时，必须综合考虑各种因素，从而采用相应的价格策略。很多传统营销中的价格策略在网络营销中得到了应用，同时也得到了创新。根据影响网络营销价格的因素不同，网络营销价格策略可分为如下几种。

1. 竞争定价策略

竞争定价策略是企业根据竞争对手的同类产品或服务的定价调整自己相应产品或服务的定价的策略。这种定价策略可以使企业保持相对的价格优势。企业在采用此种定价策略时，除了要随时关注竞争对手的同类产品或服务的定价外，还要密切关注客户和潜在客户需求的变化。

2. 个性化定价策略

消费者往往对产品的外观、颜色和样式等有具体的个性化需求，个性化定价策略就是利用网络的互动性和特定消费者的需求特征来确定产品价格的一种策略。利用网络的互动性，企业可以实时了解消费者的需求，从而进行个性化营销。

3. 自动调价、议价策略

根据季节变动、市场供求状况、竞争状况及其他因素，在考虑收益的基础上，企业可建立自动调价系统对价格进行自动调整。同时，建立与消费者直接在网上协商价格的集体议价系统，可使价格的调整具有灵活性和多样性。例如，团购网站就是企业依据薄利多销的原理，给出低于零售价格的团购价格或消费者在单独购买时得不到的优质服务，从而使消费者获得更多实惠。

4. 特有产品的特殊价格策略

采用特有产品的特殊价格策略，需要根据产品在网上的需求状况来确定产品的价格。当人们对某种产品有很特殊的需求时，企业不用过多地考虑竞争对手，只要制订令自己满意的价格就可以了。这种策略往往针对两种类型的产品：一种是创意独特的新产品（炒"新"）；另一种是有特殊收藏价值的商品（炒"旧"），如古董、纪念物或其他具有收藏价值的产品。

5. 捆绑销售策略

捆绑销售是将两种或两种以上的商品捆绑起来销售的方式。根据提供的商品组合不同，捆绑销售可分为完全捆绑销售和混合捆绑销售。完全捆绑销售只有一种价格，消费者必须同时购买两种或两种以上的商品，不能单独购买其中一种商品；混合捆绑销售则是一种菜单式销售，企业既提供捆绑销售的选择，也提供单独销售其中某种商品的选择。

不是所有的商品和服务都能随意地"捆绑"在一起——捆绑销售能否达到"1+1>2"的效果，取决于两种或多种商品能否协调和相互促进。

例如，在消费者确定要购买某款手机后，商品介绍详情页的上方会有一个相关商品的推荐区域，以提醒消费者购买手机贴膜、手机壳、移动电源、直插充电器、耳机等相关商品，促使其消费更多。图 5.2 所示为京东商城的混合捆绑销售策略示例。

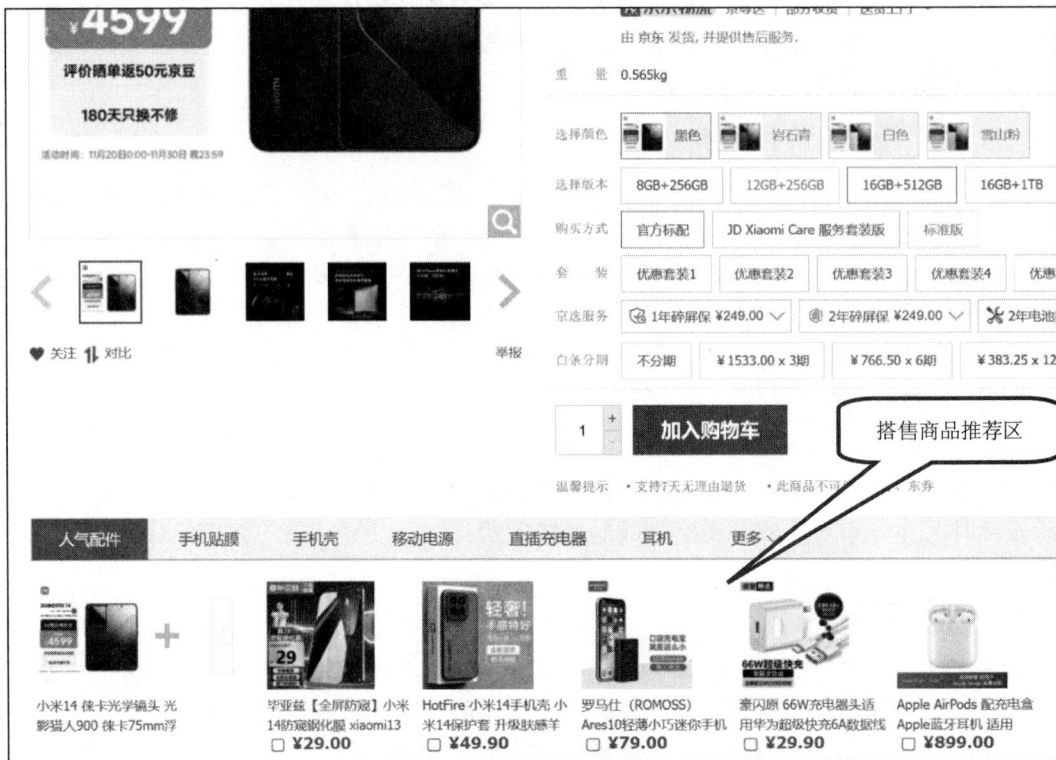

图 5.2　京东商城的混合捆绑销售策略示例

6. 免费策略

免费策略是网络营销中常见的定价方法，也是最简单有效的方法之一。免费策略的实质就是让用户感觉占了便宜，从而吸引他们进行消费。在互联网时代，企业通常通过免费策略来获取流量、用户的信息和资源，从而获取广告收入等。免费策略可以用来提高市场占有率，快速获得大量用户。

（三）网络营销渠道策略

网络营销渠道就是指借助互联网将产品或服务从生产者转移给消费者所经历的各个中间环节连接而成的路径。

（1）推式策略。推式策略也称高压策略，是指由企业的销售人员主导推动分销渠道上各环节人员推销的活动策略。推式策略一般用于销售过程中需要人员推销的工业品和消费品。在企业规模小或无足够的资金推行完善的广告促销策略，以及市场比较集中、渠道短、产品单价高等情况下，应采用推式策略。推式策略常用的方法有示范推销法、走访销售法、网点销售法、服务推销法等。

（2）拉式策略。拉式策略也称吸引策略，是指生产企业通过开展密集的广告宣传、销售促进等活动，引起消费者的购买欲望，激发其购买动机，进而促使零售商向批发商、经销商、代理商等中间商进货，各类中间商向生产企业进货，最终满足消费者的需求，以达到促进销售的目的。在企业资金充足、产品差异小、新产品初次上市、产品销售对象广泛等情况下应采用拉式策略。拉式策略常用的方法有广告宣传、代销、试销、召开产品展销会及订货会等。

（3）渠道的线上线下融合策略。"互联网+"时代给传统的渠道管理与运营带来了极大的挑战，线上与线下的渠道相融合是零售行业发展的趋势。消费者的生活及消费轨迹也已开始融合。对此，企业应快速整合各种线上线下的渠道，聚合二者的优点，多角度、全方位地拉近与消费者的距离，从各个方面关注并优化消费者的体验。

案例 5.1

小米公司的网络营销产品策略和渠道策略

"无米粉，不小米"是小米公司一直以来的口号和信仰，"让每一位用户都成为小米一辈子的朋友"是小米一直以来坚持的宗旨。小米以一种让粉丝与小米公司"共享、共创"的精神和姿态，拉近了和粉丝之间的距离，形成了以粉丝营销为基础的粉丝策略。

1. 小米的产品策略——打造"爆款"产品

小米主要有手机、电饭煲、旅行箱、电视、空气净化器、净水器、吸尘器、汽车等产品，覆盖居家、旅行、办公等不同场景。小米商城依托小米产品系和小米生态链产品系的天然优势，打造了一个爆品电商平台，上线的每一个产品都经过仔细打磨，以小米手机为产品主线，覆盖各类配件产品及周边饰品。而由生态链企业供货的智能家居、生活用品等也都以小米风格为主，整体形成了简约、有质感、高性价比的产品特色。

为了提高手机产品品质，精准满足不同用户的需求，小米在MIUI的功能设计上，向用户开放了节点，用户可以反馈产品的功能体验及新功能需求。产品功能由用户来参与设计，以满足用户需求，优化用户体验。好的产品不用营销，当每一款产品都能成为"爆款"，成为该领域的精品，相应的价值自然会凸显出来。

2. 小米的渠道策略——线上线下融合

小米通过线上促销（小米社区、小米商城、小米有品等）与线下活动（小米之家、小米家宴、米粉节等）相结合的方式，不惜投入大量时间和人力成本，为用户打造体验感和参与感，从而形成了强大的粉丝团队，从一开始的"百人荣誉开发组"发展到后来的百万"米粉"。

小米没有将营销渠道局限于某一个方面，而是抓住一切能够帮助营销的手段，线上线下同时进行营销。一方面，利用互联网进行以事件营销为代表的营销，利用互联网制造爆点、热点，保持用户黏度。另一方面，在线下零售方面毫不放松，落实"新零售""线上线下优惠同享""线下体验、线上下单"等方法，让粉丝能够在线下参与进来。

启发思考：

1. 小米公司在打造"爆款"产品时采用了什么方法？

2. 小米公司是如何实现线上线下渠道融合的？

（四）网络营销促销策略

促销是指企业通过人工和非人工的方式与消费者进行沟通，从而引发、刺激消费者的消费欲望，使其产生购买行为的活动。网络营销促销策略一般有四种形式，即网络广告、站点推广、网络销售促进和网络公关。

（1）网络广告是指企业借助互联网平台发布企业的产品或服务信息，对企业及企业产品或服务进行宣传推广的一种营销方式。网络广告主要有以下几种形式：以推销产品或服务为目的的含有链接的文字、图片或者视频等形式的广告；电子邮件广告；付费搜索广告；商业性展示中的广告；其他通过互联网媒介推销产品或服务的商业广告。

107

（2）站点推广是指企业利用网络营销策略，提高站点知名度、增加网站流量，从而达到宣传和推广企业、产品或服务的目的。站点推广策略也可以延伸到移动端的 App 推广。

（3）网络销售促进是指企业为了促进在线产品或服务的销售，利用各种活动（如赠送优惠券、抽奖、满减等活动）吸引消费者购买产品或服务的促销方式。

（4）网络公关是指企业借助互联网的交互功能吸引客户与企业保持密切关系，以树立企业的良好形象，培养忠诚客户，从而促进产品或服务销售的一种活动。网络公关的主要工作内容有事件营销、口碑营销、网络新闻发布、危机公关等。

二、网络广告

从广义上说，通过互联网形式传播的商业信息都是网络广告。

从狭义上说，网络广告是指企业通过网站、网页、互联网应用程序等互联网媒介，以文字、图片、音频、视频或者其他形式，直接或者间接地推销产品或服务的商业广告。

（一）网络广告的发展

1994 年 10 月 27 日，美国著名的 *Wired* 杂志推出了网络版 *Hotwired*，其主页上有 MCI 等 14 个客户的横幅广告，这标志着网络广告的诞生。我国的第一个商业性网络广告出现在 1997 年 3 月，一直到 1998 年年初网络广告才初具规模。

中关村互动营销实验室发布的《2023 年中国互联网广告数据报告》显示，2023 年中国网络广告市场规模达到 5732 亿元，较 2022 年增长 12.66%。2023 年，我国互联网巨头竞争格局略有变化，字节跳动超越阿里巴巴与腾讯，成为营收第一大公司；小程序游戏和短剧兴起，成为互联网新增长点。从企业看，2023 年中国网络广告收入前十的企业分别为字节跳动、阿里巴巴、腾讯、百度、快手、美团、京东、拼多多、小米和微博，其中字节跳动、拼多多、快手、美团网络广告规模增幅较大。

（二）网络广告的形式

网络广告的形式多种多样，为方便读者学习，现根据不同标准对其进行分类。

（1）根据信息表现形式的不同，网络广告可以分为文字广告、图片广告和网络视频广告等。

（2）根据广告在网页中出现的形式不同，网络广告可以分为横幅广告、按钮广告、弹出式广告、分类广告和信息流广告等。

（3）根据所选网络工具的不同，网络广告可以分为搜索引擎广告、电子邮件广告、社会化媒体广告和即时通信（Instant Message，IM）广告等。

表 5.1 横幅广告常见的类型与规格

类型	规格（像素×像素）
全幅横幅广告	468×60
半幅横幅广告	234×60
垂直横幅广告	120×240
宽型横幅广告	728×90
小型广告条	88×31
1 号按钮	120×90
2 号按钮	120×60
方形按钮	125×125

1. 横幅广告

横幅广告又称为旗帜广告，它是以 GIF、JPG 等格式创建的图像文件，定位在网页中，大多用来展现广告内容。横幅广告是最早的网络广告形式，表 5.1 所示为横幅广告常见的类型与规格。

2. 文本链接广告

文本链接广告是指在热门站点的网页上放置的其他站点的文本链接。该类广告能起到软性宣传的作用，但是一小段文本传达的信息是有限的，要想最大限度地发挥这段文本的作用，需要好的创意。文本链接广告是一种对浏览者干扰最少、费用较低，效果却极好的网络广告形式。

3. 网络视频广告

网络视频广告是指视频中含有广告的网络广告形式,其主要表现形式有标准的视频形式、画中画形式和焦点视频形式等。如果用户在广告播放时段点击此广告,则页面将自动跳转到此广告链接的网站。用户可控制广告的音量,也可选择重播该视频广告(视频广告不会自动重播)。

4. 搜索引擎广告

搜索引擎广告涉及多种方式,但基本原则都是广告主付费以换取搜索结果页面上的优先排名或显示位置。下面以目前国内流量比较大的搜索引擎网站百度来举例说明。

(1)竞价广告和品牌华表(参见图 5.3)。竞价广告是一种广告主自主投放、自主管理,按照广告效果付费的新型网络广告形式。在输入关键词并搜索后,位于搜索结果页面的上方注有"广告"二字的即竞价广告。品牌华表通过关键词精准匹配,展现在网页右侧的图文品牌展示

> 谷歌竞价广告(Google AdWords)由广告主购买关键词,根据竞价价格决定关键词在网站上的排名。如果关键词较热门,那么广告费可能会较高。谷歌搜索结果页面右侧广告的起拍价为每次点击 0.05 美元,最高价格不定,具体要视竞价的激烈程度而定。

位。品牌华表主要针对广告主的品牌推广营销策略,广告主可自行将通用词(如手机、欧洲自由行等)、节日词(如国庆、元旦)等关键词与自己的品牌相关联。品牌华表按周购买,最短购买时间为 1 周,最长为 13 周。

图 5.3　百度的竞价广告和品牌华表的展示位置

(2)品牌专区。品牌专区是指百度搜索结果页面最上方为知名品牌量身定制的资讯发布平台,是为优化用户搜索体验而整合了文字、图片、视频等多种展现形式的创新搜索模式。品牌专区是百度首创的搜索引擎上的品牌图文专区,包含图片与多个栏目区,用户在百度主页的搜索框中输入品牌全称或简称,单击"百度一下"就可以看到它。图 5.4 所示为百度的品牌专区。

5. 信息流广告

信息流广告又叫原生广告,就是与内容混排在一起的广告,是最不像广告的广告。这种广告是通过大数据算法,由机器智能分析用户在平台内的一系列行为和兴趣分布,将用户的兴趣热点和广告进行精准匹配并主动推送给用户的一种全新广告形式。这种广告被嵌入用户日常浏览的资讯、社交动态或视频流中,广告素材和广告文案与普通内容完全一致,并且随

用户的刷新行为不断变化，更易于被用户接受。如微信朋友圈、今日头条、微博、抖音、手机百度 App 和百度浏览器首页等位置都接入了信息流内容，而信息流广告就被嵌在其中。信息流广告是最适合移动互联网时代的广告形式，也是未来网络广告发展的趋势。图 5.5 所示为百度的信息流广告。

图 5.4 百度的品牌专区

图 5.5 百度的信息流广告

案例 5.2

抖音的广告形式

抖音用户使用抖音主要是为了娱乐，而商家则利用抖音短视频植入产品的推广内容，让用户在娱乐的同时点击产品的推广内容。

目前抖音的广告主要有信息流广告、开屏广告、Topview广告等形式。

（1）信息流广告。抖音信息流广告是在抖音App"推荐"页面内出现的广告，即穿插在用户日常刷得最多的页面内。这种广告融入用户浏览的内容中，在用户上滑观看视频时不定

图 5.6 抖音信息流广告　　图 5.7 抖音开屏广告

期地出现。广告页面底部有非常明显的广告标志和操作选项，如"查看详情""抢先报名"等。此时，用户如果对产品感兴趣，就会点击广告进一步了解该产品，进入"立即购买"或"参团"页面即可购买该产品。信息流广告既支持竖屏体验，也支持分享传播，如图5.6所示。

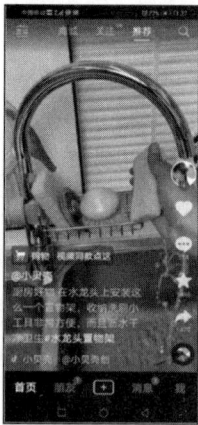

（2）开屏广告。抖音开屏广告即在启动抖音App时展现的广告，如图5.7所示，广告播放完毕后进入"推荐"页面。这种广告形式的视觉冲击力强，支持静态、动态、视频三种形式，可以帮助品牌实现"强势"曝光，但是其广告费用高。

（3）Topview广告。抖音Topview广告以"开屏+首条信息流视频"的形式在视频前3秒全屏展示，在4～60秒曝光品牌，可多样化展示品牌信息，打造品牌的强大传播力。图5.8所示为Topview广告设计的产品路径和跳转逻辑。

（4）其他广告形式。抖音还有抖音挑战赛、固定位广告、搜索广告、贴纸等创意、互动类的广告形式，将内容分发与商业营销相结合以助力商家在抖音App内形成完整的营销闭环。

启发思考：目前抖音的广告主要有哪几种形式？打开抖音App查看每一种广告形式。

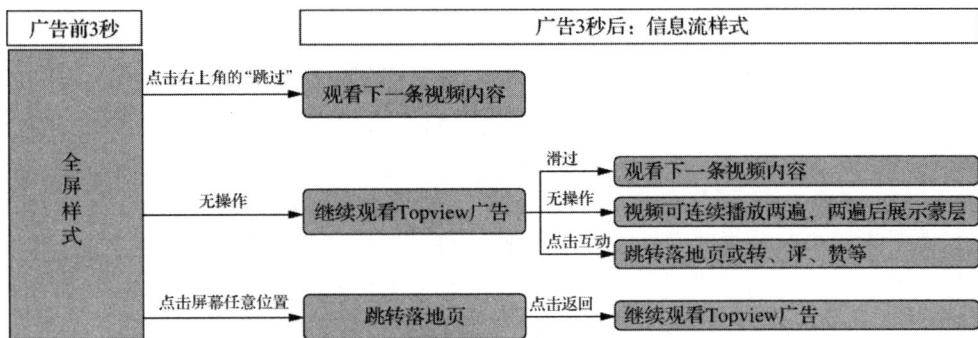

图 5.8　Topview 广告设计的产品路径和跳转逻辑

6. 电子邮件广告

电子邮件广告具有针对性强（除非肆意滥发）和费用低的特点，且广告内容不受限制。电子邮件广告可以向具体某一位用户发送，这是其他网络广告形式所不能及的。一般电子邮件广告越简单越好，文本格式的电子邮件广告的兼容性最好。

7. 插播式广告

插播式广告即弹出式广告，是指在访客请求登录网页时强制插入的一个广告页面或弹出的广告窗口，它有点儿类似于电视广告，是强迫人们观看的。插播式广告有各种尺寸，有全屏的，也有小窗口的；互动程度不同，静态和动态的都有。网站的 VIP 会员通常可以关闭广告窗口（电视广告是无法关闭的）。

8. 游动式广告

游动式广告也叫移动广告，从外观上看有些类似于按钮广告，但它与按钮广告有着本质的区别。它会在屏幕上移动，像漂浮在水面上的树叶一样。当网页被上下滚动翻看时，它也会跟着移动，通常这些广告会在页面上显示一个明显的 "X" 或 "关闭" 按钮，用户只需点击该按钮即可关闭广告。

9. 社会化媒体广告

社会化媒体广告是指利用社会化网络，由用户自愿提供的以及被用户自愿分享的交互广告，广告内容中有广告主的图像或用户名，这使用户可以与广告主产生交互。微博、微信、QQ 空间等社会化媒体中出现的广告就属于此类。以微博为例，其广告包括顶部公告、底部公告、右侧推荐、粉丝头条、粉丝通及微任务等形式。

10. 手机网络广告

手机网络广告已经成为网络广告市场的主流，在电脑端适用的搜索引擎广告、网络视频广告、横幅广告等形式在手机端同样适用，同时也有一些专门适用于手机端的广告形式，如社交网络红包广告、LBS（基于位置的服务）广告、移动 Wi-Fi 广告等。

（三）网络广告的收费模式

1. 每千人印象成本收费模式

每千人印象成本（每千人展现成本）收费模式也称为 CPM（Cost Per Thousand Impressions）收费模式，这是网络广告相对最科学的收费模式，是按照有多少人看到投放的广告来收费的。每千人印象成本指的是在广告投放过程中，听到或者看到某广告的千人平均分担的广告成本，传统媒介

多采用这种收费模式。在网络广告中，每千人印象成本取决于"印象"的尺度，该尺度由含有文字广告、图标广告、标题广告等的页面被访问的次数来定。

> 一个横幅广告的单价是 1 元/CPM，意味着每 1 000 人次看到这个横幅广告就要收 1 元。以此类推，10 000 人次看到就要收 10 元。至于 CPM 的收费究竟是多少，要根据网页的热门程度（即浏览人数）划分价格等级，采用固定费率。通常，CPM 收费的国际惯例为 5～200 美元。

2. 每点击成本收费模式

每点击成本收费模式也称为 CPC（Cost Per Click）收费模式，按点击次数收费。这样的模式加上对点击率的限制可以提高作弊的难度，是宣传网站的最优方式。但是，不少经营广告业务的网站觉得这种模式不公平。因为，虽然浏览者没有点击，但是已经看到了广告，可能为广告主带去了流量，网站却没有收益。

3. 每行动成本收费模式

每行动成本收费模式也称为 CPA（Cost Per Action）收费模式，它是按广告投放的实际效果（如按回收的有效问卷数、注册会员数或订单数等）来收费的。这种模式对网站而言有一定的风险，但若广告投放成功，其收益也会比每千人印象成本收费模式多得多。

4. 每销售成本收费模式

每销售成本收费模式也称为 CPS（Cost Per Sale）收费模式，是指广告主为规避广告费用风险，只在网络用户点击广告并进行在线交易后，才按销售额付给广告站点费用的收费模式。

无论是每点击成本收费模式、每行动成本收费模式，还是每销售成本收费模式，都要求在目标用户产生"点击"行为甚至购买行为后，广告主才付费。

5. 竞价广告收费模式

竞价广告是一种网络定向广告，它通过上下文分析技术让广告出现在最合适的页面上，从而可以有效地将产品或服务推荐给目标客户。

以百度为例，其竞价广告服务一般采用实时计算、实时划账的付费方式。这就需要客户的账户预存一定数额的资金。当账户资金用完时，客户应及时补充，否则系统会在一个月内自动删除该账户。竞价广告通常按点击次数付费。

广告投放竞价时，不同网站设置的每次点击最低起价不同。出价高的广告排在前面，同一价格的广告，则按照投放时间的先后顺序进行排列。

6. 按时长收费模式

按时长收费（Cost Per Time，CPT）模式即包时收费模式，是广告主按广告投放时间的长短付给广告站点费用的一种收费方式。

国内很多网站是按照"一小时、一天、一个月多少钱"这种固定收费模式来收费的。这种收费模式对广告主不公平，无法保障广告主的利益，是一种不科学的网络广告收费模式。尽管现在很多大型网站已经采用每千人印象成本收费模式或每点击成本收费模式等较为科学的收费模式，但很多中小站点由于自身管理与发展比较落后，依然在使用包时收费模式。

7. 其他收费模式

某些广告主在实施特殊的营销方案时，会提出采用以下方法以个别计价：①每回应成本收费（Cost Per Response，CPR）模式，根据浏览者的每一个回应来收费；②引导注册

> **学而思，思而学**
>
> 根据表 5.2 中的网站名称或搜索提示，查找各网站首页或搜索页面中有哪几种网络广告形式，将结果填入表 5.2 中。

收费（Cost Per Leads，CPL）模式，根据搜集的潜在客户名单的多少来收费；③每购买成本收费（Cost Per Purchase，CPP）模式，根据实际销售的笔数来收费；④按业绩收费（Pay-For-Performance，PFP）模式，根据业绩收费。

表 5.2　网络广告的形式记录

项　目	新 浪 网	新 华 网	在百度中搜索"智能手机"	京　东
网络广告 的形式				

相较而言，每千人印象成本收费模式和包时收费模式对网站有利，而每点击成本收费模式、每行动成本收费模式、每回应成本收费模式、每购买成本收费模式或按业绩收费模式则对广告主有利。目前，最为流行的收费模式是每千人印象成本收费模式，其次是每点击成本收费模式。

第三节　常用的网络营销方法

网络营销的职能需要通过一种或多种网络营销方法实现。常用的网络营销方法有网络广告、搜索引擎营销、病毒营销、网络社群营销、自媒体营销、软文营销等。下面简要介绍其中四种网络营销方法。

一、搜索引擎营销

调查结果表明，使用搜索引擎进行搜索是人们发现新网站的基本方法。因此，做好搜索引擎营销是企业网站推广的基本任务。

搜索引擎营销（Search Engine Marketing，SEM）就是根据用户使用搜索引擎的方式，利用用户检索信息的机会，尽可能地将营销信息传递给目标用户。搜索引擎营销的方法包括搜索引擎优化、登录分类目录网站及关键词竞价排名等。

> 内部优化是指在对一个网站进行搜索引擎优化时，对网站内部做出符合搜索引擎算法的改变，以便网站被搜索引擎收录并在搜索结果中排名靠前。外部优化通常指让网站合理、自然地获得更多外部链接，从而增加网站的流量。

（一）搜索引擎优化

搜索引擎优化（Search Engine Optimization，SEO）就是企业通过提高网站设计质量，使网站界面友好、设计合理，便于百度等技术型搜索引擎索引。一般认为，搜索引擎优化主要有两个方面的要求：被搜索引擎收录和在搜索结果中排名靠前。搜索引擎优化包括内部优化和外部优化。

1. 内部优化

网站的内部优化主要通过以下几种手段实现。

（1）META 标签优化，如 Title（网页标题）、Keywords（关键词）、Description（描述）等的优化。图 5.9 所示为阿里巴巴首页的 Title、Keywords 和 Description。

图 5.9　阿里巴巴首页的 META 标签

META 标签

META 标签是网页的 HTML 源代码中一个重要的代码，用来描述一个 HTML 网页文档的属性，如作者、时间、描述、关键词、页面刷新等。通常，打开某一网页，右击→"查看网页源代码"，就可以看到该网页的 META 标签。

（2）内部链接优化，包括相关性链接（Tag 标签）、各导航链接及图片链接等的优化。

（3）网站内容更新，每天保持站内内容的更新（主要是文章的更新等）。

2. 外部优化

网站的外部优化主要针对以下几个方面进行。

（1）外链多样：如自媒体平台、视频网站、问答平台、新闻网站、分类信息、贴吧、知道、百科、相关信息网等，尽量保持链接的多样性。

（2）外链运营：每天添加一定数量的外部链接，使关键词排名稳步提升。

（3）外链选择：与一些和本网站相关性比较高、整体质量比较好的网站交换友情链接，以巩固、稳定关键词排名。

（二）登录分类目录网站

登录分类目录网站是传统的网站推广手段，由寻求收录的网站管理员向分类目录网站提交网站信息，分类目录网站编辑人工审核通过后，将不同主题的网站放在相应目录下，形成分类目录网站。登录分类目录网站包括免费登录和付费登录，最初以免费登录为主。随着基于超链接的技术性搜索引擎重要性的提高，现在传统分类目录网站的影响力已经越来越小，因而登录分类目录网站只作为一种参考方法。

问与答

问：搜索引擎营销的方法中，哪些是免费的搜索引擎营销？哪些是付费的搜索引擎营销？

答：免费搜索引擎营销比较常用的方法是登录免费分类目录网站和进行搜索引擎优化等，付费搜索引擎营销的主要手段为关键词竞价排名等。

（三）关键词竞价排名

关键词竞价排名是搜索引擎广告的一种形式，是按照单次点击付费较高者排名靠前的原则，对购买了同一关键词的网站进行排名的一种方式。关键词竞价排名一般采用按点击量收费的方式。关键词竞价排名有别于传统的搜索引擎营销方式，其主要特点有：可以方便地统计、分析用户的点击情况，可以随时更换关键词以增强营销效果。关键词竞价排名是一些企业开展搜索引擎营销的重要方式。

二、病毒营销

病毒营销又称病毒式营销、病毒性营销、基因营销或核爆式营销。病毒营销是一种快速增强网络信息传播效果的模式，鼓励目标受众把想要推广的信息像传播病毒一样传递给周围的人，让每一个受众都成为传播者，是让推广信息在曝光率上呈几何级数增长的一种营销推广策略。病毒营销可通过电子邮件、微博、微信、QQ、论坛、视频网站、电子书等多种渠道发布消息。

视野拓展

病毒营销实例 1

案例5.3

拼多多的病毒营销

营销中"免费"二字十分吸引人。拼多多让用户邀请好友砍价以免费获得商品，在初期充分调动了用户参与与分享活动的积极性。这种拼团砍价模式其实就蕴含了批发和微分销的概念。依靠QQ、微信流量的助攻，分享的平台有了（社交圈传播）；在朋友、亲戚之间分享，信用背书也有了（诱导用户产生裂变效应并消费）；社交圈内的人的生活状态往往差不多，如你要用纸，我也要用，纸还这么便宜，拼团的成功率也大大提高（进一步扩大影响）。

于是，各种拼多多砍价互助群应运而生，宛若一个完整的"生态圈"。这个看似简单的分享、拼团砍价模式，恰恰是拼多多崛起的关键。在流量获取越来越贵的情况下，拼多多通过这种病毒式社群营销以低价获得了用户，从而做到了后来居上。

启发思考：通过本案例总结开展病毒营销的条件。

三、网络社群营销

网络社群是指因某种关系而连接成为一个圈子的互联网用户，如 QQ 群、微信群、同一微信公众号的订阅用户、同一话题的参与者、同一用户（如演员）的共同关注者（粉丝）、微博好友圈、微信朋友圈等。

> 小米就是应用网络社群营销的典范。小米先聚集了一群手机"发烧友"（"米粉"）共同开发系统，共同参与研发高性价比的手机，后来很多不是"米粉"的消费者也选择了小米的产品。

网络社群营销是指通过互联网将有共同兴趣爱好的人聚集在一起，将一个兴趣圈打造成为消费家园，通过提供产品或服务来满足群体需求而产生的商业形态。网络社群营销是在网络社区营销及社会化媒体营销的基础上发展起来的、使用户连接及交流更为紧密的网络营销方法。例如，通过微信培养粉丝，先向粉丝传递价值，再谋求赢利，这是网络社群营销的普遍形式。网络社群营销聚集的人群会通过各种关系延伸到陌生群体，最后形成一个庞大的市场。未来的商业形态会以各个自媒体的社群营销为主体。

四、软文营销

软文是基于特定产品的概念诉求与问题分析，对消费者进行针对性心理引导的一种文字模式。软文营销是指通过满足特定的概念诉求，以摆事实、讲道理的方式使消费者走进企业设定的"思维圈"，以强有力的、有针对性的心理攻势实现产品销售的网络营销方法。其表现形式包括新闻、第三方评论、访谈、采访和口碑等。

一篇优秀的软文应该是这样的：内容引人入胜，能使读者有持续阅读的冲动；广告植入"润物细无声"。这种软文甚至让读者读了好几遍之后才恍然大悟——"我刚刚读了几遍广告"。即使有些读者很早便发现"这就是一则广告"，但依然会佩服软文的写作者。

要做好软文营销，就要了解软文的基本类型和软文营销的技巧。

1. 软文的基本类型

根据载体的不同，软文可以分为两大类：一类是文章体裁，分为记叙文、议论文和说明文等；另一类是文学体裁，分为小说、诗歌、戏剧和散文等。这些文体都可以植入企业产品信息或品牌信息，因此都可以成为软文的载体。

根据内容特点的不同，软文可分为新闻类软文、故事类软文和科普类软文等。其中，新闻类软文包括新闻通稿、新闻报道和媒体访谈等。这类软文的题材包括企业重大事件、行业重大事件、新产品上市、企业领导人创业故事、企业领导人访谈和企业文化等。

根据撰写目的的不同，软文可以分为产品类软文、服务类软文、品牌类软文和公关类软文等。

2. 软文营销的技巧

营销产品不同，受众不同，软文的写作模式也不同。要想写好一篇互联网软文，做好软文营销，需要掌握以下技巧。

（1）设置具有吸引力的标题。就整篇软文而言，文章的标题犹如企业的Logo，代表着文章的核心内容。标题不但要能够吸引读者的注意力，还应该让读者动心，产生"让我瞧瞧"的欲望。类似"人类可以长生不老吗""××浴霸何以'霸'京城"等类型的标题风靡一时，为什么？因为其不但像新闻标题，而且比新闻标题更吸引人。

（2）以时事热点和流行词为话题。时事热点就是指那些具有时效性、新鲜、热门的新闻等。软文的成功发布需要依靠天时、地利。"天时"主要表现在企业发布软文时对发布契机的把握和对当时的新闻热点的巧妙跟随。当新闻媒体在持续讨论某个重要话题时，企业要快速应变，撰写并发布与此话题相关的软文。"地利"主要是指软文发布的版面位置应有利于提高软文的关注度。软文写作者要学会使用流行词，这样能使读者在阅读时产生亲近感。

👓 视野拓展

软文"地利"示例

西安某电器公司采用新闻编排方式将软文设计成通栏广告（有利于"上贴新闻、下压广告"）。发布前又和广告公司在合同中约定：软文置于西安新闻版；软文上面紧贴新闻稿件，软文下面必须有广告。这种设计大大提高了软文的关注度。

（3）广告内容自然植入。一篇高质量的软文能让读者读起来几乎察觉不到广告的痕迹，读者读完之后还会觉得受益匪浅，认为软文为他提供了不少帮助。写作者要在写软文之前就想好广告的内容和目的，如果写作能力不是很强，最好把文章中的软文部分放在第二段，切勿将软文中的广告放在最后，因为文章内容如果不够吸引人，读者可能没读完就关闭了网页。

（4）精准定位受众。要想真正发挥软文的营销价值，写作者需要认真调研目标受众的兴趣爱好和习惯特征等，了解其口味和需求，从而精准定位目标受众。只有这样，写作者才能写出满足受众需求的内容，为受众提供一定的价值，进而引起受众的关注，促进其阅读和传播。

📕 实训案例

元气森林的网络营销之路

元气森林成立于2016年，号称"互联网+"饮料公司，专门生产无糖、低热量的产品，上市饮品有气泡水、燃茶、乳茶等，推出后很快成为深受年轻人喜爱的"网红"品牌。2024年4月9日，元气森林以710亿元人民币的企业估值入选胡润研究院"2024全球独角兽榜"，排名第48位。元气森林的网络营销策略总结如下。

（1）布局线上销售。元气森林的产品在天猫、京东、拼多多、苏宁易购等电商平台的官方旗舰店及食品类专营店都有销售，其京东官方旗舰店、天猫官方旗舰店的粉丝数远超传统饮料品牌。同时，元气森林在抖音小店、快手小店、微博小店及小红书等社交媒体平台的产品销量也很可观。

（2）深耕自媒体营销。元气森林在微博、微信公众号与小程序、抖音、快手、小红书等社会化媒体平台都开设了官方认证的账号，在自媒体营销和运营方面精耕细作。元气森林官方微博通过文字、图片、视频等表现形式展示产品，推广健康饮品、代糖成分以及品牌活动等信息，不仅保持着极高的内容更新频率，而且与粉丝保持着良好的沟通与互动。

（3）鼓励用户原创内容。元气森林鼓励用户产出与其品牌相关的原创内容。元气森林官方除了会及时更新产品信息，还会定期发布活动，引导用户创作，并通过投票、抽奖、推荐等方式激励用户，这使元气森林收获了众多忠实粉丝。

（4）重视网络社群营销。元气森林在微博、微信、小红书等平台都建有粉丝群，并以企业微信群作为承载社群，为大批量的裂变和引流活动奠定了基础，与消费者产生了直接、高频的互动，所以消费者的重复购买率很高。

（5）直播带货与关键意见领袖口碑推广。元气森林在淘宝、抖音等平台开展自播和关键意见领袖代播，在微信、微博、抖音、B站、小红书等各大社交媒体平台上的曝光度极高，既得到了知名艺人的发文关注，也获得了直播界关键意见领袖的推荐。

无论是社会化媒体营销，还是直播带货，都是网络营销从单一的电商平台向多渠道升级的表现。元气森林顺应网络营销工具与方法的演变趋势，通过不同的线上渠道向目标消费者传递产品信息，取得了显著的成效。

思考讨论：
1. 元气森林是如何通过网络营销成为饮料界"网红"品牌的？
2. 请借鉴元气森林的网络营销策略，为某企业策划一次网络营销活动。

📖 归纳与提高

本章主要介绍了网络营销的含义及职能，网络市场调研的步骤及方法；分析了网络营销策略，包括网络营销产品策略、网络营销价格策略、网络营销渠道策略和网络营销促销策略；介绍了网络广告的形式及收费模式；分析了常用的网络营销方法。

学习本章后，读者应掌握网络营销的常用方法，能通过网络广告、搜索引擎、各种自媒体平台等对企业产品或服务开展网络宣传推广，具体步骤为：首先明确企业的营销对象，了解其需求，然后制订网络营销策略，利用网络营销工具和资源，形成有针对性的网络营销方案，最后采用具体的网络营销方法，并对网络营销效果进行跟踪、评价，不断调整、优化网络营销方案。

📖 知识巩固与技能训练

一、名词解释

网络营销　网络市场调研　SEM　SEO　病毒营销　网络社群营销　软文营销

二、单项选择题

1. 追本溯源，网络广告产生于（　　　　）。
   A. 美国　　　　　　B. 英国　　　　　　C. 法国　　　　　　D. 中国

2. 下列选项中，（　　　）不属于网络营销的职能。
   A. 网站推广　　　B. 信息发布　　　C. 网络广告　　　D. 客户服务
3. 以下关于网络营销与传统市场营销的不同点说法错误的是（　　　）。
   A. 目标不同　　　B. 销售方式不同　C. 决策速度不同　　D. 促销力度不同
4. 网络市场调研的第一步是（　　　）。
   A. 收集信息　　　　　　　　　B. 制订调研计划
   C. 明确问题与确定调研目标　　D. 确定调研的具体内容
5. （　　　）是指企业通过向目标市场提供各种能满足消费需求的有形和无形产品来实现其营销目标。
   A. 定价策略　　　B. 产品策略　　　C. 分销策略　　　D. 促销策略
6. 网络营销的主要传播渠道是（　　　）。
   A. 企业→批发商→零售商→消费者　B. 企业→消费者
   C. 企业→中间商→消费者　　　　　　D. 企业→零售商→消费者
7. 下列各项中，（　　　）是网络广告。
   A. 横幅广告　　　B. 路牌广告　　　C. 灯箱广告　　　D. 公交车车身广告
8. 网络广告中的每千人印象成本收费模式是指（　　　）收费模式，每行动成本收费模式是指（　　　）收费模式。
   A. CPA　　　　　B. CPC　　　　　C. CPM　　　　　D. CPP

三、多项选择题

1. 下列对网络营销的认识正确的有（　　　）。
   A. 网络营销就是网上销售　　　B. 网络营销不仅限于网上
   C. 网络营销不是孤立存在的　　D. 网络营销等于电子商务
2. 下列关于网络营销策略的说法正确的有（　　　）。
   A. 以网络为基础的营销活动使宣传和销售渠道统一到了网上
   B. 网络营销策略已经由传统的 4P 营销组合逐步转向 4P 与 4C 相结合的整合营销
   C. 以网络为基础的营销活动，其营销策略的范围在无限收缩
   D. 以网络为基础的营销活动，在一定程度上打破了地域和范围的限制
3. 病毒营销的特性包括（　　　）。
   A. 病毒营销提供的是有价值的产品或者服务
   B. 病毒营销虽然传播速度快，但成本较高
   C. 目标受众主动进行信息传播
   D. 曝光率会呈几何级数增长
4. 二手资料的信息来源有（　　　）。
   A. 内部来源　　　B. 原始资料　　　C. 报刊书籍　　　D. 商业信息
5. 调研报告的基本内容包括（　　　）。
   A. 标题　　　　　B. 目录　　　　　C. 引言　　　　　D. 正文
   E. 结论　　　　　F. 启示及建议　　G. 调查问卷
6. 产品的整体概念分为（　　　）。
   A. 核心利益层次　　　　　　　B. 有形产品层次
   C. 期望产品层次　　　　　　　D. 延伸产品层次
   E. 潜在产品层次

四、判断题

1. 网络营销可以代替传统市场营销。 （　　）
2. 网络营销的出现，使个人目标市场向大规模目标市场转化成为可能。 （　　）
3. 传统市场营销强调 4C 策略。 （　　）
4. 网络营销比传统市场营销更能满足消费者对购物方便的需求。 （　　）
5. 网络营销实际上就是网上销售。 （　　）
6. 在线问卷调研属于间接调研。 （　　）
7. 产品策略是指企业以按照市场规律制定价格和变动价格的方式来实现其营销目标。
 （　　）
8. CPC 是指每千人印象成本。 （　　）
9. 信息流广告是最适合移动互联网时代的广告形式，也是未来网络广告发展的趋势。
 （　　）
10. 病毒营销就是以传播病毒的方式开展营销。 （　　）

五、复习思考题

1. 网络营销的八项职能是什么？
2. 网络市场调研的步骤和方法是什么？
3. 阐述网络营销策略的内容。
4. 什么是网络广告？网络广告主要有哪些形式和收费模式？
5. 举例说明网络营销方法有哪些。
6. 软文营销的技巧有哪些？

六、技能实训题

1. 为本章引例中提到的 3A 汽车集团公司设计网络调研问卷，并在网上发布该问卷（推荐网站见本章第一节末尾的"视野拓展"栏目），在学期末根据调研结果写出调研报告。
2. 为 3A 汽车集团公司撰写网络营销方案（注意软文营销的技巧）。
3. 登录百度营销的首页，完成下列任务或回答下列问题。
（1）什么是百度营销？
（2）百度有哪些营销形式？每种营销形式是如何计费的？
（3）如何加入百度营销？
（4）在百度网站首页的搜索栏中输入某关键词，查看竞价广告、品牌华表、品牌专区等的展示形式与位置。
4. 不同于传统广告，有效的网络广告往往采用病毒营销方法。观看以下三个视频，分析病毒营销的运用方法和前提。

病毒营销实例 2　　病毒营销实例 3　　病毒营销实例 4

第六章　新媒体运营

【知识框架图】

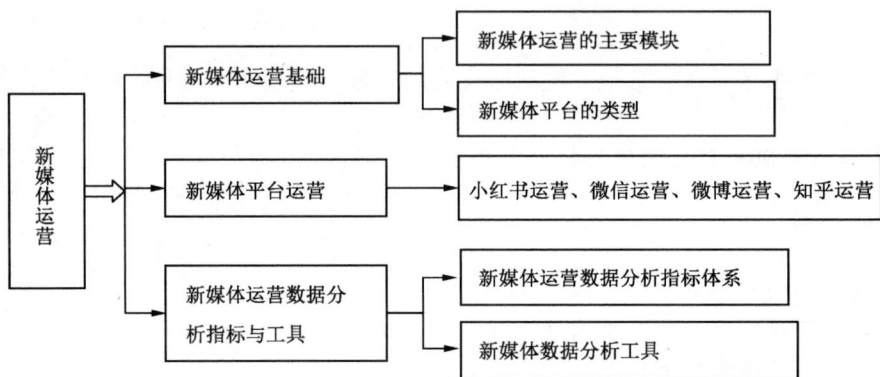

【学习目标】

【知识目标】

1. 掌握新媒体与新媒体运营的概念。
2. 熟悉新媒体平台的类型、运营技巧。
3. 掌握新媒体运营数据分析指标体系及工具。

【技能目标】

1. 能够在各大新媒体平台开展企业运营活动。
2. 学会运用新媒体运营数据分析工具寻找热门话题。

【引　例】

利用新媒体平台实现超预期的营销效果

2021年6月，"你爱我，我爱你，蜜雪冰城甜蜜蜜"这首蜜雪冰城主题曲在朋友圈"刷屏"，一些网友甚至在门店唱起了这首歌，只为换取一杯柠檬水。歌曲的"魔性"和"洗脑"特点，引发了大量网友二次创作的热情，在B站、抖音等平台，网友们自发地将主题曲改成了英语、日语、俄语等十几种版本。于是乎在网友持续进行二次创作和自发性传播的情况下，蜜雪冰城MV（Music Video，音乐短片）的热度持续升高。以趣味内容为主的属性，让蜜雪冰城MV爆火"出圈"后，蜜雪冰城线下门店唱主题曲可以免单的消息又走红网络，网友们都兴致勃勃地去门店"打卡"。

蜜雪冰城赚足了一波热度，收获了"蜜雪冰城社死现场""蜜雪冰城主题曲"等数个热搜。截至2021年6月20日，微博话题阅读量超过1.3亿次，抖音相关话题下也有7.9亿次的播放量，蜜雪冰城相关话题一直保持着热度。这次活动是蜜雪冰城利用新媒体打造的一个教科书级别的营销案例，为行业树立了标杆，实现了超预期的营销效果。

第一节　新媒体运营基础

媒体是指人们用来传递信息和获取信息的工具、渠道、载体、中介等。新媒体与传统媒体相对应，特指利用数字技术和网络技术，以互联网、无线通信网等为渠道，利用计算机、手机和数字电视机等网络终端，向用户提供信息和服务的传播形态。

新媒体运营是通过现代化移动互联网手段，利用抖音、快手、微信、微博等新兴媒体平台工具进行产品营销的一系列运营手段。通过策划与品牌相关的、传播性强的优质内容并开展线上活动，企业可向用户广泛或精准地推送信息，提高用户参与度和企业知名度，从而充分利用粉丝经济达到相应的营销目的。

学而思，思而学

新媒体和自媒体有何区别与联系？

一、新媒体运营的主要模块

经典的新媒体运营分为用户运营、产品运营、内容运营、活动运营等四大模块，每个模块在新媒体运营过程中都起着不同的作用。

1. 用户运营

用户运营是新媒体运营的核心。用户运营指的是以用户为中心搭建用户体系、开发需求产品、策划相关活动与内容，同时严格控制实施过程与结果，最终达到甚至超出用户的预期，进而实现企业新媒体运营的目标。

无论是研发产品、策划活动，还是推送内容，都需要围绕用户有针对性地展开。因此，新媒体运营者需要进行用户日常管理，吸引新用户关注，减少老用户流失，同时还要想方设法地激活沉寂用户。在用户运营工作中，构建用户画像是工作的起点。只有构建了清晰的用户画像，后续的用户分类、拉新、促活与留存等工作才有意义。否则，用户运营的效果就会大打折扣，甚至会出现越努力越无效的结果。

2. 产品运营

产品运营是新媒体运营的根基。产品运营指的是从内容建设、用户维护、活动策划三个层面连接用户和产品，并塑造产品价值和商业价值。新媒体产品运营可以把新媒体运营过程中涉及的账号、平台、活动等项目都看作产品，并对其进行策划、运营与调试。

产品运营的关键是类型分析与周期判断。一方面，产品运营负责人需要准确识别产品的类型，针对不同的产品采用差异化的运营模式；另一方面，产品运营负责人必须清晰地判断产品所处的生命周期阶段，根据生命周期阶段及时调整运营策略。

例如，今日头条账号可以被看作一件"产品"。在开通今日头条账号后，产品运营负责人需要进行产品调研（搜索相关的今日头条账号，了解其日常内容）、前期设计（头像设计、简介设计、选题设计等）、上线调试（撰写文章并测试阅读数据）、正式发布（度过新手期后正式撰写）等产品运营工作。

3. 内容运营

内容运营是新媒体运营的纽带。内容运营指的是新媒体运营者利用新媒体渠道，用文字、图片或视频等内容形式将企业信息友好地呈现在用户面前，并激发用户参与、分享、传播的完整运营过程。新媒体的内容用于连接产品与用户，新媒体运营者需要重点关注内容的定位、设计与传播，找到差异化的内容定位，用心设计内容形式，并辅以好的内容传播方式，从而惠及更多用户。

内容运营中的"内容"有以下两层含义。

第一层，内容指的是内容形式，是指用户利用手机或计算机通过网络看到的文章、海报、视频或音频等数字内容。

第二层，内容指的是内容渠道，用户浏览的互联网内容一般来自微信公众号、微信朋友圈、微博、门户网站、新闻类应用等内容渠道。新媒体运营者要将内容布局在相应的内容渠道，使之与用户的内容浏览习惯相匹配。

新媒体内容运营并不是简单地写一篇文章、录一段视频、做一张图片，而是要让更多的用户打开内容，完整地浏览内容并将其转发到朋友圈或转发给好友。因此，做好新媒体内容运营的关键是设计并采用好的传播模式，力争获得更多的传播机会。

4. 活动运营

活动运营是新媒体运营的手段。活动运营指的是围绕企业目标而系统地开展一项或一系列活动。规模较小的新媒体运营团队，一般不会设置专门的活动部门、活动小组等，因为活动是其他三大模块都会涉及的重要组成部分。

新媒体活动运营需要关注策划与执行。在开展新媒体活动前，活动负责人需要进行详细策划，明确活动目的并确定活动的形式、内容、时间计划等；活动完成后，活动负责人需要进行任务跟进与活动复盘。

活动运营的效果体现在用户参与度上，但是持续提升用户参与度比较困难。一方面，现阶段的用户选择较多，他们通常不会对同一家企业、同一个账号或同一类活动保持浓厚的兴趣；另一方面，活动运营团队很容易在策划几次活动后陷入思路枯竭、创意失效的状态，这样自然就无法激发用户的参与热情。

因此，活动运营的关键是跨界与整合。活动运营团队可以与其他行业的企业联合举办活动，同时整合各方面的传播资源，以确保活动效果。

对于新媒体运营的四大模块，企业需要根据各个模块的功能寻找自身的立足点和推广方向，这样才能让新媒体运营助力企业的发展。

二、新媒体平台的类型

新媒体平台主要有视频和音频平台、直播平台、社交平台、自媒体平台、问答平台等类型。

1. 视频和音频平台

视频有短视频、长视频等多种形式，短视频近年来发展极快，成为企业和品牌运营的必争之地。现在较受欢迎的短视频平台有抖音、快手等，这类平台的特征是呈现的内容短而精，容易传播，用户年轻；长视频平台包括腾讯视频、爱奇艺、B站等，这类平台一般有固定的用户群。

音频平台有喜马拉雅、猫耳等。与视频平台具有视觉冲击的效果不同，音频平台具有伴随式的特点，其内容获取不需要占用眼睛，这一特点可以在一些生活场景中发挥很大的效用（如驾车时）。

2. 直播平台

典型的直播平台有斗鱼、虎牙、映客等。现在很多其他类型的平台都有现场直播功能，如抖音、快手、微博、淘宝等。直播平台的特点是直观和实时交互，用户代入感强。

3. 社交平台

社交平台作为当今最重要的日常交流工具之一，已经渗透到人们的生活中，因此做新媒体运营，社交平台是绝对不容忽视的。

微信是目前用户最多的社交平台之一。微信中的公众号、微信群、微信小程序等，通过系统的运营，能给企业和品牌产品带来更高的知名度。

微博也是目前较受欢迎的社交平台之一，其用户活跃度高、号召力非常强，是品牌营销推广的优秀载体。

小红书是社交电商平台，该平台上既有购买者又有销售者，同时还有第三方内容分享者。在小红书上分享好的产品和服务体验，可以引发用户"种草"的冲动，最终促成交易。

4. 自媒体平台

自媒体作为近年来异军突起的平台，已经收获了规模庞大的用户群。如今的头条号、百家号、大鱼号、企鹅号等自媒体平台，已经成为许多用户获取新信息优先考虑的途径。不同的自媒体平台具有不同的属性和特点，企业必须结合自己的特点，选择最适合自己的平台。

（1）头条号。头条号是今日头条旗下的自媒体平台，它通过智能推荐算法将优质内容推荐给相应的用户，以消重机制保护原创者的版权。入驻媒体/自媒体可借助头条广告和自营广告实现内容变现。头条号影响较大，涉及的内容也非常广泛，它属于"个人自媒体创作平台"，用户只能在上面发布指定形式的内容，软文或企业类广告是不能在该平台上发布的。

> 消重指对重复、相似、相关的文章进行分类和比对，使其不会同时或重复出现在用户的信息流中。头条号平台首先会通过消重机制来决定同样主题或内容的文章是否有机会被推荐给更多用户。

（2）百家号。百家号是百度旗下的自媒体平台，通过手机百度、百度搜索、百度浏览器等多种渠道分发企业或个人在百家号发布的文章。和其他平台一样，百家号也会通过封禁低质量的账号和非法账号保护原创者的权益。百家号新手账号转正后会自动开通广告收益，但原创者真正获得收益的速度相对较慢，一般需要坚持更新一个月才有可能有一些收益。

（3）大鱼号。大鱼号是阿里巴巴文娱集团为内容创作者提供的统一账号平台，其内容分发渠道有 UC 浏览器、优酷、土豆等。大鱼号新手账号度过新手期非常容易，而且很快，但转正后获得收益的速度较慢。内容创作者在注册大鱼号账号后，必须坚持每天更新多篇优质原创内容，这样才有可能获得平台的原创账号认证。同时，"原创指数"和"质量指数"高才有机会获得更多收益。

（4）企鹅号。企鹅号是腾讯为个人或企业提供的自媒体账号平台，其分发内容的渠道有 QQ 浏览器、腾讯新闻、微信看一看和 QQ 看点等。

5. 问答平台

问答平台是为用户提供的集成自动切分词、智能搜索、自动分类等一整套自然语言处理和信息检索技术的交流平台，用户既可以在这些平台中得到专家和其他用户的帮助，也可以为其他用户提供帮助。

问答平台的推送方式如下：用户提出问题，系统将问题分发给感兴趣的普通用户或专家，收到问题的普通用户或专家可以回答问题，问题的解答也会由系统反馈给提出问题的用户和感兴趣的用户。常见的问答平台有知乎、百度知道、新浪爱问、在行一点等。运营问答平台吸引用户的精准度较高。

（1）知乎。知乎是网络问答社区，也是以知识问答为核心基础的社交平台，连接着各行各业的用户。知乎用户们通过知识建立信任和连接，对热点事件或话题进行理性、深度、多维度的讨论，分享专业、有趣、多元的高质量内容，能够打造和提升个人品牌价值，发现并获得新机会。

（2）百度知道。百度知道是一个基于搜索的互动式知识问答分享平台，"世界很复杂，百度更懂你"，其搜索模式是用户自己有针对性地提出问题，通过积分奖励机制发动其他用户来解决该问题。同时，这些问题的答案又会进一步作为搜索结果，提供给其他有类似疑问的用户，达到分享知识的效果。

（3）新浪爱问。新浪爱问是新浪完全自主研发的搜索产品，充分体现人性化应用的产品理念，为广大网民提供全新搜索服务。爱问致力于提供能真正帮助广大网民解决问题的服务。爱问的宗旨是：用户可以在这个平台上无所不问，而爱问的最终诉求则是能做到有问必答。

（4）在行一点。在行一点原来叫"分答"，是一个付费语音问答平台，是经验技能交谈平台。在行一点旗下的语音问答社区，可以通过 60 秒语音来有偿回答用户提出的问题。

第二节　新媒体平台运营

新媒体平台有多种类型，其中短视频与直播平台在第 7 章讲述，下面主要介绍小红书、微信、微博、知乎等新媒体平台的运营。

一、小红书运营

小红书于 2013 年在上海成立，最初，小红书是一个以用户生成内容为主的购物笔记分享社区，专注于海外购物经验的分享；随后，小红书逐渐发展成为一个综合性的跨境电商平台，提供的内容涵盖彩妆、时尚、护肤、美食、旅行等多个生活方式领域；现在，小红书发展成为集社交、电商、内容于一体的以内容驱动和社交电商为特色的全球购物平台。小红书成功吸引了大量用户通过分享记录生活和购物体验的笔记"种草"，进而吸引更多的用户来学习其他用户的经验，为品牌和用户架起一座集购物经验分享和购买决策于一体的桥梁。

（一）小红书的主要页面

1. 小红书首页

小红书的首页有关注、发现、附近（登录账号后有位置定位）等三个标签，用户可通过搜索、信息流两个主要模块获取信息，如图 6.1 所示。页面底端有首页、购物、"+"、消息、我等栏目。点击"购物"可以进入小红书平台销售界面；点击"+"可以选择模板发表小红书笔记，包括撰写文字笔记、从相册中选择图片制作视频笔记、现场拍摄视频或照片制作视频笔记、直播等；点击"消息"可以看到赞和收藏、新增关注、评论和@等消息，还可以"发现群聊"；点击"我"进入个人页面，可以编辑资料，看到关注、粉丝、获赞与收藏等数据，还可以选择模板"去发布"笔记。

2. 小红书个人创作中心

点击小红书首页左上角的"≡"进入图 6.2 所示的功能菜单栏，点击"创作中心"进入图 6.3 所示的个人创作中心页面。个人创作中心提供创作服务，点击"主播中心"可以进行直播，点击"全部服务"可看到"开通店铺""开通专业号""买手合作""薯条推广"等功能，点击"创作灵感"栏目下热点话题后的"去发布"可参与热点话题的讨论。

（二）小红书的特性

（1）目标定位。小红书的目标人群是年轻、时尚、有购买力的用户。这类人群通常注重生活质量，具有较高的品位和强烈的消费愿望，对新产品的需求强烈，消费眼界相对较广，愿意为自己的品位买单，具备较强的购买力；他们不仅涉猎美妆、时尚、穿搭等常见领域，还涉猎美食、旅游、生活科技、家居、文化等各个领域。

图 6.1　首页　　　　　图 6.2　功能菜单栏　　　　图 6.3　个人创作中心页面

（2）个性化推荐。用户生成内容一直是小红书的核心模式。通过社区互动，用户能够快速找到感兴趣的信息，包括产品信息、购物心得体会以及个人购物偏好等。小红书采用标签化处理来呈现购物笔记的内容，不仅根据地域差异进行了差异化呈现，还根据品牌和具体用途进行了分类，有效提高了产品的辨识度。此外，小红书积极收集用户的评论、点赞和心愿单等信息，及时升级和更新产品，以满足个性化需求。这使得小红书能够实现精准的产品推荐并提供个性化的购物和选择指导，从而为品牌带来更多的流量。

（3）口碑营销。口碑营销是小红书的一大优势。小红书用户的评价和点评，除了普通的商品评价，还包括产品使用心得、购买体验、商家服务等内容，这都能够有效提升消费者购买信任感和转化率。此外，小红书商家可通过品牌账号在平台建立品牌形象，发布创意内容吸引消费者，并获取用户反馈，进一步提升口碑效应。小红书有效地搭建了电商与社交的桥梁，满足了消费者获取购物信息和服务的需求。

（4）社交属性。小红书吸引了越来越多的高质量内容创作者进入平台，他们彼此互相学习与交流。

（三）小红书的运营逻辑

1. 推荐机制

小红书在推荐笔记之前有一个收录环节，未被收录笔记就进不了流量池。检测笔记是否被收录的方法是搜索该笔记，如果能搜索到就说明该笔记已被收录，反之则未被收录。小红书平台的账号权重会直接影响笔记的曝光度，账号权重不高，则笔记被推荐进入的流量池就小。

小红书的流量推荐机制主要基于用户行为、内容创作和社交关系等因素。具体来说，当发布一篇笔记后，小红书会根据以下原则进行初步筛选和推荐。

（1）用户行为：根据用户的搜索历史、浏览记录、点赞、收藏、评论、转发、关注等行为，分析用户的兴趣偏好，为用户推荐相关领域的内容。如果账号有个人资料、笔记内容、评论等方面的违规现象，就会被降低权重，笔记推荐、排名均会受到影响，一般来说权重关系为转发>评论>收藏>点赞。

（2）内容创作：根据笔记的标题、内容质量、图片质量等指标评估笔记的价值，决定是否推荐给用户。创作一篇好的笔记，一般要注意以下几点：①内容定位要精准垂直；②笔记标题和内容的关键词与整个笔记要具有高度相关性；③内容长度超过 600 字视为满足合格条件，控制在 1000 字以内为最佳；④高质量的原创内容才会被平台优先推荐；⑤笔记末尾加上精准的话题标签，有助于系统推荐流量。

（3）社交关系：根据用户的关注列表和互动对象，推荐给用户可能感兴趣的内容，帮助用户发现更多优质作者和资源。在推荐期间，如果笔记被举报，其推荐量则会下降。

2. 账号运营

在小红书上运营账号，需要注意以下几点。

（1）确定账号定位和目标群体。明确用户类型和内容需求，从个人兴趣、专业知识、行业背景等方面出发，选择一个与自己相关且具有吸引力的内容领域，以此来确定账号的定位。同时，要深入了解目标受众的兴趣爱好、消费习惯、年龄段等信息，以便更精准地制定运营策略和创作内容。

（2）账号注册。一个手机号只能注册一个小红书账号，一个公司可以拥有多个小红书账号。账号注册后要设置个人资料，包括名字、小红书号、个性签名等，其中头像建议为个人真实头像或卡通头像；个性签名要说明身份，例如专注于美妆、穿搭、美食、生活方式分享等。账号分为品牌号、人设号、达人号、引流号等四类，不同类型的账号作用不同：品牌号，小红书认证的官方账号，一般用于传递品牌格调和发布品牌活动；人设号，打造符合公司形象的个人 IP 形象，如快递员、摄影师等，账号拥有者可以是公司的董事长、高级管理人员或普通员工；达人号，达人指的是行业名人，如美妆品牌的时尚、护肤、美妆类知名博主等，企业如能培养出高等级的达人号，会对营销工作起到极大的帮助；引流号，指的是在评论区活跃或者私信帮助引流到微信或者其他平台的小红书号。

视野拓展
小红书的养号

（3）养号。"养号"是指用户为了影响新媒体运营平台的评分，提前注册账号、保持活跃度、提高账号权重的行为。新注册的账号权重较低，需要"养号"，如果账号一注册就发布笔记，容易被系统判定为另有目的的营销号。小红书账号等级为 12 级，等级越高权重越大，系统流量加持比例也会增大。

3. 打造爆款笔记

（1）标题优化。通常，标题的阅读量是正文的五六倍，不管在哪一个新媒体平台，标题的重要性都不言而喻，因此也诞生了所谓的"标题党"和"封面党"。在小红书运营中，可以重点研究热门笔记中标题的写法，比如善用数字、植入热门关键词等，但要避免成为"标题党"而被系统打压、被粉丝抛弃。

（2）精选话题。笔记发布的时候，可以选择插入话题。每个话题都会有对应的指数，话题也会参与关键词排名。在选择话题的时候要选择与内容相关和指数高的话题，选错话题也可能会导致笔记被系统审核不通过。

（3）图片标准。小红书图片全屏显示的尺寸比例是 4:3，在插入图片的时候保证清晰度是最基本的要求。在保证清晰度的同时尽量选用标准尺寸、内容匹配的图片。小红书提供了较为丰富的图片美化工具，可以对笔记图片进行一定程度的美化处理。

（4）内容原创。小红书起家于真实经历和生活方式的分享，在小红书中运营要坚持内容的真实和原创，同时要具有一定的话题性，这样才能引发一定程度的互动和讨论。账号更新的频率和内容的质量也要保持相对稳定。小红书的女性用户居多，可以适当提高感叹号、表情符号等情绪带动字符的使用频率，强化情绪渲染。

案例6.1

小红书爆文：一年只能吃一次，又好吃又可恨的一碗面

小红书视频笔记《一年只能吃一次，又好吃又可恨的一碗面》于2023年8月11日发出后，迅速吸引了大量关注。截至2024年7月31日，点赞5.5万次，收藏1.1万次，评论1950条，堪称美食制作教程爆文。

标题：面在日常生活中随处可见，什么面"一年只能吃一次"呢？这能引发用户的好奇；吃面的情绪是"又好吃又可恨"，这能吸引很多人关注其中的原因。

封面：封面色彩丰富（见图6.4），给人一眼看上去就特别有食欲的感觉。但是标题中为什么会出现"一年只能吃一次""恨"等描述呢？"势差"会让人忍不住点进去观看。

内容：介绍的是博主如何利用2两河虾做出一份"全虾面"的过程，其制作工序复杂，过程解压舒适还令人放松。

评论：不少评论都表示这样做出来的面得有多好吃?! 不禁感叹博主的手艺，表示虽然制作过程复杂但也想要试试。

启发思考：

在小红书上搜索"一年只能吃一次，又好吃又可恨的一碗面"，观看完整视频笔记，分析该笔记为什么能成为爆文。

一年只能吃一次，又好吃又可恨的一碗面🍜

日食记　　　❤ 5.4万

图 6.4　小红书爆文封面

二、微信运营

（一）微信生态

"微信生态"是一个涵盖广泛应用和服务的综合体，围绕着微信这个核心平台构建而成。

自2011年推出以来，微信迅速成为我国最流行的即时通信工具之一。如今，微信已经发展成为一个包含社交、支付、商务、娱乐、公共服务等多方面功能的全面平台，形成了一个庞大的"微信生态"。微信生态重构了人、信息和服务的连接，并连接和渗透到各个生活场景和商业场景。

（1）微信朋友圈。微信朋友圈允许用户分享生活点滴、观点和内容，是微信社交功能的重要组成部分，也是用户获取信息和娱乐的重要来源之一。

（2）微信群。微信群是微信生态中常见的一种模式，微信群内可以发送和接收文字、语音、文章、视频、链接甚至小程序等多种类型的消息。

（3）微信公众号。微信公众号是指微信公众平台，简称公众号。公众号允许个人或组织在微信内部创建媒体平台，发布信息、服务或应用。这是一个信息发布和品牌建设的场所，也是连接用户和内容提供者的重要桥梁。

（4）微信小程序。微信小程序是一种不需要下载安装即可使用的应用，它实现了"触手

可及"的应用体验。用户通过扫一扫或搜索就可以打开应用。小程序覆盖了零售、餐饮、旅游、政务等许多领域,极大地丰富了微信生态。

（5）微信视频号。微信视频号是内容记录与创作平台,用户可发布短视频或进行直播。

（6）微信支付。微信支付是嵌在微信中的第三方支付平台,有支付、转账、红包、缴费、收款、理财等功能,极大地方便了用户的日常生活和消费。

（7）微信游戏。微信游戏平台让开发者可以在微信生态内开发和运营游戏,用户可以直接在微信内部发现和玩游戏。这增强了用户黏性,同时也为开发者提供了庞大的基础用户。

（二）微信公众号运营

公众号是为个人、组织提供业务服务与用户管理服务的服务平台。

个人和组织都可以打造公众号,并可借助公众号与特定人群通过文字、图片、语音及视频等进行全方位沟通和互动。企业在申请公众号服务号后进行二次开发,可以实现商家微官网、微会员、微推送、微支付、微活动、微报名、微分享、微名片等功能。

1. 公众号的类型

公众号有订阅号、服务号、小程序和企业微信等四种类型。

（1）订阅号。订阅号主要用于向用户传达信息（类似于报纸、杂志）,每天只可以发送1条群发消息。如果想简单地发送消息以达到宣传效果,建议选择订阅号。个人、企业和其他组织均可注册订阅号。

（2）服务号。服务号主要用于提供交互式服务（类似于银行客服电话、114查号台,提供查询服务）,每个月可发送4条群发消息。如果想获得更多功能,如开通微信支付,建议申请服务号。企业或其他组织都可以注册服务号。订阅号和服务号的具体区别如表6.1所示。

表6.1　订阅号和服务号的具体区别

订 阅 号	服 务 号
每天（即24小时内）可以发送1条群发消息	一个月（自然月）内可以发送4条群发消息
发送给用户的信息,显示在用户的"订阅号"文件夹中	发送给用户的信息,显示在用户的聊天列表中,并且在发送信息给用户时,用户将及时收到信息提醒
不能申请自定义菜单,无微信钱包的移动支付功能	可以申请自定义菜单,可以进行第三方开发,可以开通微信钱包的移动支付功能
不能接入微商城	可以接入第三方开发者开发的微商城

（3）小程序。用户使用微信"扫一扫"扫描小程序的二维码,或直接搜索小程序的名称即可使用,各类组织及个人均可申请注册小程序。

（4）企业微信。企业微信原来叫企业号,是公司通过微信向用户传递有价值的信息从而强化企业品牌力或者提升产品销量的一个重要渠道,有客户管理、客户沟通、营销推广和数据管理等功能。

2. 公众号的运营方式

组织运营公众号有以下几种方式。

（1）利用二维码开拓O2O营销模式。将公众号二维码放在网络文章或线下的推广活动中,让用户通过扫描二维码关注组织的公众号,从而开拓O2O营销模式。

（2）利用公众号互动,构建客户关系管理系统。在公众号上,组织可以实现与特定群体的全方位沟通和互动。公众号可以向用户推送新闻资讯、产品信息和最新活动信息等,甚至能够提供咨询和客服等功能,组织由此可形成自己的客户数据库或将普通的用户发展成朋友圈的好友,使公众号成为客户关系管理系统。

（3）将小程序与公众号相关联，增强用户黏性。将小程序与企业的公众号相关联，将企业已拥有的用户资源转移到小程序中，可实现销售转化、提升用户黏性。通过公众号后台→小程序管理→关联小程序的流程，即可将小程序与公众号关联起来。

（4）将门店小程序关联到公众号。门店小程序是公众号向商家提供的对其线下实体店进行管理的应用程序。商家可将其设置在公众号介绍页、自定义菜单中，还可以将其插入图文消息，从而使其能够被微信用户搜索和转发。这个小程序类似于店铺名片，可以展示线下实体店的名称、简介、营业时间、联系方式、地理位置和照片等。使用小程序的商家可以快速将门店小程序展示在微信小程序中的"附近小程序"页面，当用户走到某个地点，在微信中点击"发现"→"小程序"→"附近的小程序"，就能看到商家的门店小程序了。

📖 **视野拓展**

如何开通门店小程序

公众号支持两种开通门店小程序的方式：一种是直接生成"门店小程序"，公众号后台有"小程序"功能，申请开通后支持快速生成"门店小程序"。另一种是将"门店管理"升级成"门店小程序"，具体方法如下：①进入公众号后台，单击左侧导航栏中的"新的功能"。②单击"门店小程序"（主体为企业、媒体、政府或其他组织的公众号）。③确认商家资质（注意，门店小程序使用公众号注册资质，公众号的主体信息会被用作门店商家的主体信息，公众号管理员默认为门店管理员），扫描二维码验证身份，选择"已阅读"，单击"下一步"按钮。④填写商家信息，提交审核，审核大约需要7个工作日。

3. 公众号的赢利模式

公众号是微信营销的主要推广方式，一个粉丝量较大的公众号不仅能提升组织品牌的知名度，也能使组织赢利。

（1）开通流量主来获得收益。在公众号粉丝数达到500后，就可以开通流量主。如此一来，公众号以后发布的文章中就可以出现广告，用户每点击一次文章，公众号都能获得收益。图6.5（a）所示为流量主首页，图6.5（b）所示为开通流量主后的广告展示位。

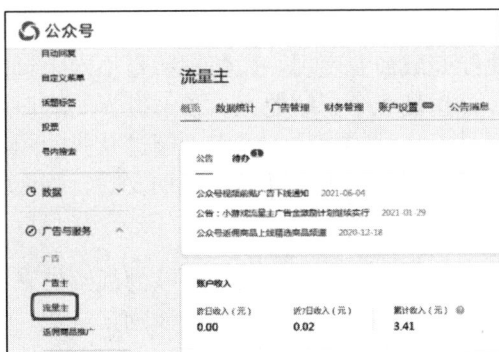

（a）

（b）

图6.5 流量主首页及开通流量主后的广告展示位

📖 **视野拓展**

流量主

流量主是微信平台推出的广告位，公众号的运营者自愿将公众号内的指定位置分享给广告主作为广告位，并按月获得收入。公众号流量主可开通的广告位包括底部广告位、文中广告位、互选广告位（仅受邀公众号开放）等三种。申请开通的方法：进入公众号→流量主→前往开通→同意协议→选择广告位开通→提交。同一主体公众号开通流量主功能的上限为 20个，存在"刷粉"行为者不予开通。

（2）依靠广告赢利。当公众号的粉丝量和平均阅读量都较高时，会有商家找上门来要求投放广告，此时公众号可以选择头条、词条位置出租广告位，然后在广告位放上商家的文章或在自己的文章中穿插广告。软文广告需要专门创作，阅读量更高，收费也更高。

（3）内容付费模式。原创文章数量较多和质量较高的公众号可以开通付费功能，这样既能让公众号获益，也有利于为付费用户产出更优质的内容。用户付费前可免费阅读前言和试读部分，只可查看留言；付费后可阅读全文、写留言。开通条件：公众号近 3 个月内无严重违规记录、已发表至少 3 篇原创文章。相关内容参见图 6.6～图 6.8。

（4）电商模式。电商模式是通过公众号销售商品的模式，它通过优质的公众号内容把用户引流到电商平台，实现内容的引导和转换。用户因为公众号的内容而聚集，并由此成为电商平台的用户，他们自然会对公众号售卖的商品感兴趣，进而可能产生购买行为。

图 6.6 公众号付费功能开通页面　图 6.7 "十点读书"公众号　图 6.8 "十点读书"付费内容

（三）微信视频号运营

微信视频号作为腾讯推出的短视频产品，已经成为微信生态中的核心，汇集了来自公众号、朋友圈和社群的流量，可通过直播等功能完成商业变现。微信视频号不同于订阅号、服务号，它是一个全新的内容记录与创作平台，也是一个了解他人、了解世界的窗口。视频号内容以图片和视频为主，可以发布长度不超过 1 小时的视频，或者不超过 9 张的图片，还能带上文字和公众号文章链接。视频号支持点赞、评论，也可以转发到朋友圈、聊天场景等。

1. 推荐机制

（1）社交推荐。基于微信生态下的点赞、评论、转发、完播等可以为视频带来流量。在视频发布后可第一时间将视频分享至微信好友、微信群、朋友圈等，鼓励其点赞、评论、转发等，从而可以为视频带来更多流量。

（2）算法推荐。通过大数据平台，根据用户行为、兴趣、视频内容偏好、职业、年龄等数据，推测出用户可能喜欢的内容。创作者在创作中多添加话题和标签，有助于被推荐。

（3）兴趣推荐。当用户进入视频号后，官方就会根据用户的兴趣推荐其可能感兴趣的内容。例如当用户收藏了几个萌宠类视频或查看过朋友点赞过的视频后，推荐栏里推荐的都是类似的内容，所以在定位视频内容时，越垂直越好，以增加用户黏性。

（4）地理位置推荐。在发布作品时带上地理位置标签，大概率会被推荐给同城用户，这对于地标类、打卡类、探店类视频账号尤其重要。

2. 账号定位与起号

（1）账号定位。了解目标人群的特点，可以参考同行同类型的优秀对标账号，深入研究对标账号的用户画像、所做内容，然后对自己的账号进行定位。账号定位组成方式通常为：人设+场景+呈现方式+主要内容形式+提供的价值。

（2）视频号起号。视频号起号是指开始建立并发展自己的视频号，使其快速获得关注度和影响力。视频号起号大致分为 IP 起号、私域起号、直播起号。

1）IP 起号。①需要根据目标人群和自身特点来设立账号 IP 人设，设定内容方向，如亲子类、冷知识、生活分享等。②注重在微信各生态领域打造 IP 的连贯性，保持垂直统一。③输出专业性的知识，把专业的知识转化成用户能够快速理解的知识点，做好人设差异化。

2）私域起号。如果已在私域（如公众号、社群、朋友圈等）积累了大量用户，可以通过直播预约的方式来获取流量。开播后把直播间分享到私域各个渠道来触达私域用户，形成公私域联动的流量机制。

3）直播起号。掌控好"人""货""场"的匹配逻辑，这样直播也能快速起号。通过各种渠道、数据筛选出更符合用户需求的爆款商品进行直播，也能带动视频号用户的增长。

3. 视频号运营策略

（1）矩阵化运营：注册并运营一系列视频号账号，每个账号的内容、风格各不相同，可提升组织在视频号中积累的整体用户量。

（2）团队化运营：建立专业的视频号团队，包括策划组、制作组、运营组等，采用专业的软硬件设备，并投入专门的推广预算。

（3）系列化运营：要求视频号内容的选题系列化，封面、人物造型等系列化呈现，可提高用户关注的可能性。

（四）微信运营的技巧

（1）做好数据分析，精准挖掘用户。微信运营的数据分析通常包括用户分析、图文分析、消息分析、互动分析等，视频号运营还要关注视频的播放量、完播率等数据。企业应基于数据分析对用户进行精准挖掘，实现微信的精准营销，在充分了解用户信息的基础上，针对用户与潜在用户的偏好，有针对性地进行一对一的营销。

微信公众号的用户分析包括用户增长与用户属性两个方面的内容；图文分析包括图文消息的阅读人数和次数，以及分享转发次数等数据的分析；消息分析包括消息发送次数、消息发送人数、人均发送次数等方面的分析。

（2）打造优质内容，增强用户黏性。用户在微信上的个性化需求凸显，只有有价值的内容才能成功吸引用户的注意力，并使用户主动转发宣传，在微信上达到裂变式的病毒营销传播效果。

（3）整合沟通渠道，形成微信矩阵。微信的本质仍然是沟通和关系，它整合了包括公众号的订阅号和服务号，以及朋友圈、视频号、微信群、个人微信号等在内的沟通渠道。这几种沟通渠道各有侧重、互为补充，对其充分利用，则可取得微信矩阵的整合营销效果。其中，订阅号注重"信息的推送"；服务号常作为营销者的官方业务服务和用户管理的渠道；朋友圈可以发表文字和图片，为用户提供新的社交方式；视频号是内容记录与创作平台，用短视频的形式丰富微信生态圈的内容形式；微信群用于群体传播，旨在使用户保持活跃，增强用户的参与感和认同感；营销者申请个人微信号与用户进行沟通，则更显人性化。

（4）获取用户信任，促成转化。企业能通过微信与用户建立强连接关系，随着微信运营的层层推进和沟通渠道的建立，营销者和用户之间会建立良好的信任关系，这种用户信任有可能转化为实实在在的经济效益。

三、微博运营

2012 年 12 月，微博推出了企业服务商平台，旨在为企业在微博上开展营销活动提供帮助。自此，每一个微博用户都成了商家潜在的营销对象。商家可不断更新微博内容传播企业信息和产品信息。微博营销注重价值的传递、内容的互动、系统的布局和准确的定位。微博营销涉及认证、有效粉丝、话题、开放平台和整体运营等。

> "活动内容+奖品+关注（转发/评论/点赞）"的活动形式一直是微博互动的主要方式，但实质上，奖品比企业想宣传的内容更吸引粉丝的眼球。而与赠送奖品相比，微博主认真回复留言，用心感受粉丝的观点，更能换取粉丝情感上的认同。情感与利益（奖品）共存，是微博运营比较理想的状态。

1. 微博运营的分类

微博运营一般可分为个人微博运营和企业微博运营，两者的难度和有效性区别较大。

个人微博运营是指依靠用户个人的知名度来得到别人的关注和了解。以演员、成功商人或者社会中其他比较成功的人士为例，他们使用微博往往是希望通过这样一个媒介让自己的粉丝更进一步地了解和喜欢自己。同时，他们的个人微博常用于抒发个人感情，功利性并不是很强，一般是通过粉丝的转发来达到营销的目的。

企业一般以营利为目的，使用微博往往是想通过微博来提高知名度，最终将自己的产品卖出去。企业微博运营往往难度较大，因为短短一条微博并不能使用户直观地了解产品。微博更新速度快、信息量大，企业在进行微博运营时，应当培养固定的用户群体，与其多交流、多互动，多做企业宣传工作。

申请微博认证能有效提升微博账号的权威性和知名度，认证成功后在微博头像的右下方会有一个"V"字图标。个人认证的标识是一个橙色的"V"字图标，企业认证的标识是一个蓝色的"V"字图标。

2. 微博运营的内容规划原则

（1）相关性原则：内容应与用户的兴趣相关。

（2）实用性原则：规划内容时要思考能够给用户带来什么样的利益，内容是否有价值。

（3）多元化原则：图文、头条文章、视频、直播等形式均可尝试，让内容更具创意、更多元化。

（4）有序性原则：每天发布 5~10 条微博，一个小时内不要连发两条；发布内容一定要有计划、有规模，提前做好内容发布的计划表。

3. 微博运营的技巧

企业在开展微博营销时应注意使用以下技巧。

（1）精准定位，明确账号特色。在运营微博之前，首先需要明确自己账号的定位，不仅要确定目标受众，还要明确账号特色和内容方向。只有明确了垂直领域，才能吸引到感兴趣的粉丝群体，进而获得微博官方的扶持。企业应避免内容过于杂乱，造成用户的流失和权重的下降。

（2）注重价值的传递和写作技巧。微博内容数以亿计，只有那些能为粉丝创造价值的微博才具有商业价值，才有可能让微博营销达到企业期望的商业目的。要想把企业微博运营得有声有色，单纯传递内容价值还不够，还必须运用一些技巧。例如，微博话题的设定和表达方法很重要。如果博文是提问性的或悬念性的，能引导粉丝思考与参与，那么浏览和回复的人自然就多，也容易给人留下印象；如果博文干巴巴的，则会让粉丝想参与都无从入手。

（3）利用热点事件，提升曝光率。热点事件往往能带来巨大的流量。要学会利用热点事件进行内容创作，以此来提升自己账号的曝光率。这需要具备敏锐的新闻触觉和快速反应的能力，也可以利用"微博热搜""微博趋势""热门微博"等栏目来查找热点事件。

（4）加强互动，使微博持续发展。微博的魅力在于互动，拥有一群"不说话"的粉丝是很危险的，因为他们会慢慢变成不看你的微博内容的粉丝，最后取消关注。因此，加强互动是使微博持续发展的关键。最应注意的问题是：企业的宣传信息不能超过微博内容的10%，最佳比例是3%～5%，更多的内容应该是粉丝感兴趣的内容。

（5）注重粉丝的质量。微博粉丝数量多当然是好事，但是对企业微博来说，粉丝的质量更重要。企业微博商业价值的最终实现，需要依靠有价值的粉丝。

视野拓展

微信营销与微博营销的比较

（1）微信朋友圈和微博。微信朋友圈是私人的，只有好友才可以看到，也只有好友才能看到共同好友朋友圈的评论；微博是公开的，不设置权限的情况下任何人都可以看到，并可以随便转发和评论。微信朋友圈字数限制为 2 000字，微博字数限制为 5 000 字。

（2）微信公众号和微博。微信公众号和微博在内容形式、内容环境、内容频次、互动方式、传播方式、营销价值等方面的比较如表6.2所示。

表 6.2　微信公众号和微博的比较

项　　目	微信公众号	微　博
内容形式	纯文字、配图、音频、视频等	纯文字、配图、音频、视频等
内容环境	主要是引导用户转发到朋友圈	开放式扩散传播
内容频次	订阅号每日 1 条，服务号每月 4 条	每天最多 200 条
互动方式	后台留言、文章评论、关键词自动回复等	@、评论、转发、点赞、私信等
传播方式	一对多定向传播	裂变式话题传播
营销价值	客户关系维护	市场推广

四、知乎运营

知乎是一个专业化的知识问答平台，用户在平台上分享各自的知识、经验和见解，源源不断地为互联网提供多种多样的信息。知乎以"让每个人高效获得可信赖的解答"为目标，聚集了中国互联网上科技、商业、文化等领域里颇具创造力的人群。知乎注重提高用户满意度和忠诚度，试图打造更加专业、更有深度、更有价值的社区，以提升用户黏性。

1. 用户画像

知乎是一个受教育程度高、收入高、消费水平高的"三高"人群集合地，知乎的核心用户主要是 20～40 岁的中产阶层人群，他们一般具备较高的学历背景和专业技能，对知识和信息的获取渴求度较高，同时也有一定的时间和资源去花费在自我提升和知识分享上。

对于这样一群高品质的用户，知乎的运营方案主要聚焦于提高用户满意度和忠诚度，以既有用户为中心打造更加专业、有深度、有价值的社区体验。

2. 内容构建

内容构建是知乎运营方案的重要一环。图 6.9 所示为 PC 端知乎首页，主要的栏目包括知乎知学堂、等你来答、知乎直答、提问、创作中心等，下面简单介绍知乎知学堂、知乎直答和创作中心。

（1）知乎知学堂。知乎知学堂作为知乎旗下的职业教育品牌，专注于职业发展，整合各领域优质教育资源，提供专业化教育服务。知乎知学堂联手职业教育子品牌"趴趴教育"、品职教育、MBA 大师、AGI 课堂、一起考教师、一起公考等完成多品类业务覆盖。

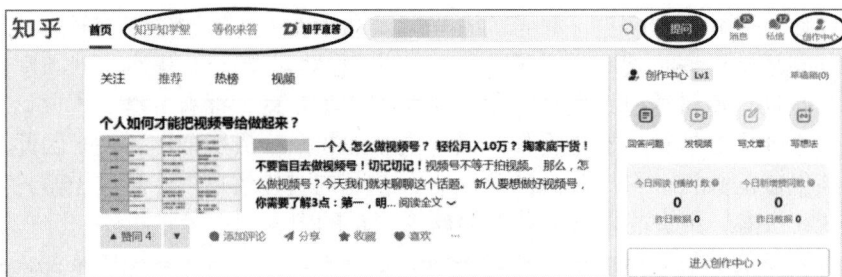

图 6.9　知乎首页

（2）知乎直答。知乎直答是知乎推出的一款使用人工智能大模型的产品，以知乎社区的优质内容为核心，多种数据源为辅助，按照用户需求提供"简略"和"深入"两种结果，并支持"找内容"和"找人"，能放大优秀创作者及其内容的流通效果。

（3）创作中心。创作中心是为创作者提供创作管理、数据分析、创作助力及内容创收等权益的平台，包括内容创作、主页、创作灵感、内容管理、数据分析、芝士平台、收益变现、权益中心、创作成长、个人中心等。图 6.10 所示为知乎创作中心主页，把鼠标放到内容创作上，可以发布想法、发布文章、上传视频等。

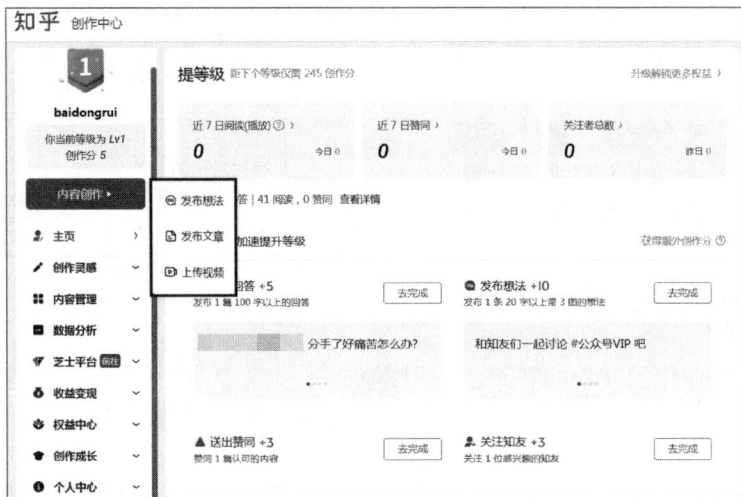

图 6.10　知乎创作中心

3. 创作者收益

（1）活动创作收益。如果用户在知乎上时常分享一些个人的专业知识和见解，就会有机会被知乎官方账号邀请参加各种创作计划，这些创作计划可以激励创作者进行更多的知识创作以及分享。活动创作的收益，有的是根据参与者的人数分配奖金，有的则是评奖得奖金。

（2）知乎好物推荐。知乎用户等级在 3 级以上，并且一个月内没有违规操作，就可以申请开通好物推荐功能。好物推荐即内容创作者可在编辑页面插入商品卡片，若其他用户通过该卡片上的第三方平台商品链接购买商品，则内容创作者可获得相应佣金。知乎的直播，也能链接好物推荐。

（3）付费咨询。只要知乎"盐值"大于 500，便可开通知乎付费咨询。答主在某个领域有较强的专业能力及个人独到的见解，就有可能在众多答主中被用户选中，在帮助他人后能获得一笔可观的收益。

（4）知乎 Live。知乎 Live 是主讲人（一般是行业内的专家）围绕某个主题，通过语音的形式分享信息、知识和观点，分享过程中听众可以通过提问的形式与主讲人实时互动。主讲人带来优质的知识分享体验的同时，可以获得相应的收益。相比于付费咨询，知乎 Live 的难度略有增加，不过收益也能增加许多。

（5）知乎投稿。①知乎盐选，这是一个以付费订阅模式运营的小说平台，创作者可以通过在该平台上发布自己的作品来赚钱。具体而言，知乎盐选提供了两种主要的收入方式，一是通过读者付费订阅所带来的收入，二是借助于成功打造热门 IP 并与合作伙伴进行版权销售及其他衍生产品开发所带来的额外利润。②新人写作计划。知乎知学堂开设了"新人写作计划"的内部投稿渠道，为喜欢写作的人多提供了一种变现方式。只要成为知乎写作课成员，创作者就能搭上知乎内部投稿渠道的直通车。

第三节　新媒体运营数据分析指标与工具

一、新媒体运营数据分析指标体系

不同的新媒体平台提供的数据不同，使用不同的数据分析工具得到的数据分析结果也不同，但它们的数据指标体系大体是一致的。新媒体运营数据指标较多，一般可分为以下几类。

1. 基础数据

（1）页面浏览量（Page View，PV）：是指在一定时间内，新媒体平台页面被浏览的总次数，反映内容的整体阅读量。

（2）独立访客数（Unique Visitor，UV）：在一定时间内，一个访客进入新媒体平台访问，不论重复访问了多少次或多少页面都计为 1 次。

（3）人均浏览量：人均浏览量=浏览量/访客数，人均浏览量越高，表示访客质量越高。

2. 内容数据

图文类内容的数据指标主要是阅读量。例如，公众号文章的阅读量是通过微信后台系统自动计算的，根据用户在微信中浏览公众号文章的路径、停留时间、点击次数等信息进行分析和统计，然后综合得出一个近似值。

视频类内容的数据指标主要包括播放量、完播率、平均播放时长及人均观看时长等。

（1）播放量：视频在新媒体平台上被观看的次数。抖音判断一个视频的播放量是视频播放完成度在 75%以后，才算一个有效播放。抖音的播放量并不包括重复观看的次数，也不包括通过分享或转发等方式观看的次数。

（2）完播率：是指视频的播放完成率，即完播率=看完视频的用户数/点击观看视频用户数×100%。如 10 个人中有 3 个人看完了这个视频，完播率就是 30%。

（3）平均播放时长：是指所有用户观看视频的总时长与观看人数之比。

（4）人均观看时长：直播间用户观看直播总时长与观看人数的比例，是衡量直播内容吸引力的重要指标。

3. 互动数据

（1）互动次数：互动包括点赞、评论、转发等，互动次数是指在一定周期内点赞、评论及转发次数之和。

（2）互动率：是指用户与某个内容进行互动的比例，即"互动次数/总曝光量×100%"。互动率是衡量用户参与程度的重要指标。

（3）点赞率：点赞人数除以所有观看人数。点赞数及点赞率代表用户对内容的认可程度，是衡量内容吸引力的重要指标。

（4）评论数：用户与内容之间的直接交流次数，反映内容的讨论热度和用户参与度。

（5）转发数（分享数）：用户将内容转发（分享）到其他平台的次数，是衡量内容传播力和影响力的关键指标。

（6）关注数：用户关注账号的数量，反映账号的影响力和粉丝基础。

4. 转化数据

（1）点击率：是指页面广告被点击的次数与被显示次数之比。

（2）转化率：将访客转化为目标用户（如注册用户、购买用户等）的比例，是衡量运营效果的核心指标。

（3）注册率：访客中完成注册的用户比例，是评估用户留存潜力的关键。

（4）下单量：用户下单购买商品或服务的数量，能够反映新媒体平台的销售能力。

5. 渠道数据

渠道数据是用于衡量投放渠道的质量和效果的数据，由产品的特性和目标用户的定位所决定。企业在多个平台推送内容后，可通过渠道数据分析各平台目标用户群体及其喜好的差异。

（1）渠道来源：分析不同渠道（如搜索引擎、社交媒体、广告推广等）带来的流量情况，帮助优化推广策略。

（2）转化路径：用户在不同渠道和页面之间的转化流程，揭示用户行为和决策路径。

（3）渠道贡献：不同渠道对整体运营效果的贡献度，帮助评估渠道价值。

问与答

问：衡量一篇文章的投放效果，需要检测这篇文章的哪些数据指标？

答：以百家号为例，需要检测这篇文章的推荐量、阅读量、分享量、点赞量、收藏量、阅读完成率、评论数、粉丝增长数和阅读来源等。

二、新媒体数据分析工具

常用的新媒体数据分析工具分为平台自带的分析工具、第三方数据分析工具等。平台自带的分析工具的优点在于与平台紧密结合，数据实时显示且易于使用，但其缺点在于功能相对有限，无法满足深度分析需求。第三方数据分析工具则提供了更丰富的功能和更灵活的定制选项，但可能需要一定的成本，并且还可能存在数据延迟。

1. 平台自带的分析工具

随着互联网的发展，多数新媒体后台都有自带的分析工具，运营者可以在后台直观看到粉丝增长、作品互动、粉丝画像、收益等数据。

新媒体自带的数据分析工具一般都会出现在创作者平台的菜单栏，主要包括内容分析、用户分析、互动分析、收益分析等。以微信公众号为例，图 6.11 所示为某微信公众号后台的数据指标（包括阅读、分享、跳转阅读原文、微信收藏、发表篇数等）、传播渠道（包括公众号消息、聊天会话，公众号主页、搜一搜等）等数据分析。

2. 第三方数据分析工具

第三方数据分析工具通常是指非官方自带的统计工具，需要得到官方的授权才可以查看并分析数据。不同的新媒体平台常用的第三方数据分析工具不同，表 6.3 所示为不同新媒体平台常用的第三方数据分析工具。下面仅介绍其中几种数据分析工具。

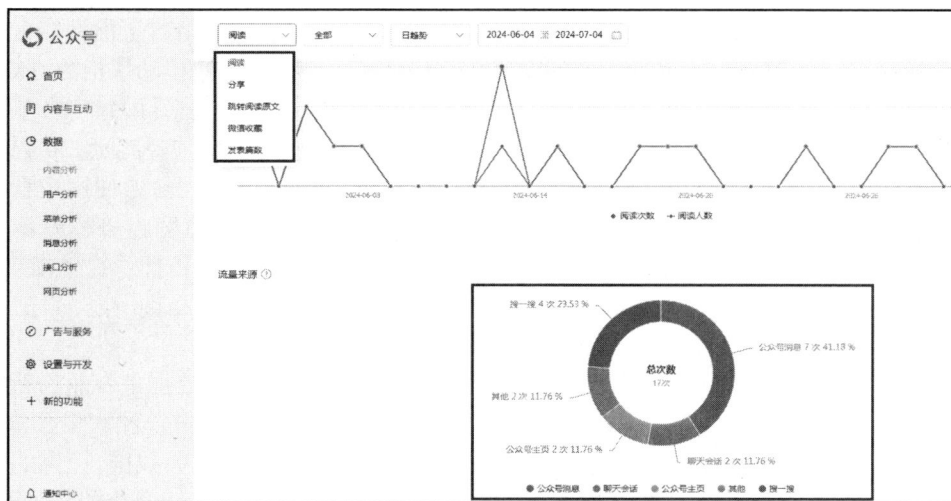

图 6.11 某微信公众号后台的数据分析

表 6.3 不同新媒体平台常用的第三方数据分析工具

新媒体平台	公众号	视频号	小红书	微博	抖音	B 站
专注某新媒体平台的数据分析工具	新榜、微信指数、西瓜数据等	新视、百准数据、友望数据等	新红、千瓜数据等	微指数等	新抖、抖查查、巨量星图等	新站、火烧云等
其他数据分析工具	百度指数、清博智能、微热点、大数据导航、360 趋势等					

（1）新榜。新榜创立于 2014 年，是较早提供微信公众号内容数据价值评估的第三方机构，构建了以微信公众号为代表的国内新媒体平台较真实、较具价值的运营榜单。目前，新榜与微信、小红书、抖音、快手、B 站、微博等多个国内主流新媒体内容平台签约，形成独家或优先数据合作关系，进而形成了国内移动端全平台内容数据价值评估体系，方便用户了解新媒体整体发展情况，能为用户提供有效的参考。新榜可以查看国内合作新媒体平台的注册账号排行榜。图 6.12 所示为新榜指数榜"公众号"的"周榜"。新榜旗下的新媒体数据分析平台主要有新视、新红、新抖、新站、新快、新瓜等，分别提供视频号、小红书、抖音、B 站、快手及西瓜视频平台的数据分析。

视野拓展

新榜旗下的新媒体数据分析工具

图 6.12 新榜指数榜"公众号"的"周榜"

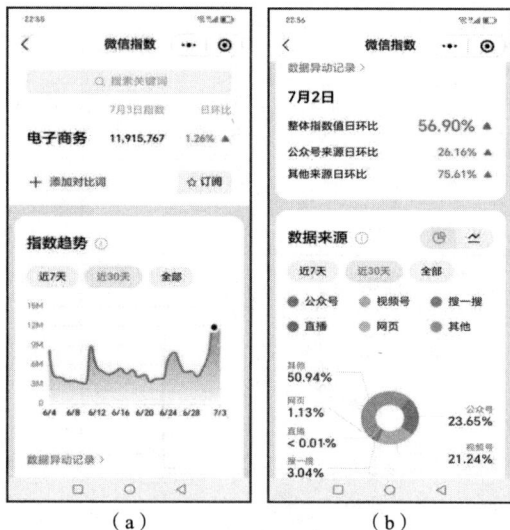

图 6.13　微信指数示例

（2）微信指数。微信指数是指微信官方提供的基于微信大数据分析的移动端指数。微信指数整合了微信上的搜索和浏览行为数据，基于对海量云数据的分析，形成近 7 天、近 30 天及全部的关键词动态指数变化情况，方便用户看到某个关键词在一段时间内的热度趋势和最新指数动态，也能看到数据来源及占比。微信指数的数据来源主要有公众号、视频号、搜一搜、直播、网页、其他等（参见图 6.13）。

（3）西瓜数据。西瓜数据是专业的新媒体数据服务提供商，系统收录并监测大量公众号，每日更新数百万篇文章及相关数据，提供的服务有公众号诊断、阅读数监控、公众号雷达等。

（4）百准数据。百准数据是一款视频号运营及广告投放效果监控的专业工具，提供视频号动态、直播、店铺、商品等数据分析服务，支持多维度多条件筛选目标视频号，更新视频号日、周、月榜，展示其传播成长情况。

（5）千瓜数据。千瓜数据是一款基于小红书平台的数据分析与营销管理工具。产品核心涵盖市场洞察、营销管理、内容创作等功能模块，为用户提供小红书平台数据支持、营销策略、执行赋能等服务。

（6）百度指数。百度指数可以用于对人群数据进行分析，如关心某个话题的用户的所在地区、年龄、性别等。百度指数可以反映某一关键词的市场动向，助力文案方向定位更精准、内容更受欢迎。图 6.14 所示为百度指数对关键词搜索的"需求图谱"。

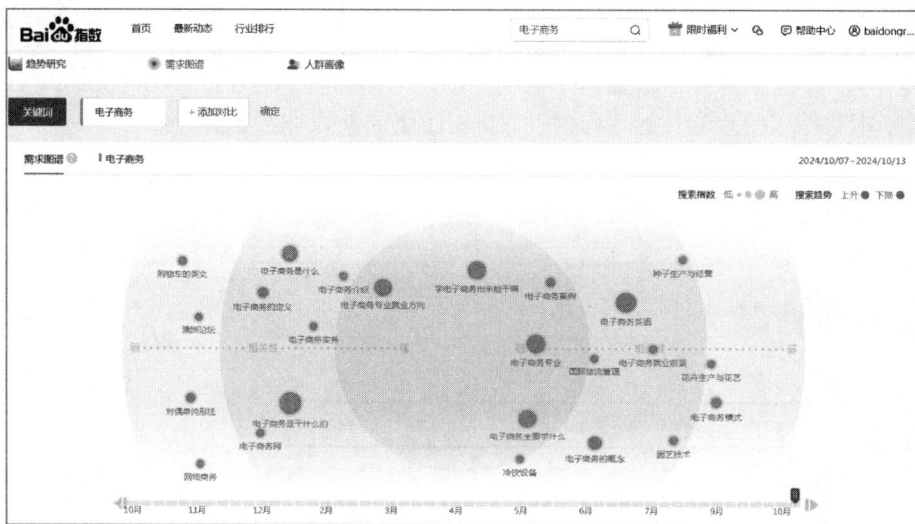

图 6.14　百度指数对关键词搜索的"需求图谱"

（7）清博智能。清博智能是全域覆盖的新媒体大数据平台，拥有清博指数、清博舆情、新媒体管理考核系统等多个核心产品，提供微信、微博、头条号等新媒体排行榜、舆情报告、数据咨询、融媒体等服务。它提供的服务有指数评估、行业分析、行情报告、营销推广、数据新闻等。

（8）微热点。微热点是一款互联网热点信息监测和预警服务平台，通过大数据处理技术，为政府机构、事业单位、各类企业及互联网用户提供专业的热点信息监测服务，具有热门事件监测、信息筛选与统计、舆情监控和管理、用户定制服务等功能。

（9）大数据导航。大数据导航是以大数据产业为主，大数据工具为辅，帮助用户更加快速地找到大数据相关内容的工具平台。

实训案例

头条号的运营

头条号是主要的信息流投放媒体之一，为今日头条提供优质原创内容；今日头条则通过智能推荐引擎对这些优质内容进行分发，使其获得更多曝光。

电脑端头条号推广设置的步骤如下：①登录电脑端头条号，在进行身份验证后，即可撰写文章、微头条、问答，发视频、音频等，如图6.15所示，选择"文章"；②完成文章编辑，在发文设置区选中"投放广告赚收益"（需加入创作者计划），如图6.16所示，然后进行收益设置，如图6.17所示；③通过头条号→数据→收益数据→创作收益，可查看文章创作收益数据。

图 6.15 电脑端头条号创作者后台

图 6.16 完成文章编辑
并选中"投放广告赚收益"

图 6.17 电脑端头条号收益设置

（a） （b）

图 6.18 手机端今日头条创作者后台、广告设置

手机端今日头条推广设置的步骤如下：①登录手机端今日头条，点击右上角的"发布"，即可选择文章、微头条、视频、直播等发布内容，如图6.18（a）所示，选择"文章"；②完成文章编辑，点击"下一步"进入图6.18（b）所示的页面，点开"头条广告"右侧的开关，开通广告收益；③通过今日头条→我的→我的功能→创作中心→收益提现，可查看文章创作收益数据。

补充：头条号作者可以通过发布文章、视频、问答等方式来获取阅读量，然后赚取收益。

今日头条（普通版）主要面向头条号、问答、微头条作者以及有长期阅读习惯的个人忠实用户。

头条搜索极速版（原今日头条极速版）主要面向新闻资讯用户群，重在阅读与奖励，功能精简。

思考讨论：

1. 头条号属于新媒体平台中的哪个平台？如何利用头条号赚取收益？
2. 查找资料并登录今日头条和抖音，分析二者是如何实现融合的。

📖 归纳与提高

本章主要介绍了新媒体运营的概念、新媒体运营的主要模块、新媒体运营的主要平台，还介绍了新媒体运营数据分析指标体系与工具；重点讲述了小红书运营、微信运营、微博运营、知乎运营等的技巧和运营策略。

学习本章后，读者应学会运用新媒体运营数据分析工具分析市场需求，理解小红书、微信、微博、头条号、知乎等新媒体平台的运营方式，掌握用户运营、产品运营、内容运营、活动运营等四大模块的内容。

📖 知识巩固与技能训练

一、名词解释

新媒体　新媒体运营　微信公众号　互动率　完播率　平均播放时长　微信指数

二、单项选择题

1. （　　）不属于新媒体终端。
   A. 广播　　　　　B. 数字电视　　　C. 手机　　　　　　D. 计算机
2. （　　）不属于经典的新媒体运营四大模块。
   A. 用户运营　　　B. 产品运营　　　C. 内容运营　　　　D. 社群运营
3. 个人不能申请注册（　　）。
   A. 订阅号　　　　B. 服务号　　　　C. 小程序　　　　　D. 微信号
4. 如果想简单地发送信息进行宣传推广，应选择（　　）。
   A. 订阅号　　　　B. 服务号　　　　C. 企业微信　　　　D. 朋友圈
5. 微信公众平台的订阅号每天（24小时内）可以发送（　　）群发消息。
   A. 4条　　　　　B. 1条　　　　　C. 2条　　　　　　D. 3条
6. 用（　　）符号加话题关键词可以加入微博话题的讨论。
   A. @　　　　　　B. $　　　　　　C. #　　　　　　　D. &
7. 目前，微信朋友圈字数限制为（　　）字。
   A. 2000　　　　　B. 140　　　　　C. 5000　　　　　　D. 300
8. 在新媒体平台数据分析中，PV的含义是（　　）。

A. 页面浏览量   B. 独立访客数

C. 关键词被搜索次数   D. 用户一次访问的页面数

9. 新媒体运营的转化数据分析指标不包括（　　　）。

A. 点击次数   B. 阅读量   C. 付费人数   D. 付费金额

三、多项选择题

1. 内容运营中"内容"有两层含义，分别是（　　　）。

A. 内容形式   B. 内容渠道   C. 内容策划   D. 内容归纳

2. 产品运营指的是从（　　　）等三个层面连接用户和产品，并塑造产品价值和商业价值。

A. 内容建设   B. 用户维护   C. 产品促销   D. 活动策划

3. 活动运营团队要做好（　　　）两项关键工作，与其他行业的企业举办联合活动，同时整合各方面的传播资源，以确保活动效果。

A. 跨界   B. 整合   C. 过量投放广告   D. 增强互动性

4. 微信公众号的类型主要有（　　　）。

A. 订阅号   B. 服务号   C. 小程序   D. 朋友圈

5. 新媒体平台的互动包括（　　　）。

A. 点赞   B. 评论   C. 观看   D. 转发

四、复习思考题

1. 新媒体平台有哪些类型？

2. 简述小红书的账号运营。

3. 总结微信营销的技巧和微信公众号的赢利模式。

4. 知乎的创作者是如何获得收益的？

5. 第三方数据分析工具有哪些？至少举三个例子说明。

五、技能实训题

1. 学习微信公众号的运营及微信运营的技巧，尝试在微信公众平台进行如下操作。

（1）注册自己的公众号，并设置微信公众号的名称、头像、功能介绍、自动回复等基本信息，并以二维码的形式邀请用户关注。注意：手机端安装"订阅号助手"App进行相应的操作。

（2）登录公众号的后台，发表1篇文章。

（3）一周后，查看文章的数据（内容分析、用户分析、流量来源等），分析公众号运营的效果。

2. 尝试在头条号选择合适的话题，并据此发表两三篇文章，然后查看文章创作的收益数据，具体步骤如下。

（1）注册并登录头条号，进行身份验证，并加入创作者计划。

（2）用运营数据分析工具查找热门话题，选择合适的话题，尝试在头条号上发表文章，在发文设置区选中"投放广告赚收益"。

（3）通过电脑端头条号→数据→收益数据→创作收益，或通过手机端今日头条→我的→我的功能→创作中心→收益提现，查看文章创作收益数据。

第七章 短视频与直播电商

【知识框架图】

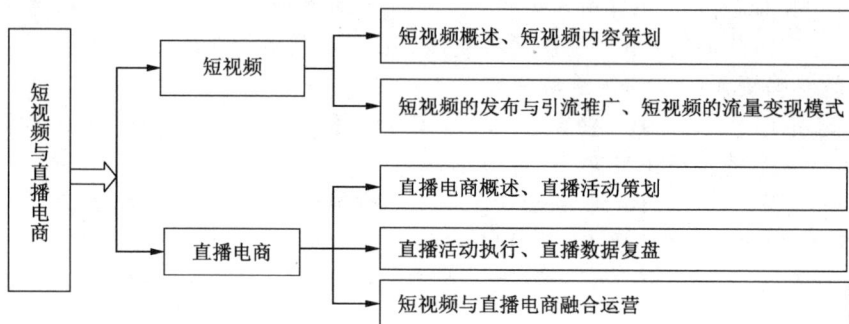

【学习目标】

【知识目标】

1. 了解短视频与直播的定义与特点。
2. 熟悉短视频运营、直播电商运营的技巧。
3. 掌握短视频与直播电商的融合运营思路和途径。

【技能目标】

1. 能够策划、编辑发布短视频。
2. 学会直播的策划与执行，以及直播的引流及推广。
3. 学会如何将短视频和直播电商融合运营。

【引 例】

短视频+直播电商

2023年9月4日，瑞幸咖啡与贵州茅台推出的联名咖啡"酱香拿铁"上市开卖，上市当日闪电般成为爆品，火爆短视频平台，在微信朋友圈、微博"刷屏"。根据瑞幸咖啡公布的数据，酱香拿铁单品首日销量就突破了542万杯，单品销售额突破1亿元。

酱香拿铁的火爆，固然有瑞幸和茅台两个品牌的号召力，但最重要的还是瑞幸早一步开始的短视频营销。早在9月1日，瑞幸就开始在各平台发布视频预热，最终在正式发布当天，快手上"酱香拿铁"的相关话题浏览量达到近4亿人次。而在瑞幸的首发直播当中，仅4小时交易就破1 000万元，有近100万用户是第一次通过短视频平台购买瑞幸。瑞幸官方账号也在当天涨粉超16万。短视频营销加上直播电商，促成了"酱香拿铁"的火爆，实现了超预期的营销效果。

第一节 短视频

短视频是长度以秒计，主要依托于移动智能终端实现快速拍摄与美化编辑，可在社交媒体平台上实时分享和无缝对接的一种视频形式。短视频长度从几秒到几分钟不等，由于内容较短，可以单独成片，也可以成为系列栏目。国内代表性的短视频平台有抖音、快手、西瓜视频、哔哩哔哩、小红书等。

一、短视频概述

1. 短视频的特点

短视频的出现是对社交媒体现有主要内容（文字、图片等）的一种有益补充，优质的短视频内容亦可借助社交媒体的渠道优势实现病毒式传播。短视频作为一种新兴的媒体形式，其特点主要表现在以下几个方面。

（1）门槛低，制作简单。相较于传统视频，短视频的制作门槛更低，一部手机就可以完成拍摄、剪辑和发布，而且短视频的制作流程越来越简单，这使得更多的人可以轻松创作出自己的短视频作品。

（2）内容个性化。短视频平台汇集了大量的创意内容，无论是拍摄者还是观看者，都可以在这里展示自己的个性和才华。

（3）传播迅速，社交属性强。短视频借助于社交媒体和算法推荐，能够迅速传播，同时观众不仅可以观看和分享内容，也可以通过点赞、评论等方式参与互动，这形成了一个新的社交空间。

（4）多样化和碎片化。短视频内容丰富多样，涵盖生活、娱乐、教育、时尚等各个领域，可满足不同人群的需求。短视频由于时长较短，适合用户利用碎片化的时间进行观看，如等待、休息等场景，满足了现代人快节奏生活的需求。

2. 短视频的类型

短视频作为一种时长较短、内容丰富的视频形式，常见类型主要有以下几种。

（1）搞笑幽默类：包括幽默短片、搞笑段子、搞笑配音等，以轻松幽默的方式吸引观众。

（2）教程与技巧类：分享各种生活技巧、美妆教程、美食制作等，帮助观众学习新技能。

（3）舞蹈与音乐类：各类舞蹈、音乐作品能够在短视频平台上展示，为观众带来视觉与听觉的享受。

（4）美食分享类：分享各地美食、特色小吃、家庭烹饪等，让观众了解不同地区的美食文化。

（5）旅行与户外类：介绍各地的自然风光、风土人情、旅行攻略等，让观众感受不同地区的魅力。

（6）健身与健康类：分享健身教程、运动技巧、健康饮食等，帮助观众保持健康的生活方式。

（7）萌宠与动物类：分享宠物的可爱瞬间、动物的趣闻轶事等，让观众感受到动物的魅力。

（8）公益与正能量类：传播社会正能量，参与公益活动，呼吁关注社会问题等。

（9）街头采访类：以随机采访的形式，探讨热点话题、社会现象，展示不同人群的观点和态度。

（10）情感共鸣类：以讲述故事的方式，引发观众对生活、情感的共鸣，传递情感价值。

（11）影视解说类：对电影、电视剧等进行解说、剖析，为观众提供观影建议和幕后揭秘。

（12）电子竞技类：围绕电子竞技游戏展开，包括赛事报道、游戏攻略、战队介绍等。

3. 短视频的内容表现形式

短视频内容的表现形式大致可以分为解说类、剧情类、Vlog 类、剪辑类等四类，这几类短视频的对比见表 7.1。

> Vlog（Video Blog 或 Video Log，视频博客或视频网络日志），是短视频和博客的结合体，强调时效性。Vlog 创作者以影像代替文字或照片，"写"个人网络日志，并上传至相关平台与网友分享。

解说类短视频主要以主播出镜讲述的形式呈现，以单一固定镜头为主，根据内容加入视频或图片。该类短视频制作时要把文案、内容准备好，对于选题、制作的内容要做严格筛选，同时主播应当积累大量相应知识，做好账号内容分析。如果内容上准备得不够充分、画面比较单一，就很容易导致完播率低、用户直接划走等情况。

剧情类短视频是以故事剧情为主的短视频形式，需要设置情节，以故事内容为主要架构。对于剧情类短视频，脚本写好、演员演好，则一般完播率都会非常高。

Vlog 类短视频是以第一视角为主的个人生活记录，可以是 MV 形式也可以是自述形式。Vlog 类短视频对于画面的要求很高，要让用户有身临其境的感觉。

剪辑类短视频以影视剧、采访、动画等内容的剪辑为主，主题不限，虽然对于剪辑的要求不高，但是对于剪辑思路的要求是非常高的，要明确想要表达什么。

表 7.1　四种短视频展现形式的比较

展现形式	特　　点	适用短视频类型
解说类	需要大量的知识积累，对题材的选择较严	干货分享、知识付费类、推书类、开箱类
剧情类	对脚本的要求较高，需要强有力的情节支撑，对演员和拍摄有一定的要求	搞笑类、反转类、带货类
Vlog 类	对画面的要求较高，需要充足的生活阅历，多为室外拍摄	旅游类、生活类、探店类
剪辑类	具有强烈的个人色彩，需要大量内容的积累，要求剪辑思路清晰	影视剧、明星、盘点类

二、短视频内容策划

（一）短视频的选题策划

短视频的选题决定了短视频的内容和主题，是吸引目标用户的关键。只有找准方向，明确内容定位，才能做出优秀的短视频，引起观众的兴趣和好奇心，增加用户留存和黏性。

短视频选题要遵循以下原则。

> **学而思，思而学**
> 如何发掘短视频热点话题？

（1）坚持用户导向。选题内容要以用户需求为前提，考虑到用户的喜好和痛点需求，这样才能有一个好的播放量。

（2）垂直定位。选题内容要有垂直度，如果创作者在某个领域有专业知识或丰富经验，可以选择相关的选题来分享知识，这样有利于提升短视频在专业领域的影响力，从而塑造 IP，打造优质账号，提高粉丝黏性。

（3）内容要有价值。短视频要输出有价值的内容，满足用户的需求，解决用户的痛点，这样才能达到裂变传播的效果。

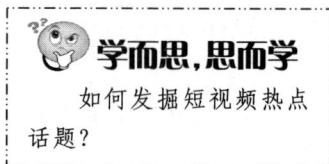

（4）贴近生活。选题要贴近生活，选择与人们日常生活息息相关的话题，这样可以增加观众的共鸣和关注度。

（5）时效性。选择具有时效性的话题，紧跟社会热点和流行趋势，以增加短视频的曝光度和传播力。

（6）创新性。创意独特、与众不同的选题可以吸引观众的注意力。选题要具有一定的创新性，可以通过新颖的角度、结合不同元素等方式来挖掘创意。

（7）遵守平台规定。确保选题内容符合短视频平台的规定，避免因为违规而被处罚或限制。

（二）短视频脚本制作

短视频脚本是短视频的拍摄大纲和要点规划，用来指导整个短视频的拍摄方向和后期剪辑，起着统领全局的作用。短视频在镜头的表达上有很多局限，如时长、观影设备、观众内心期待等，所以短视频脚本需要带给用户更为密集的视觉、听觉和情绪的刺激，并且要设计好剧情的节奏，保证在数秒内抓住用户的眼球。脚本的最大作用，就是提前统筹安排好每一个人每一步要做的事情。

短视频脚本为短视频的拍摄、剪辑提供了一个精细的流程指导。拍摄时只需按照脚本流程推进下去就能快速完成拍摄。短视频脚本主要有提纲脚本、分镜头脚本和文学脚本等三种类型。

（1）提纲脚本。提纲脚本指为拍摄 Vlog 制定的拍摄内容要点。这种形式的脚本主要应用在纪实拍摄当中。纪实拍摄是以记录生活现实为主的摄影方式。例如，景点讲解类、街头采访类、美食探访类等，采用的都是纪实的拍摄手法。

> 景别是指由于在焦距一定时，摄影机与被摄体的距离不同，而造成被摄体在摄影机录像器中所呈现出的范围大小的区别。景别一般可分为特写、近景、中景、全景和远景等五种。

（2）分镜头脚本。分镜头脚本是用来描述短视频相应画面、音乐音响配置、节奏和风格等的文字说明，包括拍摄和制作上的很多细节，如景别、镜头运动、时长、画面、台词（旁白）和音乐等，相当于整个视频的制作说明书。分镜头脚本较提纲脚本要详细和精致得多。

案例 7.1

表7.2所示是一个分镜头脚本示例，要制作的是一个介绍餐厅美食的短视频，需通过镜头展示美食的外观、口感和氛围，吸引观众前来品尝。

表 7.2　餐厅美食拍摄分镜头脚本

镜头	景别	镜头运动	时长	画面	台词（旁白）	音乐
1	全景	推镜头	3 秒	在一家热闹的餐厅，透过窗户可以看到各种美食摆放在桌子上	欢迎来到我们的餐厅	轻松背景音乐开启
2	中景	固定镜头	3 秒	厨师正在烹饪，火焰在锅边跳跃，香味扑鼻	今天我们要为大家带来一道美味的菜品	背景音乐音量调低
3	特写	拉镜头	5 秒	服务员将一道刚刚出炉的菜品端到镜头前，展示其外观和色泽	这是我们的招牌菜——红烧肉，色泽红亮，口感鲜美	背景音乐音量调低
4	近景	固定镜头	5 秒	食客品尝这道菜，神情满足，点头称赞	来！让我们一起品尝一下这道美食	背景音乐音量调低
5	中景	跟镜头	3 秒	餐厅内其他美食的展示，如各种海鲜、蔬菜、面食等	餐厅提供各种美食，从海鲜到面食，从蔬菜到肉类，应有尽有	背景音乐音量调低
6	全景	跟镜头	4 秒	餐厅门口，展示餐厅环境和服务员的微笑服务，以及餐厅的全景和门口的招牌	我们期待您的光临	背景音乐渐弱，直至无

（3）文学脚本。文学脚本不像分镜头脚本那么细致，文学脚本只是将拍摄中的可控因素罗列出来，而将不可控因素放置到现场拍摄中随机应变，适合一些剧情简单、直接展现画面和表演的短视频的拍摄，如教学视频、测评、时评等。

（三）短视频封面与标题的设计

1. 短视频封面设计

短视频封面设计是内容创作中不可忽视的一环，它直接关系到视频的吸引力、用户参与度和最终的视频效果。一个精心设计的封面能够在众多视频中被快速识别，为视频带来更高的观看率和更好的传播效果。同时，设计精美的封面能够提升视频的专业度，增加视频在平台内部的曝光机会。比如通过算法推荐时，更高质量的封面图往往能够获得更高的曝光率。

优质的短视频封面应当做到以下几点。

（1）画面整洁，图片清晰。整洁的画面，会给人一种清爽舒适的感觉。封面构图应当避免杂乱无章或过于拥挤，要给人以舒适、大方的观感。封面上的文字也不宜过多，以免分散观众注意力，文字应该精简且有针对性地传达关键信息。色彩的选择上应当符合视频的主题和风格，同时考虑到色彩对人的视觉的影响，如使用鲜艳的基础色彩和适当的对比，以增强视觉冲击力。封面是视频的门面。图片和文字标题都是视频的载体，选择图片时要保证像素清晰，这是最基本的要求。图片模糊或失真会影响用户体验，导致很难传递信息并吸引用户驻足停留。

（2）封面与标题要强关联。封面是视频内容的视觉缩影，它应该能够简洁明了地传达视频的核心内容或主题，让用户在阅读标题之前就能对视频内容有一个初步的了解。如果观众对封面内容感兴趣，就会对视频内容产生期待，从而点开短视频。但是如果打开视频后发现内容和封面的信息毫无关联，观众就会有一种被欺骗的感觉，从而产生不好的印象。所以千万不要为了蹭热点而胡乱制作封面，这样容易使用户产生认知偏差，造成心理落差，从而流失用户。

（3）封面要有吸引力。在信息爆炸的短视频平台上，用户在滑动浏览时停留的时间非常短暂。醒目的封面图能够迅速吸引用户的注意力，促使他们点击。有吸引力的封面通常可以通过采用有强烈对比的、能引发好奇的、有夸张表情的图片，并配以相应标题来制作。

2. 短视频标题设计

对于短视频来说，标题是最先给用户留下印象的，标题是否有创意、是否吸引人是用户能否点开观看的关键。标题设计可以采用以下几种方法。

（1）直击用户痛点型。把用户最关心的痛点信息放在标题上，通过标题戳中用户最在意的烦恼或者急需解决的需求，这样就会大大增加短视频的吸引力，如"怎样能让宝宝多喝水？""如何能够延缓岁月带来的衰老？"等。

（2）快速实现型。告诉用户这件事情特别简单，因为有了简单的前提，用才更容易往下看，我们通常会借助很短的时间或很简单的步骤来强调这个问题是可以很快解决的。例如"一分钟学会剪辑短视频"。

（3）增强用户代入感型。增强用户代入感，使用户感觉短视频与自己相关，这样的标题容易激发观看欲望。这类标题可以使用第二人称以拉近与用户之间的关系，如"家里孩子需要照顾，你会辞职吗？"。

（4）巧借热点型。热点事件容易吸引很多人的注意力，标题巧借热点话题可以在短时间内吸引很大流量。例如在标题中加上即将到来的节日、热门事件或者热播影视剧等方面的信息，往往能够明显提升视频的人气。

除了上述几种方法外，标题还可以采用制造矛盾冲突、设置悬念、解决问题等方法来设计。不管采用哪种方法，设计时都需要注意以下几点。

（1）标题字数最好10~20字左右，字数太少信息量不足，字数太多会影响用户的理解。

（2）标题可以尝试多样化的句式，例如疑问、反问、感叹、设问等，可以引发用户的思考，增强代入感。

（3）标题要合理断句，让标题更有节奏感，让信息量更丰富。

（4）避免做标题党。避免夸大其词、文不对题或者歪曲事实，否则就会引发用户的反感和不满，不利于账号的长远发展。

三、短视频的发布与引流推广

（一）短视频的发布

短视频创作者在完成短视频的拍摄与编辑优化后，就可以发布短视频。发布短视频需要考虑发布平台、发布时间和发布技巧等。

1. 发布平台选择

目前，各类短视频平台层出不穷，如抖音、快手、小红书等，每个平台都有其特定的优势和用户群体。例如，抖音是目前全球最大的短视频平台之一，用户群广泛且活跃，抖音的内容丰富多样，涵盖了娱乐、搞笑、美食、旅行等各个领域；快手平台的用户以三四线城市为主，社交氛围更为浓厚；小红书是一个以生活方式为主题的短视频平台，以其独特的社区氛围吸引了大量年轻用户，用户可以在小红书上找到众多关于美妆、时尚、旅行、美食等方面的推荐和分享。

在选择适合发布的平台时，需要考虑短视频的目标用户。

2. 发布时间选择

选择合适的短视频的发布时间，并规划好发布频率，可以使短视频有更多机会出现在用户眼前，培养用户的观看习惯，增强用户的黏性。

（1）把握合适的发布时间段。短视频的发布时间点对短视频的播放量会产生一定程度的影响，因为在一天24小时里，每一个时间段内短视频用户的活跃度是不同的，有高峰期和低谷期。创作者要想让自己发布的短视频获得较高流量，发布时间宜选择短视频平台上人流量较大的时间段，如上班前、下班后及周末、节假日等。创作者要考虑自己的目标用户群有何特点，毕竟每一类细分人群的休闲时间各有不同，创作者要结合自己目标用户群的属性特点去选择短视频的发布时间点。

（2）保持稳定的更新频率。短视频的更新频率在一定程度上代表着短视频账号在用户眼中的曝光度，更新频率越高，账号与用户的联系就越紧密，被用户记住的概率就越大。这类似于人与人之间的交流、沟通，互动次数越多，彼此之间的关系也就越熟络，越稳定。因此，短视频创作者要保证持续、稳定地更新短视频，与用户保持稳定的交流，从而加深账号与用户之间的联系。

3. 发布技巧

短视频发布后要想获得超高的流量，在发布时需要注意一些技巧。如在抖音发布短视频时，可以通过添加话题标签、添加"@好友"或者添加地理位置来吸引更多的流量。

（二）短视频的引流推广

现在各类新媒体平台具有丰富的流量资源，短视频要想实现快速推广、精准吸粉的目的，就必须运用各种方式推广引流，做好粉丝运营，从而源源不断地扩大自己的流量池。

（1）私信引流。以抖音为例，私信引流是利用抖音的私信功能进行精细化的、一对一的引流"吸粉"，这种方法虽然效率较低，但是精准度高。短视频创作者首先要找到定位相似的抖音账号，并选出粉丝量较多的账号，找到相关视频后浏览评论区，在评论区中选出需求比较强烈的用户，给对方发私信。

（2）与其他账号合作。运营人员可以与有影响力的短视频账号、名人等合作，给予一定的推广费，推广短视频内容。为达到较好的营销效果，运营人员可以与多个短视频账号合作推广。

（3）参与挑战赛。很多短视频平台都有挑战项目，这些项目自带巨大流量，例如抖音的"话题挑战赛"每天都有各种主题的热门话题和挑战活动，鼓励用户积极参加。参与话题挑战赛主要是跟拍网友们的同款视频，最后看谁拍的效果更好。这是一种带有娱乐竞赛性质的活动，可以起到很好的推广作用。

（4）平台付费推广。为了更好地帮助短视频创作者推广自己的短视频作品，一些短视频平台相继推出了付费推广服务，如抖音 DOU＋和快手的作品推广。

四、短视频的流量变现模式

1. 电商变现

由于用户日益重视购物体验，场景化营销越来越受到认可。短视频电商根据用户的内容接受习惯，用数据挖掘其偏好，在内容生产上以满足用户需求为出发点，提供定向的短视频内容。因此，短视频可以展现出图文所不具备的立体、现实的真实场景，并且由于其能够精准地切中用户的痛点，所以更容易打动用户，刺激其产生购买行为。

短视频让创作者与用户之间容易建立信任关系，从而让短视频电商变现成为现实，甚至成为用户接受并喜爱的一种购物方式。创作者与目标用户之间的信任感越强，变现的回报就越大。

短视频平台上电商变现都是在线上以电子交易的形式展开的，如各个短视频平台与淘宝、京东电商平台合作，为其引流，在用户产生购买行为后进行利益分配。同时，短视频平台也都开通了自己的电商店铺，如抖店、快手小店等，帮助创作者通过多种功能化的产品模块实现收益最大化。

短视频电商变现模式让创作者可以直接通过直播销售账号内的商品，也可以围绕商品进行内容创作。如在抖音上创作内容后可以链接相关商品，实现直接跳转完成流量的精准转化，继而完成商品的销售。

2. 内容变现

如果短视频的内容足够优质，可以抓住用户的痛点，快速吸引用户的注意力，就可以使用户保持长时间的停留。创作者在短视频平台上进行短视频创作，视频内容的创作可以直接采用流量变现的模式获取收益。内容流量变现主要是短视频平台针对商家的广告，按照 CPM、CPC、CPA 等方式进行计费，然后平台与创作者按比例分配收益。

一般来说，短视频平台会主推创作者的优质内容，只要创作者善于在内容上用心，围绕用户的需求创作，短视频就会得到更多的人观看。观看的人越多，播放量越大，广告展示的次数越多，自然收入也就越多。如在快手上只要参加官方的广告共享计划，就可以将广告放入短视频，通过流量的方式变现。

在短视频时代，哔哩哔哩、快手、西瓜视频、好看视频、爱奇艺、企鹅号等诸多内容分发平台支持内容流量变现，而且一些平台的广告收益也非常高，创作者可以依靠流量变现的方式赚到第一桶金。

3. 知识变现

短视频课程培训赢利模式本质上就属于知识变现。其模式是先通过短视频内容吸引用户关注，培养用户黏度，不断积攒人气，然后利用社交互动平台以课程、讲座等内容形式进行变现。

短视频知识变现包括课程变现、社群变现、出版变现等，通过将传统中已经被大众接受的媒介购买形式与短视频组合，成为新的商业模式。

（1）课程变现，就是创作者将短视频中对外传递的知识，以系列课程的形式集结在一起对外出售，让用户收获价值。课程变现适用于各个领域的知识创作者，只要有用户认可自身的价值，那么就可以通过创作系列课程的形式进行商业变现。

（2）社群变现，就是将创作者的目标受众从短视频平台引流到私域社交工具（如微信、QQ）上，帮助用户解决难题、提供价值。这种方式可以通过社群付费咨询、付费课程、付费具体技巧等模式实现。

（3）出版变现，是指创作者将知识创作成体系化的内容以售卖图书作为商业模式，从而给自己带来长期的收益，并提高自身的品牌价值。短视频领域可以做到出版变现的，往往都是比较系统的知识领域，比如学生教育、技能培训等。通过图书出版的载体产生知识的二次价值传播，能让用户在线下多场景中获取价值。

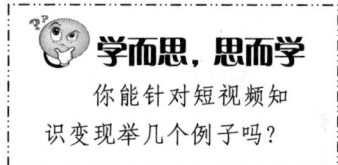

> **学而思，思而学**
> 你能针对短视频知识变现举几个例子吗？

4. 商业广告变现

商业广告变现是在短视频平台上播放视频时，在吸引到用户注意力的时候展示、曝光产品和品牌。创作者在短视频平台可以选择植入广告、接单广告、冠名活动等模式，根据所处创作领域与自身定位进行具体创作并获取收益。

（1）植入广告，一般是将广告与短视频内容相结合，分为硬植入和软植入。硬植入是指视频内容直接围绕广告产品展开，或者直接进入"广告时间"，讲述广告产品的卖点；而软植入是将广告产品融入短视频的台词、剧情、场景和道具中，这种植入形式更容易被观众接受，但也更考验创作者的创意。当创作者采用植入广告模式时，要考虑自己创作的短视频与广告品牌的关联性。视频内容的完整性不能被植入的广告破坏，去掉植入的广告后短视频内容应是完整的。

（2）接单广告，是利用平台的广告系统派发的产品广告进行内容创作的广告形式。当创作者选择接单广告时，不仅要了解产品的个性诉求，还要围绕自身的内容定位，找到两者完美结合的平衡点。接单广告要具有传播性、完整性以及可欣赏性。

（3）冠名活动，一般是指冠名短视频内容中直接提到的广告，或者将广告商的品牌商标或产品直接置于视频场景中。这种形式的广告投资比例比较大，效果很直观。创作者参与冠名活动时，需要添加具体的活动标签，用官方平台规定的内容道具或者话术进行引导。在选择这类创作活动时，创作者应尽量选择知名度高、品牌影响力大的商品，这会在无形之中让广告主给自己的账号做信用背书，同时也为和更多大品牌合作打下良好的基础。

商业广告变现除了上述三种模式外，较常见的还有链接广告模式，就是创作者会在评论区内置顶放上某品牌的链接广告，目的就是曝光、展示品牌。

今后，短视频的变现还会有更多新的商业模式。不过，不管选择哪一种商业模式，创作者一定要找到能让自己利益最大化且持续不断发展的商业模式，这才是通过短视频变现最重要的一点。

第二节　直播电商

直播电商是指商家或品牌借助直播平台来触达用户，让用户了解产品的各项功能及促销信息，从而实现购买的交易行为。2016 年淘宝直播的上线，掀起了直播电商的发展浪潮。直播电商能够在短时间内为有意向购买商品的潜在消费者传递简洁明了的实况展示和产品功能介绍，快速激起潜在消费者的购买欲望，重构了零售业商业生态。

一、直播电商概述

1. 直播与直播电商

按照《互联网直播服务管理规定》中的定义，互联网直播是指基于互联网，以视频、音频、图文等形式向公众持续发布实时信息的活动。当前移动直播占比非常高，活跃用户较多的移动直播平台有抖音、快手、斗鱼、虎牙、映客、YY 直播等。

视野拓展

直播的常见形式

直播的常见形式主要包括娱乐直播、生活直播、教学直播、直播带货、活动直播等。

（1）娱乐直播：主播通过唱歌、跳舞、表演、聊天等才艺展示吸引观众，与观众互动，提供娱乐休闲体验。

（2）生活直播：主播通过直播与观众分享生活点滴，建立与观众的连接，提高粉丝黏性。

（3）教学直播：主播以授课的形式分享知识、技能、教程等，如语言学习、化妆技巧、烹饪教程等，观众可以在直播过程中学习到有价值的知识和技能。

（4）直播带货：主播在直播过程中推荐商品，展示商品的使用效果和优势，吸引观众购买。这种形式结合了电商和直播，是当下热门的直播类型。

（5）活动直播：一些大型演唱会、音乐会、体育竞赛等活动，主办方会举办现场直播，让观众在网上同步观看。

直播电商是指在直播平台上进行的电子商务活动，主要通过主播的直播推荐和演示，吸引观众购买商品。其本质是将直播和电商进行有机结合，通过直播的形式增加商品曝光度和销售转化率，提高用户购买体验和忠诚度。直播电商具有以下特点。

（1）实时性。直播电商与其他电商营销方式最大的区别就是具有实时性，直播完全与交易事件的发生、发展同步。在以往的电商网购中，用户接触到的信息都是经过商家事先包装、美化的，而直播的出现使得信息不再滞后，可以实现实时传递。

（2）互动性。直播电商可实现实时互动，具有很强的互动性。在直播过程中，观众通过直播平台可以与主播或其他观众进行实时交流，出现问题时也可及时向主播或其他观众提问了解更多。另外，直播间的互动数据可以用于直播促销活动，如观众在直播间里参与互动答题可获得优惠券福利，实现互动和转化同步提升。

（3）真实性。直播电商营造的是一种开放性场景化的对话方式，主播实时分享自己的日常，除了表情、语言和动作外，还将所处的环境、氛围传递给观众，构建了接近日常对话的真实感，提升了可信度。

（4）商业性。直播电商具有很强的商业性质，它主要是商家为引导消费、促进销售的一种辅助手段，最终的目的是将观众的注意力转化为购买力，实现成交转化。

"直播+电商"重构零售业生态

"直播+电商"不仅迎合了观众追求娱乐的心理，也能在短时间内为有意向购买商品的潜在消费者传递简洁明了的实况展示和产品功能介绍，快速激起潜在消费者的购买欲望，让直播"从一种娱乐转变为一种生活方式"，重构了零售业商业生态和传统电商视域下的"人、货、场"。

"直播+电商"这一模式具有生动直观、实时互动、内容多样化、粉丝效应等特点，使得参与到消费环节中的人、货、场被重构，颠覆了传统电商"人找货"的二维模式，在线上重现店铺的原始形态。在直播间，主播有导购、产品代言人、模特、客服等多重身份，负责展示商品、与观众互动以及引导购买；产品能够回归竞争本质，以品质说话；消费者的潜在需求也在合适的场景中得到激发，在购物体验上更贴近于线下零售思维。

2. 直播电商产业链结构

直播电商产业链结构按照商流方向可以分为上游、中游和下游。

（1）上游主要是提供货源的商家，包括品牌商、代理商、经销商、制造商或农业生产者等，是在直播活动中销售商品或者提供服务的电子商务经营主体。

（2）中游主要为主播、MCN 机构和直播平台，通过直播内容连接上游的商家和下游的消费者，为商家提供流量，收取坑位费、佣金、技术服务费、平台推广费等，为下游的消费者提供购物推荐。其中，MCN 机构的角色是培养孵化主播，以合同形式和主播形成利益共同体。许多头部网红主播成名后，往往会从 MCN 机构里脱离出来自建团队，从而在销售佣金分配规则中占据主导地位。

MCN 机构

MCN（Multi-Channel Network，多频道网络）机构不是正规的企业类型，只是一种约定俗成的叫法。MCN 拥有巨额资本，为创作者提供内容策划制作、宣传推广、粉丝管理、签约代理等各种服务，保障内容的持续输出，从而最终实现商业的稳定变现。有了 MCN 机构的帮助，创作者可将精力放在内容生产上，所以可称之为数字媒体和内容制作服务商。

（3）下游的消费者通过观看直播，了解某一商品的详细信息和商家做活动的优惠信息，根据商品性价比、对商品的喜爱程度和价格优惠程度等决定是否下单购买。

3. 直播电商平台

随着直播技术的成熟和普及，出现了各种各样的直播电商平台。这些平台服务于不同的目标群体和需求，总体来看，主要可以分为以下三类。

（1）嵌入直播的电商平台。传统的电商平台基本上都嵌入了直播功能（如淘宝直播、京东直播、拼多多直播），因为它们的用户大多有明确的购物意向、较固定的购物习惯，故流量的精准度高。

（2）嵌入直播的视频内容平台。抖音、快手、小红书、哔哩哔哩等视频内容平台都开通了直播电商功能，它们各有特点或侧重。如：抖音采用去中心化的流量分配机制，只要内容足够优秀、能把用户留住，无论是大品牌还是个人都有机会；快手注重粉丝经济；小红书以"笔记+直播"双向"种草"为核心；哔哩哔哩

学而思，思而学

淘宝、京东、拼多多这几个平台各自更适合什么类型的产品直播？

上虚拟物品的消费水平相对较高。

（3）私域流量直播平台。最主要的私域流量直播平台是微信视频号。利用微信视频号直播时，可直接将直播信息分享到微信群、好友、朋友圈等，观众能直接进入直播间。如果企业在微信端沉淀了大量老客户，可以选择做视频号直播，辅以其他渠道导流，这样做转化效果会比较好。

二、直播活动策划

（一）直播方案策划

开展一场直播前首先要确定整体思路，在此基础上制定直播方案，将抽象概述的思路转换成明确传达的文字，以使所有参与人员尤其是直播相关项目的负责人明确直播的落地方法及实施步骤。

完整的直播方案正文，一般包括以下几项内容。

（1）直播目标。直播方案首先需要明确直播目标。一场直播活动，直播目标或者是直播的带货量，或者是直播间的涨粉数，或者是提升合作品牌的影响力。直播目标的制定要遵循SMART原则，即目标应该是具体的（Specific）、可衡量的（Measurable）、可达成的（Attainable）、相关的（Relevant）、有时限的（Time-based）。

（2）直播实施思路。直播方案需要对直播的整体思路进行简要描述，包括直播主题、直播时间、直播时长、直播实施环节等。其中，直播主题是直播方案的核心，整场直播的设计都需要围绕直播主题进行拓展。

（3）直播人员分工。直播方案中需明确直播团队成员及各自职责。

（4）直播的时间节点。直播中各个环节的时间节点，即直播团队需要明确主要环节及每个环节的开始时间和截止时间，防止由于某个环节延期而导致直播的整体延误，如"9点整发放第一轮红包"。

（5）直播活动的预算。每场直播活动都需要预算，通常要考虑以下几项：①基础投入费用，包括手机、电脑、摄像机、话筒等直播硬件费用，以及直播间装修费用，直播团队的薪酬，直播场地的租赁费用等。②福利活动费用。福利活动以发放红包、优惠券、福袋、实物礼品为主，如关注领红包、抽奖得红包、福袋抽奖、发放优惠券、免费试用商品等，这些都需要计算在成本预算中。③引流推广费用，包括各个宣传渠道的引流费用、宣传物料的制作费用以及平台的推广费用等。

（二）直播脚本策划

制作一个清晰、详细、可执行的直播脚本，是一场直播流畅并取得效果的有力保障。要想做一场有质量、转化率高的直播，就需要进行前期的准备和直播脚本的制作。直播脚本可以从整场直播进行策划，然后细化到单款商品的策划。

1. 整场直播活动脚本策划

一般来说，整场直播脚本包含以下几个要素。

（1）直播主题。在一个多样化且竞争激烈的行业中，拥有具有吸引力的直播主题对于吸引更多观众至关重要。直播活动主体应抓住用户痛点，引起用户共鸣，吸引用户关注并进入观看直播。

（2）直播目标。在开始直播活动之前，需要明确直播的目标，这有助于明确直播的方向和内容，以及更好地吸引和满足观众的需求。直播目标可以通过数据指标来确定，如观看量、新增粉丝数、互动率、销售额等。

（3）直播人员。一个成功的直播团队需要有多个不同职能的人员协同合作，才能保证直播的质量和效果。通常，直播团队构成包含以下几个关键岗位。①主播。主播是直播带货的核心角色，他们负责商品的展示、销售和推广。主播需要具备良好的沟通能力、销售技巧和表演能力。他们需要熟悉所推广的商品，并能够有效地传递商品的特点和优势给观众。②助播。助播是主播的协助者，负责协调直播过程中的各项事务。他们可以负责设置直播场景、准备商品样品、与观众互动等。③场控。场控主要负责直播间氛围营造和过款节奏把控，并且和主播之间进行有效互动，避免产生直播声音留白、冷场。④运营。运营负责直播间直播前、直播中和直播后所有相关工作的统筹与安排。⑤中控。中控负责后台操作，如上下架商品、调整价格及库存等，以及直播间福利的发放等。

（4）直播时间。选择适当的直播时间，可以确保目标受众能够方便地观看。直播时间一般应避开人们大都比较忙碌的时间段，选择观众较多的时段。直播时间应当确定开始时间和结束时间，主播要严格按照直播时间准时开播并按时下播，养成用户的观看习惯。

（5）直播商品。直播间的商品数量应适中，既不宜过少导致观众难以找到所需商品，也不宜过多以免影响观众的浏览体验。直播间可以优先选择有外观优势、使用方法简单和效果直观的商品。从品类上来看，可以按照福利款、销量款、利润款、形象款的分类来选择商品，确保直播间有人气爆品吸引流量，同时提供性价比较高的商品，以及价格低廉的促销商品。

问与答

问：什么是福利款、销量款、利润款、形象款商品？

答：福利款（引流款、宠粉款）商品主要是为了吸引顾客流量和提升直播间或店铺关注度而设置的；销量款商品是指直播间或店铺中销量较高、顾客购买意愿较强的商品；利润款商品是指直播间或店铺中利润空间较大、品质较高的商品；形象款商品是指直播间或店铺中用于展示品牌形象、提升品牌价值的商品。总之，福利款商品注重流量引入，销量款商品注重销售贡献，利润款商品注重赢利能力，形象款商品则注重塑造品牌形象。

（6）直播流程设计。直播流程的细节要具体设计，详细说明开场预热、商品介绍、粉丝互动、优惠信息、下播预告等各个环节的具体内容和操作流程。

2. 单款商品直播脚本策划

单款商品直播脚本是针对某一款商品的直播脚本。单品脚本通常围绕商品来写，介绍商品卖点或者利益点。单款商品脚本的作用就是通过一定的策划，采用可视化的形式将商品卖点展现出来。

单款商品的脚本可以从场景引入、卖点介绍、塑造商品价值、促进成交等方面进行撰写。

（1）场景引入，是营造一种生动的场景，让观众能够身临其境地感受到某一需求及痛点，进而引出商品或服务的话题，并与观众进行互动和交流。

（2）卖点介绍，提炼和展示是决定商品能不能卖出的一个重要因素，卖点没有提炼好，很容易让商品变成平平无奇的普通商品。商家可以从商品的外观、使用感受及背书等方面提炼卖点。

（3）塑造商品价值，这需要深入了解商品，选择核心卖点并进行发散，同时注意表达的逻辑性和连贯性，以及与用户的互动。商家可以从商品卖点、权威认证、销量排行、用户好评、信任担保等角度来塑造商品价值。

（4）促进成交。直播的最终目的就是成交转化，想要促成交易，必须让用户下定决心，而这就需要相应的福利、价格、服务来打消用户顾虑。

三、直播活动执行

（一）设计高点击直播封面图及标题

在直播平台，用户首先看到的多是封面图。封面图对直播广场而言是直播间的门面，封面及文案不但可以提升直播间点击率，还可以提升用户精准度及延长用户停留时间，因此打造优质的封面图对于直播电商的开展非常重要。

设计打造一个优质的直播封面图，需要注意清晰度、设计感、图标规范和与标题内容的一致性。通过选择高清晰度的图片、使用有吸引力的颜色和视觉元素、规范化图标的风格和位置以及选用与标题相关的文案，可以吸引更多观众参与直播并展示品牌信息。此外，封面图的设计要符合平台的规范，否则平台不会将直播间展示给意向用户看。

直播标题和封面图一般是同时出现的，共同影响用户是否会进直播间。同一时段会有很多人直播，直播标题更吸引人的直播间，其人气也会更高。一般可以用蹭热点、戳痛点、反向思维、技能教学、制造悬念及制造紧迫感的方式来写。

（二）直播预热

直播预热是直播引流的重要手段，一方面可以让店铺的老顾客获得直播活动信息，另一方面则可以吸引新顾客进入店铺，然后转化为直播间的流量。直播预热一般有社交媒体宣传、个人主页预热、短视频预热及直播预告预热等方式。

1. 社交媒体宣传

社交媒体是直播预热的重要渠道之一。主播可以通过在微博、微信、抖音等平台上发布预告和宣传视频来吸引关注和转发。在宣传内容中，可以透露一些有趣的片段或亮点，引起观众的好奇心和兴趣，从而提高观众的期待值。

2. 个人主页预热

在直播前将自己账号的昵称写在简介上，包括直播时间和内容，让粉丝养成定时观看的习惯。例如在昵称后面加上"几月几日几点直播"进行预热。通过简介文案告诉观众和粉丝直播开始时间，让他们提前知道开播时间，他们才能定时进入直播间。

3. 短视频预热

短视频预热是通过制作短视频，提前宣传直播内容、时间、嘉宾等信息，吸引观众的关注和参与。

短视频的宣传效果会更具影响力，因为视频内容更直观生动。而预热效果好的话，可以增加直播观众的数量，增强直播的话题度，提高转化率。同时也可以通过短视频向观众传达直播的意义、亮点和特点，让他们对直播更加期待和感兴趣，进而进入直播间观看。

短视频预热一般会提前一两天或者三五天进行，具体根据消费人群和产品特性来定。在即将开播前的 30 分钟到 1 小时，可以再次发布短视频预热内容。

4. 直播预告预热

对于有一定粉丝基础的主播，可以在直播前几天每天进行直播预告预热，告知观众直播的具体时间。或者是在每次直播结束前告知粉丝下次直播的时间，并约定不见不散，以此维持粉丝的期待感。

预热的目的是让直播一开播就有较多的人进入直播间，但这并不意味着一开播就去讲解要售卖的商品。正确的做法是通过福利活动和主播话术进行开场，在开场时间聚集更多的人气。

开场话术一般是先欢迎粉丝，再进行自我介绍。自我介绍的内容包括三方面：第一，表明自己是一个什么样的主播；第二，交代直播间是做什么的；第三，告诉大家本次直播的主题是什么。

（三）调动直播间人气

直播开场预热可以拉高开播的人气，由于直播的时长一般在两个小时以上，因此如何能持续不断地保持直播间的人气，是直播营销的重点。直播间可以通过优惠活动和互动活动来调动直播的人气。

1. 优惠活动

直播间开展的优惠活动包括红包活动和限时优惠等。红包活动可以设置红包雨、随机红包等形式的活动，吸引用户参与直播间互动，并有机会获得奖励。限时优惠则是推出限时折扣、秒杀、组合套餐等特殊优惠活动，吸引用户购买商品，增加用户参与度和购买意愿。

2. 互动活动

主播在讲解商品的过程中，适当穿插互动，对于提升直播间人气是非常有帮助的。

（1）口令互动。开始直播时的观看人数较少，这时主播可以通过剧透直播商品进行预热。热情与用户互动，引导其选择喜欢的商品。用回复口令进行快捷评论，从而调动起直播间的气氛，为之后的直播爆发蓄能。例如："各位姐妹，今天是我们开播一周年的日子，今天我们全场福利送不停，姐妹们想要先来一波什么福利呢？想抽红包的扣1，想要秒杀的扣2。"

（2）游戏互动。通过设计一些有趣的互动游戏，如抽奖、答题等，引导用户积极参与，增加直播间的互动性和娱乐性。

（3）分享互动。鼓励用户分享直播间链接和商品信息，可以设立针对分享者的奖励机制，例如额外折扣或礼品奖励。

四、直播数据复盘

直播复盘即回顾直播过程，分析直播效果，总结经验教训，为下一次直播提供参考和改进的方法。对于直播电商而言，直播数据复盘主要是通过对直播产生的数据进行分析，帮助商家更好地了解直播效果，优化直播流程和话术，提高直播质量和观众体验。

（一）直播数据分析流程

要想优化直播营销的效果，提高转化率，直播运营团队在进行数据复盘时，首先要明确数据分析目标，然后收集、分析数据，进而形成总结报告。

1. 明确数据分析目标

要进行数据分析，首先需要明确数据分析的目标。通常来说，不管是分析主播自己的直播间还是分析其他主播的直播间，数据分析的目标通常有以下几种类型：①比照直播目标评估直播效果；②分析直播间数据波动的原因，包括数据上升和下降；③提出优化直播内容或提升直播营销效果的方案；④通过数据规律推算平台算法，然后从算法出发对直播内容或直播引流进行优化。

2. 收集直播数据

直播数据获取的途径有直播账号后台、平台提供的数据分析工具和第三方数据分析工具等。

（1）直播账号后台。直播账号后台通常会有直播数据统计结果，运营人员可以在直播过程中或直播结束后通过账号后台获得直播数据。

（2）平台提供的数据分析工具。为帮助商家更好地运营店铺，一些平台会专门为商家提供数据分析工具。例如，淘宝平台提供了生意参谋工具，京东平台提供了京东商智工具，拼多多提供了数据中心。商家通过数据分析工具可以更方便快捷地了解店铺的直播情况。

（3）第三方数据分析工具。目前，市场上有很多专门提供直播数据分析服务的第三方数据分析工具，运营人员可以利用这些工具收集自己需要的数据。例如飞瓜数据、蝉妈妈、灰豚数据等。其中，飞瓜数据是一款短视频和直播电商数据分析工具，可以为抖音、快手和哔哩哔哩等平台上的短视频创作者和主播提供行业资讯和数据分析服务；蝉妈妈是一款垂直于抖音短视频电商的数据分析服务平台，提供抖音直播、短视频、爆款商品、视频素材和 DOU+精准 ROI（Return on Investment，投资回报率）等抖音生态数据服务；灰豚数据是专注于抖音、小红书等的数据分析监测云平台，可以为商家、主播及机构提供精准、可靠、高效的直播数据分析服务，助力直播广告主精准投放。

3. 分析数据并形成总结报告

获取数据之后，要对直播数据进行分析，对比直播目标，评估直播效果，通过数据指标情况来发现直播过程存在的优势及不足。根据数据和问题做出总结报告，从主播、运营、中控、货品、话术等方面扩大现有优势，针对不足提出解决优化方案，指导后期直播的开展，从而更好地提升直播间的运营效果。

（二）直播数据关键指标

在日常分析中，复盘的数据一般分为人群数据、流量数据、互动数据、留存数据和成交数据等。

1. 人群数据

通过对直播间的所有用户数据如性别、年龄、地域、兴趣点等进行分析，可以了解用户的特征和兴趣爱好，由此来调整直播间的货品、场景装修、推广广告投放的安排等。

2. 流量数据

流量数据包括直播间的观看人次、最高在线人数、平均在线人数等数据。

观看人次是指累计进入该直播间的次数，该数据能反映这场直播在哪个流量层级。

最高在线人数是指本场直播人数峰值，可以对应分析此刻运用了哪些运营手段，以在后续直播中借鉴。

平均在线人数是指本场直播平均每分钟的在线人数，可以判断本场直播间的被喜好程度。

3. 互动数据

直播间的互动数据包括互动次数、互动率等。

互动次数是指直播间观众点赞、评论、分享的次数，反映了观众对直播内容和话术的反应。

互动率是指任意一个互动行为次数之和与观看人次的比值，能反映观众的参与度，是表现直播间热闹程度的最直观数据。

4. 留存数据

留存数据包括人均停留时长、新增粉丝数、转粉率等。

人均停留时长是指本场直播平均每个观众的停留时长，时长越长代表直播间的整体内容越吸引人，或者是直播间的留人话术或策略越有效。

新增粉丝数是直播间内点击关注主播的人数，新增粉丝数多说明直播内容有吸引力或者主播引导关注的话术有效。

转粉率是指直播间新增粉丝数占观看人次之比，该指标数据高说明直播内容受到观众喜爱或主播引导关注的话术有效。

5. 成交数据

成交数据包括成交总额、销售转化率、千次观看成交金额、UV 价值等数据。

成交总额（Gross Merchandise Volume，GMV）是指直播期间店铺商品的交易总额，能反映最终整体的成交转化结果。

销售转化率是指成交人数和观看人数之比。它可以在一定程度上反映一场直播的最终效益，能体现一场直播的带货效果。

千次观看成交金额是指直播中每千次观看人次的成交金额，计算公式为"成交总额/（观看人次/1000）"。千次观看成交金额反映直播间购物车商品的吸引力及流量获取能力，可用来衡量直播间的带货能力。

UV 价值是平均每个观众给直播间贡献的成交金额，可以通过"成交总额/观看人数"计算得出。该数值越大，说明观众贡献的价值越大，在一定程度上反映了观众质量和目标观众的精准程度。

五、短视频与直播电商融合运营

短视频和直播改变了媒体传播的模式。短视频和直播的融合，不仅可以充分利用两者的优势，还能够提供更好的观看体验和参与感。而通过短视频与直播电商的融合运营，商家能够更直观、生动地展示商品和服务，实现商业品牌的有效推广，激发观众的购买欲望，进而构建良好的直播电商生态圈。

（一）直播转录短视频进行传播

直播转录短视频是将直播活动的录像素材进行后期剪辑和处理，制作成精彩的短视频，以吸引更多观众关注和传播。将直播录像素材进行后期处理，包括剪辑、调整画面质量、改善音效等。

（1）通过剪辑选择精彩的片段，删除冗长无聊的部分，提升整体观看体验。

（2）通过添加字幕、标注弹幕或配音，使内容更加清晰易懂。字幕中可以加入重点信息、关键词或者解释，提供更多的细节和背景知识。

（3）通过调整色彩、加入滤镜等方式，或者利用视频特效、过渡动画、镜头切换等手段，增加视频的艺术感和观赏性。

（4）通过调整视频的清晰度、音量、背景音乐等，增强观看者的听觉体验。音效的合理运用可以提升视频的节奏感和吸引力。

（5）为视频添加吸引人的标题和缩略图，以便在短视频平台上吸引更多的人点击和观看。

（6）在短视频平台上发布和分享转录好的视频，通过社交媒体、推广渠道等方式进行传播，并利用平台的推荐算法，提高视频的曝光率和用户触达，吸引用户驻足观看。

微课堂
短视频与直播融合途径

（二）短视频和直播关联互动引流

通过在短视频和直播之间建立关联和互动，能够使得两者互相带来流量和增加留存。

1. 短视频为直播预热引流

利用短视频预告即将进行的直播活动，可以提前引发观众的兴趣和期待，促使他们参与到直播中。

（1）在短视频中宣传即将进行的直播活动，通过文字说明、影片片段预览、主题标签等方式引起观众的关注，可以适当透露一些即将呈现的亮点和互动环节，激发观众的好奇心。

（2）在短视频中详细介绍直播活动的互动方式和观众参与方式，例如弹幕互动、问答环节等。鼓励观众在直播中积极参与，与主播进行互动交流，提升观看体验。在短视频中还可以设置倒计时功能，用来提醒观众直播开始的时间，确保他们不会错过直播。

（3）在短视频中引导观众关注直播账号或平台，让他们可以在不同平台上找到即将进行的直播活动，为直播活动带来更高的关注度和参与度。

2. 直播利用其互动性为短视频引流

（1）直播互动引导观众观看短视频。在直播中引导观众观看制作好的短视频或者回答短视频评论区问题，这样可以提升短视频的曝光率和观看量，还可以反向增加短视频的互动性。

（2）直播通过其高即时性、强互动性，在与用户实时互动的过程中可以及时了解用户需求，为短视频内容的创作提供指导；或者把直播中的一些精彩瞬间进行剪辑包装，用短视频的形式发布出来，这样既增强了直播的长尾效应，也利用直播的话题性内容为短视频引流。

案例 7.2

良品铺子抖音短视频与直播电商融合运营

良品铺子是一家休闲零食品牌，近年来在抖音平台上积极尝试短视频与直播电商的融合运营，取得了显著成效。通过精准选品、优质内容创作和高效直播运营，良品铺子成功构建了"引流+带货"的营销闭环。

1. 短视频运营

（1）选品与目标用户定位：良品铺子通过数据分析，定位了品牌核心人群（如精致妈妈）和辐射人群（如"Z世代"人群、新锐白领等）。根据目标用户的喜好和需求，选择适合的产品进行推广。

（2）内容创作：良品铺子围绕品牌内涵和用户喜好，创作了一系列高质量的短视频内容。这些短视频不仅展示了产品的特点和优势，还融入了情感因素和故事性元素，激发了用户的购买欲望。

（3）矩阵化运营：除了官方抖音账号外，良品铺子还建立了多个以品类划分的子账号，形成了矩阵式自营阵地。通过不同账号的差异化运营策略，触达了更广泛的需求人群。

2. 直播运营

（1）直播准备：在直播前，良品铺子会进行充分的准备工作，包括选品、定价、优惠活动策划等。同时，还会对直播场景进行精心布置和灯光调试，确保直播效果的最佳呈现。

（2）直播内容：在直播过程中，主播会详细介绍产品的特点、使用方法以及优惠活动等信息。同时，还会通过试吃、展示等方式消除用户的疑虑和顾虑，增强用户的购买信心。

（3）互动营销：良品铺子注重与用户的互动和交流，通过抽奖、问答等方式提高用户的参与度和黏性。同时，还会根据用户的反馈和需求及时调整直播内容和策略。

3. 短视频与直播的融合

（1）短视频引流：通过发布高质量的短视频内容吸引用户关注，并在视频中引导用户进入直播间参与互动和购买。

（2）直播转化：在直播过程中通过优惠活动、限时特价等手段刺激用户的购买欲望，并引导用户下单购买。同时，还会在直播中穿插短视频片段，展示产品使用效果和用户评价等信息，以增强用户购买信心。

通过实施短视频与直播电商的融合运营策略，良品铺子在抖音平台上取得了显著的成效，不仅品牌知名度和用户黏性得到了大幅提升，而且销售额也实现了快速增长。

启发思考：

1. 良品铺子在抖音平台上是如何进行短视频运营的？
2. 良品铺子在抖音平台上是如何实现短视频与直播电商融合的？

（三）短视频与直播构建流量闭环

流量闭环是指在互联网营销中，通过一系列有效的措施和管理手段，对用户的整个生命周期进行全面管理和优化。这个过程涵盖了从吸引流量、提高转化到留存用户的一系列环节。流量本身解决的就是获客问题，闭环是要解决转化和留存的问题。流量闭环的目标是最大化挖掘潜在客户的价值，并将其转化为实际的购买行为。

短视频可以借助短视频平台的传播能力和娱乐性，通过发布引人注目的视频内容（如产品展示、使用心得、服务介绍、品牌故事等）来吸引用户注意，进而增加关注度、知名度和影响力，使用户形成产品认知并对产品产生认同感，获取大量流量，这个环节被称为"种草"。短视频往往能够通过优质的视频内容让用户完成"种草"，但是很难将有购买意愿的用户转化为消费者。而直播的强互动性则能够更好地释放商业势能。在主播进行直播时，不仅可以通过优质内容吸引用户观看，而且可以通过打造场景、倒计时上购物链接等方式充分调动用户的积极性，营造出购买的氛围，形成人、货、场的聚合效应，同时还能和用户进行实时互动，提升用户的参与感，增强用户的黏性和忠诚度，从而有效实现流量的转化与留存。因此，短视频"种草"与直播电商的融合已经成为一种快速有效的构建流量闭环的方式。

📖 实训案例

淘宝直播入驻及管理

淘宝直播内容涵盖潮搭美妆、珠宝饰品、美食生鲜、运动健身、母婴育儿、生活家居、健康咨询、在线教育、音乐旅行等各类生活领域。淘宝直播作为一种内容营销模式，越来越受到商家的重视。淘宝直播的展现渠道众多，如手淘首页、淘宝直播页面、宝贝页、店铺首页以及点淘App等。

（1）开通直播。淘宝卖家想要入驻淘宝直播，登录千牛卖家中心后，单击左侧栏目"内容"→"店铺直播"，打开页面如图7.1所示，单击"立即入驻"，或者直接登录淘宝直播网站单击"一键入驻"，系统提示入驻淘宝直播需要下载淘宝主播App、点击立即入驻、实人认证成为主播等三个步骤，完成后即可开通淘宝直播。

（2）淘宝直播中控台。入驻淘宝后，商家就可以在千牛的淘宝直播中控台对直播进行管理，包括直播管理、直播讲解、直播装修、直播互动以及数据分析、货品和粉丝管理等，参见图7.2。

在淘宝直播中控台左侧导航中，包含首页、直播、活动、数据、货品、粉丝和课堂等栏目。"首页"展示店铺直播的基本信息、直播日历、违规信息及活动广场等；"直播"主要管理直播的全链路运营，包括直播管理、直播互动、直播推广、直播体检等；"活动"包括活动广场和爆品竞价，可以帮助主播提高直播间成交用户规模，沉淀粉丝资产；"数据"展现的是直播所生成的数据，如成交额、流量分析、货品分析等；"货品"主要管理主播与商家的合作、商家货品准备及佣金等；"粉丝"主要管理主播的粉丝数据和粉丝运营；"课堂"包括课程专区、功能专区、活动专区、规则专区及生态专区，为商家及主播提供相关学习内容。

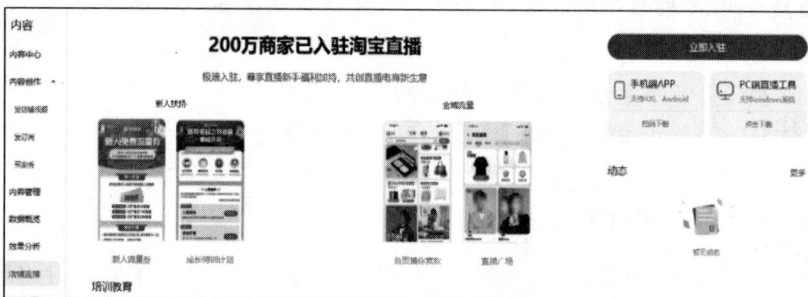

图 7.1　淘宝直播入驻页面

图 7.2　淘宝直播中控台首页

除了直播中控台外，淘宝直播的工具还有PC端淘宝直播主播工作台和淘宝主播App。直播中控台主要是围绕直播，控制直播前中后全链路运营；淘宝直播主播工作台可以帮助专业直播团队及商家进行PC端开播推流；淘宝主播App则是围绕淘宝直播的一个专门为主播服务的平台，主播可以通过App随时随地进行直播。

思考讨论：

1. 开通淘宝直播，熟悉直播中控台的功能。
2. 下载淘宝主播 App 尝试进行直播。

📖 归纳与提高

本章主要介绍了短视频的特点和分类、短视频内容策划、发布与引流推广；还介绍了直播的特点、直播活动策划、直播活动的执行和直播数据复盘等，并在此基础上介绍了短视频与直播融合的主要途径。

学习本章后，读者应了解短视频和直播的特点，学会短视频和直播电商的运营，掌握短视频和直播脚本制作、短视频发布及引流推广方法、直播活动执行、直播数据分析的方法等，并掌握短视频与直播融合运营的方法。

知识巩固与技能训练

一、名词解释

短视频　　景别　　短视频脚本　　直播电商　　MCN 机构　　GMV　　直播复盘

二、单项选择题

1. （　　）不是短视频的特点。
   - A. 门槛低，制作简单
   - B. 内容个性化
   - C. 传播迅速
   - D. 时长较长

2. 以下关于短视频选题策划说法正确的是（　　）。
   - A. 选题要坚持用户导向
   - B. 选题要有垂直度
   - C. 选题要贴近生活
   - D. 以上都对

3. （　　）对脚本的要求较高，需要强有力的情节支撑，对演员和拍摄有一定的要求。
   - A. 解说类短视频
   - B. 剧情类短视频
   - C. Vlog 类短视频
   - D. 剪辑类短视频

4. 景别一般分为五种，由远及近分别为（　　）。
   - A. 特写、中景、全景、近景、远景
   - B. 远景、中景、全景、特写、近景
   - C. 特写、近景、中景、全景、远景
   - D. 远景、全景、中景、近景、特写

5. 直播营销团队人员的选择很重要，直播团队的主播岗位的主要职责是（　　）。
   - A. 直播中负责协助主播介绍、展示商品，回答用户问题，带动直播间气氛
   - B. 负责直播前设备调试，商品活动设置，中控台操作；及时解决直播突发问题
   - C. 负责直播过程中的投放工作，流量监测、监控及追踪
   - D. 负责直播中商品的展示、销售和推广，与用户进行互动

6. 直播预热常见的方式不包括（　　）。
   - A. 电视广告预热
   - B. 社交媒体预热
   - C. 个人主页预热
   - D. 短视频预热

7. （　　）选项的话术更适合直播开场。
   - A. 直播间的姐妹们，今天我们这款商品出厂价都要 199 元，今天直播间只需要 99 元
   - B. 大家好！欢迎来到我们的直播间。我们是在线下做了 10 年的服装工厂，今天我们将为大家展示最新最时尚的女装款式，开场先上一款福利商品
   - C. 姐妹们，今天我们直播间马上就要结束了，没关注主播的点点关注，主播会在后面直播中为大家带来更多福利
   - D. 主播身上这件连衣裙是高腰显瘦设计，姐妹们可以根据自己的尺码选择

8. （　　）选项的数据不属于直播留存数据。
   - A. 人均停留时长
   - B. 新增粉丝数
   - C. 千次观看成交金额
   - D. 转粉率

三、多项选择题

1. 关于短视频，以下说法正确的是（　　　　）。
   - A. 解说类短视频需要大量的知识积累，对题材的选择较严
   - B. Vlog类短视频对画面的要求较高，需要充足的生活阅历，多为室外拍摄
   - C. 剧情类短视频对脚本的要求较高，需要强有力的情节支撑，对演员和拍摄有一定的要求
   - D. 剪辑类短视频具有强烈的个人色彩，适用于干货分享、知识付费类、推书类、开箱类短视频

2. 短视频脚本主要有（　　　　）等三种类型。
   - A. 提纲脚本　　　 B. 分镜头脚本　　 C. 总结脚本　　　　　 D. 文学脚本

3. 短视频封面应该（　　　　）。
   - A. 画面整洁，图片清晰　　　　　　 B. 模仿他人风格
   - C. 与标题要强关联　　　　　　　　 D. 要有吸引力

4. 短视频知识变现包括（　　　　）。
   - A. 课程变现　　　 B. 社群变现　　　 C. 出版变现　　　　　 D. 电商变现

5. 直播电商具有（　　　　）的特点。
   - A. 实时性　　　　 B. 互动性　　　　 C. 真实性　　　　　　 D. 商业性

6. 以下平台属于嵌入直播的电商平台有（　　　　）。
   - A. 淘宝　　　　　 B. 京东　　　　　 C. 拼多多　　　　　　 D. 快手

7. 直播间互动方式包括（　　　　）。
   - A. 口令互动　　　 B. 游戏互动　　　 C. 分享互动　　　　　 D. 售后服务

8. 直播数据复盘获取数据的途径有（　　　　）。
   - A. 直播账号后台　　　　　　　　　 B. 百度
   - C. 平台提供的数据分析工具　　　　 D. 第三方数据分析工具

四、复习思考题

1. 短视频有什么特点？
2. 短视频流量变现有哪些方式？
3. 直播团队的关键岗位有哪些？
4. 直播活动执行需要注意哪些方面？
5. 短视频与直播电商融合运营有哪些途径？

五、技能实训题

1. 拍摄一条短视频，展示自己的爱好，剪辑成3分钟以内的短视频。

   要求：

   （1）选择合适的视频展示方式。

   （2）熟练掌握各种短视频剪辑技巧。

   （3）内容要求充满正能量，积极向上。

2. 开通淘宝直播，结合自己店铺的商品，策划一场1小时左右的直播。

   （1）策划整场直播脚本，明确直播主题，并对每款直播商品进行单品脚本设计。

   （2）直播间封面及标题设计。

   （3）开展直播活动，要求包含开场预热、商品讲解、粉丝互动、下播预告等环节。

第八章 电子商务安全与支付

【知识框架图】

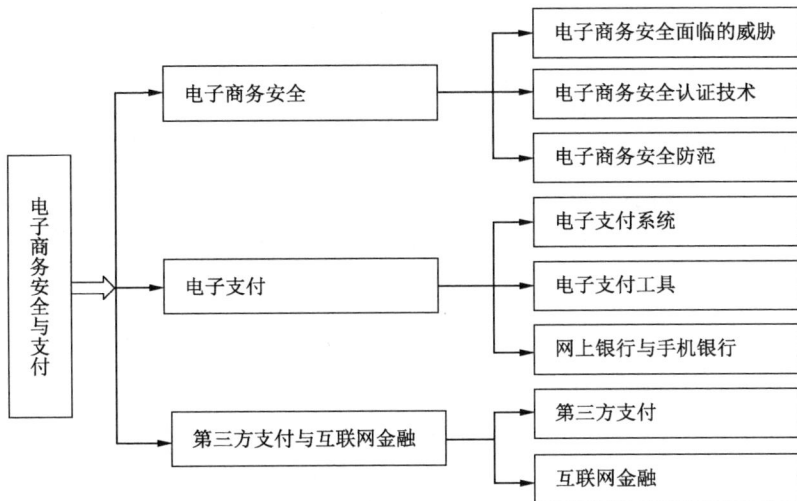

【学习目标】

【知识目标】

1. 了解电子商务安全面临的威胁及保障电子商务安全的技术。
2. 熟悉电子支付系统,网上银行与手机银行的功能。
3. 了解第三方支付模式的交易流程。

【技能目标】

1. 利用数字证书,实现安全电子支付和安全移动支付。
2. 掌握电子商务活动中商家和客户的日常安全防范措施。
3. 能够使用网上银行及手机银行完成在线支付和转账等基本操作。

【引 例】

有数字证书保护,骗子再也盗不了我的钱

龙龙是一名上班族,平时放假的时候喜欢和老同学一起玩游戏,有在财付通保留余额的习惯。一天,他接到一个自称是"财付通客服"的人打来的电话,对方说他的账号被盗,为保护资金安全,需要他提供登录密码和支付密码。龙龙担心账号余额被盗,一着急就告知了"客服"自己的密码信息。

其实,这个所谓的"客服"是一个不折不扣的网络骗子。骗子拿到登录密码和支付密码后,想要立刻用龙龙的财付通余额进行消费。可是他万万没想到,龙龙的财付通账号启用了数字证书,骗子如果要用掉龙龙的余额,需要在他自己的计算机上安装数字证书才能进行支

付。而安装数字证书，需要龙龙本人利用手机短信验证。骗子只好放弃了龙龙的账号。而这边，挂断电话的龙龙收到了财付通安装数字证书的短信验证码。这不是龙龙本人的操作！他瞬间意识到，自己的密码信息刚刚泄露了。幸好，数字证书保障了龙龙的资金安全。于是他赶紧修改了自己的登录密码和支付密码。

第一节　电子商务安全

随着电子商务的不断普及和深化，电子商务在我国工业、农业、商贸流通、交通运输、金融、旅游等各个领域的应用不断得到拓展。同时，电子商务模式对管理制度、信息传递技术等都提出了更高的要求，其中电子商务安全问题成了电子商务的核心问题。

电子商务安全主要包含三个方面的问题：一是安全应用，在电子商务交易活动中，个人或企业一定要注意口令密码的正确设置、安全控件的安装及培养良好的安全意识与上网习惯；二是安全技术，电子商务是通过网络传输商务信息来进行贸易活动的，安全的网络环境是开展电子商务活动最基本的要求，而网络安全需要相应的安全技术手段来保障，如数据加密、数字签名等；三是安全管理，电子商务安全不仅涉及企业内部复杂的网络环境管理、人员管理、电子商务安全管理，还面临着企业内网与互联网相连时在性能、安全、可靠性等方面的挑战。

一、电子商务安全面临的威胁

随着电子商务的广泛应用，电子商务的安全问题不断涌现，安全威胁呈现出多样化的发展态势，而电子商务安全问题的解决正是对网络安全技术的综合性实际应用。电子商务面临的安全威胁主要有以下几种。

（1）信息被截获或被窃取。在电子商务活动中，信息流和资金流以数据的形式在计算机网络中传输。在传输过程中，如果没有采用加密措施或者保密强度不够，攻击者就可能通过互联网、公共电话网，在电磁波辐射范围内安装截收装置获取传输的机密信息，从而造成商业机密和个人隐私的泄露，包括银行账号、密码、资金的数量、货物的数量等在内的重要信息被截获或被窃取。

视野拓展
防电信诈骗宣传片

（2）信息被篡改。当攻击者熟悉了商务信息的格式以后，他可以通过各种技术方法和手段在传输中途对传输信息进行修改并发往目的地，从而破坏信息的完整性。例如，篡改信息流的次序或更改信息的内容，如更改购买商品的发货地址；删除或插入个别或部分消息，让接收方接收错误的信息。

（3）信息被伪造。在电子商务活动中，双方不是面对面进行交易，无法对信息发送者和接收者直接进行身份验证，一些别有用心者就会冒充合法用户发送或者接收信息来欺骗其他用户。例如，盗用领导的账号发布命令、调阅机密文件；冒充他人消费；冒充服务器，欺骗合法用户，窃取商家的商品信息和用户信息；等等。

案例8.1

"航班退改签"网络诈骗案

2023年10月3日，来自上海的游客邓女士在带着两个孩子游玩时接到一个陌生电话，对方声称是航空公司的客服，说邓女士的飞机故障，让邓女士打开订飞机票的小程序看一下。邓女士看到飞机确实因故障停飞。对方说如果改签航空公司可以退900元。很快，邓女士便收到了所谓的补偿款602元，这让邓女士信以为真。然后，对方说剩下的退款，需要下载手机软件。邓女士在对方的引导下下载软件并被打开了屏幕共享，其间打开手机银行并输入了密码。直到看到自己银行卡里的147万多元先后分成两笔被转走时，邓女士才意识到了事情不对劲，随后报警。

启发思考：本案例中，邓女士的操作存在哪些不安全因素？

（4）交易抵赖。交易抵赖包括多个方面，如信息发送者事后否认曾发送过某条信息或内容；信息接收者事后否认收到过某条消息或内容；购买者下了订单不承认；商家因商品价格标低而不承认原有的交易；等等。例如，在电商平台上进行的企业采购活动，假设企业在采购某原材料时，原材料的价格较低，但收到订单后价格上涨了，供应商如果否认交易的发生，采购企业就会蒙受损失。所以，交易抵赖也是电子商务面临的一大安全威胁。

二、电子商务安全认证技术

（一）认证技术

电子商务安全认证技术有身份认证和消息认证两种方式。身份认证用于鉴别用户的身份是否真实、是否合法；消息认证用于验证所收到的消息是否来自真实的发送方且消息是否准确，也可以用于验证消息的顺序性和及时性。消息认证主要包括数字签名和数字时间戳等技术。

1. 身份认证

身份认证的基本思想是通过验证被认证对象的属性来确保被认证对象的真实性。用户只有通过了身份认证，才能操作计算机系统，访问网络资源。因此，身份认证是安全系统的第一道关卡。

实现身份认证主要有以下三种物理基础。

（1）用户所知道的。通常，最常用的方法是密码和口令。这种方法简单、开销小，但安全性也最低。

（2）用户所拥有的。依赖用户拥有的信息（如身份证、护照和密钥盘等）来实现身份认证，其安全性较高，泄露信息的可能性较小，但认证系统相对复杂。

（3）用户所具有的特征。这是指用户的生物特征，如指纹、虹膜、DNA、声音和脸部特征，还包括用户下意识的行为等。这类技术的安全性最高，也是当前信息安全研究的热点。

2. 消息认证

消息认证是指验证消息的完整性，当接收方收到发送方的消息时，接收方能够验证收到的消息是不是真实的和未被篡改的。消息认证常用的方法是消息摘要，即发送方在发送的消息中附加一个鉴别码，经加密后发送给接收方；接收方利用约定的算法对解密后的消息进行鉴别运算，将得到的鉴别码与收到的鉴别码进行比较，若二者相等，则接收，否则拒绝接收。

（1）数字签名。消息摘要能保护收发双方之间的数据交换不被第三方侵犯，但并不能规避双方的相互欺骗，这时就需要借助数字签名技术。数字签名能够确认两点内容：其一，信息是由签名者发送的；其二，信息自签发后到收到为止未曾被做过任何修改。

（2）数字时间戳。电子商务交易需对交易文件的时间信息采取安全措施。数字时间戳服务（Digital Time-stamp Service，DTS）是由专门的机构提供的对电子文件发送时间进行安全保护的服务。数字时间戳是一个经加密后形成的凭证文档，包括以下三个部分：①附有数字时间戳的电子文件；②数字时间戳发送和接收文件的时间；③数字时间戳服务的数字签名。

（二）数字证书

1. 数字证书认证中心

网上安全支付是顺利开展电子商务的前提，建立安全的数字证书认证中心（以下简称"认证中心"）是电子商务的中心环节，其目的是加强数字证书和密钥的管理，加强网上交易各方的相互信任，提高网上交易的安全性，控制网上交易的风险，从而推动电子商务的发展。认证中心是提供网上安全电子交易认证服务、签发数字证书并确认用户身份的服务机构。

认证中心的主要功能有以下几项。

（1）数字证书的颁发。认证中心负责接收、验证用户（包括下级认证中心和最终用户）数字证书的申请，对申请的内容进行备案，并根据申请的内容确定是否受理该数字证书申请，从而进一步确定为用户颁发何种类型的数字证书。

（2）数字证书的查询。数字证书的查询可以分为两类：一是数字证书申请的查询，认证中心根据用户的查询请求返回当前用户数字证书申请的处理进程；二是用户数字证书的查询，这类查询由目录服务器完成，目录服务器根据用户的请求返回适当的数字证书。

（3）数字证书的更新。认证中心可以定期更新所有用户的数字证书，或者根据用户的请求更新用户的数字证书。

（4）数字证书的作废。认证中心通过维护数字证书作废列表，完成数字证书的作废。当用户的私钥由于泄密等原因造成用户数字证书需要申请作废时，用户需要向认证中心提出数字证书作废请求，认证中心会根据用户的请求确定是否将该数字证书作废；当用户的数字证书已经过了有效期时，认证中心会自动将该数字证书作废。

（5）数字证书的归档。数字证书具有有效期，数字证书过了有效期之后将会作废。但是，不能将作废的数字证书简单地丢弃，因为有时可能需要验证以前某个交易过程中产生的数字签名，这时就需要查询已作废的数字证书。

国内的电子商务认证中心主要分为行业性认证中心、区域性认证中心、商业性认证中心。如中金金融认证中心（CFCA）属于行业性认证中心；上海市数字证书认证中心和山西省数字证书认证中心等属于区域性认证中心；天威诚信、沃通等属于商业性认证中心。

2. 数字证书的定义

数字证书又称为数字凭证或数字标识，类似于现实生活中的身份证，但是数字证书不是实体证照，而是经过电子商务认证中心审核签发的电子数据，可以更加方便、灵活地应用在电子商务和电子政务活动中。通过数字证书，认证中心才可以对互联网上所传输的各种信息进行加密或解密、消息认证、数字签名认证等各种处理，同时保障数字传输过程不被非法第三方侵入，或者即使被侵入，第三方也无法查看其中的内容，即确保客户信息、商品信息、资金流信息的安全。

视野拓展

如何打开不同浏览器的"Internet 选项"

3. 数字证书的结构

通常，本机已安装的数字证书是由浏览器来存储与管理的，因而我们可以通过在浏览器中找到 Internet 选项或在计算机上直接运行 certmgr.msc 来查看相应的数字证书的结构与详细信息。数字证书示例如图 8.1 所示。

数字证书的详细信息至少包含以下几项：①证书所有者的姓名；②证书的版本信息；③证书的序列号；④证书所使用的签名算法；⑤证书发行机构的名称；⑥证书的有效期；⑦证书所有者的公钥；⑧证书发行者对证书的签名。

问：图 8.1 所示的数字证书含有公钥和私钥吗？

答：图 8.1 所示的数字证书只含有公钥，私钥是保密的，只有证书所有者才能拥有。

4. 数字证书的类型

数字证书依照证书的持有者类型可以分为个人证书、单位（包含商家、银行等企业）证书、服务器证书等，用来在电子商务活动中识别各方的身份，并保证交易过程中信息的机密性、完整性、真实性、可用性、不可否认性等。

从不同角度看，数字证书可以分为不同的类型。数字证书根据适用的支付平台，可分为支付宝数字证书、微信支付数字证书等。

支付宝数字证书是使用支付宝账户资金时的身份凭证之一，可以加密用户的信息并确保账户和资金安全。用户申请后，在进行付款和确认收货等涉及资金的操作时，系统会验证计算机或手机上是否安装了数字证书。即使用户的账号被盗，对方没有相应的数字证书也动用不了用户账户中的资金。图 8.1 所示为数字证书申请入口。以手机端为例，登录支付宝账号后点击"我的"→设置图标（手机端支付宝该图标在页面右上角）→"账号与安全"→"安全中心"→"更多服务"→"数字证书"，然后按照提示安装数字证书即可。

（a）电脑端安全中心 （b）手机端安全中心

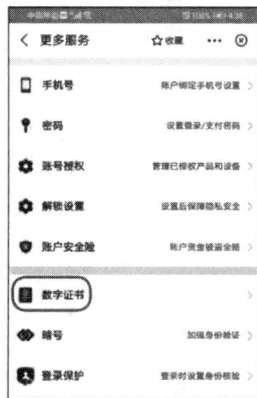

图 8.1　支付宝安全工具——数字证书申请入口

微信支付数字证书可在微信内点击"我"→"服务"→"钱包"→"消费者保护"→"安全保障"→"数字证书"进入数字证书页面，根据提示进行设置、启用。启用微信支付数字证书可提高支付安全性，提高每日零钱支付限额。图 8.2 所示为微信安全保障体系。

三、电子商务安全防范

解决电子商务的安全问题是电子商务发展的关键所在。电子商务安全是一个完善的综合保障体系，只从技术角度建立安全保障是不够的。"三分技术，七分管理"是安全领域的名言，即电子商务安全的 30%依靠信息安全设备和技术

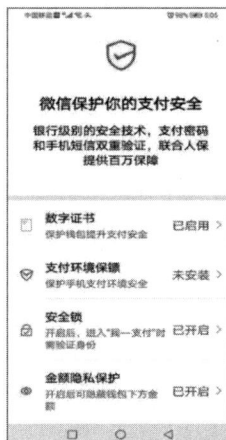

（a）微信安全保障措施 （b）数字证书已启用

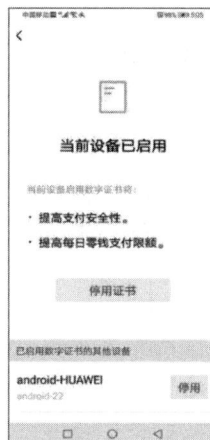

图 8.2　微信安全保障体系

保障，而 70%则依靠网民安全意识的增强、管理模式的完善以及管理制度和法律法规的不断健全等。

1. 电子商务网站的安全防范

在电子商务网站上进行线上交易有很多好处：卖家可以以较低的营销成本获得更多用户的广泛关注，还可以节省门面租金、水费、电费、燃气费等，更不需要储备大量的货品；买家则可以随时随地浏览或购买数以百万计的产品。由此可见，电子商务网站的安全防范尤为重要。保护电子商务网站免受网络攻击，对任何电子商务企业的生存都至关重要。

（1）选择合适的虚拟主机服务。电子商务网站的安全性、运行速度、搜索引擎优化和网站流量处理能力等因素在很大程度上取决于其托管环境。一些虚拟主机商会提供额外的安全保护功能以优化其主机服务。所以企业在选择合适的虚拟主机服务时，需要多方面考虑这些因素。

（2）更新系统应用软件。软件不及时更新是导致产生安全漏洞的最常见原因之一。一个简单的解决方法是定期、不定期更新或升级网站开发与运营的相关软件，否则黑客很容易利用安全漏洞进行网络攻击。

（3）正确配置防火墙。正确配置防火墙是对网站进行安全保护的一个重要措施。防火墙可持续监控任何可疑的流量或请求，并在它们到达网站之前进行拦截。

（4）强制使用强密码。大多数电子商务网站都会让其用户创建一个账户来完成交易。如果用户在网站注册一个账户，并使用弱密码，则他的账户很容易成为网络攻击的目标。因而，网站开发人员需要在代码中设置提升密码强度的条件，如密码不宜过短，且需包含大小写字母、数字和特殊字符等。

（5）不要存储用户的敏感信息。一些电子商务网站希望尽可能多地收集用户信息，以便分析用户的行为，从而制订出有效的营销方案；或让用户将其信用卡号或借记卡号、CVV（Card Verification Code，信用卡验证码）和其他相关信息保存到其账户中，以便在交易结账过程中为其提供良好的体验。但是，将这些敏感的用户信息保存在网站服务器上风险很高，一旦信息被黑客破解或截获，电子商务网站就必须为此受到相应的经济制裁或处罚。另外，使用第三方在线支付工具可以降低付款风险，这些工具可以在不将详细信息保存到服务器的情况下，启用保存"付款"等详细信息的功能。

（6）定期备份数据。无论网站有多安全，电子商务网站都需要制订一份有效且经过测试的容灾备份计划，定期在不同的存储器上备份交易数据等。

（7）加强员工数据安全意识培训。电子商务网站首先需加强对员工数据安全意识的培训，如让员工不要在与他人聊天时提及用户的敏感信息；其次，要增强员工应对安全问题（如网络钓鱼攻击）的能力。

2. 手机用户的安全防范

手机作为通信的重要工具和社交沟通的重要平台，其安全问题更是不容忽视。手机用户在日常使用手机时，一定要采取积极、稳妥的安全防范措施来应对网络安全问题。

（1）增强安全防护意识。在个人层面，手机经济犯罪屡禁不绝；在社会层面，手机隐私泄露情况也较严重；在国家层面，西方国家窃听敏感用户手机由来已久，被远程遥控的手机会变成带有视频直播功能的窃听器。因此，每位手机用户都要时刻保持清醒，充分认清手机安全保密事关国家利益、事业发展和家庭幸福，不能认为自己"无密可保""有密难保"；同时还要严格遵守手机使用规定，谨慎参与网上体验，不接受陌生蓝牙连接请求，不随意点击来历不明的短信或邮件，不使用陌生的计算机为手机充电，不使用翻墙软件违规访问境外网站，等等。

（2）安全使用 Wi-Fi。使用智能手机上网的用户多是通过 Wi-Fi 接入互联网的，所以手机用户要对手机 Wi-Fi 安全问题给予足够重视：一是要仅连接信任网络，特别是当周围出现多个同名 Wi-Fi 时，应引起警觉；二是 Wi-Fi 要选择使用高强度的 WPA2 认证方式；三是 Wi-Fi 要设置高强度连接密码。

（3）增强手机保密意识。"天上不会掉馅饼。"部分用户完全没有手机保密意识，经常随意扫描二维码、下载 App、连接免费 Wi-Fi……殊不知，这些行为都容易泄露手机中的信息。所以，对手机用户来说，培养保密意识尤为重要。

第二节　电子支付

电子支付是指交易的当事人，包括消费者、商家和金融机构等，使用安全的电子支付手段，通过网络进行的货币支付或资金流转。

电子支付是电子商务不可缺少的环节。随着网络技术特别是网络安全技术的不断发展，电子支付也在不断发展，一些第三方支付企业得到了快速发展。例如，易贝的贝宝、阿里巴巴的支付宝和腾讯的财付通等均取得了巨大的成功。

一、电子支付系统

（一）电子支付系统概述

电子支付系统的参与者包括发行银行、支付者、商家、接收银行和清算中心等。电子支付系统的一般模型如图 8.3 所示，图中的实线代表电子支付操作的流向，虚线代表资金或商品的流向。

（1）发行银行。发行银行为支付者发行有效的电子支付工具，如电子货币、电子支票和信用卡等。

（2）支付者。支付者付款给发行银行，从发行银行处换取电子支付工具。

（3）商家。商家接收支付者的电子支付工具并为支付者提供商品或服务。

（4）接收银行。接收银行从商家处收到电子支付工具，并验证其有效性，然后提交给清算中心。

（5）清算中心。发行银行和接收银行将支付信息

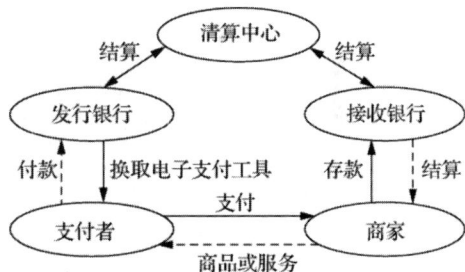

图 8.3　电子支付系统的一般模型

发送给清算中心，清算中心定期清算，将清算结果返回两家银行进行结算。

（二）常用的电子支付系统

视野拓展

支付系统详解

一个电子支付系统能否在互联网或其他的开放网络上被广泛使用，不仅取决于其是否具有提供全天候服务、可异地交易及交易费用低等优势，还取决于其能否安全、方便、高效地完成支付。下面简单介绍几种常用的电子支付系统。

1. 自动柜员机系统

自动柜员机系统（CD/ATM 系统）是一种利用银行发行的银行卡，

在自动取款机（Cash Dispenser，CD）或自动柜员机（Automatic Teller Machine，ATM）上执行存取款和转账等功能的自助银行系统。

2. 销售时点系统

销售时点（Point of Sale，POS）系统可通过自动读取设备实时读取商品销售信息（如商品名称、单价、销售数量、销售时间、销售店铺等）和银行卡的持卡人信息。商品销售信息通过通信网络和计算机系统被传送至有关部门进行分析加工以提高经营效率，持卡人信息通过银联中心和发卡行系统联系，以完成支付和结算。销售时点系统最早应用于零售业，后来逐渐扩展至其他行业，如金融、宾馆等服务行业，其应用范围也从企业内部扩展到了整个供应链。

3. 电子汇兑系统

电子汇兑（Electronic Agiotage/Electronic Exchange）是指利用电子手段处理资金的汇兑业务，以提高汇兑效率、降低汇兑成本。具体来说，电子汇兑就是银行以自身的计算机网络为依托，为客户提供汇兑、委托收款、银行承兑汇票、银行汇票等支付结算服务。

电子汇兑系统是典型的大额支付系统，涉及的金额通常很大。它直接支持一国货币和资本市场的运作，支持跨国界、多币种交易。

4. 网上支付系统

网上支付系统（Network Payment System，NPS）是指以金融电子化网络为基础，以商用电子化工具和各类交易卡为媒介，以现代计算机技术和通信技术为手段，通过计算机网络系统特别是互联网，把支付信息安全传递到银行或相应的机构来实现电子支付的系统。常见的网上支付系统模式有网银转账支付模式、用户直连网银支付模式、第三方支付模式和移动支付等。

（1）网银转账支付模式。网银转账支付模式依据转入账户和转出账户的不同，可以细分为同行转账模式和跨行转账模式。

（2）用户直连网银支付模式。在这种模式下，用户可直接用网上银行进行支付和结算。

（3）第三方支付模式。最初（2004年—2018年6月30日），第三方支付模式是指具备一定实力和信誉保障的非银行独立机构采用与银行签约的方式，提供与银行支付结算系统接口的支付平台的模式，如支付宝、财付通等都是如此。2018年6月30日以后，第三方支付机构不再和各银行直联，而必须先接入网联，网联再和银行对接。

（4）移动支付。移动支付多为手机支付（除手机外还有智能手表、智能手环等），是用户使用其移动终端为所消费的商品或服务支付费用的一种支付方式。移动支付将移动终端设备、互联网、应用提供商及金融机构相融合，为用户提供货币支付、缴费及理财等金融服务。常见的移动支付应用提供商有手机端支付宝、微信、云闪付、翼支付等。

学而思，思而学

根据所学知识，讨论支付宝属于哪一类电子支付平台，其支付方式有哪几种。

综上所述，网上支付的过程涉及用户、商家、银行或其他金融机构，以及商务认证管理部门等。因此，支撑网上支付的体系可以说是融购物流程、支付与结算工具、安全技术、认证体系、信用体系及金融体系为一体的综合性系统。

二、电子支付工具

随着市场经济的不断发展，支付方式及支付工具也在不断变革。传统的现金与支票等支付工具已不能满足市场需要。19世纪末20世纪初，一些商户开始自行设计和使用各种结算卡，开始了对支付手段的变革。除了各种卡支付方式，电子货币、电子支票及其他各种电子支付工具应运而生。这些支付工具的不断普及也使电子支付更加多样化，它们共同构成了现在的电子支付系统。

（一）银行卡

1. 银行卡的种类

银行卡有很多种，可以根据结算方式、使用权限、使用范围、持卡对象及所用载体材料的不同进行分类。其中，按结算方式分类是常用的银行卡分类方法。

按结算方式的不同，银行卡可分为信用卡和借记卡两种，信用卡又可分为贷记卡和准贷记卡。

（1）贷记卡。贷记卡是银行向可信赖的金融客户提供无抵押短期周转信贷的一种信用卡。它由银行或专门的信用卡公司签发，证明持卡人信誉良好并可以在指定的商店或场所进行直接消费；发卡银行根据客户的信用等级给信用卡的持卡人规定一个信用额度，信用卡的持卡人可在任意特约商店先消费、后付款，也可在 ATM 上预支现金。依照信用等级的不同，信用卡可分为普通信用卡、银卡、金卡等。信用卡是银行最早发行的一种银行卡，我们所说的信用卡一般单指贷记卡。

（2）准贷记卡。准贷记卡是由银行发行的，持卡人按要求交存一定金额的备用金，当备用金账户余额不足以支付时，可在发卡银行规定的信用额度内透支的信用卡。在我国信用卡发行初期，这种卡发行得较多。

（3）借记卡。在信用卡的基础上，银行推出了借记卡。借记卡的持卡人必须在发卡银行内有存款。持卡人消费后，通过收银台的销售时点系统，可直接将银行中的存款划转到商店的账户上。除了用于消费，借记卡还可用于在 ATM 上取现。借记卡是目前我国使用最多的一种银行卡。

2. 银行卡的应用领域

银行卡使用范围大、应用领域广，可用于线下无现金购物、线上电子商务支付，还可通过 ATM、网上银行、App 或银行柜台等进行账户操作。

（二）数字货币

数字货币（Digital Currency，DC）也称电子现金，是现金（一般是纸币及硬币）的电子化，是指那些以电子数据形式储存并流通的货币。数字货币可用于购物消费，也可用于转账，相对纸币及硬币来说，其交易效率高、成本低、风险低。

通俗地说，传统的电子支付，无论是银行卡、网银还是第三方支付，实质都是银行在各账户上做数字增减，"钱"并没离开银行；数字货币可理解为可以离开银行的并存在于网上的"现金"，它的流通不依赖于银行的大账本，用户之间可以一手交钱一手交货，进行直接交易。

数字货币根据在消费时商家是否需要与银行进行联机验证，分为联机数字货币和脱机数字货币；根据数字货币是否可以合法地多次支付，分为可分割数字货币和不可分割数字货币；根据发行者是否为央行，分为法定数字货币及非法定的数字货币。

目前，不少国家、企业都在开发数字货币系统，不同类型的数字货币系统会有自己的协议。协议由后端服务器软件——数字货币支付系统和客户端的"电子钱包"软件执行，在用户、商家和发行者之间交换支付信息。因为数字货币和手上的纸币一样不会有利息，所以用户一般不会在自己设备上存放大量的数字货币。一般来说，使用数字货币会涉及兑换、支付和存款等三个过程：①用户从银行兑换一定量的数字货币存入自己设备（如手机）上的电子钱包中；②用户与商家执行支付协议，使用数字货币进行支付；③商家将多余的数字货币存入银行（"兑换"成可产生利息的账户存款）。

中国人民银行自 2014 年开始研究法定数字货币——数字人民币，该项目称作数字货币和电子支付工具（Digital Currency Electronic Payment，DCEP），字母缩写按照国际惯例定为"e-CNY"。数字人民币可以看作数字化的人民币现金，它由区块链和加密技术构建。

数字人民币主要定位于现金类支付凭证，将与实物人民币长期并存，主要用于满足公众对数字形态现金的需求。数字人民币主要有两个特点：一是数字人民币是数字形式的法定货币，二是数字人民币与纸币、硬币等价。

使用数字人民币需要先下载央行的数字人民币 App，注册、开通个人数字钱包后领取，使用时无须绑定银行卡、不必联网，只要设备有电就能完成转账。数字人民币在跨境支付中具有明显优势，这有利于推进人民币的国际化进程。

视野拓展

数字人民币与微信支付、支付宝等第三方支付的应用比较

数字人民币是中国人民银行发行的数字货币，是国家的法定货币，是能在网络中流通的人民币现金，微信支付、支付宝等第三方支付是由企业推出和管理的支付工具，两者不能直接比较。

（1）数字人民币具有法定地位和强制流通性；第三方支付只是一种支付工具，不具有法偿性和强制流通性。

（2）第三方支付中流通的可以是基于银行账户的记账货币，也可以是离开了银行账本的数字人民币。

（3）数字人民币支持双离线支付，支持数字人民币的第三方支付也可实现双离线支付，使用只支持记账货币的第三方支付时需要网络支持。

（三）电子支票

电子支票是一种借鉴纸质支票转移支付的优点，利用数字传递将资金从一个账户转移到另一个账户的电子付款形式。将传统方式下的支票改变为带有数字签名的电子报文，或利用其他数字电文代替传统支票的全部信息，就是电子支票。网上银行和大多数银行金融机构通过建立电子支票支付系统，在各个银行之间发出和接收电子支票，向客户提供电子支付服务。

三、网上银行与手机银行

（一）网上银行

网上银行也称在线银行或网络银行，是指银行利用互联网/内联网及相关技术，处理传统的非现金类银行业务的虚拟柜台。网上银行的分类主要有以下两种形式。

1. 按照经营组织方式分类

网上银行按照经营组织方式的不同，可以分为传统银行自办网上银行和纯网上银行等。

（1）传统银行自办网上银行。传统银行自办网上银行也称直销银行，是指现有的传统银行

以互联网为新的服务手段，建立银行站点，提供在线服务而设立的网上银行，又称网上柜台。

（2）纯网上银行。纯网上银行又称虚拟银行或互联网银行。纯网上银行一般只设一个办公地点，既无分支机构，又无营业网点，几乎所有业务都通过网络来进行。

2014年，微众银行正式成立，它成为我国第一家纯网上银行。微众银行自我定位为"连接者"，即一端对接互联网企业，一端对接金融机构，共同服务于小微企业和普通大众。微众银行主要有消费金融、财富管理和平台金融三大业务线。

目前，国内的纯网上银行有腾讯牵头发起设立的微众银行，背靠蚂蚁集团和阿里巴巴的网商银行，以及新希望集团、小米和红旗连锁共同参股的新网银行，美团点评参股的亿联银行，苏宁易购参股的苏商银行，百度参股的百信银行，等等。

2. 按照服务对象分类

网上银行按照服务对象的不同，可分为个人网上银行与企业网上银行。

（1）个人网上银行是银行为个人客户提供金融服务的平台，它能够办理银行的绝大部分业务。

（2）企业网上银行是银行为企业客户打造的金融服务平台，对公客户可通过网上银行办理账户管理、转账汇款、资产分析、融资、对账、电子回单查询及打印等业务。

问与答

问：纯网上银行与传统银行的业务有何异同？

答：两者的业务基本相同，纯网上银行在办理现金提取业务时需要转账到传统银行卡，通过营业厅或 ATM 系统取款。

（二）手机银行

手机银行又称移动银行，通过移动终端设备（主要是手机）为个人与企业客户提供各项金融服务。手机银行是网上银行的延伸，也是继网上银行、电话银行之后又一种方便银行客户的金融业务服务形式。

对后台来说，手机银行和网上银行没有实质性差异，客户端的功能也基本一样，可以认为手机银行是网上银行的一种形式。手机银行和日常所说的网上银行更多的不同来自客户端载体、验证方式、支付便捷性等方面，故而也有人认为手机银行是一种独立的形式。

手机银行按照服务对象可分为个人手机银行与企业手机银行，其功能分别如下。

1. 个人手机银行的功能

手机银行是网上银行的精简版，除了具有网上银行的业务功能，还具有一些特殊功能。

以中国工商银行为例，个人手机银行底部菜单有"首页""信用卡""财富""生活""我的"等栏目，如图8.4所示。其中"首页"包括"常用"和"私银"两个模块，"常用"是个人常用的功能，如账户、收支、支付、存款、转账汇款、财富、贷款、生活缴费等；"私银"面向个人、家庭、企业提供个性化、专业化的投资顾问等服务。"信用卡"包括申请办卡、申请进度、卡片启用、支付聚惠、一键绑卡等；"财富"包括理财、基金、证券、结售汇、储蓄国债等；"生活"包括生活缴费、乡村振兴、便民服务、积分专区等，点击"全部"能看到更多服务，如图8.5所示；"我的"包括银行卡、月账单、信用报告、我的资产负债、收支报告、安全中心等。

2. 企业手机银行的功能

对公客户可使用通用U盾直接登录企业手机银行，或前往柜台换领通用U盾证书，还可设置使用手机号或银行账号进行登录。登录后,对公客户可通过手机银行快捷办理账户管理、转账汇款、指令授权、资产分析、定期存款、通知存款、投资理财、融资、对账、电子回单、网点预约等业务。

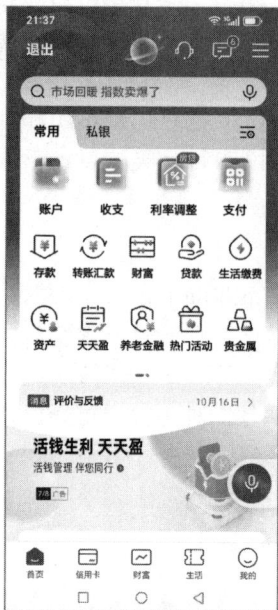

图 8.4　中国工商银行手机银行首页

图 8.5　中国工商银行手机银行"生活"栏目

第三节　第三方支付与互联网金融

一、第三方支付

所谓第三方支付,是指非金融机构作为卖家与买家的支付中介,通过网络对接而促成交易双方进行交易的网络支付模式。第三方支付是网上支付的主要方式,移动支付是近年来发展最快的支付方式,线下支付已成为移动支付新的增长点。

(一)第三方支付概述

相比网上银行和传统的汇款方式,第三方支付有延期付款功能,买家可在收到货物后才确认付费,这规避了部分网购欺诈风险;卖家开通第三方支付账户后,可对接买家几乎所有的银行卡,免去了传统支付方式中买家要办理多张银行卡的烦恼,同时也免去了传统支付方式烦琐的业务流程(如去银行、邮局汇款等)。

学而思,思而学

你知道的第三方支付机构有哪些?试举例说明。

1. 第三方支付的类别

自 2011 年央行发放首批第三方支付牌照起,第三方支付行业开始规范化发展。截至 2024 年 11 月初,拥有支付牌照的支付机构有 177 家,另有 94 家支付牌照已被注销或合并。第三方支付凭借其便捷、高效、安全的支付体验,使我国的支付市场迅速发展。从第三方支付机构或公

视野拓展

快捷支付安全吗?

司的角度看，我们可以将第三方支付分为中国银联（China UnionPay）、互联网公司推出的支付产品、独立第三方支付机构等三大类别。

微课堂
第三方支付模式的交易流程

（1）中国银联。中国银联提供的第三方支付服务有银联商务POS刷卡、银联在线支付、银联钱包、云闪付 App 等。中国银联成立于 2002 年 3 月，是经国务院同意、央行批准设立的银行卡联合组织，处于我国银行卡产业的核心地位。

（2）互联网公司推出的支付产品。支付宝、微信支付、QQ 钱包等都是互联网公司推出的支付产品，它们依托互联网公司庞大的用户群体，交易形式多样。

（3）独立第三方支付机构。独立第三方支付机构是指不依托于金融机构或大型电商平台的独立第三方支付企业，如快钱、易宝支付和汇付天下等。

2. 第三方支付模式的交易流程

在第三方支付模式下，商家看不到消费者的银行账户信息，这避免了银行账户信息在网络上公开传输导致的银行账户信息被盗的现象。假设商家和消费者均已拥有第三方支付平台账号，下面以 B2C 交易为例说明第三方支付模式的交易流程，如图 8.6 所示。

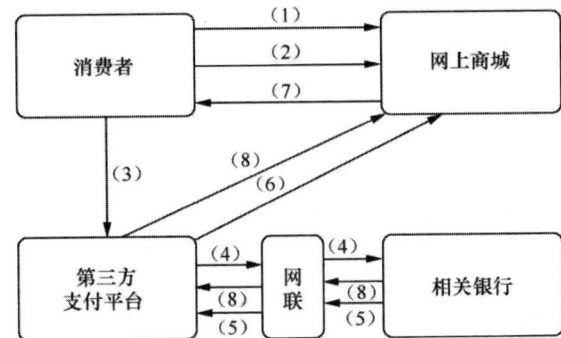

（1）消费者检索网上商城并选择商品。

（2）消费者在网上商城下订单。

（3）消费者选择第三方支付平台，直接连接到其支付平台，在支付页面选择自己需要的支付方式之后，进行支付操作。

（4）第三方支付平台将消费者的支付信息按照网联支付网关的技术要求传递至网联，再由网联向相关银行（银联）发起支付请求。

图 8.6 第三方支付模式的交易流程

（5）相关银行检查消费者的支付能力，实行冻结、扣账或划账操作，并将结果信息传至网联，再由网联传至第三方支付平台。

（6）第三方支付平台通知网上商城消费者已经付款。

（7）网上商城向消费者发货或提供服务。

（8）相关银行和第三方支付平台通过网联完成资金清算。

学而思，思而学
尝试使用花呗购物。它类似于哪种类型的银行卡？

视野拓展

网联清算有限公司（NetsUnion Clearing Corporation，NUCC，简称网联）是经央行批准成立的非银行支付机构，是连接第三方支付平台和银行网络支付清算平台的运营机构，由中国支付清算协会按照市场化方式组织非银行支付机构以"共建、共有、共享"原则共同参股出资，于 2017 年 8 月 29 日注册成立。45 家机构和公司签署了网联清算有限公司设立协议书，其中包括支付宝、财付通在内的 29 家第三方支付机构。

接入网联之前，用户在通过支付宝、财付通等第三方支付机构付款和转账时，采取的是单一第三方支付和单一银行直联的模式。这种"一对一"模式绕开了央行的清算系统，使央行和商业银行无法掌握具体的交易信息，也无法得知资金的具体流向，给监管机构和金融机构带来了金融监管、货币政策实施及金融数据分析等方面的难题。2018 年 6 月 30 日，第三方支付机构接入网联之后，各第三方支付机构不再和各银行直联，而必须先接入网联，网联再和银行对接。这样，央行可以获取具体的交易信息和资金流向，清查洗钱和挪用备付金等行为，有效防范第三方支付行业的风险。

（二）典型的第三方支付平台

1. 支付宝

支付宝最初由阿里巴巴创办，2004 年 12 月独立为浙江支付宝网络科技有限公司，成为阿里巴巴的子公司，其专注于电子商务支付领域。

（1）支付宝账户余额。当客户的支付宝账户中有余额时，客户输入支付密码后可用余额进行支付。

（2）网上银行。客户不用前往银行柜台，就可以享受全天候、跨地域的银行服务。

（3）银行卡快捷支付。客户无须开通网上银行即可绑定银行卡，且支付时不受支付额度的限制。支付宝又与手机绑定验证，是一种安全、便捷的支付方式。银行卡快捷支付包括信用卡和借记卡快捷支付。

（4）余额宝。余额宝是余额理财工具，其中的资金可随时转出或用于消费。客户转入余额宝的资金可以获得收益。

（5）花呗。花呗是由蚂蚁集团提供的"这月买，下月还"的网购借款服务。客户可以免费使用消费额度购物，还款方便并可使用支付宝自动还款。

（6）生物支付。①指纹支付。一般在电脑端会关闭此功能，客户在手机端开启指纹支付后即可使用该功能。②刷脸支付。刷脸支付无须使用手机，客户面向商家支付宝设备屏幕上的摄像头，系统就会自动将客户面部信息与其个人支付宝账户相关联，整个交易过程十分便捷。

（7）智能设备支付。将手机绑定手表、手环、智能卡等智能设备就可以进行支付。绑定的步骤：登录支付宝→在右下角点击"我的"→在右上角点击设置图标→"支付设置"→"智能设备"→"添加设备"→选择需要绑定的设备→绑定成功。在支付时，将智能设备上的付款码给收银员扫一扫就可完成付款。图 8.7 所示为支付宝添加智能设备的页面。

图 8.7　支付宝添加智能设备的页面

（8）找朋友帮忙付。找朋友帮忙付可以通过将代付请求发送给支付宝好友、微信好友或当面扫码等方式请朋友帮忙支付。

除了以上支付方式，支付宝还可以通过话费充值卡、支付宝卡、货到付款等方式完成支付。目前，支付宝已发展成为覆盖支付、生活服务、政务服务、社交、理财、保险、公益等多个场景与行业的开放性平台。

2. 财付通

财付通是腾讯公司于 2005 年 9 月正式推出的专业在线支付平台，致力于为互联网用户和企业提供安全、便捷、专业的在线支付服务。财付通作为综合支付平台，业务覆盖 B2B、B2C 和 C2C 等领域，提供网上支付及清算服务。它可为个人用户提供在线充值、提现、支付、交易管理等服务，为企业用户提供安全、可靠的支付清算服务和极富特色的 QQ 营销资源支持。

财付通的企业用户覆盖了游戏、航旅、电子商务、保险、电信、物流、钢铁、基金等行业。结合这些行业的特性，财付通提供了微信支付、QQ 钱包支付等支付产品。

（1）微信支付。2013 年 8 月，财付通联合微信发布微信支付，布局移动端支付。①微信支付为个人用户创造了多种便民服务和应用场景，转账、发红包、支付等让用户在零售、餐饮、出行、民生等方面有了更好的体验。②商户平台接入微信支付的方式有线下场所、公众号、小程序、PC 网站、App、企业微信等（参见图 8.8）。商户平台在接入微信支付时，需要绑定微信号与商户号，交易时在商户平台的"交易中心"可以查到交易的整体情况。

图 8.8　商户平台接入微信支付的方式

视野拓展

条码支付的限额规定

自 2018 年 4 月 1 日起实施的《条码支付业务规范（试行）》对条码支付做出了限额规定，如使用静态条码时，同一客户单个银行账户或所有支付账户单日累计交易金额应不超过 500 元。我们经常在支付宝或微信平台上使用的二维码收付款就属于条码支付。

动态条码支付的限额分为 1 000 元、5 000 元和不限额等三档。

如果想要不限额，那在扫码支付的时候需要采用数字证书或电子签证加上指纹或密码组合验证，这样单日累计限额由支付机构与商家通过协议自主约定。

如果没有数字证书和电子签名，只是通过密码、手机短信验证码或指纹三种方式中的两种进行组合验证而实现的扫码支付，每天的额度是 5 000 元。如果只用密码、指纹或手机短信验证码三种方式中的一种进行安全验证，单日扫码支付的限额是 1 000 元。

> 我们经常扫描的商家支付宝或微信收款二维码属于静态条码。动态条码是消费者付款时出示的支付宝或微信的付款码，收银员扫描后完成收付款，这种条码是由手机随机生成的。一般来说，"被别人扫"要比"扫别人"安全度更高，每日限额也更高。

（2）QQ 钱包支付。QQ 钱包是财付通的另一个支付品牌，于 2010 年 7 月推出。QQ 钱包提供付款码支付、扫码支付、公众号支付、App 支付等多种支付方式，可以完成手机充值、信用卡还款、在线交纳水电费等。

二、互联网金融

（一）互联网金融的含义

金融是指货币的发行、流通和回笼，贷款的发放和收回，存款的存入和提取，汇兑的往来等经济活动。

互联网金融是指传统金融机构与互联网企业利用互联网技术和信息通信技术实现资金融通、支付、投资和信息中介服务的新型金融业务模式。广义的互联网金融既包括作为非金融机构的互联网企业从事的金融业务，也包括金融机构通过互联网开展的业务。狭义的互联网金融仅指互联网企业开展的基于互联网技术的金融业务。

案例8.2

网商银行：以数据和技术驱动的供应链金融服务

网商银行是原中国银保监会批准的首批试点民营银行之一，蚂蚁集团是其最大股东，于2015年6月25日正式开业。网商银行将"普惠金融"作为自身的使命，希望利用互联网的技术、数据和渠道创新，来帮助解决小微企业融资难、融资贵与农村金融服务匮乏等问题，促进实体经济发展。进入网商银行网站首页，单击其中的"我要借钱"或"我要理财"可以很方便地贷款或理财。

> 供应链金融是互联网金融的一部分，是互联网金融的一种表现形态，属于互联网金融的垂直细分行业。供应链金融是围绕供应链上的核心企业，为上下游企业提供融资服务，把单个企业的不可控风险转变为供应链整体可控风险，并依托于核心企业信用支持的金融服务模式。

网商银行通过整合阿里巴巴电商生态所沉淀的全网商品、交易大数据，运用大数据计算挖掘能力，实现了全网商品全自动估值，使消费品也能融资。网商银行通过数据化，打通了企业线上线下各环节，将商流、物流、资金流、数据流、信用流"五流合一"，给物流与供应链金融带来了更多想象空间。

启发思考：网商银行有哪些核心优势？

（二）互联网金融产品

一般来说，互联网金融产品可以分为四类：①第三方支付类，如支付宝、财付通、京东支付等；②贷款类，如借呗、花呗、京东白条、平安易贷险等；③互联网理财类，如余额宝、理财通、京东金融等；④传统金融机构的互联网化，如平安证券等。下面主要介绍其中两类。

1. 互联网理财

互联网理财是指银行或非银行金融机构通过互联网销售理财产品或保险产品，个人或家庭通过互联网购买这些理财产品或保险产品，以实现个人或家庭资产收益最大化的一系列活动。其中，理财产品可能是理财平台所属公司自己开发的产品，也可能是其他公司开发的产品。典型的互联网理财平台如蚂蚁集团、理财通、京东金融等。

视野拓展

蚂蚁集团、理财通、京东金融

（1）蚂蚁集团是支付宝的母公司，理财产品主要有余额宝、招财宝、存金宝、蚂蚁达客、蚂蚁财富、余利宝等。蚂蚁集团于2022年6月1日正式启动"数字普惠""绿色低碳""科技创新""开放生态"四位一体的可持续发展战略。余额宝是蚂蚁集团旗下的余额理财产品，用户把资金转入余额宝后可以获得一定的收益，余额宝内的资金可以随时转入、转出或用于消费支付，赚钱、花钱两不误。

（2）理财通。理财通是腾讯官方理财平台，可为用户提供多样化的理财服务，拥有货币基金、保险理财、指数基金等多款理财产品。用户可灵活使用腾讯官网、微信、手机QQ等三种方式，随时随地理财。理财通有余额转入和大额转入两种方式。

（3）京东金融。京东金融于2013年10月开始独立运营，已建立起四大业务板块——理财、借贷、保险和分期，完成了公司金融和消费者金融布局，确立了以科技服务金融行业的战略定位。京东金融平台上的理财产品有白条、基金、银行理财、小金库、金条、联名小白卡、小金卡等。

2. 传统金融机构的互联网化

传统金融机构的互联网化是指银行、保险公司、基金管理公司等金融机构的互联网化。这些金融机构将业务搬到网络、云端上，以互联网为媒介与客户进行沟通，让客户通过计算机或手机App办理业务。通过互联网化的改造，传统金融机构的业务流程、服务方式发生了极大的改变，物理网点越来越少。

表8.1所示为国内知名互联网企业进入金融领域的情况。

表8.1　国内知名互联网企业进入金融领域的情况

企业	金融品牌	第三方支付牌照	贷款服务	零钱理财产品	理财产品销售	银行牌照
阿里巴巴	蚂蚁集团	支付宝	网商贷	余额宝、余利宝	蚂蚁财富	网商银行
腾讯	腾讯金融科技	财付通（微信支付、QQ钱包）	微粒贷	零钱通	理财通	微众银行
百度	度小满	度小满钱包	有钱花	余额盈	度小满理财	百信银行
京东	京东金融	网银在线（京东支付）	京东白条、京小贷、京保贝	小金库	京东金融	无
苏宁	星图金融	易付宝	苏宁信贷	零钱宝	苏宁理财	苏商银行
小米	小米消费金融	捷付睿通（小米钱包）	小米随星借	天星零钱卡	小米金融	新网银行

📖 实训案例

如何取消手机免密支付

李某在苍南县捡到一部手机，利用小额免密支付功能，他先用这部手机为自己的手机充值，之后又分19次向自己的支付宝账号转账，共盗走数千元。叶某在南昌市偷走一部手机，通过调出该手机中支付宝的付款二维码，不输密码就盗用该支付宝账号购买了多件商品。一些用户常陷入手机免密支付的陷阱，从而因每月续费订阅而被自动扣费等。开通免密支付功能在方便用户支付的同时，也会带来很多安全隐患。下面介绍如何取消手机免密支付。

1. 手机端支付宝如何取消免密支付

（1）登录手机端支付宝，点击"我的"→点击设置图标，如图8.9所示。

（2）进入图8.10所示的"支付设置"页面后，点击"支付设置"→"免密支付/自动扣款"，可以看到已签约的"免密支付/自动扣款"服务，如图8.11所示。

（3）点击选择一个已签约的服务，如点击"淘宝小额免密支付"→"关闭服务"（参见图8.12）→"确认关闭"，即可取消该服务的"免密支付/自动扣款"。

2. 手机端微信支付如何取消免密支付

（1）登录手机端微信，点击"我"→"服务"→"钱包"→"支付设置"（参见图8.13）→"免密支付"（参见图8.14）。

（2）进入"免密支付"页面，选择其中一个已开通的服务功能，如选择"晋中公交微信免密支付"（参见图8.15），点击"关闭扣费服务"（参见图8.16）并确认，即可取消该服务的微信免密支付。

思考讨论：试举例说明手机免密支付会为用户带来怎样的安全隐患。

图 8.9　支付宝"我的"页面

图 8.10　支付宝"支付设置"页面

图 8.11　支付宝"免密支付/自动扣款"页面

图 8.12　支付宝"关闭服务"页面

图 8.13　微信"服务"页面

图 8.14　微信"支付设置"页面

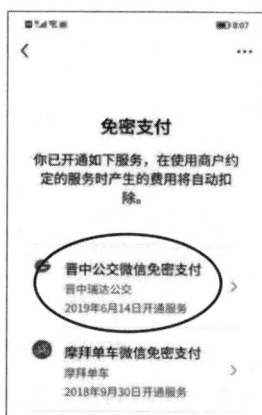

图 8.15　微信"免密支付"页面

图 8.16　微信"关闭扣费服务"页面

归纳与提高

本章主要介绍了电子商务安全面临的威胁、安全认证技术及防范措施，以及电子支付、第三方支付与互联网金融等。一个完善的电子商务系统在保证其计算机网络硬件平台和软件平台安全的基础上，还应具备强大的加密和认证功能，以完成用户信息的识别和验证。

通过本章的学习，读者应掌握电子支付系统的基础知识，对银行卡、网上银行、第三方支付与互联网金融基本模式有进一步的认识。学习本章内容后，读者应能对网上银行缴费与支付业务进行实际操作，能进行互联网理财。电子支付的普及极大地推动了我国新兴经济的整体发展，电子支付与互联网金融的发展前景会越来越好。

知识巩固与技能训练

一、名词解释

数字签名　　数字证书　　数字证书认证中心　　电子支付　　第三方支付
网上银行　　互联网金融

二、单项选择题

1. 在电子商务信息安全的要求中，信息在存储或传输过程中不被他人窃取指的是（　　）。
   A. 信息的机密性
   B. 信息的完整性
   C. 信息的不可否认性
   D. 交易者身份的真实性
2. 用户识别方法不包括（　　）。
   A. 根据用户知道什么来判断
   B. 根据用户拥有什么来判断
   C. 根据用户的地址来判断
   D. 根据用户的特征来判断
3. 一个电子支付系统能否在互联网或其他的开放网络上被广泛使用，在很大程度上取决于它能否安全、方便、高效地完成支付。下列各选项中，不属于电子支付系统的是（　　）。
   A. 中国现代化支付系统
   B. 货到付款（货到付现金）
   C. 销售时点系统
   D. 网上支付系统
4. 下列各选项中，（　　）不是网上银行的特点。
   A. 开放性
   B. 虚拟化
   C. 智能化
   D. 运营成本高
5. 下列各选项中，（　　）是支付宝的理财产品。
   A. 花呗
   B. 余额宝
   C. 理财通
   D. 支付宝
6. 消费者可以免费使用（　　）的消费额度购物，可以"这月买，下月还"，还款方便，还可以使用支付宝自动还款。
   A. 芝麻信用
   B. 余额宝
   C. 花呗
   D. 支付宝

三、多项选择题

1. 以下身份认证技术中，属于生物特征识别技术的有（　　）。
   A. 数字签名识别法
   B. 指纹识别法
   C. 语音识别法
   D. 虹膜识别法
2. 引发电子商务安全问题的事项有（　　）。
   A. 黑客的攻击
   B. 管理制度不健全
   C. 网络自身的缺陷
   D. 应用软件的漏洞
3. 病毒防范措施包括（　　）。

A. 为自己的计算机安装防病毒软件　　B. 不打开陌生人发来的电子邮件
C. 认真执行定期查杀病毒制度　　　　D. 高度警惕网络陷阱

4. 数字证书认证中心的主要作用有（　　）。
   A. 数字证书的颁发　　　　　　　　B. 数字证书的查询
   C. 数字证书的归档　　　　　　　　D. 数字证书的作废
   E. 数字证书的更新

5. 数字签名可解决（　　）的问题。
   A. 数据被泄露或篡改　　　　　　　B. 身份认证
   C. 用户未经授权访问网络　　　　　D. 病毒防范
   E. 消息认证

6. 下面属于不安全口令的有（　　）。
   A. 使用用户名作为口令
   B. 使用自己或者亲友的生日作为口令
   C. 使用学号或者身份证号码等作为口令
   D. 使用常用的英文单词作为口令

7. 电子支付有（　　）等特征。
   A. 通过数字化的方式进行款项支付
   B. 工作环境是基于一个开放的系统平台
   C. 使用的是最先进的通信手段，对软件、硬件设施的要求很高
   D. 方便、快捷、高效、经济的优势

8. （　　）等都属于电子支付工具。
   A. 电子货币　　　B. 信用卡　　　C. 电子支票　　　D. 电子钱包

四、复习思考题

1. 举例说明电子商务面临的安全威胁。
2. 电子商务的安全性要求包括哪几个方面？
3. 简述数字证书认证中心的主要功能。
4. 常用的电子支付系统有哪些？
5. 结合支付宝，谈谈第三方支付平台的付款方式与投资理财业务的种类。

五、技能实训题

为消除移动支付带来的安全隐患，在手机端的移动支付平台上进行如下操作。
（1）开启数字证书，记录操作过程，并解释说明为什么要开启数字证书。
（2）关闭一些服务的支付宝"免密支付/自动扣款"功能。

六、实训拓展题

登录中金金融认证中心、中国电子银行网、中金支付有限公司，了解我国金融安全的发展现状和数字证书的应用情况，总结有哪些金融安全产品，并选择一两个产品进行分析。

第九章 电子商务物流及供应链管理

【知识框架图】

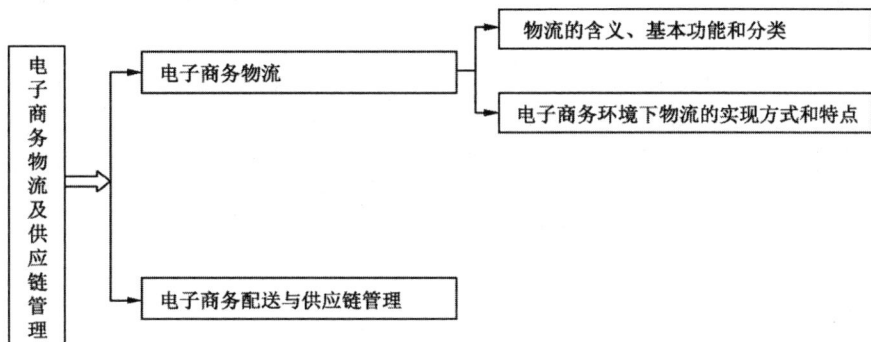

【学习目标】

【知识目标】

1. 熟悉物流的七个基本功能。
2. 了解电子商务的物流配送流程。
3. 熟悉供应链管理方法。

【技能目标】

1. 能够举例说明电商企业组织物流活动的方式。
2. 通过参观等方式了解电子商务配送的详细过程。
3. 能够举例分析新零售时代供应链的发展方向。

【引　　例】

初步认识物流

随着我国惠农政策的实施，现在农民的致富途径越来越多：多种粮可以致富，种植各种特色水果、蔬菜可以致富，承包荒山荒地也可以致富……

在一些农民绞尽脑汁地想着如何致富的时候，许多人可能忽略了细节——其实他们只要再进一步思考一下，对收获的农产品稍微做一些改变就可以致富。

要不要先把农产品存放一段时间再卖？（储存）

用什么运输工具？一次装载多少货？走哪条路把农产品运送到市场上最经济？（运输）

要不要先对收获的农产品进行清洗，然后按照品质分出级别，再按不同的价格卖出去？（流通加工）

怎样对农产品进行包装后再销售？包装设计成什么样子更招人喜欢，更能激发人们的购买欲望和消费欲望？一个包装里面放入多少货物更合适？（包装）

装车、卸货的时候，怎么做才能保证农产品不被损坏？哪些农产品先装车？哪些农产品后装车？（装卸搬运）

如果今天有几十个客户都要求送货，要先给谁送，后给谁送？送货时能否把居住在相邻区域的几个客户的货物都装到同一辆车上，从而可以少跑几趟，省些油钱？（配送）

哪些地方、哪些人需要哪些农产品？（信息）

以上问题属于哪个研究领域？为什么要研究这些内容？

第一节　电子商务物流

随着电子商务的普及，众多电商企业声名鹊起，如京东、淘宝、唯品会等；传统企业也开始进入电子商务领域，如苏宁；还有一些新型企业从诞生之日起就重视线上与线下的高度融合，如盒马鲜生。涉足电子商务的企业都会面临共同的问题：如果没有高效、合理、畅通的物流系统的支持，网购产品就难以到达消费者手中，订单履行就难以顺利进行，电子商务所具有的优势就难以有效发挥。由此可见，现代化的物流是电子商务的重要组成部分。

> 订单履行就是指在消费者下订单以后，商家组织产品，并通过物流按时将消费者所购产品配送到消费者手里，同时商家还要提供产品的安装说明或上门安装、退换货等服务。

一、物流的含义

随着物流实践和理论研究的深入，人们从不同层面和角度对物流的概念进行了界定。《物流术语》（GB/T 18354—2021）对物流（Logistics）的表述为：根据实际需要，将运输、储存、装卸、搬运、包装、流通加工、配送、信息处理等基本功能实施有机结合，使物品从供应地向接收地进行实体流动的过程。对物流管理（Logistics Management）的表述为：为达到既定的目标，从物流全过程出发，对相关物流活动进行的计划、组织、协调与控制。

物流的内涵主要体现在以下几个方面。

（1）物流的研究对象是物。"物流"中的"物"（物品、货物）是指经济与社会活动中的实体流动物质资料，既包括生产过程中的物质，又包括流通过程中的商品，还包括消费过程中的废弃物。

（2）物流是"物"的物理运动。物流是指物品从供应地向接收地的实体运动，这一运动过程创造了空间价值。它不同于其他形式的运动，如化学的、机械的、生物的、社会的运动等。

（3）物流是一种经济活动。物流是为满足社会需求而进行的原材料、中间库存、最终产品等从供应地向接收地的转移，是一种经济活动。不是经济活动的物质实体的流动不属于物流范畴。

二、物流的基本功能

物流的基本功能是指物流系统所具有的基本能力，把这些基本能力有效地进行组合便能合理地实现物流系统的总目标。物流的基本功能（实际工作环节）包括以下几项。

（1）包装功能，包装包括生产过程中制成品和半成品的包装，以及物流过程中换装、分装和再包装等。图9.1和图9.2所示分别为常见的两种物流包装——托盘和集装箱。

最重要的物流包装——托盘

托盘是一种用于机械化装卸搬运和堆存的集装单元工具，是一种特殊的包装形式。托盘有自重小、返空容易、装卸简单、装载量适中等特点，它和集装箱同时被誉为"21世纪最伟大的物流发明"。

曾经，我国各个行业使用的托盘尺寸规格不统一，造成了托盘无法共用、装卸搬运频繁、物流效率低下、货物破损严重、物流成本居高不下等问题。为此，我国在2006年确定以1 000mm×1 200mm和1 100mm×1 100mm两种规格作为我国托盘尺寸的国家标准，并于2008年起实施。标准化托盘的使用极大地提升了我国物流业整体活动效率。

图9.1 托盘

图9.2 集装箱

（2）装卸搬运功能，是加快商品在物流过程中的流通速度所必须具备的功能。装卸和搬运一般是连续进行的，我们将其视为一项功能。装卸搬运是运输、储存、包装、流通加工等物流活动间的衔接活动，以及在储存等活动中为进行检验、维护和保养所进行的装卸及搬运活动。图9.3所示为现代化的自动搬运机械——自动导引车（Automated Guided Vehicle，AGV，也称自动导引运输车、无人驾驶搬运车等）。

视野拓展
智能仓储系统实例

（3）运输功能，主要是指物流企业选择运输方式，然后具体组织运输作业，在规定时间内将客户购买（或退换）的商品运抵目的地的功能。图9.4和图9.5所示分别为货运汽车和集装箱船。

图9.3 自动导引车

图9.4 货运汽车

图9.5 集装箱船

（4）储存功能，包括堆存、保管、保养和维护等功能。图9.6和图9.7所示分别为托盘货架和京东某仓库外景。

（5）流通加工功能，又称流通过程中的加工功能，其不仅存在于社会流通过程中，还存在于企业内部的流通过程中。它表现为物流过程中进行的辅助加工活动。图 9.8 和图 9.9 所示分别为鸡蛋和鱼、虾等生鲜食品的流通加工。

图 9.6　托盘货架

图 9.7　京东某仓库外景

图 9.8　鸡蛋的流通加工

图 9.9　鱼、虾等生鲜食品的流通加工

图 9.10　配送中心分流货物的分拣线

（6）配送功能，是指物流进入最终阶段时，以配货、送达的形式完成社会物流，最终实现资源配置的功能。《物流术语》（GB/T 18354—2021）对配送的定义为：根据客户要求，对物品进行分类、拣选、集货、包装、组配等作业，并按时送达指定地点的物流活动。图 9.10 所示为配送中心分流货物的分拣线。

（7）物流信息管理功能，包括与上述各项活动有关的计划和预测，对物流动态信息及其有关费用、生产、市场信息进行收集、加工、整理和分析的功能。

目前的物流信息技术按照功能可以分为物流识别技术（如条形码识别和射频识别技术）、数据处理技术（如数据库）、数据交换技术、货物跟踪技术（如北斗卫星导航系统、全球定位系统）、地理信息系统技术、电子订货技术［如电子订货系统（Electronic Order System，EOS）］、销售时点技术等。图 9.11 和图 9.12 所示分别为条形码和射频识别标签。

图 9.11　条形码

图 9.12　射频识别标签

视野拓展

部分物流信息技术名词释义

三、物流的分类

在社会经济领域，物流活动无处不在。各个领域的物流，虽然其基本要素都存在，但由于物流对象不同、物流目的不同、物流范畴不同，形成了不同的物流类型。

1. 按照活动的空间分类

（1）地区物流，是指存在于某一地区内的物流活动。地区物流可以按地理区域划分，如华北地区物流、华南地区物流、东北地区物流等；也可以按经济区域划分，如苏（州）、（无）锡、常（州）经济区物流和云南边境贸易区物流等。

（2）国家物流，是指在一个国家内部进行的物流活动。这种物流活动主要用于保证国内商品的流通，促进本国流通业的发展。

（3）国际物流，是指不同国家和地区之间的物流。它是国家物流的延伸和进一步发展，是跨国界的、流通范围更大的物流。

如今，国家与国家之间的贸易活动日益频繁。为了促进本国经济的发展，许多国家积极投入国际经济合作，推动国际贸易，发展跨境电商。

为了更好地实现经济交流，许多国家注重更新自身的物流观念，升级物流设施，按国际物流标准改造原来的物流体系。随着国际合作的加深及跨国企业的发展，国与国之间的生产协作关系更加紧密，"多国制造"的商品越来越多，生产环节的衔接也需要依靠国际物流。因此，随着国际分工的发展和国际贸易的加强，国际物流将成为重要的发展方向。

2. 按照作用分类

物流按照其作用可分为以下五类（参见图9.13）。

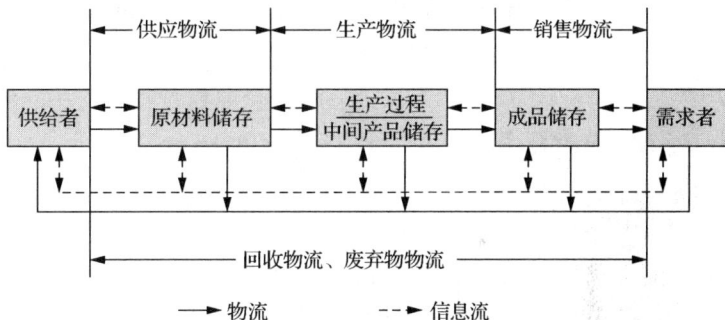

图 9.13　物流按照作用分类

（1）供应物流。供应物流是指为生产企业提供原材料、零部件或其他物料时所发生的物流活动。供应物流不仅要保证供应目标的实现，还要在最低成本、最小消耗、最大保证等限定条件下组织物流活动，因此有很大的难度。为此，供应物流必须有效地解决供应网络、供应方式和库存等方面的问题。

（2）生产物流。生产物流是指生产企业内部进行的涉及原材料、在制品、半成品、产成品等的物流活动。企业生产过程中的物流顺序为：原材料、零部件、燃料等从企业仓库或企业的"门口"开始，进入生产线的开始端，然后随生产加工过程的推进，一个环节一个环节地流动。在物流过程中，原材料等被加工，同时产生一些废料、余料，直到生产加工终结，产成品流至仓库，完成企业生产物流过程。

（3）销售物流。销售物流是指企业在销售商品过程中所发生的物流活动。销售往往在将商品送达需求者并提供售后服务后才算完成。在这种前提下，销售物流是通过包装、配送等一系列物流活动来实现的。这就需要物流企业研究送货方式、包装水平、运输路线等，并采取小批量、多批次，定时、定量配送等特殊的物流方式达到目的。由此可见，销售物流的研究内容较为广泛。

（4）回收物流。回收物流是指不合格物品的返修、退货及周转使用的包装容器从需求者返回供给者所形成的物品实体流动。生产、供应、销售活动中总会产生各种余料和废料，对这些物品的回收也是物流的一部分。而且在一个企业中，回收物品处理不当，往往会影响整个生产环境甚至商品的质量，同时占用空间，造成浪费。

🤔 学而思，思而学

我国快递行业的回收物流

2023 年 2 月 22 日，国家邮政局举行专题新闻发布会，发布 2023 年邮政快递业更贴近民生的七件实事，其中之一就是实施绿色发展"9218"工程：加快推进快递包装绿色低碳转型，到年底实现电商快件不再二次包装比例达到 90%，深入推进过度包装和塑料污染两项治理，使用可循环快递包装的邮件快件达到 10 亿件，回收复用质量完好的瓦楞纸箱 8 亿个。

发布会还介绍了 2022 年我国快递行业的回收物流的完成情况：过度包装和随意包装得到初步遏制，2022 年可循环快递箱（盒）投放量近 1 500 万个，寄递企业自行提供的快递包装材料符合标准要求的比例和按照包装规范操作要求对快递进行包装的比例均超过 90%。

除此之外，你了解的回收物流知识还有哪些呢？

（5）废弃物物流。废弃物物流是指将经济活动或人民生活中失去原有使用价值的物品，根据实际需要进行收集、分类、加工、包装、搬运、储存等，并分送到专门处理场所的物流活动。废弃物物流应从环境保护的角度出发，将废弃物妥善处理，防止造成环境污染。

总之，根据不同的分类标准，物流可以有不同的分类方式。但是，每一种分类方式都不是孤立存在的。一种物流活动可以有多种不同的物流类型，因此各种物流类型是相互联系的。

四、电子商务环境下物流的实现方式

不同的电子商务用户可根据自身条件选用不同的物流方式。总体来说，目前有两种物流方式，一种是企业自营物流，另一种是第三方物流。

📖 视野拓展
企业自营物流实例

1. 企业自营物流

企业自营物流是指从事电子商务的企业拥有全资或控股的物流公司，由其负责本企业的物流配送业务。随着电子商务的发展，物流显得愈发重要。一些大型电商平台为了使用户有更好的购物体验，保证产品的物流配送时间及配送品质，纷纷建立了自己的物流系统。例如，京东商城、唯品会、美团等都采用了自营物流模式。

但是，企业自营物流模式并不适合小型的电子商务企业，这是由企业自营物流模式所需条件决定的。企业自营物流有如下弊端。

（1）投资成本高。企业需要自建物流系统，包括物流固定设施的建设、物流场地的选择等，随之而来的是巨大的资金投入。

（2）不利于企业专注于主业。企业自营物流需要很大一部分员工来做物流工作，还要把部分资金投入物流系统中，不利于企业专注于主业。

（3）不利于企业灵活作战。企业有一整套自己的物流设施及物流技术，有可能造成资源闲置。

〰️ 案例 9.1 〰️

京东物流

京东是目前我国较大的自营物流电商企业，其业务涉及电子商务、金融和物流等板块。

1. 成立京东物流集团

京东集团自 2007 年开始自建物流系统，于 2017 年 4 月宣布成立京东物流集团。2021 年 5 月，

电子商务概论（附微课 第6版）

京东物流于香港联交所主板上市。京东物流集团通过智能化布局的仓配物流网络，为商家提供包括仓储、运输、配送、客服、售后等在内的一体化供应链解决方案。京东物流已成为拥有中小件、大件、冷链、B2B、跨境和众包（达达）等六大物流网络的企业。

2．业务介绍

（1）仓储服务：面向企业客户的综合性、一体化及可定制的仓配服务。

（2）快递、快运服务：向企业及个人客户提供快递及快运服务，以及在此基础上的多种增值服务。

（3）大件服务：面向企业及个人客户的一站式大件仓储、运输、配送及安装服务。

（4）冷链服务：京东冷链专注于生鲜食品、医药物流，依托冷链仓储网、冷链运输网、冷链配送网"三位一体"的综合冷链服务能力，以产品为基础，以科技为核心，通过构建社会化冷链协同网络，打造全流程、全场景的一站式冷链服务平台。

（5）跨境服务：京东物流帮助中国制造通向全球，全球商品进入中国，同时为商家提供一站式跨境供应链服务。

3．时效服务

（1）"211"限时达。当日11:00前提交的现货订单当日送达，当日11:00之后23:00前提交的现货订单次日15:00前送达。

（2）京准达。京准达是为客户提供的一项可以精确选择收货时间段的增值服务，是针对"最后一公里"推出的每两小时一个波次的精准送达服务。目前，京准达服务已经覆盖京东物流的三张大网——中小件网、大件网、冷链网，服务覆盖全国近85%的人口。

（3）夜间配。客户如需要夜间送货上门服务，下单时可选择19:00—22:00时间段。对属于夜间配服务范围的商品，京东物流会尽可能安排配送员在选定时间段（19:00—22:00）送货上门。

（4）定时达。如客户地址在定时达服务范围内，客户可以在提交订单时选择指定日期送货选项，根据定时达提供的时间段来选择收货时间，配送员会尽力在承诺的时间段内将商品送到。其中，预约的时间段为1～7天，大家电为1～10天（大家电仅可预约送货日，不可预约送货时间段）。

截至2024年9月30日，含第三方业主运营的方仓，京东物流拥有的仓库超过3 600个，总面积超过3200万平方米。同时，通过与国际及当地合作伙伴的合作，京东物流已建立了覆盖主要国家和地区的国际线路，拥有约100个保税仓库、直邮仓库和海外仓库。

启发思考：

1．京东物流开展了哪些主要业务？

2．请分析京东的"211"限时达、京准达、夜间配、定时达的时效服务。

2．第三方物流

第三方物流（the Third Party Logistics，3PL）是由独立于物流服务供需双方之外，且以物流服务为主营业务的组织提供物流服务的模式。第三方物流是相对于企业自营物流而言的，提供第三方物流服务的企业，其前身多是运输业、仓储业等从事物流及相关活动的企业。我国第三方物流企业可分成两类，一类是由以邮政、铁路、航空为主体的国有企业发展而来的物流企业，另一类是由民营小型速递公司、仓储公司等发展而来的物流企业。中国远洋海运集团、中国外运长航集团、中国海运有限公司、顺丰速运、申通快递、圆通速递、韵达速递、中通快递、中国邮政速递、UPS等都是较知名的第三方物流公司。

五、电子商务环境下物流的特点

电子商务时代的来临使全球物流迎来了新的发展，使物流具备了一系列新特点。

（1）信息化。物流信息化是电子商务的必然要求，表现为物流信息的商品化、物流信息收集的数据化和代码化、物流信息处理的电子化和计算机化、物流信息传递的标准化和实时化、物流信息存储的数字化等。信息技术及计算机技术在物流中的应用彻底改变了全世界物流业的面貌。

（2）自动化。物流自动化可大大降低劳动强度并提升工作效率。物流自动化设施包括条码/语音/射频自动识别系统、自动分拣系统、自动存取系统、自动导引车、货物自动跟踪系统等。

（3）网络化。物流的网络化有两层含义：一是物流配送系统信息的网络化；二是组织的网络化，即建立企业内部网。例如，中国台湾地区的计算机行业在20世纪90年代创造了"全球运筹式产销模式"。这种模式的基本特点是按照客户的订单组织生产，生产采取分散形式，即将全世界能用于制造计算机的资源都利用起来，采取外包的形式将计算机的所有零部件、元器件外包给世界各地的制造商生产，然后通过全球的物流网络将这些外包的零部件、元器件发往同一个物流配送中心进行组装，该物流配送中心再将组装后的计算机发送给客户。这一过程需要高效的物流网络的支持，物流网络的基础是信息技术和计算机网络。

（4）柔性化。柔性化本来是为践行"以顾客为中心"、敏捷制造（Agile Manufacturing，AM）等理念而在生产领域提出的。20世纪90年代以来，国际生产领域纷纷推出柔性制造系统（Flexible Manufacturing System，FMS）、计算机集成制造系统（Computer Integrated Manufacturing System，CIMS）、企业资源计划及供应链管理等技术和概念。这些技术和概念的实质是将生产、流通集成，根据需求端的需求组织生产、安排物流活动。因此，柔性化的物流正是为了适应生产、流通与消费的需求而发展起来的一种新型物流模式。

（5）集成化。电子商务环境下的物流系统，在物流基础设施、信息基础设施、商品包装的标准化和物流运作模式等各个方面都日益社会化和一体化，数据与功能、技术与设备、人员与组织等各个层次都在向集成化的方向发展。

（6）智能化。智能化是物流信息化、自动化的一种高层次应用。智能物流利用集成智能化技术，使物流系统能模仿人的智能，具有思维、感知、学习、推理判断和自行解决物流中的某些问题的能力。物流作业过程中大量的运筹和决策（如库存水平的确定、运输和搬运路径的选择、自动导引车的运行轨迹和作业控制、自动分拣机的运行、物流配送中心经营管理的决策支持等）问题都需要借助大量的知识才能解决。

（7）智慧化。智慧物流最早由IBM提出，《物流术语》（GB/T 18354—2021）中对智慧物流的表述为：以物联网技术为基础，综合运用大数据、云计算、区块链及相关信息技术，通过全面感知、识别、跟踪物流作业状态，实现实时应对、智能优化决策的物流服务系统。

视野拓展

智能物流与智慧物流的联系和区别

中物协（北京）物流工程设计院认为，能够实现感知、交互、分析、发现和决策过程的物流是智慧物流，而智能物流只是代替人的劳动，不能代替人做决策。

智能物流是物流系统向智慧物流进化的重要阶段，但是智能物流不等于智慧物流。智能物流的能力聚焦于"知晓"，聚焦于由系统的感知、分析、判断、执行形成的闭环，智能物流重点体现出来的还是执行能力，还不具备智慧能力。智能物流的进化重点是增强执行能力与感知能力，执行能力体现的是智能硬件与智能软件的系统集成，感知能力是指物联网技术的全面感知能力。

智慧物流是指物流系统不仅具备了"智"的能力，还知道这种能力是如何产生的，进而可以学习提升，不断迭代升级。相对于智能物流而言，智慧物流多了自主决策和学习提升的能力。

智慧物流实例

京东智慧物流

2018年12月22日，浙江国际智慧交通产业博览会期间，京东物流作为科技物流企业代表参展，在现场展示了无人机、无人仓、无人车、京东地图、智能空间物流、青流箱等物流"黑科技"。

在博览会现场，京东物流新一代无人机、无人仓、配送机器人等智能物流设备一一亮相，让人大开眼界。其中，X1无人机和Y3无人机成为与会者关注的焦点，它们不仅可往返20千米送货，而且能全自主定点悬停抛货、自动卸货并返航。除了无人机，京东无人仓、无人车同样吸睛。京东无人仓强大的仓储系统，连同多个系列的自动驾驶技术产品，从商品入库、存储，到包装、分拣，真正实现了全流程、全系统的智能化、无人化。

2019年7月，京东物流研发团队为了解决"包裹异常"问题，推出了以"流计算+AI"为核心的异常订单动态履约解决方案。简单来说，此方案就是通过技术手段，让用户实时了解异常包裹动态，告知用户异常包裹到达的确切时间。

2024年6月，京东物流在世界智能产业博览会上发布了最新的无人配送车感知方案，方案中提到的点云和视觉检测核心算法，将为无人配送车提供更高的环境感知能力和安全性，从而为进一步推动智能物流的发展和技术革新提供了有力支撑。

启发思考： 京东的无人机、无人仓、无人车等技术对电商的物流环节有什么影响？

第二节　电子商务配送与供应链管理

一、电子商务配送

在电子商务交易过程中，无论由谁来承担物流任务，都必须以最快的速度把货物送到客户手中。图9.14所示为电子商务配送的操作流程。

电子商务配送是信息化、现代化和社会化的物流配送，它是指物流配送企业采用网络化的计算机技术和现代化的硬件设备、软件系统及先进的管理手段，针对社会需求，严格、守信地按客户的送货要求开展分类、编配、整理、分工、配货等一系列工作，定时、定点、定量地将货物交给客户的物流活动。

（一）电子商务的物流配送流程

电子商务环境下的物流配送流程主要包括采购作业流程、仓储作业流程、配送作业流程、退货及后续处理作业流程。

物流配送流程的优化不仅是企业降低成本的要求，而且是整个物流产业发展的关键。

1. 采购作业流程

采购作业流程处于准备配送货物的阶段，是配送中

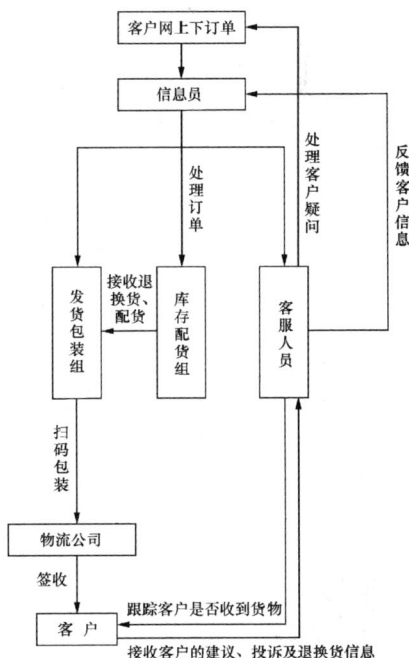

图 9.14　电子商务配送的操作流程

心运转的基础环节。物流业务管理部门根据客户的要求及库存情况，通过电子商务中心向供应商发出采购订单，供应商收到采购订单并加以确认后向业务管理部门发出供货通知，业务管理部门再向仓储中心发出接货的信息，仓储中心则根据货物情况准备合适的仓库，供应商将发货单通过互联网发送给仓储中心，货物则通过各种运输手段送至仓储中心。

在物流专业化的情况下，采购作业流程基本有两种模式：第一种是由提供配送服务的第三方物流企业承担采购任务，直接向生产和经销企业订货或购货；第二种是物流、商流两者分离的模式，由货主订货和购货，配送中心负责进货和理货等工作，货物所有权属于货主。

2. 仓储作业流程

仓储作业流程是采购作业流程的延续。仓储中心接受业务管理部门的统一管理，它的主要作业区是进货区、拣货区和发货区。

（1）仓储中心在收到供应商的发货单和货物后，在进货区用条码扫描仪对新进货物进行验收，确认发货单与货物一致后，对货物做进一步处理（如验收不合格则退货）。

（2）一部分货物直接放入发货区暂时储存，属直通型货物。这仅仅适用于周转率高的货物，今天进仓、明天出仓的货物最适合在仓库首层暂存区放置。

（3）另一部分货物属于存放型货物，要进行入库储备处理，即进入拣货区。这是出于安全库存的考虑，按照一定时期配送活动的要求和到货周期，有计划地确定能够使配送活动持续进行的库存数量和形式，适用于要在仓库存放一段时间的货物。拣货是通过自动分拣输送系统、自动导向系统完成的。

（4）货物进入自动化仓库后，当需要发货时，根据发货单，通过自动分拣输送系统将货物送至相应的装车线，对货物进行包装处理后装车送货。仓储作业流程如图9.15所示。

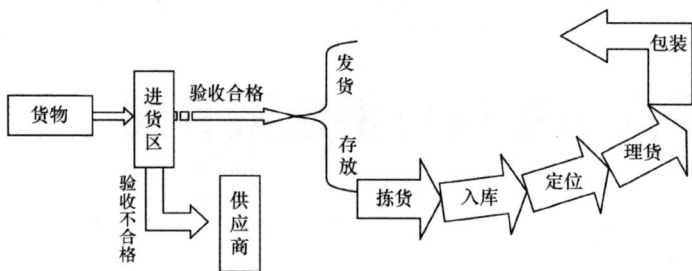

图9.15 仓储作业流程

3. 配送作业流程

配送作业流程是物流配送流程的核心环节。配送部门由业务管理部门统一调度，根据客户的具体要求打印相应的送货单，在运输途中通过地理信息系统、定位系统等进行实时监控，及时沟通和反馈配送信息，并在货物到达目的地，经客户确认无误后，凭回单向业务管理部门确认。

4. 退货及后续处理作业流程

退货及后续处理作业流程是物流配送流程的最后一个环节。客户因种种原因可能会请求退货，企业应制定相应的退货处理机制。

退货可集中由配送部门送回原仓储地点，由专人清理、登记、查明原因。如果是产品质量问题，应进行抽样检验，达不到相应质量标准则应及时通知采购作业流程停止订货和购货，并通知网站管理部门将网页上有关货物的信息及时删除；如果退货还可继续使用，则可重新进入库存系统。

除此之外，企业还应建立客户满意度调查和投诉反馈系统，对物流配送系统进行监督和考核。电商企业在将物流配送业务外包给专业物流配送企业时，如果缺少必要的监督和约束手段，物流配送环节往往会成为电子商务顺利运行的阻碍。

（二）电子商务物流配送中心

《物流术语》（GB/T 18354—2021）中对配送中心的表述为：具有完善的配送基础设施

和信息网络，可便捷地连接对外交通运输网络，并向末端客户提供短距离、小批量、多批次配送服务的专业化配送场所。电子商务物流配送中心应基本符合下列要求：主要为特定的客户服务；配送功能健全；有完善的信息网络；辐射范围小；多品种，小批量；以配送为主、储存为辅。图 9.16 所示为某电子商务物流配送中心的效果图。

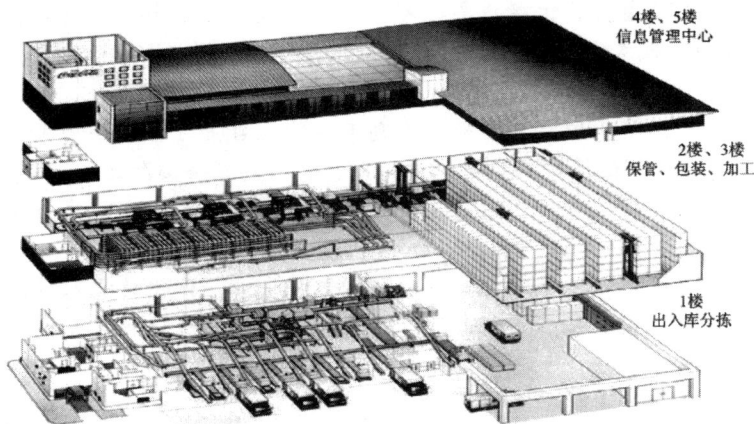

图 9.16 某电子商务物流配送中心的效果图

确定电子商务物流配送中心的运作类型，对设计新型物流配送中心具有重要的意义。

1. 按运营主体划分

物流配送中心按运营主体不同可划分为以下几类。

（1）以制造商为主体的物流配送中心。其中的货物由制造商生产制造，物流配送中心用于降低流通费用、提高售后服务质量、及时将预先配齐的成组元器件运送到规定的加工和装配工位等。这种配送中心从货物制造到生产出来后条码和包装的配合等多方面都较易控制，比较容易实现现代化、自动化。

（2）以批发商为主体的物流配送中心。其中的货物来自各个制造商，物流配送中心所进行的一项重要的活动是对货物进行汇总和再销售，它的全部进货和出货活动都是由社会各部门完成的，社会化程度高。

（3）以零售业为主体的物流配送中心。零售商在发展到一定规模后，就可以考虑建立以零售业为主体的物流配送中心，为专业商品零售店、超级市场、百货商店、建材商场、粮油食品商店、宾馆饭店和个人客户等提供配送服务。例如，2018 年 7 月，菜鸟网络华东地区的商超物流配送中心建成并投入使用。

~~~案例9.3~~~

菜鸟网络

菜鸟网络科技有限公司成立于2013年，是阿里巴巴联合顺丰速运、申通快递、圆通速递、中通快递、韵达速递等，以及相关金融机构共建的"中国智能物流骨干网"项目。目前，菜鸟已形成面向消费者、商家和物流合作伙伴三类客户的五大核心业务板块。

（1）供应链：应对复杂供应链的多样化服务。通过数字化的供应链管理系统和遍布全国的仓储配送设施，菜鸟为品牌商和产业带工厂提供应对复杂供应链的多样化服务，逐步建立消费供应链与产业供应链并重的服务，能有效实现减少库存、提高周转率的目的，最终实现供应链上下游协同，助力产业升级。目前菜鸟供应链服务已覆盖快消、美妆、家居、家电、服饰、日用百货等多个行业。

（2）消费者物流：数字社区生活快递服务。菜鸟通过遍布中国城乡的菜鸟驿站（包括社区、校园、乡村）与线上数字化产品菜鸟App，以及菜鸟裹裹，为消费者提供便捷的寄递、代收、查询等物流服务。

（3）物流科技：推动物流行业数智化升级。针对物流行业的痛点和难点，聚焦物流新技术和新产品研发，利用物联网、人工智能、大数据等技术提升行业数智化水平。菜鸟自主研发的电子面单、无人车、智能仓储等技术已在物流行业应用，具有前沿性、灵活拓展性和普惠性等特点。

（4）全球物流：提供数智化全链路跨境物流服务。菜鸟国际物流自主运营数字物流中枢eHub、优选仓、中心仓、海外仓等，可确保跨境包裹的物流时效。菜鸟具备国际运输、关务、海外配送等能力，可帮助进出口商家解决仓储、运输、清关、配送等方面的难题，为全球商家提供国际出口物流、国际供应链、国际货运等三大领域的服务。

（5）全球地网：全球数智物流设施资产管理者。菜鸟地网依托全球一体化物流基础设施网络与数智化解决方案，已覆盖全球经济核心区域，为客户提供优质的全球化物流设施及全链路数智解决方案。

启发思考：简要分析菜鸟网络的五大核心业务板块。

（4）以仓储运输业者为主体的物流配送中心。它具有很强的运输配送能力，且所处地理位置优越，如港湾、铁路和公路枢纽，可快速将到达的货物配送给客户。该类型的配送中心可提供仓储位给制造商或供应商，货物仍属于制造商或供应商所有，配送中心只是提供仓储管理和运输配送服务。这种配送中心的现代化程度较高。

2. 按内部特性划分

物流配送中心按内部特性不同可划分为以下几类。

（1）储存型配送中心。大范围配送的物流配送中心需要有较大库存的支持，可构建储存型配送中心。我国一些物流配送中心采用集中库存形式，库存量较大，多为储存型。

（2）流通型配送中心。流通型配送中心没有长期储存功能，是以暂存或随进随出方式配货、送货的配送中心，其典型模式是大量货物整批进入，按一定批量零出。流通型配送中心一般使用大型分货机，进货直接进入分货机传送带，被分送到各客户货位或直接分送到配送汽车上，货物在配送中心仅短时间停留。

（3）加工型配送中心。加工型配送中心是以流通加工为主要业务的配送中心。加工型配送中心具有加工职能，是根据客户的需要或者市场竞争的需要，对配送物进行加工之后再进行配送的配送中心。这种配送中心内存在分装、包装、初级加工、集中下料、组装产品等加工活动。快餐连锁店肯德基和麦当劳的配送中心就属于这种类型的配送中心。在建筑领域，混凝土搅拌配送中心也属于这种类型的配送中心。

3. 按配送货物的属性划分

根据配送货物的属性，物流配送中心可以分为生鲜品配送中心、书籍产品配送中心、服饰产品配送中心、日用品配送中心、医药品配送中心、化妆品配送中心、家电产品配送中心、电子产品配送中心及汽车零件配送中心等。由于配送的货物不同，各配送中心的规划方向也不同。下面介绍前三种配送中心。

（1）生鲜品配送中心。其主要处理的货物为蔬菜、水果与鱼、肉等生鲜产品，属于低温型的配送中心。生鲜品配送中心由冷冻库、冷藏库、鱼虾包装处理场、肉品包装处理场、蔬菜包装处理场及进出货暂存区等组成，冷冻库的温度通常为-25℃，而冷藏库的温度通常为0～5℃。

（2）书籍产品配送中心。新出版的书，通常 80%直接理货并配送到各家书店，剩下 20%的书存放在配送中心等待客户再订货。另外，书籍产品的退货率非常高，有时达三四成。因此，在规划书籍产品配送中心时，不能与食品、日用品类配送中心做相同的规划。

（3）服饰产品配送中心。服饰产品有季节性及流行性等特性，而且较高级的服饰必须使用衣架悬挂，其配送中心的规划也有其特殊性。

二、供应链管理

在电子商务交易中，为了订单的顺利履行，有些企业会先根据订单预测进行生产制造，然后从成品库中发货；有些企业会先完成组件和半成品的生产，当接到订单后再根据订货量进行成品组装或生产，最后才向客户发货；也有一部分企业等到订单确认后再开始生产活动；还有一部分企业只是为客户提供产品特定部分的个性化设计。实际上，企业往往需要同时处理多种类型的订单，因而需要提前为订单履行进行合理的规划和预算，对参与制造、物流等活动的各成员实行集成化的管理，即对供应链上的各类资源进行统筹管理。

（一）供应链与供应链管理

《物流术语》（GB/T 18354—2021）中对供应链（Supply Chain，SC）的表述是：生产及流通过程中，围绕核心企业的核心产品或服务，由所涉及的原材料供应商、制造商、分销商、零售商直到最终用户等形成的网链结构。对供应链管理（Supply Chain Management，SCM）的表述是：从供应链整体目标出发，对供应链中采购、生产、销售各环节的商流、物流、信息流及资金流进行统一计划、组织、协调、控制的活动和过程。

供应链管理的目的就是从系统的角度出发，对具有密切联系的不同环节进行统筹管理，全面提高整条供应链的运营效率，特别是连接处的效率，形成共赢的合作关系，以降低总体运营成本，增强总体竞争能力。

（二）供应链管理方法

1. 供应商管理库存

供应商管理库存（Vendor Managed Inventory，VMI）是指供应商根据需求方的库存水平、周转率、需求信息及交易成本生成生产订单，并及时将产品或物料送达需求方指定的库存位置，它采用的是一种连续补货策略，由供应商决定什么时候补货、补多少货。需求方与供应商共享需求预测信息、库存信息、销售报告等信息，是供应商管理库存成功的关键。供应商管理库存是体现供应链集成化思想的一种库存管理方式。图 9.17 所示为供应商管理库存供应链集成化管理方式的示意图。

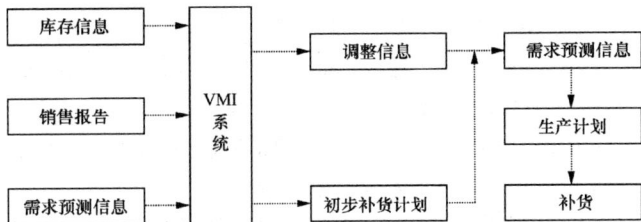
图 9.17　供应商管理库存供应链集成化管理方式

2. 快速响应

快速响应（Quick Response，QR）是从美国纺织服装业发展起来的一种供应链管理方法，其目的是通过供应链企业间的信息共享、协同运行、流程优化，对最终客户的需求迅速做出反应，缩短从原材料到销售点的时间和减少整条供应链上的库存，最大限度地提高供应链管理的运作效率，从而达到提高客户服务质量、降低供应链总成本的目标。

3. 有效客户响应

有效客户响应（Efficient Consumer Response，ECR）是指以满足客户需求、最大限度地降低物流过程费用为原则，以能及时做出迅速、准确的反应，使物品供应或服务流程最佳化为目的而组成的协作系统。其核心理念是基于客户的需求，致力于创造价值最大化的活动和摒弃没有附加价值的活动，力求降低成本，从而使客户享受到顾客让渡价值最大的产品或服务。

（三）新零售时代的供应链

当线上流量中心的格局趋于稳定，线下流量获取和迁移就成了各企业和资本博弈的焦点，互联网企业开始进入"深挖用户"和"服务实体"的阶段。当流量竞争已经达到极致时，未来电商平台的竞争将是供应链竞争，原本简单的供应链也将变得更加系统化和复杂化。

新零售时代的供应链不再是人、流程、硬件设施等要素的简单堆砌和叠加，而是要实现供应链的数字化和技术化的变革，让供应链变得更加智慧和全能。新零售时代的供应链是由消费者驱动的，其具体特征如下。

1. 供应链可视化

供应链可视化就是利用信息技术，采集、传递、存储、分析、处理供应链中的订单、物流活动及库存等相关指标信息，按照供应链的需求，将这些信息以图形化的方式展现出来。供应链可视化可以有效提高整条供应链的透明度和可控性，从而大大降低供应链风险。

新零售时代下的供应链可视化未来将持续向消费者、SKU、店员延伸，并且由传统网络向云计算系统转化。通过可视化集成平台，战略计划与业务紧密连接，需求与供应的平衡、订单履行策略的实施、库存与服务水平的调整等具体策略将得到高效的执行。

👓 视野拓展

盒马鲜生作为目前新零售中的典型代表，在运营中对商品广泛使用了电子标签，将线上线下数据同步，如 SKU 同步、库存同步、价格同步、促销同步；实现线上下单、线下提货，后台统一促销和定价，这些都为供应链可视化的构建打下了基础。

2. 供应链人工智能化

在新零售业态中，包括消费者、商品、销售、库存、订单等在内的大量零售运营数据在不同的应用场景中产生，结合不同的业务场景和业务目标，如商品品类管理、销售预测、动态定价、促销安排、自动补货、安全库存设定、供应计划排程、物流计划制订等，再匹配合适的算法，企业可对这些应用场景进行数字建模。简单来说，其逻辑就是获取数据→分析数据→建立模型→预测未来→支持决策。

🤔 学而思，思而学

供应链人工智能化对零售业会产生怎样的影响？

3. 供应链指挥智慧化

新零售企业的运营指挥控制系统是企业的"大脑"和"中枢"，新零售企业需建立起由不同业务应用模块所组成的运营指挥控制系统，这些应用模块各自具有管理一个领域的功能，可显示实时的运营动态（如货龄、售罄率、缺货率、退货率、订单满足率、库存周转率、目标完成比率等），同时又相互链接和协同，最终形成通用运营决策建议（如智能选品、智能定价、自动预测、自动促销、自动补货和下单等）。相信在未来的新零售中，可以做到各种决策自动化的 SKU 将超过 90%。

售罄率、订单满足率

售罄率是指一定时间段内某种产品的累计销售与总进货的比例。销售和进货数据的统计对象可以是数量，亦可以是金额。售罄率不能单独发挥作用，需要结合其他变量才能反映业务事实。例如，结合产品进货成本可以反映产品赢利状况；结合产品库存时间可以反映产品滞销情况；对比不同产品的售罄率可以评估产品的适销性。

订单满足率是指单位时间内完成订单数与总订单数的比值。订单满足率可以衡量订单处理的效率，该比值越趋近于1，代表订单处理效率越高。

在此基础之上，供应链管理人员要做的工作就是搜集信息、判断需求、和客户沟通、协同各种资源、寻找创新机会等。

实训案例

顺丰是如何成为快递业龙头的

顺丰于1993年在广东顺德创立，专送快件；2002年，顺丰从加盟制转为直营制，定位为高端快递；2018年，顺丰国际机场开建，顺丰开始多元化发展，致力于成为一家综合物流服务商；2020年，机场基本建成。2024年1月，品牌网对快递品牌进行了排名，排名前十的快递企业依次为顺丰、中国邮政、中通快递、韵达速递、圆通速递、申通快递、京东物流、百世快递、联邦快递、天天快递。

为什么顺丰会成为快递业龙头？

1. 科技能力：无人机、全自动分拣、智慧服务、车联网等

顺丰在硬件方面，已拥有了支线大型无人机、末端小型无人机、第六代智能手持终端（HHT6）、便携式打印机、智能接驳柜等设备和装置；在软件方面，线路规划、业务预测、数据灯塔、智慧地图等均已实现。

2. 数字化的综合物流解决方案

经过多年的发展，顺丰已具备为客户提供全方位综合解决方案的能力。顺丰不仅能为客户提供配送端的物流服务，还延伸至价值链前端的产、供、销、配等环节，可为客户提供仓储管理、商业智能、销售预测、大数据分析、供应链金融等一体化的综合物流服务，满足客户的多元化需求。

3. 直营制模式

顺丰采用的是直营制模式，除了外包部分业务，所有的核心资产均为自有。顺丰总部控制了自有的全部快递网络和核心资源，包括收派网点、中转场、干支线、航空枢纽、飞机、车辆等。

4. 天网、地网和信息网"三网合一"

（1）天网、地网。截至2024年3月6日，顺丰控股拥有87架自有全货机，拥有的全货机数量为国内最多。顺丰控股业务覆盖全国各地，国际业务覆盖200余个国家和地区，业务辐射范围广。

（2）信息网。顺丰自主研发了一套完整的智慧网平台，包括顺丰物流各项核心营运系统、顺丰地图平台、大数据平台、信息安全平台、智能运维管理平台等。同时，顺丰将数据挖掘、

机器学习、统计分析等科技方法应用到了实际业务场景中。其中，在智慧仓方面，顺丰构建了完整的顺丰云仓信息系统，支持电子商务仓、物资仓、冷运仓、海外集运仓、微仓等多种仓储业务形态，基于多维度数据分析和人工智能的智慧分仓有助于客户服务和体验升级。

基于物流服务及在物流、科技、商业、金融等方面的资源，顺丰将业务由末端配送延伸至价值链前端的产、供、销、配等环节，能为客户提供端到端的综合物流解决方案。

思考讨论：

1. 为什么说顺丰已成为快递业龙头？
2. 顺丰的业务包含哪些内容？
3. 简述顺丰的"三网合一"。

归纳与提高

物流是任何一家电商企业都无法回避的问题。通过本章的学习，读者可以了解物流的基本内容，包括电子商务物流、电子商务配送及供应链管理。物流是伴随着电子商务中的商流活动产生的，企业要做好电子商务，就必须了解物流中的仓储、运输、包装、装卸搬运等环节的特点和作用，尤其要重视配送活动与电子商务的关联；要准确把握配送的含义，了解配送流程和物流配送中心的类型。

在电商新零售时代，供应链不再仅仅是人、流程、硬件设施等要素的简单堆砌和叠加，而是要实现供应链的数字化和技术化的变革，让供应链变得更加智慧和全能。新零售时代下的供应链是由消费者驱动的。

知识巩固与技能训练

一、名词解释

订单履行　物流　电子商务配送　供应链　供应链管理　智慧物流　售罄率　订单满足率

二、单项选择题

1. 物流的基本功能不包括（　　）。
   A. 储存功能　　　B. 增值服务功能　C. 运输功能　　　　D. 配送功能
2. 物流系统的目标之一是（　　）。
   A. 配送　　　　　B. 供应链　　　　C. 库存控制　　　　D. 信息处理
3. 将生产、供应、销售活动中产生的各种余料和废料收集后分类、加工形成新产品的物流活动属于（　　）。
   A. 生产物流　　　B. 回收物流　　　C. 废弃物物流　　　D. 国家物流
4. 自动导引车属于（　　）工具。
   A. 生产　　　　　B. 运输　　　　　C. 仓储　　　　　　D. 搬运
5. （　　）作业流程是采购作业流程的延续。
   A. 仓储　　　　　B. 运输　　　　　C. 分拣　　　　　　D. 搬运

三、多项选择题

1. 订单履行的内容可分解成三个部分，即（　　）。
   A. 商品的生产与组织　　　　　　　　B. 运输配送
   C. 包装管理　　　　　　　　　　　　D. 客户服务

2. 我国在 2006 年最终选定（　　）两种规格作为我国托盘尺寸的国家标准。
   A. 1 000mm × 1 200mm　　　　　　　B. 1 100mm × 1 100mm
   C. 800mm × 1 200mm　　　　　　　　D. 1 026mm × 1 219 mm

3. 在电子商务环境下，物流的新特点包括（　　）。
   A. 信息化　　　　B. 快速化　　　　C. 自动化　　　　D. 网络化

4. 按照活动的空间分类，物流可分为（　　）。
   A. 地区物流　　　B. 国家物流　　　C. 国际物流　　　D. 供应物流

5. 物流按作用的不同，可分为生产物流、销售物流、（　　）等。
   A. 回收物流　　　B. 行业物流　　　C. 地区物流　　　D. 社会物流
   E. 废弃物物流　　F. 供应物流

6. 按内部特性不同，物流配送中心可以划分为（　　）。
   A. 储存型　　　　B. 流通型　　　　C. 加工型　　　　D. 零售型

7. 供应链管理方法主要包括（　　）。
   A. 供应商管理库存　　　　　　　　　B. 快速响应
   C. 有效客户响应　　　　　　　　　　D. 运输配送

四、复习思考题

1. 按照作用分类，物流可以分为哪几类？
2. 电子商务环境下物流的实现方式有哪些？请分别对它们进行分析。
3. 简述电子商务的物流配送流程。
4. 简述新零售时代供应链的特征。

五、技能实训题

请扫描二维码，观看视频，回答以下问题。

（1）该企业是如何运用自动分拣系统提高其物流运转效率的？

（2）自动分拣系统可以使电商企业具备什么样的优势？

智能分拣实例

第十章　电子商务客户关系管理

【知识框架图】

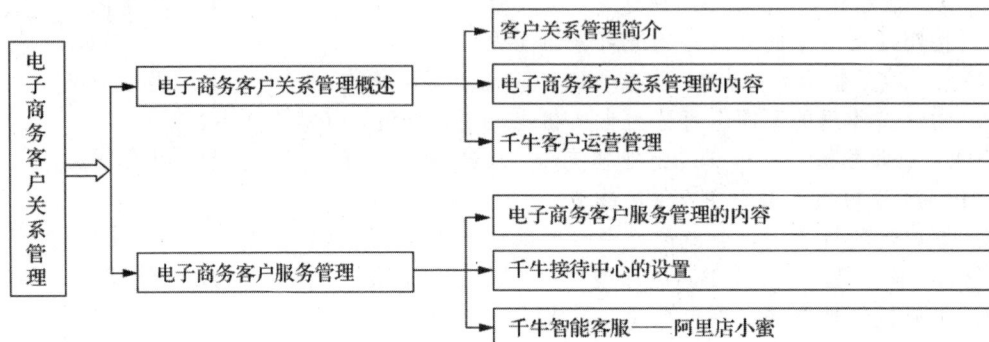

【学习目标】

【知识目标】

1. 掌握客户关系管理的概念。
2. 掌握电子商务客户关系管理的内容与应用。
3. 熟悉电子商务客户服务管理的内容。

【技能目标】

1. 能够应用千牛客户运营平台对客户进行管理。
2. 能够应用智能客服解决淘宝或天猫卖家的售后服务问题。

【引　　例】

客户关系管理的重要性

　　小张开了一家童装网店，经过一年多的苦心经营，他的网店已经成为皇冠级别的店铺。随着口碑和服务质量的不断提升，再加上过硬的商品质量，网店的订单量不断攀升，同时客户数量也急剧增加。

　　看着不断壮大的客户群体，小张有时候会遇到这样的状况：有的新客户只购买了一两次后就不再购买了，不知道客户是选择了其他店铺，还是觉得自己店铺的商品不好。为了冲业绩，小张只好再继续花钱推广店铺以开拓新客户，如此周而复始，花了不少钱，但是仍然没有留住老客户，客户关系亟须改善。

　　研究表明：网店吸引新客户的成本至少是留住老客户成本的几倍，老客户几乎创造了店铺80%的利润。因此，店铺应该把有限的资源放在对老客户的关怀和维护上，仔细分析他们的需求，只有对老客户进行精准的营销才有可能实现"爆炸式"的利润增长。

　　什么是客户关系管理？客户关系管理能解决哪些主要问题？如何才能留住老客户？

　　在客户关系管理中，数据分析能起到什么样的作用？客户关系管理的数据类型有哪些？企业应如何管理相关数据？

第一节　电子商务客户关系管理概述

随着市场经济的进一步发展和物质产品的日益丰富，市场形态已经明显转向买方市场，企业之间的竞争愈加激烈，竞争手段愈加多元化。但是，各个企业有一个共同的趋势：对客户的研究更加深入，更注意从客户的需求出发并同客户形成一种持久的良好关系。

在电子商务时代，信息技术革命极大地改变了企业的商业模式，并对企业与客户的互动产生了巨大的影响——客户可以极其方便地获取企业和产品信息，并更多地参与商业过程。这表明我们已经进入了客户导向时代，企业要深入了解客户需求，及时将客户的意见反馈到产品和服务的设计中，为客户提供更加个性化的服务。在这种环境下，现代企业的客户关系管理应运而生。

> 客户关系管理中的"客户"既可以是企业，也可以是个人。

一、客户关系管理简介

客户关系管理是企业为了增强核心竞争力，以客户为中心，利用相应的信息技术及互联网技术提高客户服务水平，提高客户的满意度与忠诚度，进而增强企业赢利能力的一种管理理念。

> **微课堂**
> 客户关系管理简介

（一）理解客户关系管理的概念

根据客户关系管理的概念，可以从以下三个层面理解客户关系管理。

1. 客户关系管理是一种管理理念

客户关系管理是一种管理理念，指以客户为中心，将客户视为最重要的企业资产（客户资产），构建一个信息畅通、行动协调、反应灵活的客户沟通系统。企业通过与客户交流来掌握其个性化需求，并在此基础上为其提供个性化的产品和服务，不断提高企业带给客户的价值，实现企业和客户的双赢，而不是千方百计地从客户身上为自己谋取利益。

客户关系管理是管理有价值的客户及其关系的一种商业策略。客户关系管理吸收了数据库营销、关系营销、一对一营销等管理思想的精华，通过满足客户的特殊需求，特别是满足最有价值的客户的特殊需求，来与之建立和保持长期、稳定的关系，从而使企业在同客户的长期交往中获得更多的利润。

> **视野拓展**
>
> **数据库营销、关系营销、一对一营销**
>
> 数据库营销是指企业以与客户建立一对一的互动沟通关系为目标，依托规模庞大的客户信息库开展长期促销活动的一种全新的销售手段。关系营销把营销活动看成企业与消费者、供应商、分销商、竞争者、政府机构及其他客户产生互动行为的过程，其核心是建立和发展与这些客户的良好关系。一对一营销是指企业先进行客户分类，然后针对每一个客户采取个性化的营销沟通方式，从而建立互动式、个性化沟通的业务流程。

2. 客户关系管理是一种管理系统和技术

客户关系管理是一种先进的管理模式，要取得成功，必须有强大的技术和工具支持。客户关系管理系统是实施客户关系管理必不可少的支持平台，它基于网络、通信、计算机等信息技术，能实现企业前台、后台等不同职能部门的无缝连接，能够协助管理者更好地完成企业的客户关系管理。

👓 视野拓展

客户关系管理离不开软件的帮助，客户关系管理软件相当多，优势也各不相同。超兔、悟空 CRM 等都可免费试用，且无须安装，通过浏览器登录即可使用。推荐读者在课外试用一两款客户关系管理软件，简要了解其操作要点。

3. 客户关系管理是一种企业商务战略

客户关系管理并非单纯的信息技术或管理技术，而是一种企业商务战略。客户关系管理的目的是使企业根据客户特征进行分类管理，强化使客户满意的行为，加强企业与客户、供应商之间的连接，从而提高企业的利润及客户的满意度。

企业在引入客户关系管理的理念和技术时，不可避免地要对企业原来的管理方式进行变革，业务流程重组为企业的管理创新提供了具体的思路和工具。通过对营销、销售、服务与技术支持等与客户相关的业务流程进行全面优化，企业可以从管理模式和经营机制的角度优化资源配置，以降低成本、增加市场份额。

案例 10.1

小米公司的客户关系管理

小米公司之所以能在手机市场占得一席之地，是因为其拥有卓越的客户关系管理理念。小米公司崛起初期主要通过小米社区及时收集用户的需求，并能够将用户的需求迅速转化为定制化的产品提供给用户，从而为用户提供了快速、优质的服务。对于小米公司而言，了解用户需求、倾听用户声音是一件无比紧急并且重要的事情，只有这样才能不断改进和提升产品和服务，从而留住用户、服务用户。

小米社区的互动营销模式具有宣传成本低、传播范围广、传播速度快的特点，用户能随时通过自己的计算机或者手机客户端了解小米手机最新的情况，而用户遇到手机问题后能及时通过发帖的方式寻求管理员及其他用户的帮助。小米社区是给用户展示的社区，用户可以自由大胆地提出建议，小米手机及其大部分功能的改进正是得益于这些用户提出的宝贵建议。小米公司不断采纳反馈和建议，不断改进手机产品，以便更好地满足用户的需求，同时通过社区互动的营销方式更好地留住了用户，提高了用户忠诚度。

启发思考：小米公司是如何利用网络社区实现客户关系管理的？

高德纳咨询公司认为，企业对客户详细资料的分析应主要包含以下几个方面（7P）：客户概况分析（Profiling）、客户忠诚度分析（Persistency）、客户利润分析（Profitability）、客户性能分析（Performance）、客户未来分析（Prospecting）、客户产品分析（Product）和客户促销分析（Promotion）。

（二）客户关系管理解决的主要问题

随着工业经济社会向知识经济社会过渡，经济全球化和服务一体化成为时代的潮流。客户对产品和服务满意与否，成为企业能否发展的决定性因素。通过客户关系管理，企业可以不断完善客户服务，提高客户满意度，挖掘关键客户，从而留住更多老客户、吸引新客户，增加利润。

1. 完善客户服务

客户关系管理的核心理念是以客户为中心，通过提高为客户服务的水平，增强企业核心竞争力。满足客户需求是企业生存的本质，客户需求的满足状态制约着企业的获利水平。

很多企业逐步认识到：在售后服务方面做得好的企业，其市场销售水平就会呈现上升的趋势；反之，那些不注重售后服务的企业，其市场销售水平则会呈现下降的趋势。

问与答

问：客户关系管理中只应该注重售后服务吗？

答：客户服务正由售后客户关怀变为使客户在从购买前、购买中到购买后的全过程中获得良好的体验。购买前向客户提供产品信息和服务建议；购买中向客户提供企业产品质量的有关标准信息，并照顾客户在与企业接触时的感受；购买后则集中于高效跟进和完成对产品的维护和修理。这种售前的沟通、售中的客户关怀和售后的跟进，可提高客户满意度。

2. 提高客户满意度

在客户关系管理中，全面关怀客户的最终目的是提高客户满意度。客户关怀能够很好地促进企业和客户之间的交流，协调客户服务资源，对客户做出及时的反应。对客户资源进行管理和挖掘不仅有助于促进现有产品的销售，还能够满足客户的特定需求，真正做到"以客户为中心"，从而赢得客户的忠诚。

3. 挖掘关键客户

挖掘最有价值的客户，利用企业有限的资源和能力服务最有价值的客户是客户关系管理的主要目标之一。高德纳咨询公司认为，客户关系管理就是通过对客户详细资料进行深入分析来提高客户满意度，从而增强企业竞争力的一种手段。

（三）客户关系管理系统的主要应用

随着人们对客户关系管理认知程度的加深，客户关系管理系统逐渐被越来越多的企业所熟悉和接受。

1. 客户关系管理在零售业中的应用

随着经济的发展，绝大部分零售市场已成为供过于求的买方市场，而零售业的客户绝大多数是个人消费者，其数量大、分布广、结构复杂，对服务的要求各不相同，需求也日益增多，且易受环境影响，变化较大。因此，对最终消费者消费心理的关注就显得越发重要。

基于以上情况，毫无疑问，客户关系管理对零售企业来说有着非常重要的作用。许多零售企业对客户关系管理都非常重视，如沃尔玛、麦德龙、京东、天猫等，它们都建立起了完善的客户关系管理系统。尤其是在新零售环境下，企业可以通过客户关系管理汇集线上、线下、移动端等多个渠道的客户数据，通过客户的购物行为、浏览记录等数据，更好地了解客户的需求和兴趣，制定相应的营销策略，提升客户满意度和忠诚度。

案例 10.2

麦德龙的客户关系管理

麦德龙是一家实行会员制的企业，会员入会不需要缴纳会员费，只需填写客户登记卡。客户登记卡的主要项目包括客户名称、行业、地址、电话号码、传真号码、地段号、邮编、税号、账号和授权购买者的姓名。此卡记载的客户信息会被输入计算机系统并存储起来，当客户发生购买行为时，系统就会自动记录客户的购买情况。

2001年年初，蒙牛在刚进入上海市场时，想进入连锁超市进行销售，但是进入连锁超市的门槛太高，于是蒙牛找到了麦德龙寻求合作。麦德龙利用其客户数据优势，将蒙牛牛奶的样品赠送给经过分析后精心挑选出的5 000户家庭品尝，随后跟踪这些家庭的反馈信息，同时在网上和直邮单上发布蒙牛牛奶的促销消息，从而促进了蒙牛牛奶在上海的销售，使之从一开始每月只有几万元的销售额增加到几十万元。就这样，蒙牛既没有投入大量资金进行广告宣传，也没有花费巨额的连锁超市"入场费"，而是仅仅投入了数千盒样品就顺利地打开了上海市场。这一切，如果没有麦德龙强大的客户数据系统的支持是做不到的。

启发思考：麦德龙是如何帮助蒙牛打开上海市场的？

2. 客户关系管理在物流业中的应用

传统的物流企业普遍存在规范化程度低、客户沟通渠道狭窄、信息透明度低、客户智能管理缺乏、客户信息分析能力不足、客户关系数据库维护难等问题。在整个物流过程中，各个环节分散在不同的区域，需要一个信息平台将各个物流环节连接起来，以便物流企业及时把握客户的订货需求，进行车辆的调度管理、库存管理及票据管理等，力求用最少的库存、最短的运输时间满足客户的需求。

现代物流企业普遍采用了信息化管理技术，呼叫中心、客户关系管理技术的运用有效结合了传统的物流信息化手段，将遍布各地的物流中心与客户连接了起来，形成了一个效率更高的物流配送网络。物流企业的客户关系管理系统可实现客户资料的存储与管理、客户行为的分析与理解以及客户价值的最大化等。

3. 客户关系管理在电子商务中的应用

目前，商品供大于求，卖家通过打价格战来赢得客户，就会导致利润微薄甚至亏本。面对这种境况，卖家要做的就是把已有的客户变成忠诚客户，而这需要做好客户关系管理。电子商务运营者已不再只是将客户关系管理软件当作客户关系管理工具，而更多地将其作为管理一切与客户有关的商业信息的统一体系。

客户关系管理不仅可以帮助电商企业更方便、及时、准确地管理客户，还可以帮助企业进行更为复杂的客户数据分析。随着移动电商的普及，移动客户关系管理系统让端到端的管理成为可能，可以更方便地帮助企业做好人性化的客户关系管理。

二、电子商务客户关系管理的内容

电子商务的迅速发展给企业的客户关系管理带来了无限的发展空间。电子商务客户关系管理不同于传统的客户关系管理，它主要借助网络环境下信息获取和交流的便利，对客户信息进行收集和整理；充分利用数据仓库和数据挖掘等先进的智能化信息处理技术，将大量客户资料加工成有用的信息；以信息技术和网络技术为平台开展客户服务管理，从而提高客户满意度和忠诚度。客户关系管理能与电子商务结合，提取电子商务中的客户信息、交易信息、服务信息等，对客户行为进行分析，然后进行有针对性的营销。

电子商务客户关系管理是一个系统工程，既需要以客户关系管理理论为指导，又需要现代信息技术做支撑，还要结合电子商务新环境的特征，将这三者有效结合才能取得良好效益。

电子商务客户关系管理的内容如图 10.1 所示。电子商务客户信息管理是客户关系管理各部分运作的基础，电子商务客户满意与忠诚管理是客户关系管理的目标和核心，电子商务客户服务管理是客户关系管理的关键内容。

（一）电子商务客户信息管理

1. 客户信息管理

客户信息管理是客户关系管理的一个重要组成部分。客户信息管理主要包括客户基本资料、档案管理，客户消费信息管理，客户信用度管理，客户黑名单管理，客户流失信息管理，客户分类信息管理，大客户信息管理及潜在大客户信息管理等内容。

电子商务客户信息管理的过程及内容主要包括电子商务客户信息的收集、客户资料数据库的建立、客户信息整理、客户信息分析等。

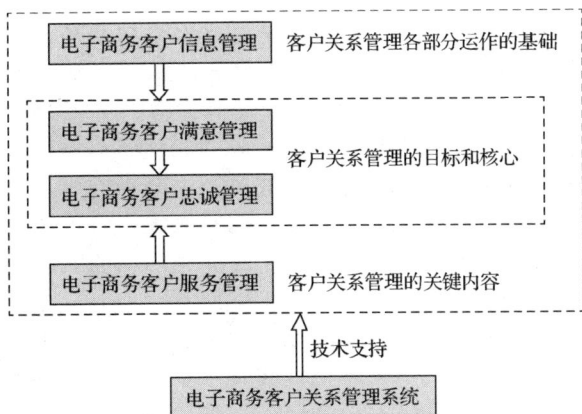

图 10.1 电子商务客户关系管理的内容

2. 客户数据的类型

微课堂
客户数据的类型

电子商务客户信息管理的核心是客户数据管理。根据数据的形式和来源不同，企业关注的客户数据通常可分为客户描述性数据、客户交易性数据和市场促销性数据三类。

（1）客户描述性数据。客户描述性数据即通常所说的客户数据，用于描述客户的详细信息。我们通常可以将客户分为个人客户和团体客户两类。个人客户的描述性数据通常包括客户的基本信息（姓名、性别、出生日期、工作类型和收入水平等）、信用信息（忠诚度指数、信用卡卡号和信贷限额等）及行为信息（消费习惯、对促销活动的反应等）。团体客户的描述性数据通常包括客户的名称、规模、主要联系人姓名、头衔及联系渠道、企业的基本状况、企业类型、信用情况和购买过程等。客户描述性数据不但包括现有客户信息，还包括潜在客户、合作伙伴和代理商的信息等。

（2）客户交易性数据。描述企业和客户相互作用的所有数据都属于客户交易性数据，这类数据和促销活动的数据一样，会随着时间而变化。客户交易性数据包括与客户的所有联系活动、购买商品类数据（历史购买记录、购买频率和数量、购买金额、付款方式等）和商品售后类数据（售后服务内容，客户对商品的评价、对服务的评价、对企业提出的建议和要求等）。

学而思，思而学
客户数据管理对企业提升客户的忠诚度有何意义？

案例10.3

亚马逊的客户描述性数据与交易性数据

亚马逊的销售额一直在保持高速增长，这与其利用客户数据不断改进服务和客户关系是分不开的。为了使客户获得愉快而便捷的网购体验，亚马逊利用多种工具和手段收集客户数据。例如，通过"一点就通"的One Click设计，客户只要在亚马逊购买过一次商品，其通信地址和信用卡卡号就会被安全地存储下来，下次再购买时，客户只要点击一下商品，网络系统就会自动完成接下来的大部分步骤。当客户在亚马逊购买图书时，网站的销售系统会自动记录书目，生成有关客户偏好的信息；当客户再次进入亚马逊时，销售系统就会识别其身份，并依据其爱好来推荐书目，巧妙提醒客户去浏览可能会感兴趣的其他图书。客户与网站的接触次数越多，系统获取的客户数据就越多，提供的服务也就越好。方便、快捷、安全、有效的个性化服务使亚马逊成为网络零售行业的典范。

启发思考：亚马逊是如何进行客户数据管理的？

（3）市场促销性数据。市场促销性数据显示企业对每个客户开展了哪些促销活动，主要包括销售人员现场推销、展览会产品宣传单发放、报纸杂志的宣传报道、电话直销、服务支持人员在服务过程中所提出的各种建议、分销商对客户的宣传与承诺、客户产品使用情况调查等。这类数据反映了客户对促销活动的响应程度。

（二）电子商务客户满意与忠诚管理

根据"二八"理论，20%的客户创造了80%的利润。忠诚客户是企业利润的主要来源，是企业的重要"客户资产"。维护忠诚客户是实施客户关系管理的核心内容。一般认为，客户忠诚是由客户满意驱动的。盖尔认为，客户满意是客户价值理论的重要组成部分。企业首先要做好内部质量控制管理，生产出质量一致、使客户满意的产品，然后在市场上不断提高客户满意度，以达到客户忠诚的目的，形成客户价值。客户价值驱动模型如图10.2所示。

1. 客户细分

客户细分是指在明确的战略业务模式和特定市场中，依据客户价值、客户的需求和偏好等因素对客户进行分类，并为不同的客户提供有针对性的产品、服务和营销模式。客户细分过程就是对客户需求进行重新认识的过程。

根据客户对企业贡献的大小，企业的客户可分为VIP客户、大客户、普通客户和小客户四种类型，如图10.3所示。其中，大客户仅占4%，其重要程度仅次于VIP客户。

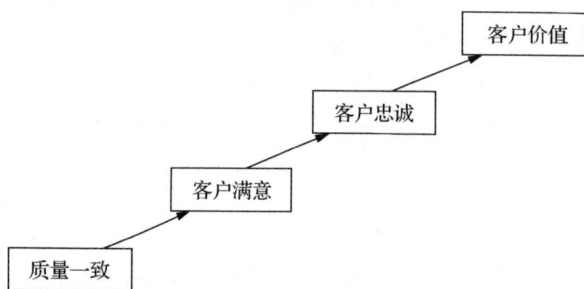

图10.2　客户价值驱动模型　　　　　图10.3　客户的分类

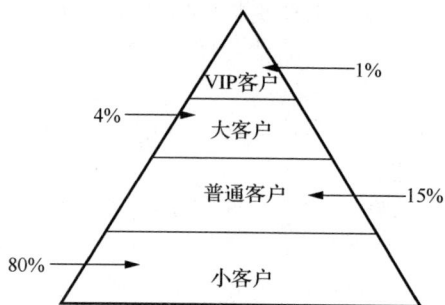

通过对客户进行细分，企业会发现重要客户的需求与普通客户的需求侧重点是完全不同的。普通客户可以接受标准化的服务，而VIP客户和大客户需要的则是个性化服务。针对VIP客户提供的服务，一定要强调细节，以满足VIP客户的需求。不同的客户能为企业提供的价值是不同的。企业的资源和能力是有限的，客户细分可帮助企业找到有价值的客户，这有助于企业提高利润水平。

2. 客户满意管理

菲利普·科特勒认为，客户满意（Customer Satisfaction，CS）是指客户将一种产品或服务的可感知效果与其期望值比较后，所形成的愉悦的感觉状态。产品或服务的实际感知效果达到客户的预期，会使客户满意，否则就会使客户不满意。

如果感知效果高于期望值，则客户高度满意，可能会重复购买。如果感知效果低于期望值，则客户不满意，可能会产生抱怨或投诉。

如果感知效果接近期望值，则客户基本满意或一般满意，可能会持观望态度。

有研究表明，客户的不满意通常与核心产品、服务、支持系统及表现的关联度低，而与企业和客户的互动及客户的感受关联度高。

在电子商务环境下，客户满意管理的内容、衡量指标、方法都发生了一定的变化。因此，企业不仅要采用传统的客户满意管理办法，还需要结合网络环境方便、快捷的优势，合理把握客户期望值，增强客户感知效果，以达到维持和提高客户满意度的目的。

3. 客户忠诚管理

客户忠诚是指在企业与客户长期互惠的基础上，客户长期与某企业合作，从而对企业与品牌形成信任和情感依赖。

客户忠诚是需要维护和强化的。电子商务的发展提供了多种与客户沟通的技术。电商企业可以借助很多技术和客户进行有效、充分的沟通，及时挖掘他们的潜在需求，使他们的满意度提高，从而提升客户对企业的忠诚度。

（三）电子商务客户服务管理

电子商务环境下的客户服务管理是在传统客户服务管理的基础上，以信息技术和网络技术为平台开展的客户服务管理，是一种新兴的客户服务管理理念与模式。电子商务客户服务管理包括售前客户服务、售中客户服务、售后客户服务等，详细内容在本章第二节做介绍。

三、千牛客户运营管理

千牛工作台是阿里巴巴官方推出的供淘宝卖家、天猫商家使用的工作软件，是在卖家版旺旺的基础上升级而来的。千牛工作台一般有两种运营模式：工作台模式和旺旺模式。工作台模式以管理为主，旺旺模式以沟通为主。工作台模式集成了客户运营管理、商品管理、店铺流量实时监控等工具。2019 年 3 月，千牛卖家中心与千牛工作台融合。下面主要介绍千牛工作台的客户运营管理。

1. 千牛工作台——客户运营

（1）登录千牛工作台，单击左侧导航列表"私域"→"用户运营"→"会员运营"，在打开的页面（见图 10.4）单击"进入客户运营平台"，即可进入客户运营平台对客户进行细分，开展客户运营，如图 10.5 所示。

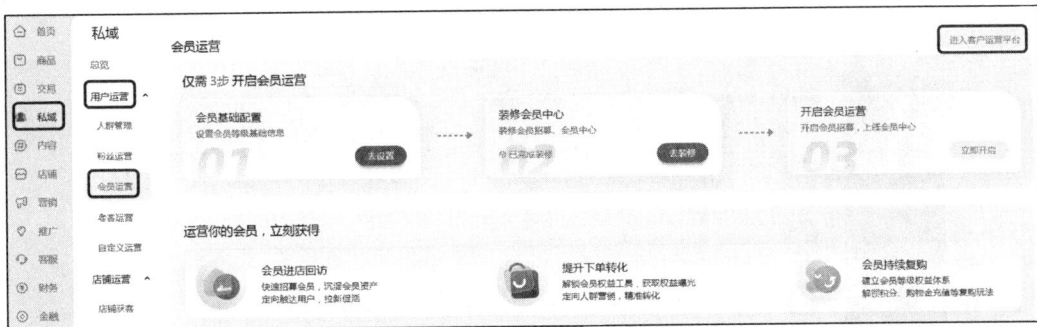

图 10.4　进入客户运营平台

（2）客户分组管理。单击图 10.5 中的"客户管理"下的"客户列表"，在打开的页面中将显示网店的客户列表，包括成交客户、未成交客户和询单客户等三个表单，如图 10.6 所示。单击某一客户的"详情"，即可看到该客户的具体信息；也可以对客户进行分组，或者针对不同的客户做营销，如送优惠券、支付宝红包、流量等。

（3）会员忠诚度管理。依次单击"会员管理"→"忠诚度设置"，可以对店铺的会员等级及权益进行设置。如果已经设置过 VIP，在打开的页面中单击"修改设置"（如图 10.7 所示）；如果首次设置 VIP，在打开的页面中单击"立即设置"，进入 VIP 设置页面。在打开的页面中，设置会员卡名称、选择需要设置的会员等级等。例如，选择高级会员，可单击"高级会员（VIP2）"右侧的"设置"，即可进入"高级会员（VIP2）"的设置页面，如图 10.8 所示。在"高级会员（VIP2）"设置页面，卖家可以设置会员卡交易额或交易次数、会员可以享受的权益、会员卡外观等；设置完成后，单击右上方的"保存"即可，如图 10.9 所示。

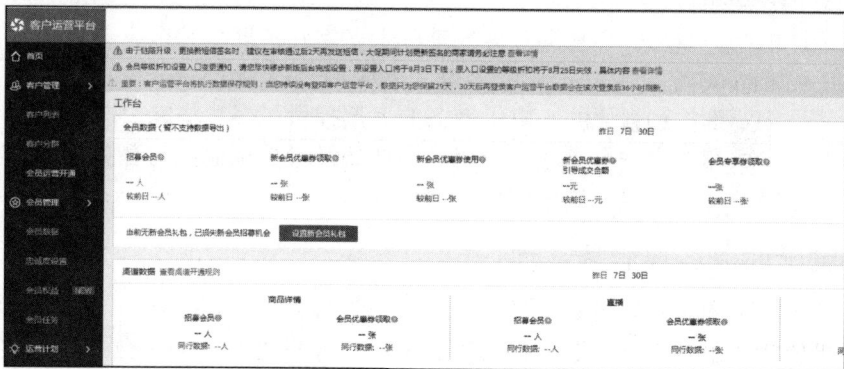

图 10.5　"客户运营平台"页面

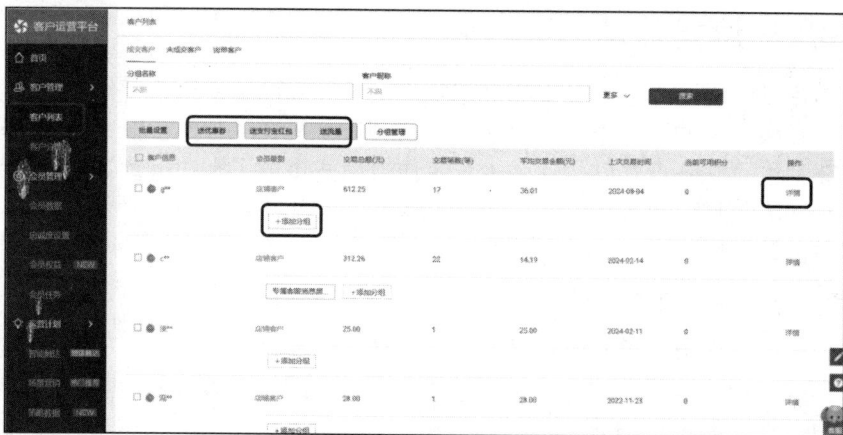

图 10.6　客户列表

图 10.7　VIP 设置（一）

图 10.8　VIP 设置（二）

（4）会员权益管理。卖家可以通过设置会员权益实现新会员招募、老会员回购等目的，从而提高会员的忠诚度。依次单击"会员管理"→"会员权益"，可以对店铺的会员权益进行设置，权益类型包含专享权益和会员活动等，如图 10.10 所示。专享权益有新会员礼包、会员专享券、会员专享礼、积分兑券、积分兑礼、积分抵扣、会员等级折扣、会员优先接待、会员立减、入会立减等，会员活动有周三会员日、会员优先购、会员早鸟价、15 天无理由退货、优先退款、会员运费险、生日礼等。

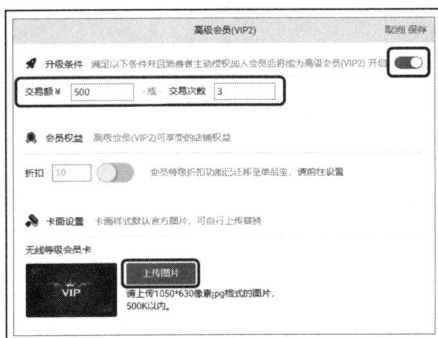

图 10.9　VIP 设置（三）

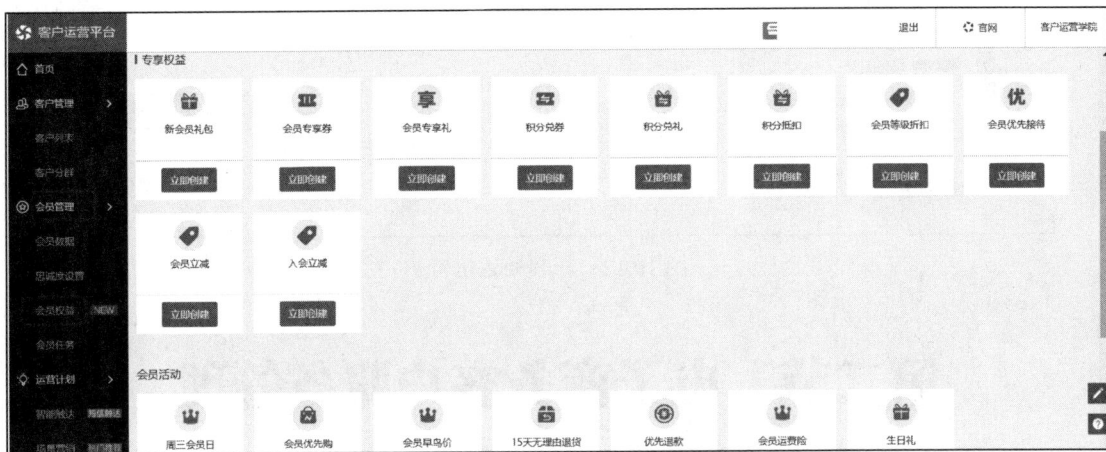

图 10.10　会员权益设置

2. 千牛工作台——自定义运营

（1）单击"用户运营"下的"自定义运营"，可以看到场景营销和运营工具的功能，如图 10.11 所示。场景营销包括平台推荐的机会人群、卖家自定义的人群运营。运营工具包括店铺人群海报、复购提醒、短信触达、店铺人群优惠券、新客触达等，

学而思，思而学

总结千牛工作台有哪些功能。

选择其中一个运营工具单击"去运营"即可完成客户运营。

（2）单击图 10.11 中的"新客触达"运营工具下的"去运营"，然后单击系统提供的新客首购运营策略，点击"去完成"，如图 10.12 所示，即可通过短信或者店铺首页的福利模块提升新客户的转化率及触达率。

图 10.11 "自定义人群运营"页面

图 10.12 新客触达运营

第二节 电子商务客户服务管理

企业中的销售或市场部门非常重要，因为这些部门的工作是围绕客户开展的。所有围绕客户开展工作的部门都是重要的部门。

一、电子商务客户服务管理的内容

1. 售前客户服务策略

售前阶段是商品信息发布和客户查询信息的阶段。在这个阶段，企业应主要做好以下客户服务工作。

（1）提供商品的搜索和比较服务。每一个网店都有许多商品，为了方便客户选择商品，网店应提供搜索服务。同时，网店还应该提供一些对比功能和有关商品的详细信息，以方便客户比较商品，从而做出购买决策。图 10.13 所示为京东商城的搜索、对比功能和某一商品的详细信息。

（2）建立客户档案，为客户提供消费引导服务。客户在网站注册时会填写自己的基本资料，这时网站应把客户资料保存在档案库中；当客户再次光顾时，也要把其浏览或购买的信息存入档案库。以此为依据，网站可以有针对性地挖掘或刺激客户的潜在需求。

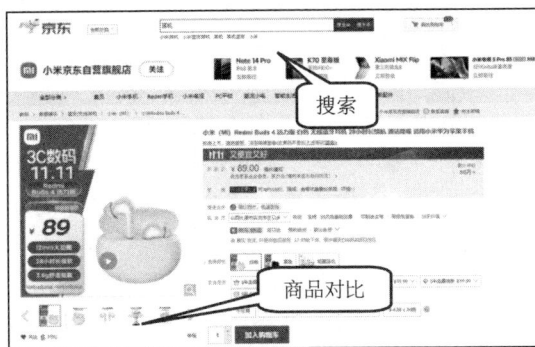

图 10.13　京东商城的搜索、对比功能和某一商品的详细信息

2. 售中客户服务策略

（1）提供定制商品服务。企业应根据客户的个性化需求，及时生产商品或提供服务。这样不仅可以提高客户满意度，还可以及时了解客户需求。图 10.14 所示为天猫某店的商品定制功能。

（2）提供物流服务方式、配送时间和增值服务等。客户下订单时，企业应该提供物流服务方式，如京东支持"可配送全球""30 天价保""过敏无忧""退换货运费险""在线支付免运费"等服务（见图 10.15）。客户完成在线购物后，商务活动并未结束，此时客户最关心的问题是所购商品能否准时到货，所以企业应提供及时的配送服务。企业要提高商品的成交率还需要提供一些增值服务，如京东部分商品的 7 天试用换新等。

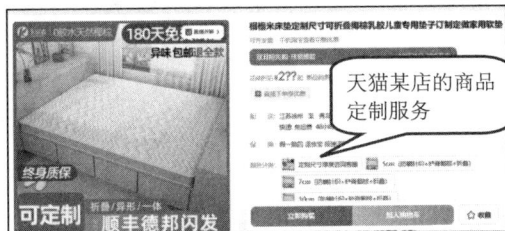

图 10.14　天猫某店的商品定制功能

图 10.15　京东提供的多项服务

3. 售后客户服务策略

售后服务是客户服务中非常重要的环节，越来越多的企业开始重视售后的延续性服务。因为只有到了售后服务环节，客户才成为企业真正意义上的客户。售后服务开展得好，才能保持、维系与客户的良好关系，提高客户忠诚度。

（1）向客户提供持续的支持服务。企业可以通过在线技术交流、常见问题解答及在线续订等服务，帮助客户在购买后更好地使用产品或享受服务。

（2）良好的退货服务。大多数电商企业都提供了良好的退货服务，以增强客户在线购买的信心，如京东的"7 天无理由退货"服务等。

视野拓展

客户关怀方式

关怀老客户可以提升其满意度，使其再次购买时，因为信赖商品及服务愿意尝试购买高价商品，并对商品进行宣传。

目前，常用的关怀工具有短信、电话、客服工具、电子邮件等。关怀的方式主要有售后关怀、节日关怀、促销关怀等。

1. 售后关怀

售后关怀包括发货关怀、同城关怀及签收关怀。

（1）发货关怀。例如：

亲，您购买的商品已经发货，使用的是申通快递，预计2～3天到达，请保持手机开机，方便快递联系哦。

（2）同城关怀。当快递到达买家所在的城市时，买家也会收到短信提醒。例如：

亲，您购买的商品已经通过圆通速递送达太原站，请耐心等候哦。

（3）签收关怀。例如：

亲，您购买的商品马上就要投入您的怀抱了，请检查快递包装是否完整，当场验货无误后再签收，若您对商品满意的话，在评价时请五星表扬哦。

2. 节日关怀

在节日来临前，客服人员通过短信或旺旺对买家进行关怀，并适当推送促销信息，也会达到不错的效果。例如：

新年又到了，祝你在新的一年里身体健康，生活充实，事业步步高升，心情阳光灿烂，财运滚滚而来，家庭美满幸福。

3. 促销关怀

当卖家发布新品、网店庆典、日常促销、节日促销时，通常会提前发送优惠券或红包，客服人员应及时告知买家活动的相关信息。例如：

尊敬的××，还记得您与我擦肩而过的那一刻吗？"双十一"来了，这一次不要再错过哦！全场五折包邮，外加50元优惠券送上，记得提前收藏好物哦。

二、千牛接待中心的设置

为了更好地与客户保持长期、稳定的关系，卖家需要和客户随时进行互动，这就需要建立与客户沟通的通道。目前，淘宝网常用的即时沟通工具是千牛接待中心。

视野拓展

千牛接待中心

淘宝网店接待客户、与客户沟通常用千牛工作台的旺旺模式。旺旺模式由阿里旺旺卖家版升级而来，也称千牛接待中心。阿里旺旺是淘宝网的即时交流工具，可以轻松实现在线沟通。淘宝网的用户之所以习惯使用阿里旺旺来沟通和交流，并不仅仅是因为可以即时看到对方的淘宝会员名和相关资料、直接显示网址链接的安全性，更重要的是如果使用外部聊天工具，一旦出现交易争议或纠纷，淘宝网管理方就无法核实淘宝会员的真实身份和对话记录的真实性，外部聊天工具上的对话记录无法作为证据，而使用阿里旺旺则能避免这一问题。

1. 编辑卖家基本资料

在使用千牛工作台之前，首先需要对头像等基本资料进行设置。这样不但能让客户对卖家印象深刻，还能体现网店的个性。

（1）登录千牛工作台后，可直接单击页面右上角的"接待中心"（如图 10.16 所示），或者直接单击千牛悬浮条中的"接待中心"按钮（如图 10.17 所示）。

图 10.16 千牛工作台"接待中心"入口

（2）进入"千牛接待中心"页面，如图 10.18 所示，单击接待中心页面左上角的旺旺名，即可打开"个人资料"页面，单击"修改"可进入"修改头像"页面，单击"编辑"可以对"姓名""个人信息"等资料进行修改。

图 10.17 千牛悬浮条

图 10.18 "千牛接待中心"页面

2. 自动接待工具设置

客服人员的响应速度直接影响网店的动态评分，所以网店应提前设置好自动接待工具，以免造成访客量过高时回复不及时的问题。

在千牛卖家中心的左侧导航栏选择"客服"→"接待管理"→"接待工具"，进入接待工具设置页面，如图 10.19 所示。

图 10.19 自动接待工具设置入口

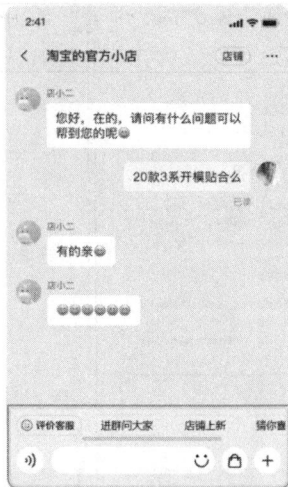

图 10.20　聊天窗互动效果

自动接待工具包括欢迎语、聊天窗互动功能和客服离线公告等。其中，欢迎语是消费者进入咨询消息窗后，马上向消费者展示公告与常用问题，可对特定商品指定欢迎语，提升服务效率与消费者好感；聊天窗互动功能指在消息窗输入框上方区域，消费者可自助获得相关服务，最多设置 8 个功能，如图 10.20 所示；客服离线公告是在非人工接待服务时段内，当消费者在手机淘宝打开聊天窗时，若店铺当前无在线的人工客服，则在消息窗顶部展示。

三、千牛智能客服——阿里店小蜜

在电商快速发展的过程中，客户服务工作逐渐暴露出很多短板，无法满足电商企业的需求。电商企业更需要自由度高、能够灵活切换人员、回复及时且精准的客服团队，简单来说，就是追求易管理、低成本、高产出。在这种大形势下，智能客服应运而生。智能客服可以帮助电商企业增强客服团队的服务能力，优化客户的购物体验。

阿里店小蜜是阿里巴巴推出的卖家版智能客服机器人，2016 年 8 月 1 日第一版上线，2016 年 12 月 27 日开启公测，2018 年 8 月 13 日 1.0 正式版上线。

（一）开通机器人—— 阿里店小蜜

阿里店小蜜的开通很便捷，通过店小蜜官网及千牛工作台，所有淘宝、天猫卖家都可以申请开通，如图 10.21 所示。一键授权激活后，阿里店小蜜就可以投入使用了。

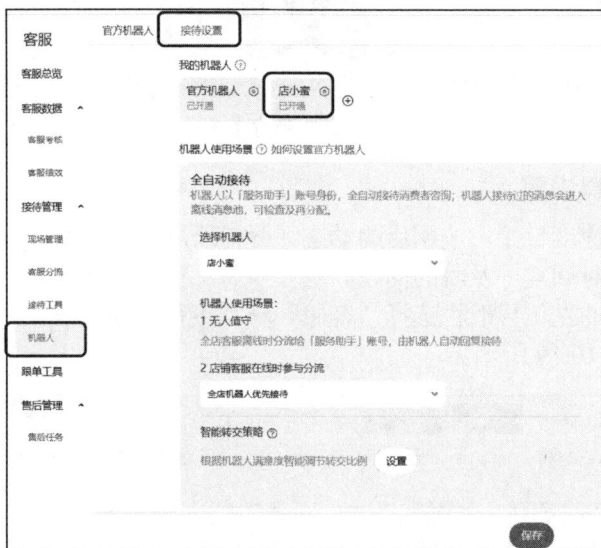

图 10.21　开通机器人——阿里店小蜜的入口

（二）阿里店小蜜接待模式简介

点击图 10.21 店小蜜后面的图标◎可以进入阿里店小蜜设置页面，如图 10.22 所示。阿里店小蜜的智能接待模式主要包括全自动接待模式和智能辅助（半自动）接待模式。

1. 全自动接待模式

全自动接待模式是指由阿里店小蜜独立接待客户。具体后台运作过程为：千牛工作台把客户分流给全自动机器人，机器人自动向客户发送欢迎语及快捷卡片，识别并回复客户的问题。在此过程中，如果机器人无法识别客户的问题，就会进入全自动设置的直连人工场景，可无缝转接人工；如果转接人工失败，则可通过查看接待记录找到转接人工失败的客户，手动为其分配客服。

图 10.22　阿里店小蜜的"接待设置"

全自动接待模式有以下三种接待方式：①人工优先，指的是只有当参与分流的账号全部下线或全部挂起时才会由阿里店小蜜自动接待；②助手优先，指的是客户咨询时将优先由阿里店小蜜接待，当阿里店小蜜无法解决问题时转人工处理；③混合接待，指的是千牛工作台按照自动化分流分配设置一定比例的客户由阿里店小蜜优先接待，其余的客户由人工接待。

2. 智能辅助（半自动）接待模式

智能辅助（半自动）接待模式下机器人和客服人员一起接待客户，机器人辅助客服回复，消费者侧以客服身份展示，商家侧有机器人标识。机器人可以代替客服人员自动回复，也可推荐回复内容供客服人员选择，相当于客服人员的智能助手，也称为半自动机器人。

（三）阿里店小蜜基本功能简介

下面简要介绍问答管理、商品知识库、店铺问答诊断、跟单助手、智能商品推荐等。

1. 问答管理

问题管理主要分为常见问答配置、自定义问答配置和关键字回复等功能。常见问题又分为聊天互动、商品问题、活动优惠、购买操作、物流问题、售后问题等六个类型，如图 10.23 所示。

图 10.23　常见问答配置

卖家还可以自定义问题并配置答案，如果客户提出的问题与卖家已添加的问题相同，阿里店小蜜便能及时提供问题的答案，对于一些复杂问题还可在答案后附加图片。

关键字回复适用于客户问题突发集中且官方通用知识无法有效解决的情况，只要客户对话中包含已设置的关键词就会被命中。

2. 商品知识库

在商品知识库中，卖家可新增自定义知识，回复方式可选择图文回复或直连人工客服。选择直连人工客服方式后，当客户咨询的问题无法被商品知识库识别时，则将转接人工客服。

3. 店铺问答诊断

店铺问答诊断结合人工智能，为训练师提供在无答案、不满意、高热度等三个场景下的答案推荐，帮助训练师提升配置效率。该功能包括问题识别优化和答案质量提升。

4. 跟单助手

跟单助手包括跟单场景任务、疲劳度控制和过滤人群设置等三个功能。

跟单场景任务包括配置面板、任务列表、数据看板、话术管理等四个模块。

（1）配置面板。配置面板包含促进增收、售后服务和自定义外呼。其中，促进增收用于在咨询过程中进行营销促进，可提升 10%～20%的转化率；售后服务可用于为客户提供主动售后服务，从而改善客户的购物体验；自定义外呼通过自定义话术，创建个性化的场景，实现强触达效果。

（2）任务列表。任务列表展示了任务名称、任务场景、发送渠道、任务有效期、任务状态及操作等信息。

（3）数据看板。数据看板展示了下单未支付、预售尾款未付、咨询未下单、单后推荐关怀、签收未确认、发送使用说明、拆包发货通知、自定义外呼等信息。

（4）话术管理。话术管理提供自定义话术、自定义人群、自定义语音音色、自定义发送时段的自定义能力。

疲劳度控制可以设置针对单个客户每隔多长时间最多发送 1 条跟单信息，最多设置 10 天，最少设置 1 天。

过滤人群设置可以通过设置黑名单、外呼黑名单、负面人群、转化无效人群及售后人群等，不发送跟单信息。

5. 智能商品推荐

智能商品推荐基于阿里店小蜜"千人千面"的智能推荐算法，在不同场景下给客户推荐最有可能成交的商品，以最终提高客单价。卖家可在该页面设置求购推荐、搭配推荐及其他推荐等。

客户关系管理是一个不断与客户交流，了解客户的需求，从而为客户提供更合适的商品和更优质的服务的过程。客户关系管理可以提高客户的满意度与忠诚度，从而实现客户价值的最大化。

📖 实训案例

"三只松鼠"客户忠诚度提升策略

"三只松鼠"于2012年创立后获得了爆发式增长，其爆发式增长靠的是通过客户的极致体验树立口碑，并通过社交化媒体建立网络口碑。

（1）提升产品价值。提升产品价值，追求产品的新鲜度和品质是"三只松鼠"最重视的。"三只松鼠"在全国范围内寻找产品的原产地，统一采取订单式合作，事关食品安全和口感的研发、检测、分装等核心环节由"三只松鼠"亲力亲为。

（2）提升服务价值。"三只松鼠"在细节方面下足功夫。以坚果为例，"三只松鼠"不仅卖坚果，而且还为客户提供开箱器、吃坚果的工具、扔果壳的纸袋，甚至还有吃完擦手的纸巾，同时还会附赠一些其他种类产品的试吃装以及明信片。这种贴心的服务远超客户期望，使他们成为"三只松鼠"的忠诚客户。

（3）洞悉心理。"三只松鼠"在推荐产品的时候利用一切机会告诉客户，"此时此刻，你购买这款产品是物超所值的"。客服在和客户沟通的时候，很少强调折扣或者绝对价格的概念，而是更多地强调品牌和品质以及相对价格的概念。这就是为了让客户有占便宜的感觉，从而诱发客户购买。

（4）重视回头客以及口碑转化。"三只松鼠"注重为回头客提供不一样的体验。曾有位客户下了三次单，三次收到的包裹的外观都不一样，"三只松鼠"的用心让这位客户成了忠诚客户。

思考讨论：

1. "三只松鼠"是如何提升客户忠诚度的？
2. 进入"三只松鼠"天猫旗舰店，分析其售前、售中、售后服务分别是怎样做的。

归纳与提高

本章主要介绍了电子商务客户关系管理的内容及应用。首先，介绍了客户关系管理的概念、客户关系管理解决的主要问题及客户关系管理系统的主要应用；其次，分析了电子商务客户关系管理的内容，包括电子商务客户信息管理、电子商务客户满意与忠诚管理、电子商务客户服务管理等内容，并介绍了千牛客户运营管理的实务操作；再次，讲述了电子商务客户服务管理的内容、千牛接待中心的设置、千牛智能客服——阿里店小蜜；最后，实训案例介绍了"三只松鼠"客户忠诚度提升的策略，说明了做好客户关系管理是电商企业成功的重要因素。

知识巩固与技能训练

一、名词解释

客户关系管理　　数据库营销　　关系营销　　客户满意　　客户忠诚

二、单项选择题

1. "客户关系管理"这个词的核心主体是（　　　）。
   A. 客户　　　　　　B. 关系　　　　　　C. 服务　　　　　　D. 管理
2. 客户关系管理的终极目标是（　　　）的最大化。
   A. 客户资源　　　　B. 客户资产　　　　C. 客户终身价值　　D. 客户关系
3. 下列属于市场促销性数据的是（　　　）。
   A. 客户类型　　　　B. 礼品发放形式　　C. 公司名称　　　　D. 行为爱好
4. 在客户满意中，超出期望的表达式是（　　　）。
   A. 感知效果>期望值　　　　　　　　B. 感知效果<期望值
   C. 感知效果=期望值
5. 客户投诉的根本原因是（　　　）。
   A. 客户的期望被满足　　　　　　　　B. 客户的期望没有得到满足
   C. 产品质量不好　　　　　　　　　　D. 后续服务不好
6. 著名的"二八"理论是指（　　　）。

A. 企业 80%的销售额来自 20%的客户　B. 企业有 80%的新客户和 20%的老客户

C. 企业 80%的员工为 20%的老客户服务　D. 企业 80%的利润来自 20%的客户

7. (　　　) 是大客户销售的目的。

A. 赚取利润　　　　　　　　　　　　B. 获取企业长期、持续的收益

C. 降低库存水平　　　　　　　　　　D. 取得市场的竞争优势

8. 在竞争更激烈的行业中，客户满意与客户忠诚的相关性 (　　　)。

A. 较大　　　　　　B. 较小　　　　　　C. 无关

9. 客户忠诚是建立在 (　　　) 的基础之上的，因此提供高品质的产品和优质的客户服务、增加客户关怀是必不可少的。

A. 客户的赢利率　　B. 客户总成本　　C. 客户满意　　　　D. 客户价值

三、多项选择题

1. (　　　) 属于客户描述性数据。

A. 降价销售　　　B. 行为爱好　　　C. 家庭成员情况　　　D. 信用情况

2. 不属于客户交易性数据的有 (　　　)。

A. 客户的交货要求　　　　　　　　　B. 客户的工作类型

C. 客户收到的电话促销　　　　　　　D. 客户的性别

3. 下列关于客户满意或客户忠诚的表述正确的有 (　　　)。

A. 客户满意是一种心理上的满足

B. 客户忠诚是一种持续交易的行为

C. 客户满意是客户关系管理解决的主要问题

D. 客户忠诚是客户关系管理解决的主要问题

4. 下列各项中，(　　　) 属于电子商务环境下客户关系管理在前端实现的服务功能。

A. 个性化网页服务　　　　　　　　　B. 在线客服

C. 订单自助跟踪服务　　　　　　　　D. 客户状态分析

5. 以下说法错误的有 (　　　)。

A. 通常情况下争取新客户的成本低

B. 通常情况下保留老客户的成本低

C. 通常情况下争取新客户的成本与保留老客户的成本差不多

D. 通常情况下争取新客户和保留老客户的成本很难判定孰高孰低，要根据实际情况来定

四、复习思考题

1. 客户关系管理应如何理解？客户关系解决的主要问题有哪些？

2. 客户关系管理系统有哪些方面的应用？

3. 电子商务客户关系管理包括哪几个部分的内容？

4. 简述阿里店小蜜的功能。

五、技能实训题

1. 进入自己淘宝网店的阿里店小蜜后台和千牛客户运营平台，进行如下操作。

（1）阿里店小蜜的设置：①进行常见问答设置；②在商品知识库中，新增自定义知识；③在店铺问答诊断中，根据智能诊断结果优化知识库内容。

（2）千牛客户运营平台的应用：①对自己网店的现有客户信息进行维护，如会员级别、分组等；②尝试针对不同级别的会员开展营销活动，如会员等级折扣、积分专享券等。

2. 调查分析京东商城、沃尔玛的客户关系管理情况，谈谈它们是如何运用客户关系管理的理念和技术解决管理问题的。

第十一章　农村电商

【知识框架图】

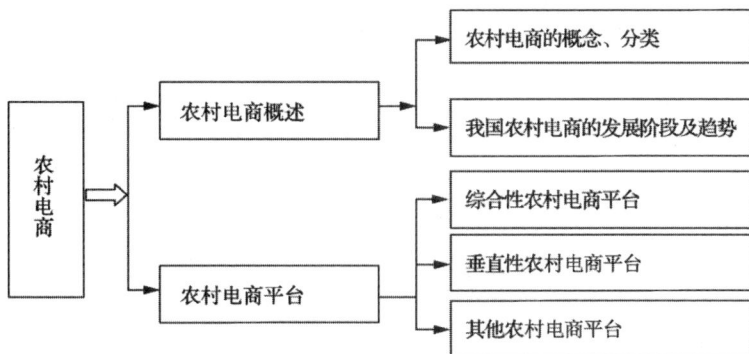

【学习目标】

【知识目标】

1. 掌握农村电商的概念。
2. 理解农村电商的类型。
3. 了解我国农村电商的发展阶段及趋势。
4. 熟悉常见的农村电商平台。

【技能目标】

1. 能够清晰地分析农村电商的案例，并能将其中的经验应用于实践。
2. 能够举例说明农村电商的模式及应用情况。

【引　　例】

农村电商新业态成为强村富民"新赛道"

2023年6月5日潮新闻客户端报道（记者 徐晓凤 通讯员 赵榆婧），电子科技助农、技术益农是近年来比较热门的民生话题之一。2023年6月2日，青田县章旦乡以"后花园·共富工坊"为主题的农村电商活动在兰头村开幕，"线上直播+线下体验"销售特色农产品。当天的直播活动线下吸引了周边居民、游客300余人次，两个小时的线上直播，订单收入达12.19万元。章旦乡实行村村党建联建抱团发展，将全乡分为果蔬农耕种、智汇创新、康养产业等三个产业振兴共富联盟，以"村集体+工坊+企业+农户"的模式建立了甜馨共富工坊、竹韵笋香共富工坊、章旦绿共富工坊、电商直播共富工坊、后花园油茶共富工坊等五大工坊，推动农文旅深度融合，逐步实现"一村一品、一步一产业"。章旦乡围绕美丽乡村建设，紧跟农村电商热潮，推动美丽蝶变、强化产业支撑、加速"双招双引"，打赢了从"灵气不足、产业小散、名气不靓"到"侨乡后花园、品质新章旦"的乡村振兴翻身仗。

那么，什么是农村电商？农村电商有哪些类型？我国农村电商是怎么发展起来的？未来有什么趋势？

第一节　农村电商概述

一、农村电商的概念

农村电商即农村电子商务，是指利用互联网、计算机、多媒体等现代信息技术，为从事涉农领域的生产经营主体提供在网络上完成产品或服务的销售、购买、运输和支付等业务活动的过程。农村电子商务生产经营主体不仅包括农民，还包括发展农村电子商务的各类电商平台、农村物流企业、配送中心、农资生产企业等。因此，认识农村电商不能局限于农产品网上销售（农产品上行）这一个方面，工业品下行也是其中的一个重要组成部分。

在理解农村电商的概念时，应注意农产品网上交易、农业信息化、农民网络化消费和农村区域电商这四个关键词。

（1）农产品网上交易，主要是指买卖双方借助网络平台完成农产品的交易活动，包括网上零售或批发等形式。

（2）农业信息化，主要是指将信息技术、物联网、大数据技术等应用到农业生产中，实现农业的规模化、定制化。农产品生产、销售、运输等过程中信息的获取与全球市场同步，农产品在包装和运输方面逐步实现品牌化、国际化。

（3）农民网络化消费，主要是指农民充分利用互联网购买质优价廉的农业生产资料及生活用品，实现服务到村。

（4）农村区域电商，主要是指农村聚集的以销售本地特色产品为主要业务的农村电商，如淘宝村、淘宝镇；将信息流、资金流、商流、物流聚集在农村或县城周边，形成电商服务业、包装仓储物流相关产业、产品配套供应产业协同集群发展的区域电商。

问与答

问：淘宝村和淘宝镇的认定需满足哪些条件？

答：淘宝村的认定需满足以下三个条件：①经营场所在农村地区，以行政村为单元；②电子商务年销售额达到 1 000 万元及以上；③活跃网店数量达 100 个及以上，或活跃网店数量达到家庭户数的 10%及以上。

淘宝镇的认定需满足以下任意一个条件：①一个镇（乡）淘宝村达到或超过 3 个；②一个镇（乡）淘宝村少于 3 个，但是全镇（乡）在阿里巴巴平台上的电子商务年销售额达到 3 000 万元及以上，并且活跃网店数量达到 300 个及以上。

农村电商自身模式的不断创新进一步为农产品供应链完善、农业产业链延伸、农村三产融合以及农产品附加值提升创造了机遇。农村电商还推动了农村地区信息、人才、资本、土地、科技等要素的重配，带动了农业生产效率的提升，并联合物联网、区块链、人工智能等新一代信息技术推动了我国农业向智能化、信用化发展。

视野拓展

农村三产融合

一产指农业产业，包括种植业、畜牧业、渔业等农产品生产活动，它们是农村经济的基础；二产指工业产业，包括农副产品加工、农机制造、农业科技研发等农村工业活动，它们是农村经济的重要支撑；三产指服务业，包括乡村旅游、文化创意、健康养老、教育培训等与乡村居民生活密切相关的服务活动，它们是农村经济的增长点。

农村三产融合是以农业为基本依托，通过产业联动、产业集聚、技术渗透、体制创新等方式，将资本、技术以及资源要素进行跨界集约化配置，使农业生产、农产品加工和销售、餐饮、休闲以及其他服务业有机地整合在一起，最终实现农业产业链延伸、产业范围扩展和农民收入增加。通过三产的融合发展，可以实现乡村经济的全面发展，促进农民增收致富，实现乡村振兴的目标。

二、农村电商的分类

（一）按农村电商业务特点分类

农村电商发展至今，已经形成了丰富多样的形式。农村电商根据业务特点，可以分为农产品电商、农资电商、农村服务电商和"农产品+旅游"电商等形式。

1. 农产品电商

农产品电商是农村电商的核心领域，也是农村电商发展的基础。农产品电商是指农产品销售过程中利用互联网技术和平台，依托农产品生产基地与物流配送系统，为消费者提供优质的农产品和服务的一种新型商业运营模式。农产品电商缩短了农产品流通链条，降低了中间环节的成本，提高了农产品的销售效益。同时，消费者也可以通过农产品电商平台购买到新鲜、优质的农产品，满足自己的需求。从电子商务模式的角度划分，农产品电商一般可以分为以下几种模式。

（1）B2C 模式，是指网上平台通过自营或者与农户合作的方式获取农产品，或专业的垂直电商平台直接向农户采购农产品，然后卖给消费者的模式。

（2）C2B 模式，即消费者定制模式。农户根据消费者的订单需求生产农产品，然后通过家庭宅配的方式把自家农产品配送给消费者。

（3）B2B 模式，是指商家向农户采购农产品或到一级批发市场集中采购农产品，然后分发配送给中小农产品经销商的模式。这类模式主要为中小农产品批发商或零售商提供便利，节省其采购和运输成本。

（4）F2C 模式，即农场直供模式，是指农户通过网上平台将农产品卖给消费者的模式。

（5）农业社区 O2O 模式，即消费者线上买单、线下自提或线下门店自有物流配送的模式。这种模式可以增强消费者的购买体验，同时也可以降低物流成本。

从经营方式角度划分，农产品电商主要分为自产自销、专职电商和自产代销三种类型。其中自产自销是指由从事农产品生产的农户或农业企业将自己生产的产品通过 B2C、C2C 及其他电子商务模式销售出去。专职电商本身不从事农产品生产，主要致力于在网上销售农户或农业企业生产的农产品。自产代销是上述两种类型的综合体，即经营者不仅在网上售卖自产的农产品，还代理或经销非自产的农产品。

📖 视野拓展

农产品的分类

农产品是指农业生产活动中生产出来的物品。按照加工程度划分，农产品可以分为初级农产品和加工农产品。初级农产品是指未经过加工的农产品或仅经过初步处理的农业产品。这些产品通常直接从农田或农户处获得，具有较强的原始性和天然属性，主要来自种植业、畜牧业和渔业。加工农产品是指经过一定加工环节才能食用、使用或储存的加工品。

淘宝平台上如果售卖的是初级农产品，卖家开通网店后，不需要任何资质就可以把产品上传到网店中销售；如果售卖的是加工农产品，就需要取得营业执照、食品经营许可证、农产品质检报告等才能销售。

淘宝平台上，初级农产品主要分为以下几类：新鲜水果，如苹果、橙子、梨、草莓等；蔬菜类，如土豆、胡萝卜、白菜、青菜、西红柿等；粮油类，如稻谷、小麦、玉米、大豆、花生等；禽畜肉类，如鸡肉、牛肉、猪肉、羊肉等；鱼虾类，如鱼、虾、蟹等淡水和海水产品；蛋类，如鸡蛋、鸭蛋、鹅蛋等。

2. 农资电商

农资电商是指利用互联网技术和平台，将农用物资（如种子、化肥、农药、农业机械、饲料等）的生产、流通、销售、服务等环节进行线上线下整合，实现信息化、标准化、透明化、便捷化的新型商业模式。通过网络建立起来的农资电商平台具有公开透明、售后可追溯的巨大优势。农民在农资电商平台上可以货比三家，还可享受电商平台提供的专家服务。

专业农资电商平台的代表有抢农资网（参见图11.1）、大丰收农服平台、农一网等。

图 11.1　抢农资网首页

3. 农村服务电商

农村服务电商通过互联网平台，将农业生产、农民培训等服务进行整合，满足农民和农村地区居民的需求。例如，农业生产服务电商可以为农民提供农业技术咨询、旅游开发、农资供应等服务；农民培训服务电商可以为农民提供农业技术培训、创业培训等服务。农村服务电商可以提高农民的服务水平，促进农村地区的经济发展。

4. "农产品+旅游"电商

"农产品+旅游"电商是一种新型的农村电商形态，是农产品、乡村旅游和电子商务整合的产物。这种模式的运作方式是线上的旅游商家（或当地政府）激发消费者对特色农产品产地的旅游兴趣，游客到乡村旅游并享受吃、住、游玩和体验一体化的旅游服务，开展乡村旅游服务的商家充分利用游客来访的时机销售当地特色农副产品。

📖 视野拓展

依托大田种植，发展乡村旅游

大田种植作为乡村旅游开发的重要景观，通过创意化设计打造种植景观，可以根据不同的节日、主题或地域特点，选取具有吉祥寓意的植物品种进行种植；同时，也可以挖掘并强调当地独特的农业文化和传统，将这些特色融入景观中。在景区中设置观景平台，游客可以俯瞰整个大田景观，欣赏不同色彩和形状的作物交织出的壮观景象。游客还可以参与一些互动体验活动，如特定季节的采摘活动，从而体验农田劳作的乐趣，感受大地的孕育之美。

（二）按农村电商区域生态经济模式分类

根据农村电商区域生态经济模式分类，农村电商可以分为产业链生态经济模式、一县一品生态经济模式、集散地生态经济模式等。

（1）产业链生态经济模式，又称为跨域整合某一品类生态经济模式，是以某一品类的产品为切入点，所有与该产品有关的县（区）共同参与，制定产品分类标准、建立溯源体系（农产品类）和服务标准（服务业），按统一的标准进行产品加工、品牌宣传，打通该产品产前、产中、产后全产业链（生产/种植、加工、质检、追溯、仓储、物流、销售、售后等）的模式。清河模式是这一模式的典型代表。

（2）一县一品生态经济模式，就是以某一品类农村特色产品或品牌为起点，以县区企业、政府、社会组织、区域带头人为宣传载体，多维度、系统化在线上线下塑造本地化地域品牌，即以一县一品为切入点，建立农村品牌，发展农村电商经济新模式，从而推动当地经济发展，借助电子商务将当地的特色产品推向全国乃至全球。成县模式是这一模式的典型代表。

（3）集散地生态经济模式，是指利用区位和交通便利的优势发展物流产业，通过自身在物流方面的优势，吸引大批有实力的企业聚集于此发展电商产业的模式。该模式能带动当地电子商务及区域经济的快速发展。该模式的主要特点有独特的区位优势、发达的仓储物流、完善的电子商务体系、较强的整合当地资源的能力。桐庐模式是这一模式的典型代表。

案例 11.1

清河模式、成县模式、桐庐模式

1. 河北清河模式——产业链生态经济模式

河北清河模式是将传统专业市场与电子商务协同发展，实现包容性的、创新的产业链生态经济模式。河北清河县是我国重要的羊绒制品产销基地，其羊绒加工产业起步于1978年，享有"中国羊绒之都"的美誉。清河电子商务从羊绒制品起步，在羊绒制品市场大力营造适合电子商务发展的经营环境，相继建成了电子商务孵化区、电子商务聚集区和电子商务产业园，并大力引进网货供应、物流快递、人才培训、研发设计、摄影、美工等专业机构，从而保证了电子商务经营者能够以最快的速度、最低的价格享受到最全、最好的服务，提高了网商的市场竞争力。清河电子商务目前已经涵盖羊绒、汽配、硬质合金等领域。

2. 甘肃成县模式——一县一品生态经济模式

甘肃成县模式采用的是"帮扶干部+电商+农户"的模式，打造一县一品生态经济模式。成县是核桃产业大县，全县干部带头用微信、微博、网店等销售核桃，夏季卖的是鲜核桃，冬季卖的是干核桃，以核桃为单品，打通整条电商产业链，逐步形成区域的特色品牌。先用"成县核桃"提高知名度，再让"成县紫皮大蒜""成县土蜂蜜""成县巴马香猪肉""成县手工挂面"等农特产品走向热销。另外，与第三方追溯行业合作，建立县域品控溯源增信体系，并在当地搭建品控溯源展厅，扩大品牌影响力，同时保护原产地品牌，保障农产品品质，让成县核桃甚至更多的农产品走出产地。

3. 浙江桐庐模式——集散地生态经济模式

浙江桐庐是杭州辖下的一个县，是中国著名的物流之乡。桐庐具有良好的产业基础、电商发展态势，特别是物流方面，有村级单位物流全通的先天优势。独特的区位优势为桐庐发展电商提供了很好的支撑，加上良好的社会环境以及政府部门的政策支持，为电商的发展提供了良好的环境基础。桐庐以物流产业为切入点，建立起集散地县域电商发展模式，盘活了该地区的电商发展，带动了当地县域经济的大飞跃。

桐庐发展农村电子商务的总体思路是"两条主线融合并举"：一条主线是大力推进阿里巴巴"农村淘宝"项目试点，利用这个项目打通上下行物流的通道，播撒农村电商的种子；另一条主线是以桐庐农产品电商产业园为核心，以一批专业电商平台为龙头，运用组织化的方式整合农村产品资源，解决"无标""无认证"等关键问题，拓展网上销售市场。

启发思考：请再查阅相关资料，分析清河模式、成县模式、桐庐模式的成功之处，并了解河北清河县、甘肃成县、浙江桐庐县的电子商务发展现状。

学而思，思而学

发展农村电商的意义是什么？开展农村电商有哪些新的模式？

三、我国农村电商的发展阶段及趋势

（一）我国农村电商的发展阶段

农村电商是发展数字经济、振兴乡村和建设数字乡村最好的抓手，我国农村电商发展进程大体可分为以下三个阶段。

（1）2003—2016 年，这是农村电商发展路径的探索阶段。2005 年中央一号文件首次提及电子商务，此后十年国家主要从流通方式、交易方式和平台建设等角度部署农村电商发展。2005 年我国颁布了《国务院办公厅关于加快电子商务发展的若干意见》，该意见是第一个专门指导电子商务发展的政策性文件，第一次从政策、法律法规、财税、投融资、信用、认证、标准、支付、物流、企业信息化、技术与服务体系、宣传教育培训、国际交流与合作等多个层面明确了国家推动电子商务发展的具体措施。2009 年，第一个淘宝村诞生于浙江省。从 2009 年到 2014 年，短短几年时间，我国淘宝村数量飙升至 212 个。

（2）2016—2021 年，农村电商进入规模化、专业化发展阶段。国家加大对农村电商的部署力度，逐步提出更高要求，明确农村电商的主要工作方向是：加大物流基础设施建设和完善县乡村三级农村物流体系；开展电子商务进农村综合示范；健全农村电商服务体系；支持涉农电商载体建设和新模式发展；等等。2016 年以来，农村电商在促进农产品上行、推动农业数字化转型升级、带动农民就业创业和增收、改善农村风貌等方面成效显著，成为推动脱贫攻坚、乡村振兴和数字乡村建设的重要抓手。

（3）2021 年以来，农村电商发展进入"数商兴农"高质量发展新阶段。2021 年印发的《"十四五"电子商务发展规划》突出电子商务与三产的融合，推动乡村产业振兴、数字乡村建设，大力实施"数商兴农"行动，加快完善农村电商生态体系。2022 年中央一号文件进一步明确实施"数商兴农"工程，这是发展农村电商的新举措，也是农村电商发展的新方向。2024 年中央一号文件首次提出"实施农村电商高质量发展工程"，明确推进县域电商直播基地建设，发展乡村土特产网络销售。

我国农村电商的发展，经历从最初的快递下乡，到农产品上行，再到数字化发展，如今已迈入高质量发展的新阶段。农村电商的发展模式愈加多元，政策指导也在逐步完善。

视野拓展

"数商兴农"是发展数字商务、振兴农业的简称。"数商兴农"就是充分释放数字技术和数据资源对农村商务领域的赋能效应，全面提升农村商务领域数字化、网络化、智能化水平，推动农村电子商务高质量发展，进而支持和促进农业生产发展与乡村产业振兴。

"数商兴农"新闻

（二）我国农村电商的发展趋势

1. 农村电商企业加快数字化转型

阿里巴巴、京东、拼多多、抖音、快手、叮咚买菜、一亩田、惠农网、苏宁易购等电商企业，会继续引领我国农产品数字化转型。如京东农场、阿里巴巴未来农场在生鲜生产、流通、消费过程中具有示范性作用。阿里巴巴、京东在智慧物流领域已经取得了突飞猛进的发展，构建起以无人仓、无人机和无人车为三大支柱的智慧物流体系。无人配送以更低的成本、更快的速度，极大拓展了县域物流配送的触达范围，提高了配送效率，为县域即时零售发展提供了有力支撑。近场社区电商、即时零售将成为未来网络零售的发展方向。

📖 视野拓展

近场社区电商、即时零售

近场社区电商模式的核心理念是"近场"服务，即服务对象是社区居民，通过建立社区电商平台，将线上商城与线下实体店相结合，在社区内提供全方位的商品和服务。社区居民可以线上购买商品，线下商家则负责商品的配送和售后服务。这种模式的优势在于能够满足社区居民的紧急需求，提供全天候的服务，让居民享受到更加便捷的购物体验。

即时零售是实体商超、便利店、品牌门店等多种零售业态，依托网络和数字平台，就近为消费者提供 1 小时乃至 30 分钟内快速送达服务的零售模式。即时零售以数千米范围内的社区为服务对象，建立起本地属性的商品供给网络，打造以即时履约服务为支撑的配送模式，实现市场需求信息的产生、释放、捕捉、匹配和供需新平衡。即时零售的主要特征是"线上下单，线下即时送达"，其供给高度依赖本地门店。

2. 标准化促进农产品品牌化发展

当前，农产品品牌化的进程正在迅速加快。农村电商凭借在信息传导、资源匹配、价值挖掘等方面的突出优势，正在成为培育农产品品牌的新渠道。商务部持续开展电子商务领域的"三品一标"的认证帮扶，并引入公益资金支持。传统的农产品"三品一标"指的是无公害农产品、绿色食品、有机农产品和地理标志农产品；现阶段"三品一标"包括农业生产和农产品两个"三品一标"，农业生产"三品一标"指的是品种培优、品质提升、品牌打造和标准化生产，农产品"三品一标"指的是绿色食品、有机农产品、地理标志农产品和达标合格农产品（参见图 11.2）。

图 11.2 "三品一标"图形标志

中国积极参与农产品国际标准的制订并积极引入其他国际标准，以促进现代农业标准化和可追溯体系建设的进程。

3. 绿色化促进农产品电商生态化发展

农产品电商上行将赋能整个社会在绿色生产、绿色物流、绿色配送、绿色销售、绿色消费、绿色环境等方面的绿色化，提高整个系统的有效性，特别是 2017 年以来倡导的电商绿色包装盒等的推广，加速了绿色化的进程。农产品电商快递网点绿色化，实现塑料包装可降解、包装盒可循环等都能促进农产品电商生态化发展。

4. 农产品供应链数字化成时尚

我国县乡村电子商务服务中心迅速转型为农产品供应链"控制塔"，成为农产品生产（种植、养殖、加工等）的数字化指挥中心，成为农产品流通的信息化服务中心，成为市场消费新潮的引导中心，从而整合、协同县域数字经济发展的各种资产和资源。数字农产品语言模型将广泛应用在数字农产品电商领域，探索分布式人工智能模式创新。

5. 农村电商与电子商务新业态新模式加速融合

近年来，在数字技术驱动下，各地不断推动农村电商创新发展，农村电商与直播电商、跨境电商等新业态新模式加速融合。随着网络直播在农村地区的加速普及，农村直播电商已经成为赋能乡村振兴的一种重要方式，一批新农人主播逐渐走向全国，农产品垂直主播赛道更加专业化、精细化，农产品多渠道、跨平台直播成为行业共识。在政府和市场的双重推动下，农村直播电商领域的基地建设、主播孵化、运营管理、人才培训、仓储物流、行业联盟等建设不断推进，促进我国农村直播电商生态发展更加优化。同时，直播电商与农业传统展会深度融合，推出了电子商务促销、直播逛展、直播电商节等展销一体的新模式。

在乡村振兴背景下，新农人、新业态不断涌现，农产品线上"品牌化+平台化"方向趋势明显，农业科技、人工智能等正在持续推进农村的数字化发展，农村电商发展趋势向好，作为数字经济的重要组成部分，为乡村振兴提供了新动能、新载体。

📖 视野拓展

农村直播电商新业态新模式的政策支持

2023 年 7 月 27 日，商务部等九部门办公厅（室）关于印发《县域商业三年行动计划（2023—2025 年）》的通知中提到："大力发展农村直播电商。深化电子商务进农村综合示范，利用县级电子商务公共服务中心的场地和设备等资源，打造一批县域电商直播基地、'村播学院'。整合各类资源，增强电商技能实训、品牌培育、包装设计、宣传推广、电商代运营等服务能力。鼓励有条件的县级电子商务公共服务中心拓展 O2O 体验店、云展会、网货中心、跨境电商等衍生增值服务，推动县域电商形成抱团合力，实现可持续发展。"

> **🤔 学而思，思而学**
>
> 我国的农村电商未来将会呈现哪些新的特点？

6. 数字乡村治理水平不断提升

发展农村电商，能够在信息共享、文化教育和监督管理等方面发挥作用，为乡村治理的现代化和发展提供有力支持，促进数字乡村治理水平不断提升。

一是在信息共享方面：信息共享平台可以让农民获取政策、市场、技术等方面的信息资源，提高信息素养，增强农民的自治能力和提高社区参与度，从而提升乡村治理的有效性。

二是在文化教育方面：农村电商可以通过向乡村居民普及文化和教育知识，提高农民的文化素养和教育水平，提高农民的参与度和创新能力，促进乡村治理的文明化和科学化。

三是在监督管理方面：农村电商可以通过智能化技术和数据分析，实现对交易行为的实时监督和管理，防范和打击各种违法犯罪行为。这样可以增强社会治理的安全性和公正性，提升乡村治理的稳定性。

第二节　农村电商平台

近年来，农村电商成为热门领域，众多农村电商平台如雨后春笋般涌现，其中既有综合性农村电商平台（开辟农村电商板块），又有垂直性农村电商平台。

一、综合性农村电商平台

视野拓展

乡村振兴新闻

综合性农村电商平台是指具备与农业或农业产品相关的板块，或者开辟了与农业相关的服务的电商平台，如淘宝网、京东、拼多多等。这些平台利用自身优势既为广大个体农业生产者提供了上行（进城）的销售渠道，也为工业品下行（下乡）提供了良好的购物平台。

（一）阿里巴巴

阿里巴巴于 2013 年启动农村淘宝战略项目。阿里巴巴与各地人民政府合作，以电商平台为基础，通过搭建县村两级服务网络，发挥电子商务优势，推动农产品上行和工业品下行。阿里巴巴农村电商的战略主要有以下几项。

1. 农村淘宝

农村淘宝是阿里巴巴于 2013 年启动的战略项目，主要涉及"网货下乡"和"农产品进城"。农村淘宝线下服务站点为农村创造了不少就业机会。农村淘宝于 2017 年 6 月 1 日升级，升级后的农村淘宝和手机淘宝合而为一，手机淘宝针对农村市场增设"家乡版"。

阿里巴巴还推出了"三农计划"，通过建立产业联盟和物流配送中心，提高农村电商的服务质量和效率。

2. 数字乡村战略

阿里巴巴在 2017 年提出了数字乡村战略，旨在利用数字技术推进农村的发展。数字乡村战略包括了数字农业、数字旅游、数字教育、数字医疗等多个方面。

2019 年阿里巴巴启动了"乡村振兴特派员"项目，该项目旨在派出有农村情感、吃苦耐劳并且不忘初心的员工前往贫困地区，利用数字化技术帮助当地人实现脱贫致富的愿望。

3. 村播计划

村播是指主播们通过网络直播平台向广大网友推介农产品或者农副产品，助力当地农产品销售的模式。2019 年，淘宝直播推出"村播计划"。"直播+扶贫+产业"模式能够帮助农民脱贫致富，推动农村经济快速发展。截至 2023 年 8 月，"村播计划"培养了超过 11 万名农民主播，在淘宝累计开展直播 330 万场，覆盖全国 32 个省区市、2000 多个县。主播们通过直播带动农产品销售超 1.3 亿单，带动农产品上行超过 150 亿元。

4. 淘宝买菜

2021 年 9 月 14 日，阿里巴巴社区电商宣布整合"盒马集市"与"淘宝买菜"，统一升级为"淘菜菜"。2023 年 5 月，淘菜菜与淘鲜达合并，更名为淘宝买菜。淘宝买菜主要提供的产品有蔬菜、水果、肉禽蛋、米面粮油、水产海鲜、休闲食品、日用百货等，当日 22:00 之前下单，次日可在淘宝买菜自提点提货。淘宝买菜依托小店，构建社区"一刻钟便民惠民智慧社区生活圈"，还协同菜鸟驿站、饿了么等业务，为小店提供"一店多能"的柔性定制功能。

（二）京东

早在 2015 年，京东就提出农村"3F"战略，包括生鲜电商（Farm to Table）、工业品进农村（Factory to Country）、农村金融（Finance to Country）等战略。京东农村电商的业务主要有以下几项。

1. 京东生鲜

京东生鲜是京东集团旗下生鲜电商平台，京东划分了家电、服饰、美妆、超市、生鲜等多个专业板块，农产品则主要集中在生鲜板块。京东生鲜业务覆盖新鲜水果、海鲜水产、精选肉类、冷饮冻食、蔬菜蛋品等品类。

京东生鲜（网站首页参见图 11.3）以"品质+速度"为核心竞争力，提供全品类的生鲜商品和极速达的配送服务。京东生鲜主要通过自营仓储和社区店两种模式进行布局。京东生鲜的供应链和物流体系保障了商品的品质和时效，30 分钟极速达和"211"限时达等服务很受消费者喜爱。京东生鲜还推出了京东到家、京东生鲜超市、京东生鲜会员等多个品牌和业态。

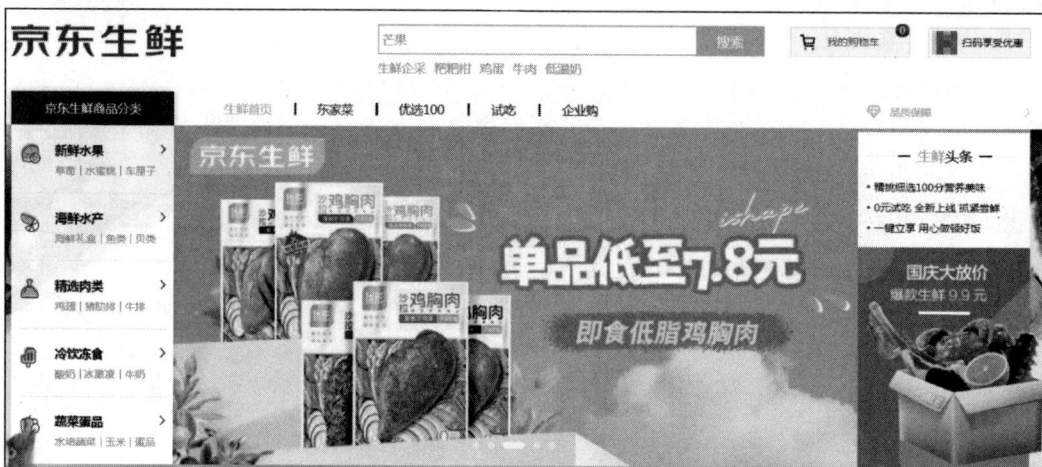

图 11.3 京东生鲜网站首页

2017 年 4 月，京东自营超市七鲜（7FRESH）正式成立，七鲜通过覆盖商圈、社区、写字楼等场景，配合线上渠道的延展赋能，提供全时段生鲜商品及生活服务的一站式体验。

2. 工业品下行的县级服务中心

京东县级服务中心采取京东直营方式，在县级城市打造集市场营销、物流配送、客户体验和产品展示于一体的京东服务旗舰店。

3. 农产品上行的京东特产馆

京东特产馆通过与地方人民政府合作从而招商入馆，形成具有地方特色的农产品上行售卖点。

2020 年，京东推出乡村振兴"奔富计划"，截至 2023 年 6 月，"奔富计划"已带动农村实现产值超过 1 万亿元，帮助数百万农户大幅增收。2020 年，京东超市还实施了"千县名品"项目和"源头直采"项目。"千县名品"项目开展以后很快就和 51 个国家地理标志农产品达成深度合作，地标覆盖达 3000 个；"源头直采"项目也持续推进，不断拓展从产地源头直接采购国内外优质农产品和食品的品种数量和规模。

4. 京东农资频道

京东农资频道围绕农用物资经营，利用京东自营店与第三方平台店铺（POP 店铺），致力于打通买方和卖方之间的通道，确保农资产品从厂商跳过中间环节直接送到农户手中。

5. 农村金融

2015年9月18日，京东金融发布农村金融战略，将充分发挥京东在渠道下沉、电子商务、互联网金融等方面的巨大优势，紧扣以"农产品进城""工业品下乡"为核心的农村经济闭环，设计和打造具有京东特色的农村金融模式。京东农村金融通过京农贷、农村众筹、乡村白条、农村理财等产品线为农村提供了多元化的金融服务，试图破解农村金融服务痛点。

（三）拼多多

以拼多多为代表的新电商平台试图以"产地直发"取代层层分销。拼多多农村电商板块主要分为农地云拼、多多直播、多多买菜和多多丰收馆等四大块。

1. 农地云拼

"农地云拼"是拼多多通过大数据、云计算和分布式人工智能技术打造农产品销售的新模式，将分散的农业产能和分散的农产品需求在云端拼在了一起，形成一个虚拟的全国市场。它以"拼购+产地直发"为核心，立足于偏远地区小农经济的生产特点，将消费者分散的、临时的需求在电商平台上形成规模效应，将农户与消费者直接对接，不仅为农户提供了长期稳定的订单，同时能去除多余的中间环节，降低价格。通过"农地云拼"，拼多多在农民和城市消费者之间建立了一条覆盖全国的农产品销售超短供应链。

（1）电商平台直接走进农产品生产端，积极整合生产、分级、加工等供应环节。

（2）农产品通过产地直采、分级、包装后进入销售环节，然后通过电商平台直接出售给消费者。

（3）电商平台通过全流程数字化指导农户生产、研发，并构建低成本、高效能的物流网络，帮助农户降低成本。

"产地直发"不仅可以使农产品以更快的速度到达消费者手中，保证了新鲜度，还使利润更多地留在了农户手中，同时推动了农产品生产和加工的以销定产，降低农产品滞销的可能。

2. 多多直播

直播电商风口下，拼多多加码农产品直播，构筑电商新生态，举办各种形式的活动和开展助农直播。如2020年，多多直播在全国启动了"政企合作，直播助农"活动，并针对全国多个贫困县开展扶贫活动，带动当地特色农产品销售。2023年12月15日，拼多多联合央视新闻共同推出"了不起的中国县"直播活动。从晚上7点到11点半，全国17个县的县领导轮番上台，和央视主持人一起为全国人民送上家乡好物，直播吸引了超1 500万观众观看。

3. 多多买菜

多多买菜是拼多多继农地云拼、多多直播后推出的专职农产品销售的一款便民买菜服务。消费者可以在多多买菜平台上预订商品。在这种购物模式中，一方面，消费者不需要花费大量的时间进行选品，其所购商品大都适合日常消费；另一方面，多多买菜极大地缩短了农产品从下单到送到消费者手中所需要的时间。多多买菜通过社区买菜服务，将完全的线上购物渠道逐渐转向线下。多多买菜延续了拼多多的"田间直达餐桌"模式以确保商品性价比，通过全程冷链等多种方式将农产品由原产地直接发往消费地。

4. 多多丰收馆

2023年9月15日，拼多多正式上线"多多丰收馆"，进一步促进各地农产品直连广大消费者，助力农户丰产增收，推动农产品产业带提质增效。

（四）抖音电商

抖音是以短视频和直播为主的新媒体平台，通过网络直播已经诞生了大量头部"网红"，其中也包括农村"网红"。抖音平台农村电商支持策略主要有以下两种。

1. 山货上头条

"山货上头条"是抖音乡村助力计划中的一个重点项目，开始于 2021 年 10 月。该项目通过建立商品标准、巩固商业基础、发展市场主体、拓展营销渠道、培育区域公用品牌等方法，聚焦乡村产业，助力乡村产业发展，带动农户增收就业。

2. 四大助农模式

在农村电商领域，抖音梳理出特色助销、产业融合、品牌打造和人才助力等四大助农模式。

（1）特色助销。这种助农模式是抖音针对农村地区的特色农产品采取内容生成、平台资源倾斜等一系列措施，帮助特色农产品获取流量、拓展销路，提高农产品的上行质量与效率，进而助力农村电商发展的一种运营模式。"山货上头条"项目就是特色助销模式的典型。

（2）产业融合。这种助农模式是抖音根据农村当地的产业、农产品、地貌等情况，将其与电商产业相融合并加以拓展，从而带动农村当地"吃、住、行、游"等多产业发展，在扩大农村当地宣传效果的同时推动农民增收，促进农村相关产业协同发展的一种运营模式。

（3）品牌打造。这种助农模式是抖音通过把控农产品的品质、增强农村电商从业人员的品牌意识、突出宣传农产品的卖点等方式，打造出有特色且具备一定地域特征的农产品品牌，从而增强农产品的市场竞争力，达到助农和助推乡村振兴目的的一种运营模式。

（4）人才助力。这种助农模式是指抖音依托自身平台优势，通过为农村电商从业人员营造良好的创业环境、提供精准的电商运营培训等方式，在培育本地新农人的同时吸引更多人才返乡创业的一种运营模式。

案例 11.2

直播电商成农产品销售及乡村区域品牌建设的"加速器"

"带皮的红心地瓜干口感更软糯，不带皮的更有嚼劲，根据口味来选择就可以。"来自"红心地瓜干之乡"福建龙岩连城县的主播莲讯每天都会在抖音直播间介绍本地出产的地瓜干。

连城县是"红心地瓜干之乡"，但当地特产地瓜干因交通不便名声无法远播，只能低价销往附近地区和加工厂。看到抖音电商上有人通过直播销售农产品，2021年刚刚大学毕业的莲讯返回家乡，开始通过直播介绍家乡的地瓜干，并得到了消费者对"连城红心地瓜干"的认可。她在一年时间里卖出了300多万袋红心地瓜干，改善了周边乡镇百余人的就业情况。

如今，连城县建立了畅通的电商渠道，连城县红心地瓜干也成了知名的区域农产品品牌。当地许多传统农户和莲讯这样的新农人选择变身主播，向全国各地的消费者介绍和销售红心地瓜干。越来越多的农户开始从事地瓜干的加工生产、仓储运输等工作。

启发思考：

1. 为什么直播电商能成为农产品销售及乡村区域品牌建设的"加速器"？
2. 直播电商带动了连城县哪些农村产业的发展？

二、垂直性农村电商平台

除了综合性电商平台开辟农村电商板块外，还有一些专注于农村领域的垂直性电商平台，如惠农网、美菜网、一亩田等。

（一）惠农网

惠农网是由湖南惠农科技有限公司推出的 B2B 网站、农业产业数字化服务平台。惠农网构建起县域农业产业服务生态，为涉农企业及政府部门提供产业公共服务、品牌培育、产销对接、供应链标准化、防伪溯源、县域人才培训等整体配套服务，推动县域农业转型升级。同时，其自主研发"惠农大数据"，打造大数据服务体系，深度渗透行业主体，为县域电商和数字农业、智慧农业发展提供大数据和金融服务。惠农网首页参见图 11.4。

图 11.4 惠农网首页

惠农网的业务主要集中在以下几个方面。

（1）惠农严选。依照商家优、产品优、服务优的"三优"原则，从惠农网的资源中严选产地供应商和农产品，为中小电商企业、社区团购、商超、批发商提供货源，实现便捷、安全、实惠、放心的农产品 B2B 线上采购。

（2）农产品上行服务。惠农网进行实地品控、整合产地优质资源，与生产端共同完善农产品标准化供应链，推动县域特色农产品生产实现标准化、规模化、商品化、品牌化、产业化；依托平台采购商资源，通过举行产销对接会、网上采购节以及搭建县域"扶贫产业带"电商扶贫展销专区、社群营销等落地方式，建立线上线下互动融合的县域农产品上行服务体系。

（3）惠农行情。惠农行情是惠农网基于平台真实的交易价格及独有的数据渠道，大量采集来自供应端、采购端、批发市场的最新价格数据，并经过大数据智能清洗和过滤，为农业从业者提供实时、精准的农产品产销行情。

（4）农技学堂。农技学堂通过农技信息知识学习、达人经验交流、专家技术指导等方式，为广大种养殖户、农场主等农业生产主体在线提供农技知识服务。

（5）农产品溯源体系建设。针对农产品生产标准化程度低、品质相对难控的现状，惠农网自主研发了专业的农产品质量安全溯源平台——真源码，利用云计算和大数据技术，通过产地身份认证、全程追踪、保质（鲜）期、位置信息、明暗双码、一品一码、智能物联七大功能，防止假冒伪劣；运用智能物联技术，可进行源头产地直播、实时环境数据和自动化设备监测，实现农产品从播种到餐桌的全程监控，确保农产品生产及流通全过程质量可追溯、责任可追查、品牌可保护，既能保障食品安全，也为监管部门提供了一个监管工具。

（二）美菜网

美菜网成立于 2014 年 6 月 6 日，定位为餐饮食材行业的 B2B 平台。美菜网的核心业务是通过全程精细化管控采购、仓储、物流、商品品控、售后等各个环节，为中小餐厅（馆）提供食材采购服务，并利用这些需求撬动现有的农产品供应链，整合仓储、物流资源，对接蔬菜、肉蛋、米面粮油、酒水饮料、调味品等生产商及农业基地。

美菜网通过建设"两端一链一平台",打通了农产品"采仓配销",压缩了中间环节,从而推动了农业供给侧结构性改革,实现了农产品的标准化。

1. 生产端直采

（1）通过签订订单提高行业效率。商家与农户、基地和产地加工商签订采购订单,建立长期合作关系,帮助交易各方有效规避市场风险、提高产品质量,保证整条供应链的稳定、通畅。

（2）通过创建自有品牌获得品牌溢价。创建自有品牌可以帮助平台获得更为稳定的品牌溢价。美菜网建立了自有品牌的开发流程,并针对每一个品类制订了详细的开发计划,从内部实现自有品牌的精细化开发。

（3）为供货商提供金融服务。鉴于农产品供货商大都面临短期资金短缺、因缺乏抵押品而难以获得贷款的问题,美菜网推出了供应链金融产品"美供贷",为供货商提供周转资金贷款,其利率比市场上供应链金融的平均贷款利率略低。

2. 派送端直达

（1）物流团队建设。美菜网采取社会化方式招募司机和车辆,组建了物流团队,按照配送里程和订单量付费。

（2）通过信息技术确保物流的时效性和标准化,降低损耗。美菜网有自己的仓储管理系统和物流管理系统,对仓储物流进行全流程信息化监测管理。

（3）售后服务。鉴于生鲜产品的特性,美菜网支持生鲜类产品（蔬菜水果、鲜肉禽蛋、海鲜水产、面点等）24 小时质量问题退货,非生鲜类产品（米面粮油、调料干货、厨房用品等）7 天无理由退货。

（4）为中小餐厅（馆）客户提供增值服务。为中小餐厅（馆）提供的食材采购服务是美菜网的核心业务,这项业务可以帮助中小餐厅（馆）降低采购成本和运营成本。

3. 高效冷链物流网络

美菜网自建的仓储、冷链配送物流基础设施规模较大,有一定的行业优势。

图 11.5　一亩田 App　　图 11.6　一亩田 App
"买货"界面　　　　"发布商品"界面

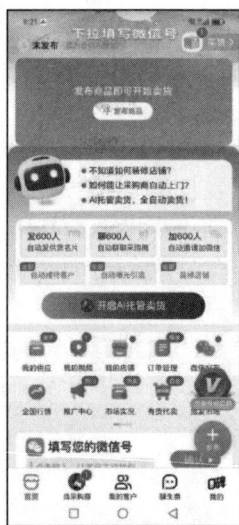

4. 开放供应商入驻平台

美菜网提供了"供应商入驻平台"功能,符合条件的食材供应商都可以入驻美菜网商城开店并能享受美菜网仓储物流系统。

（三）一亩田

一亩田成立于 2011 年,着眼于全品类农产品,属农业互联网综合服务平台,是移动端用户数量最多的农业电商平台之一。一亩田为 B2B 电商平台,主要为具备一定规模的农产品经营主体提供交易撮合服务,平台供应商包括农村合作社、经纪人、种植大户、家庭农场等,采购商包括农产品批发商、加工企业、超市、餐饮连锁企业、B2C 卖家、出口贸易企业等。一亩田 App "买货"界面和"发布商品"界面分别参见图 11.5、图 11.6。

一亩田既有线上业务，又有线下业务。线上业务为农产品买卖双方提供产销精准匹配、线上电商交易、资金安全保障等平台服务。"豆牛代卖"是立足于线下农产品批发市场的产品代销平台，提供售前行情调查服务、售卖过程全程监督服务、售完24小时之内回款服务等。

2023年6月，一亩田对外发布农业人工智能对话机器人"小田"。"小田"融合了一亩田平台的农产品流通大数据及多个农业细分领域的专业知识，有新品种新技术、农业技术、供需行情、产销智能匹配等多个模块，为生产、流通、采购等环节的用户提供种什么、怎么种、如何卖、如何买等问题的咨询服务。价格行情上，"小田"基于一亩田行情大数据体系，以"地域+品类"提供各品类农产品行情查询功能。

三、其他农村电商平台

1. 专注生鲜市场的电商平台

叮咚买菜是一家社区生鲜电商平台，以"15分钟送达"为核心卖点，主要通过前置仓和骑手两种模式进行布局。叮咚买菜还推出了叮咚优选、叮咚星厨、叮咚果园等多个品牌和业态。

大润发优鲜为大润发集团旗下品牌，是一家集线上线下并结合互联网+新零售的共享生鲜购物平台，主打线上超市购物。

天天果园是以销售水果为主的生鲜零售企业，采取的是自建冷库、冷链物流、便利配送的商业模式，与城市超市共享精品生鲜消费的供应链资源，有网站订购、电话订购、电视购物（东方购物）、企业直供（大客户定制）和实体服务点等多元供应渠道。

2. 传统农资企业的电商平台

世纪农药网是传统农药企业搭建的电商平台，是B2B2C电子商务企业，服务对象为农药企业、经销商和农户等。除了为传统渠道增加了产品直销的方式外，电商渠道的产品、物流、服务等都由原有的经销商负责，传统的销售渠道并未改变。世纪农药网能实现公司与核心经销商在交易环节中的业务信息透明和数据实时共享，使消费者需求可以真实、直接地反馈到工厂，从而缩短购货流程，提高供应链整体效率。

农信商城是一家传统农业高科技企业开发的智慧农村综合服务电商平台，主营饲料、兽药、农资、设备等。农信商城首页参见图11.7。

图11.7　农信商城首页

3. 农业服务型电商平台

农医生App是一个集农业技术咨询、病虫害防治、农业政策解读等多项服务于一体的农村电商平台，通过在线咨询、远程诊断等方式为农民提供农业技术支持。

益农宝是农业咨询类 App，主要面向新型农业经营主体，用户可通过该 App 免费咨询种植技术、用药技术、肥料技术、病虫害防治、农资产品等问题。

绿果网是农产品流通信息服务网站，为购销农产品的商户、农户以及相关从业者提供服务。

📕 实训案例

农产品"原产地直发"，助力拼多多优化农业供应链

2020年12月，拼多多宣布推出农产品"原产地直发"，通过加大资金投入、直播扶持、人才培育、供应链优化等综合举措，进一步加大对优质水果、蔬菜、肉蛋等生鲜产品的补贴力度，不断完善原产地直发的农产品上行模式，助力区域公用品牌建设，强化数据应用和人才支撑，助推乡村振兴。

1. 拼多多的"农地云拼""农云行动"，助推农产品标准化、品牌化、数字化

"农地云拼"模式带动农产品大规模上行，通过拼购和产地直发实现产销对接的模式，减少了中间环节，直连生产端和消费端，让偏远地区的农产品突破传统流通模式的限制，直连全国大市场。拼多多的农产品上行供应链成为生产者、物流、消费者这三者的连接者，助力重构农业生产价值链，并对价值链上的利益进行再分配，最终让农民和消费者受益。

"农云行动"以发掘全国范围内的优质农产品为前提，集中投入各类优势资源，打造100个极具韧性与竞争力的数字化农产带。"农云行动"的落地，是拼多多助推农产品标准化、品牌化、数字化发展的重要一步，也标志着拼多多在"务农"道路上已经形成可复制、可推广的"农云经验"。

2. 拼多多"农货节"，助力优势农产区发展

2019年8月起，拼多多已连续数年举办"农货节"。2022年拼多多"超级农货节"继续对农产品实行"零佣金"，调动百亿补贴、万人团、直播等频道及搜索的扶持资源，开展助农直播，以拉动优势农产区的销售，提升品牌农货、地标农产品的声誉和影响力。

"超级农货节"期间，百亿补贴等为时令生鲜提供巨额补贴优惠。拼多多"农货节"负责人称："拼多多还将通过寻鲜中国、多多好农货等长期项目，发现、选择、培育更多有潜力、有口碑的产区和产品，带动新农人将更多小品种做成大产业，用技术赋能农业生产，助力乡村振兴。"

3. 建立"农货智能处理系统"，批量培育新农人

在农产品销售的过程中，拼多多建立起了一套完备的"农货智能处理系统"，该系统归纳了全国各大农产区的数据信息，包括地理位置、特色品类、成熟周期等，能够将这些地区的农产品匹配给有相应需求的消费者。通过"原产地直发"，拼多多进一步扩大了"农货智能处理系统"的覆盖范围。

"除了继续投入精力优化算法和人工智能系统之外，更为重要的是对人才的培养，"拼多多相关负责人说，"农货智能处理系统中的大量信息不是靠远程推算或经验总结，而是平台通过新农人返乡体系和多多大学带动的新农人、新农商打通了农产品入网工作。"

拼多多还邀请了农业专家、产业专家围绕原产地建设、农产品上行节点改善等制订解决方案，主导农产品分级、加工和包装等一系列工作，提升产品附加值，形成规模化的产业。多年来，拼多多聚焦农业，寻找应用于全农产品供应链的技术解决方案，用科技带动农产品上行，让数字经济为更多乡村社区服务，进一步提升农产品供应链的效率。

思考讨论：

1. 简单介绍拼多多的"农地云拼"和"农云行动"模式。
2. 在农产品销售方面，拼多多主要采取什么手段？

3. 拼多多农村电商是如何优化农业供应链的？

归纳与提高

本章介绍了农村电商的概念、分类，我国农村电商的发展阶段及趋势，农村电商平台等内容。关于农村电商的概念，要掌握农产品网上交易、农业信息化、农民网络化消费和农村区域电商这四个关键词。根据业务特点分类，农村电商可以分为农产品电商、农资电商、农村服务电商和"农产品+旅游"电商等；根据区域生态经济模式分类，农村电商可以分为产业链生态经济模式、一县一品生态经济模式、集散地生态经济模式等。

农村电商平台主要分为综合性农村电商平台和垂直性农村电商平台。综合性农村电商平台主要介绍了阿里巴巴、京东、拼多多、抖音电商；垂直性农村电商平台主要分析了惠农网、美菜网、一亩田；其他农村电商平台主要从专注生鲜市场的电商平台、传统农资企业的电商平台、农业服务型电商平台等方面对其代表性平台做了介绍。

我国农村电商已步入"数商兴农"高质量发展新阶段，农村电商数字化转型在加快，农产品电商品牌化、生态化及供应链数字化发展迅速，农村电商与电子商务新业态加速融合，数字乡村治理水平不断提升。

知识巩固与技能训练

一、名词解释

农村电商　农业信息化　农产品电商　农资电商　产业链生态经济模式　"数商兴农"

二、单项选择题

1. 农村电商的特性不包括（　　　）。
   A. 直接与消费者对接　　　　　　　B. 提供全新的销售渠道和服务模式
   C. 需要政府的大力支持　　　　　　D. 只能销售当地的农产品

2. 农村电商的 B2C 模式有（　　　）的优点。
   A. 可以直接对接消费者，减少中间环节
   B. 可以提供更个性化的服务
   C. 可以更好地掌握市场需求
   D. 可以降低成本，提高效率

3. （　　　）模式下，农户根据消费者的订单需求生产农产品，然后通过家庭宅配的方式把自家产品配送给消费者。
   A. B2C　　　　　　B. C2B　　　　　　C. B2B　　　　　　D. O2O

4. （　　　）是指由从事农产品生产的农户或农业企业将自己生产的产品通过 B2C、C2C 及其他电商模式销售出去。
   A. 自产自销　　　B. 自产代销　　　C. 专职电商　　　D. 以上均不正确

5. （　　　）是指利用互联网技术和平台，将农用物资的生产、流通、销售、服务等环节进行线上线下整合，实现信息化、标准化、透明化、便捷化的新型商业模式。
   A. 农村电商　　　B. 农资电商　　　C. 农村旅游电商　　　D. 农产品电商

6.（　　　）不属于农资企业的主营业务产品。

    A. 化肥　　　　　　　B. 农药　　　　　　　C. 农产品　　　　　　D. 农机具

7.（　　　）模式是利用区位和交通便利的优势发展物流产业，通过自身在物流方面的优势，吸引大批有实力的企业聚集于此发展电商产业的模式。该模式能带动当地电子商务及区域经济的快速发展。

    A. 产业链生态经济　　　　　　　　　　　B. 一县一品生态经济

    C. 集散地生态经济　　　　　　　　　　　D. 社交电商生态经济

8.（　　　）是惠农网基于平台真实的交易价格及独有的数据渠道，大量采集来自供应端、采购端、批发市场的最新价格数据，并经过大数据智能清洗和过滤，为农业从业者提供实时、精准的农产品产销行情。

    A. 惠农行情　　　　B. 惠农严选　　　　C. 农技学堂　　　　D. 豆牛代卖

三、多项选择题

1. 农村三产指的是（　　　）。

    A. 农业产业　　　　B. 工业产业　　　　C. 服务业　　　　　D. 信息产业

2. 农村电商根据业务特点，可以分为（　　　）。

    A. 农产品电商　　　　　　　　　　　　　B. 农资电商

    C. 农村服务电商　　　　　　　　　　　　D. "农产品+旅游"电商

3.（　　　）等都属于初级农产品。

    A. 苹果　　　　　　B. 鸡蛋　　　　　　C. 粮油　　　　　　D. 土豆

4. 从经营方式角度，农产品电商主要分为（　　　）三种类型。

    A. 兼职电商　　　　B. 专职电商　　　　C. 自产代销　　　　D. 自产自销

5. 属于垂直性农村电商平台的有（　　　）。

    A. 淘宝网　　　　　B. 京东　　　　　　C. 一亩田

    D. 拼多多　　　　　E. 惠农网　　　　　F. 美菜网

6. 拼多多农村电商板块主要分为（　　　）等四大块。

    A. 农地云拼　　　　B. 多多直播　　　　C. 山货上头条

    D. 多多丰收馆　　　E. 农村金融　　　　F. 多多买菜

7. 传统农资企业的电商平台主要有（　　　）。

    A. 世纪农药网　　　B. 农医生　　　　　C. 农信商城　　　　D. 益农宝

四、复习思考题

1. 农村电商区域生态经济模式有哪些？请简要说明每一种模式。

2. 简述我国农村电商的发展阶段及趋势。

3. 农村电商如何促进数字乡村治理水平不断提升？

4. 垂直性农村电商平台有哪些？试举例说明。

5. 举例说明生鲜电商平台的运营模式。

五、技能实训题

1. 调查本地农村电商平台的应用情况，选择三个常用的平台，总结分析它们的特点。

2. 搜索淘宝村/淘宝镇的相关资料，分析本省（区市）或邻省（区市）的至少三个淘宝村/淘宝镇经营的商品和经营模式，并分析其给当地带来了哪些变化。

3. 调查本地农村电商除了在淘宝平台开网店外，还应用了哪些电子商务新业态。

第十二章　跨境电商

【知识框架图】

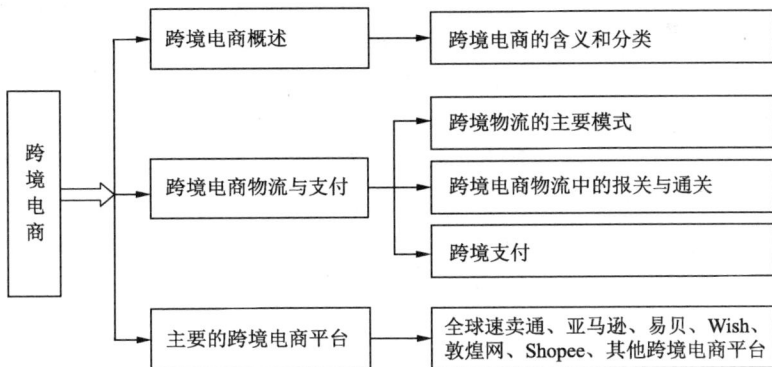

【学习目标】

【知识目标】

1. 掌握跨境电商的含义和分类。
2. 了解跨境电商的物流模式和支付方式，掌握跨境物流中的通关流程。
3. 了解主要的跨境电商平台。

【技能目标】

1. 学会选择跨境物流方式和支付方式。
2. 掌握跨境电商平台开店的注册方法。

【引　　例】

中小企业如何在跨境电商平台开店

A公司是一家生产小型电暖器的中小企业，一直在境内电商平台上进行销售。随着市场竞争的加剧，其运营成本和人员成本不断增加，而利润却没有明显的增长。公司经理看到跨境电商发展势头好、市场空间大、利润高、创新成本低，于是也想在跨境电商平台开店，可苦于不懂跨境电商，不知如何开展工作。那什么是跨境电商？跨境电商的物流、支付等环节如何实现？主要的跨境电商平台有哪些？它们各有什么特点？本章将针对以上问题进行讲解。

第一节　跨境电商概述

互联网化与全球化两大趋势已经交汇，跨境电商就是这两大趋势交汇的产物，也是时代发展的必然结果。跨境电商的出现，加快了国际贸易的进程，引起了世界经济贸易的巨大变革。据海关数据，2023 年中国跨境电商进出口额（含 B2B）2.38 万亿元，同比增长 15.6%。其中，出口 1.83 万亿元，增长 19.6%；进口 5483 亿元，增长 3.9%。当前，跨境电商已经步入跨越式发展的红利期。随着关税、物流、支付等各个环节的不断完善以及政府优惠政策的不断推出，跨境电商强劲的发展势头还将在未来较长的时期内延续下去。

一、跨境电商的含义

跨境电商是指分属不同关境的交易主体，通过电商平台达成交易、进行支付结算，并通过跨境物流及异地仓储送达商品、完成交易的一种国际商业活动。

具体来说，跨境电商的概念有狭义和广义之分。狭义的跨境电商基本等同于跨境零售，是指分属于不同关境的交易主体，借助互联网达成交易、进行支付结算并采用快件、小包等方式通过跨境物流将商品送达消费者的交易过程。广义的跨境电商基本等同于外贸电商，是指分属于不同关境的交易主体，通过电子商务的手段将传统进出口贸易中的展示、洽谈和成交等各环节电子化，并通过跨境物流运送商品、完成交易的一种国际商业活动。

与境内电子商务相比，跨境电商的业务环节还需要经过海关通关、检验检疫、外汇结算、出口退税、进口征税等多个环节。在商品运输上，跨境电商的商品需要通过跨境物流出境，与境内电子商务相比，跨境电商的商品从售出到送达消费者手中所用的时间更长。跨境电商的出口流程如图 12.1 所示。

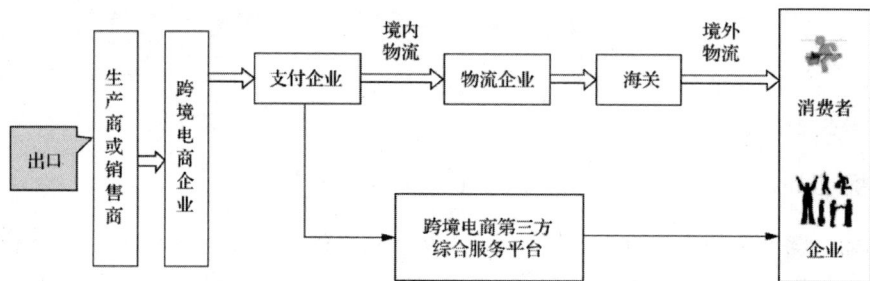

图 12.1　跨境电商的出口流程

从跨境电商的出口流程来看，生产商或销售商把要出口的商品交付给跨境电商企业，跨境电商企业将商品放在跨境电商平台进行展示，消费者下单并完成支付后，跨境电商企业将商品交付给物流企业进行投递，经过出口地及进口地两次海关通关商检后，将商品送达消费者或企业手中。也有部分跨境电商企业直接与第三方综合服务平台进行合作，由第三方综合服务平台代理完成物流配送、通关商检等一系列环节，从而完成整个跨境交易的流程。在跨境电商进出口流程中，需要第三方支付企业提供支付服务，以实现境内外资金的流转。跨境电商的进口流程除了与出口流程的方向相反，其他内容基本相同。

二、跨境电商的分类

（一）按交易主体分类

跨境电商的主要交易主体为企业和个人消费者。跨境电商按照交易主体的不同，可分为 B2B、B2C 和 C2C 等三种类型，其中后两者属于跨境零售的范畴。

1. B2B 跨境电商

B2B 跨境电商是指分属不同关境的企业，通过电商平台达成交易、进行支付结算，并通过跨境物流运送商品、完成交易的一种国际商业活动。B2B 跨境电商平台的代表性企业有阿里巴巴国际站、敦煌网、中国制造网国际站和环球资源网等。

在 B2B 跨境电商、B2C 跨境电商和 C2C 跨境电商三种模式中，B2B 跨境电商模式交易占比约 90%，占据绝对优势。2022 年 11 月，国务院新设 33 个跨境电商综合试验区，至此，我国跨境电商综合试验区的数量已达 165 个，覆盖 31 个省份。与 B2C 相比，更具规模效应的 B2B 成为跨境电商综合试验区探索的重点。

视野拓展

跨境电商综合试验区

跨境电商综合试验区是我国设立的跨境电商综合性质的先行先试的城市区域，旨在对跨境电商交易、支付、物流、通关、退税、结汇等环节的技术标准、业务流程、监管模式和信息化建设等方面进行先行先试。支持跨境电商综合试验区发展的政策措施主要体现在以下四个方面。

（1）无票免税。跨境电商零售出口实行"无票免税"政策，即对跨境电商综合试验区内的跨境电商零售出口企业未取得有效进货凭证的货物，凡符合规定条件的，出口免征增值税和消费税。

（2）所得税核定征收。跨境电商零售出口实行企业所得税核定征收政策。对跨境电商综合试验区内符合一定条件的出口企业试行核定征收企业所得税办法，采用应税所得率方式核定征收企业所得税，应税所得率统一按照 4% 确定。符合小型微利企业优惠政策条件的，可享受小型微利企业所得税优惠政策；其取得的收入属于《企业所得税法》第二十六条规定的免税收入的，可享受免税收入优惠政策。

（3）通关便利化。跨境电商综合试验区内符合条件的跨境电商零售商品出口，海关通过采用"清单核放，汇总申报"的便利措施进行监管验放，提高企业通关效率、降低通关成本。

（4）放宽进口监管条件。对跨境电商零售进口商品不要求办理首次进口许可批件、注册或备案，按个人自用进境物品监管。

B2B 跨境电商平台主要有"交易佣金+服务费"和"会员制+推广服务"两种经营模式。

（1）"交易佣金+服务费"模式。这种模式采取免费注册、免费商品信息展示，只收取交易佣金的方式。其一般采用单一佣金率模式，按照平台类目分别设定固定佣金比例来收取佣金，并实施"阶梯佣金"政策。单笔订单数额满足一定标准时，即按照统一的标准收费。另外，平台还为商家提供了一系列服务，如开店、运营和营销推广服务等，但这些服务会收取一定的服务费。

（2）"会员制+推广服务"模式。这种模式主要为商家提供贸易平台和资讯收发等信息服务，平台通过收取会员费和服务费的方式进行运营，目标企业不同，平台提供的服务也不同。

2. B2C 跨境电商

B2C 跨境电商是指分属不同关境的企业直接面向个人消费者在线销售商品和服务，通过电商平台达成交易、进行支付结算，并通过跨境物流运送商品、完成交易的一种国际商业活动。天猫国际、全球速卖通、考拉海购、兰亭集势、米兰网等都属于此类企业。

B2C 跨境电商平台主要有以下三种经营模式。

（1）"保税进口+海外直邮"模式。该模式的典型平台有亚马逊、天猫国际、京东国际等。亚马逊在各地保税物流中心建立了跨境物流仓储体系，在全球范围内拥有自己的物流配送系统。天猫国际在宁波、上海、重庆、杭州、郑州、广州等城市建设保税仓库，建设跨境电商贸易保税区、产业园，全面铺设跨境网点，在保税区建立了自己的物流中心。

保税进口模式

保税进口模式简称保税模式，是指商家借助大数据分析，将具有热卖潜力的商品通过海运等物流方式提前进口至保税区，待境内消费者在网上下单之后，商家从保税区直接发货，将商品送达消费者手中。与散、慢、小的国际直邮方式相比，保税模式采用海运等物流方式集中进口，可以降低物流成本。此外，商家从保税区发货的物流速度较快，缩短了消费者等待收货的时间，从而改善了消费者的购物体验。

从监管上来说，保税模式对提高税收监管的便利性具有积极意义。虽然保税模式对商家的资金实力有更高的要求，但目前来看，这种模式是最适合跨境电商发展的集货模式，也是境内电商平台采取的主要经营模式。

一般而言，直购进口的监管方式代码为 9610（全称"跨境贸易电子商务"，简称"电子商务"）；网购保税进口监管方式代码为 1210（全称"保税跨境贸易电子商务"，简称"保税电商"）；海关特殊监管区域网购保税进口监管方式代码为 1239（全称"保税跨境贸易电子商务 A"，简称"保税电商 A"）。对于免通关单的试点城市，使用 1210 代码；对于需要提供通关单的其他城市（非试点城市），采用 1239 代码。跨境电商零售进出口通关管理系统的监管方式代码采用四位数字结构，其中前两位是按海关监管划分的分类代码，后两位为海关统计代码。12 代表保税，96 代表跨境，10 代表一般贸易。

2020 年 7 月 1 日，海关总署增列海关监管方式代码 9710、9810。9710 代表跨境电商 B2B 直接出口；9810 代表跨境电商出口海外仓。

（2）"自营"模式。在该模式中，跨境电商企业直接参与采购、物流、仓储等境外商品买卖流程，对物流监控和支付有自己的一套体系。典型的采用"自营"模式的企业为考拉海购，其通过整合全球供应链，直接参与采购、物流、仓储等境外商品的买卖流程。

（3）"自营+招商"模式。该模式发挥了企业的最大内在优势，并且企业可通过招商的方式来弥补自身的不足。苏宁国际是采用"自营+招商"模式的典型平台。苏宁国际在发挥其供应链和资金链内在优势的基础上，通过全球招商来弥补其国际商用资源的不足。

易观分析《2023 年度跨境进口电商用户消费特征简析》显示的跨境进口零售市场的竞争格局为：天猫国际以 37.6%的份额继续保持第一；京东国际排名第二，份额为 18.7%；抖音全球购排名第三，份额为 12.3%；第三名之后的排名分别为拼多多全球购（5.9%）、唯品国际（4.1%）、快手全球购（2.1%）、其他（19.3%）。

3. C2C 跨境电商

C2C 跨境电商是指分属不同关境的个人卖家向个人买家在线销售商品和服务，个人卖家通过第三方电商平台发布商品和服务售卖信息等，个人买家进行筛选，最终通过电商平台达成交易、进行支付结算，并通过跨境物流运送商品、完成交易的一种国际商业活动。

个人卖家入驻淘宝全球购、洋码头、海蜜等平台开店均属 C2C 跨境电商模式，其商品以长尾非标品为主。

（二）按进出口方向分类

跨境电商按进出口方向的不同，可分为进口跨境电商和出口跨境电商。

1. 进口跨境电商

进口跨境电商指的是境外卖家将商品直销给境内的买家，其一般流程是境内买家访问境外卖家的购物网站选择商品，然后下单购买并完成支付，由境外卖家发国际物流给境内买家。在跨境进口贸易中，传统海淘模式是一种典型的 B2C 模式。除了海淘模式，还有进口零售电商平台的运营模式、海外代购模式、直发/直运平台模式、自营 B2C 模式、导购/返利平台模式和境外商品闪购模式等。天猫国际、京东国际、考拉海购、苏宁国际等都属于进口跨境电商平台。

案例 12.1

天猫国际进口新模式

天猫国际是阿里巴巴旗下的进口零售平台，于2014年2月正式上线。2021年3月25日，天猫国际进口将"三新"策略升级为"五新"策略，在持续孵化新品类、引入新品牌、首发新商品的基础上，创新性地推出进口"新小店"和"新产业带"模式。进口"新小店"是搭建在天猫国际进口超市、妙颜社、小酒馆等频道内的"独立品牌站"，商家只需直接供货，就能在"托管式"服务的支持下低成本经营。天猫国际在全国推行"保税进口+零售加工"的进口新模式，在杭州、海口等全国六大综合保税区打造"新产业带"项目。

2021年1月，天猫国际推出海外品牌"托管式"开店服务，商家入驻可自助式在线申请、享受一对一辅导开店服务，实现官方代运营、商品一键全球调拨等。而海外卖场的入驻门槛从20家以上线下店的要求降低到5家，降低了海外品牌的入驻成本。

2022年6月，天猫国际跨境保税仓物流服务升级，在为商家提供智能分仓备货的基础上，新增了"菜鸟直送"仓配服务，从保税仓发货可直接为消费者送货上门。

2022年9月，天猫国际招商新政公布了四种入驻模式，包括平台、自营、跨境品牌站、海外直购等。"平台"模式指商家在平台开设海外旗舰店，这种模式更利于商家打造品牌形象；"自营"模式指商家授权给天猫国际代为销售相关商品，该模式则更为高效，利于商家孵化爆品；"跨境品牌站"为一站式托管运营，适合中小品牌低成本试水；"海外直购"通过海外仓供应链引入非标商品，这种模式下既可以保障正品，又能保障物流时效。

截至2024年2月，天猫国际已成立10年，从最初与100个海外品牌合作，逐步成长至囊括来自全球90多个国家和地区的共4.6万余个全球品牌，涵盖7 000多个商品类别，服务超过1亿消费群体。10年来，天猫国际在全球布局了六大海外直采中心，供应链物流网络涵盖100多个海外仓、500条海陆空国际运输干线、40个核心港口及超过100个保税仓。

启发思考：

1. 天猫国际进口零售平台的"五新"策略是怎样的？
2. 解释天猫国际的"新小店"和"新产业带"模式。
3. 天猫国际招商新政公布了哪几种入驻模式？

2. 出口跨境电商

出口跨境电商是指境内卖家将商品直销给境外买家，其一般流程是境外买家访问境内卖家的网店，然后下单购买商品并完成支付，由境内卖家发国际物流给境外买家。近年来，从跨境电商零售进出口总值结构上看，零售进口商品总值占比在持续降低，而零售出口商品总值占比相应提高。从进出口结构上来看，在一定时期内，出口跨境电商贸易额的比例将持续高于进口跨境电商贸易额的比例。

我国出口跨境电商商品的品类主要有手机和手机附件、服装、健康与美容用品、母婴用品、家居用品、消费类电子商品、运动与户外商品、计算机和网络商品等。全球速卖通、阿里巴巴国际站、敦煌网、亚马逊等都属于出口跨境电商平台。

学而思，思而学
阿里巴巴旗下的出口跨境电商平台有哪几个？

海淘和海外代购

电商兴起后，国人开始海淘全球商品，外国人也开始海淘中国商品。不能通过进口跨境电商购买的境外商品，消费者一般可通过海淘或海外代购购买。

海淘是指消费者直接在境外电商平台购买商品。有些电商平台可将商品直邮给境外消费者，不能直邮的商品则需要物流公司中转，物流公司先在境外代收商品而后再转运给境内消费者。

海外代购指消费者通过境外第三方代购商品，代购商家买到商品后再邮寄给境内消费者。代购商家会收取一定的代购费用。海淘不涉及中间商，不需要支付代购费。

跨境电商虽然已经比较成熟，但对于多数国家和地区来说，境内外商品在品类、质量、价格上总会有一些差异，这给了海淘和海外代购一些生存空间。

第二节　跨境电商物流与支付

在跨境电商的交易中，物流与支付都是非常重要的环节。物流是连接关境两侧买家和卖家的通道。目前，市场上有多种物流模式，要想从各种各样的物流解决方案中选出最适合自己的，卖家需要对主要的跨境物流模式及其特点有所了解。支付方式不仅会影响买家的购物体验，还会影响卖家提现收款的成本，因此选择正确的支付方式对卖家来说非常重要。

一、跨境物流的主要模式

跨境物流是跨境电商的重要组成部分，是跨境电商运营的关键。从事跨境电商的卖家越来越多，每当有订单时，卖家第一个要考虑的问题就是怎么把货发到境外去。

跨境物流的主要模式有邮政物流、商业快递、专线物流、海外仓储等。

（一）邮政物流

1. 邮政包裹

邮政网络基本覆盖全球，比其他任何物流渠道的覆盖范围都要广。这主要得益于万国邮政联盟和卡哈拉邮政组织（KPG）。

万国邮政联盟

万国邮政联盟是联合国下设的一个主要处理国际邮政事务的专门机构，其通过一些公约法规来改善国际邮政业务，发展邮政方面的国际合作。万国邮政联盟由于会员众多，而且会员之间的邮政系统发展很不平衡，因此很难促成会员之间的深度邮政合作。于是在 2002 年，邮政系统相对发达的六个会员（中国、美国、日本等）的邮政部门在美国召开了邮政 CEO 峰会，成立了卡哈拉邮政组织。

卡哈拉邮政组织要求所有成员的投递时限要达到 98% 的质量标准；如果商品没能在指定日期投递给收件人，那么负责投递的运营商要按商品价格的 100% 赔付给客户。这些要求促使成员之间深化合作，共同努力提升服务水平。例如，从中国发往美国的邮政包裹，一般 15 天以内就可以到达。

据不完全统计，我国出口跨境电商中 70% 的包裹都是通过邮政系统投递的，其中中国邮政占 50% 左右。

学而思，思而学

查阅资料后总结：除了书上介绍的邮政物流的两种模式，还有哪些模式？

2. 全球邮政特快专递

全球邮政特快专递（Express Mail Service，EMS）是各国邮政开办的一项特殊邮政业务，它是由万国邮政联盟管理的国际邮件快递服务，在我国是指由中国邮政提供的一种快速投递服务。全球邮政特快专递在各国邮政、海关、航空等部门均享有优先处理权，它能高速、高质量地为客户传递国际紧急信函、文件资料、金融票据、商品货样等各类文件资料和物品，清关能力强。

视野拓展

跨境电商物流模式
补充资料

全球邮政特快专递依托邮政渠道，可以直达全球 200 多个国家或地区，费用相对国际商业快递巨头要低，出关能力很强，邮包从我国到达亚洲其他国家或地区需 2～3 天，到达欧美则需 5～7 天。

（二）商业快递

1. 国际快递

国际快递主要是指四大国际商业快递巨头，即敦豪航空货运公司（DHL）、TNT 快递、美国联邦快递（FedEx）和联合包裹速递服务公司（UPS）的国际快递业务。这些国际快递商通过自建的全球网络，利用强大的信息系统和遍布世界各地的本地化服务，为跨境电商客户带来了极好的物流体验。例如，通过联合包裹速递服务公司寄送到美国的包裹，最快可在 48 小时内到达。然而，优质的服务总伴随着较高的价格，我国境内商户一般只有在消费者对时效的要求很高的情况下才使用国际快递来派送商品。

2. 国内快递

国内快递主要是指顺丰、菜鸟、极兔、中通、圆通等本土快递公司的跨境物流业务。圆通于 2006 年成立了海外事业部，正式进入跨境物流领域，是国内较早布局跨境物流的快递公司。中通于 2014 年启动跨境物流业务。顺丰的国际化业务更成熟，早在 2014 年就已经开通了到美国、澳大利亚、韩国、日本、新加坡、马来西亚、泰国、越南等国家的快递服务，使用顺丰发往亚洲国家或地区的快件一般两三天就可以送达。极兔创立于 2015 年，网络覆盖印度尼西亚、越南、马来西亚、菲律宾、泰国、柬埔寨、新加坡、沙特阿拉伯、阿联酋、墨西哥、巴西、埃及等。菜鸟的跨境物流已覆盖全球 200 多个国家和地区，具有全球配送能力，2023 年的跨境包裹总量超过 15 亿件。

（三）专线物流

跨境专线物流一般先通过航空包舱方式将快件运输到境外，再通过合作公司将快件派送到目的地。专线物流模式的优势在于能够集中大批量商品运送到某一特定国家或地区，通过规模效应降低物流成本，因此其价格一般比商业快递低。在速度上，专线物流稍慢于商业快递，但比邮政物流快得多。

市面上主流的跨境物流专线有美国专线、中欧班列、澳大利亚专线、俄罗斯专线等，也有一些物流公司推出了中东专线、南美专线、南非专线等。

视野拓展

中欧班列

中欧班列（CHINA RAILWAY Express，CR Express）是由中国铁路总公司组织，按照固定车次、线路、班期和运行时刻开行，运行于中国与欧洲以及其他"一带一路"合作伙伴间的集装箱国际铁路联运列车。目前，中欧班列共有西、中、东三条通道：西部通道由我国中西部经阿拉山口（霍尔果斯）出境，中部通道由我国华北地区经二连浩特出境，东部通道由我国东南部沿海地区经满洲里（绥芬河）出境。截至 2024 年 11 月底，中欧班列已经通达欧洲 25 个国家 227 个城市，累计开行超过 10 万列。

我国开通中欧班列属于典型的国际专线物流活动，国际专线物流需要所经国家或地区在通关、货物检验检疫、放行等方面达成一致后才能组织实施。中欧班列主要有以下两个特点。

（1）图定班列。图定班列是指能在列车运行图上查到的货运班列，因其具备定点（发站与到站地点）、定线（列车运行线）、定车次（列车运行线的车次）、定时（列车发、到日期）、定价（公开运输费用）的特点，又被称作"五定班列"，具有运行高速、手续简便、运期保证、安全优质、价格优惠的优点。

（2）快速通关。铁路快速通关模式是海关总署为促进中欧班列发展推出的一项便利措施，可以在班列发运前由报关行在属地申报出口信息，货物到达边境口岸后，不需要口岸海关做转关核销即可直接放行。此举可节省过境等候时间和车辆滞留费用，提高过境效率，降低通关成本。

（四）海外仓储

海外仓储服务是指由网络外贸交易平台、物流服务商独立或共同为卖家在销售目的地提供的包括商品仓储、分拣、包装和派送在内的一站式控制与管理服务。确切地说，海外仓储

视野拓展
海外仓示例

包括头程运输、仓储管理和本地配送三个部分。头程运输是指卖家通过海运、空运、陆运或联运将商品运送至海外仓库。仓储管理是指卖家通过物流信息系统远程操作海外仓储商品，实时管理库存。本地配送是指海外仓储中心根据订单信息，通过当地邮政或快递企业将商品配送给客户。

二、跨境电商物流中的报关与通关

简而言之，报关指向海关办理进出境手续及相关手续；通关不仅包括海关办理有关手续，还包括海关对进出境运输工具、货物物品依法进行监督管理，核准其进出境的管理过程。

1. 进口商品通关流程

近年来，越来越多的消费者开始通过跨境电商平台购买进口商品。消费者在跨境电商平台购买进口商品即直购进口（海关监管代码为 9610），通关一般会经过三个环节：企业向海关传输"三单"信息（包括电子订单、电子运单以及电子支付信息）并提交《海关跨境电子商务零售进出口商品申报清单》（以下简称《申报清单》）（参见图 12.2）；海关审查后放行；企业将海关放行的商品进行装运配送，消费者收到包裹后完成签收。

在进行进口商品申报前，跨境电商平台企业或跨境电商企业境内代理人、支付企业、物流企业分别通过国际贸易"单一窗口"或跨境电商通关服务平台向海关传输相关的电子订单、电子运单以及电子支付信息。在进行进口商品申报时，跨境电商企业境内代理人或其委托的报关企业根据"三单"信息向海关提交《申报清单》（依据：《关于跨境电子商务零售进出口商品有关监管事宜的公告》第六条、第八条）。

海关依托信息化系统实现"三单"信息与《申报清单》的自动比对。一般情况下，符合规范的《申报清单》经海关快速审核后放行商品，可实现"秒级通关"。对于部分通过风险模型判定存在风险的商品，经海关单证审核及商品查验无误后方可放行。海关通关监管的过程如图 12.3 所示。

经海关监管放行的进口商品，企业可以在通关口岸将其打包后装车配送。至此，进口商品的主要通关流程即告结束。消费者在收到进口商品后完成签收，这一过程如图 12.4 所示。

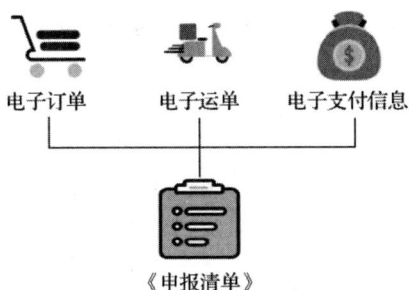

图 12.2　进口商品申报

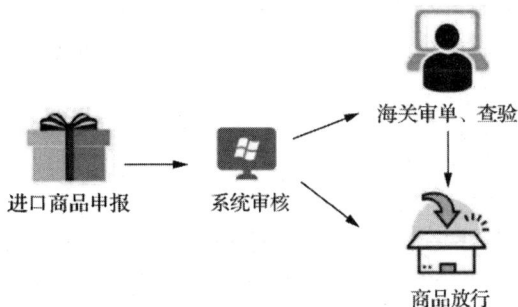

图 12.3　海关通关监管的过程

2. 出口商品通关流程

通关是出口跨境电商物流中一个必不可少的环节，商品通过海关查验并放行后，才能顺利入境，再通过物流送达消费者手中。

图 12.4　包裹配送签收

跨境电商企业可以通过跨境电商通关服务平台实现通关一次申报，同时海关、税务、检验检疫、外汇、市场监管等部门也可通过跨境电商通关服务平台获得跨境电商的商品信息，并对商品交易实现全流程监管。

在进行跨境电商零售出口商品申报前，跨境电商企业或电商交易平台企业、支付企业、物流企业应当分别通过跨境电商通关服务平台如实向海关传输交易、支付、物流等电子信息。一般来说，跨境电商出口报关需要经过六个步骤，如图 12.5 所示。

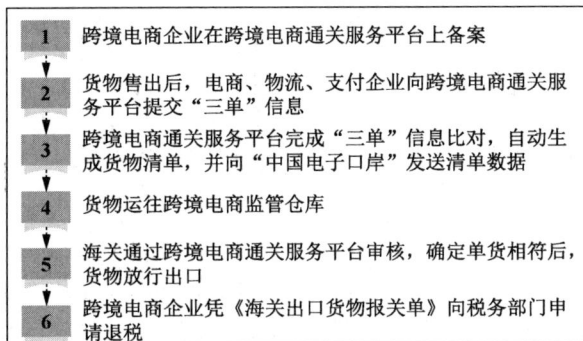

图 12.5　跨境电商出口报关基本流程

跨境电商企业或其代理人应提交《海关跨境电子商务零售进出口商品申报清单》（以下简称《申报清单》），出口采取"清单核放，汇总申报"的方式办理报关手续。

所谓"清单核放，汇总申报"，是指跨境电商零售商品出口后，跨境电商企业或其代理人应当于每月 10 日前（当月 10 日是法定节假日或者法定休息日的，顺延至其后的第一个工作日，第 12 月的清单汇总应当于当月最后一个工作日前完成），将上月（12 月为当月）结关的《申报清单》依据清单表头同一收发货人、同一运输方式、同一运抵国、同一出境口岸，以及清单表体同一 10 位海关商品编码、同一申报计量单位、同一币制规则进行归并，汇总形成《海关出口货物报关单》向海关申报。

《申报清单》和《海关出口货物报关单》采取无纸化作业方式进行申报。《申报清单》的修改或者撤销，参照《海关出口货物报关单》修改或者撤销有关规定办理。

大体来说，跨境电商企业出境商品通关需经历以下三个流程。

（1）申报。出口商品的发货人根据出口合同的规定，在按时、按质、按量备齐出口商品后，应当向运输公司办理租船订舱手续，向海关办理报关手续，或委托专业代理报关公司办理报关手续。

（2）查验。查验是指海关对实际商品与报关单证进行核对，查验申报环节所申报的内容是否与查证的单、货一致，并查证是否存在瞒报、伪报和申报不实等问题。

（3）放行。对于一般出口商品，在发货人或其代理人如实向海关申报，并如数缴纳应缴税款和有关规费后，海关在出口装货单上加盖"海关放行章"，出口商品的发货人可凭此装货单装船并起运出境。

视野拓展

跨境支付行业综述

跨境支付企业名单

三、跨境支付

跨境支付（Cross-border Payment）是指两个或者两个以上国家或地区之间因国际贸易、国际投资及其他方面所发生的国际债权债务，需借助一定的结算工具和支付系统实现资金跨国或跨地区转移的行为。

跨境支付也是跨境电商经营活动的主要环节。在跨境电商领域，银行转账、信用卡支付和第三方支付等多种支付方式并存。电子商务的发展带动了第三方支付的快速发展，使人们在切身感受到商品贸易全球化的便利的同时，对跨境支付的需求也日益增多。欧美最常用的第三方支付工具是贝宝，以国际支付宝为代表的我国跨境第三方支付工具等在国外的影响力也日益扩大。部分常用的跨境支付方式如表 12.1 所示。

表 12.1　部分常用的跨境支付方式

跨境支付方式	费　用	优　点	缺　点	适用范围
电汇 T/T（Telegraphic Transfer）	各自承担所在地的银行费用。买家的合作银行会收取一定的手续费，由买家承担；卖家的合作银行有时也会收取一定的手续费，由卖家承担	1．收款迅速，几分钟就能到账 2．先付款后发货，可保证卖家利益不受损	1．先付款后发货，买家容易产生不信任感 2．买家群体小，限制了卖家的交易量 3．交易数额比较大时，手续费高	电汇是传统的 B2B 付款模式，适合大额的交易付款
西联汇款（Western Union）	手续费由买家承担；需要买卖双方到当地银行实地操作；在卖家未领取货款时，买家可以将已支付的资金撤回	手续费由买家承担，对卖家来说最划算；卖家可先提款再发货，安全性高，到账快	对买家来说风险极高，买家不易接受。买家和卖家需要去西联线下柜台操作，手续费较高	1 万美元以下的小额支付
信用卡收款	一般有开户费、年费和手续费等，具体收费情况根据不同的通道而定	欧美最流行的支付方式之一，信用卡的用户规模非常庞大	接入方式麻烦，需预存保证金，收费高，付款额度偏低。黑卡蔓延，存在拒付风险	从事跨境电商零售的平台和独立 B2C 企业
贝宝（PayPal）	无开户费及使用费；每笔交易收取 0.3 美元的银行系统占用费；提现每笔交易收取 35 美元；如果涉及跨境，每笔交易收取 0.5% 的跨境费	1．国际付款通道迎合了部分国家和地区客户的付款习惯 2．国际知名度较高，尤其受美国客户信赖	1．买家的利益优先级高于卖家的利益，双方权利不平衡 2．每笔交易除付手续费外，还需要支付交易处理费 3．账户容易被冻结，卖家利益易受损失	跨境电商零售行业；几十到几百元的小额交易
国际支付宝（Escrow）	单笔汇出金额低于人民币 10 万元的，按 0.6% 收费，最低 70 元，最高 120 元；单笔汇出金额超过人民币 10 万元（含）的，按 0.8% 收费，最低 140 元，最高 260 元 人民币提现到支付宝不收手续费，提现美元则每笔手续费 15 美元	1．买家可以在国际支付宝中使用信用卡、西联汇款、电汇等方式 2．收款无须预存款项，速卖通会员只需绑定国内支付宝账号和美元银行账户就可以收款，方便快捷 3．提现无须申请，只要买家确认收货后，国际支付宝会直接将钱汇到卖家国内支付宝账户或绑定的银行账户中	1．只适合小额支付，不能提供资金融通 2．汇款支持币种多，收款支持币种较少	目前主要用于速卖通平台卖家收款，单笔交易限额 1 万美元以下

自跨境电商兴起以来，我国相关部门陆续发布了《支付机构跨境外汇支付业务试点指导意见》（2015 年 1 月）、《支付机构外汇业务管理办法》（2019 年 4 月），《中国人民银行关于支持外贸新业态跨境人民币结算的通知》（2022 年 6 月）、《非银行支付机构监督管理条例》（2023 年 12 月）、《非银行支付机构监督管理条例实施细则》（2024 年 7 月）等涉及跨境支付的法规，这些法规保证了跨境支付安全，防范了跨境资金流动风险，保护了跨境消费者权益，同时也保障了国家税收。

第三节　主要的跨境电商平台

跨境电商平台的主要作用是信息展示、在线匹配和撮合交易。对跨境电商卖家来说，促进在线渠道多元化是拓展和扩大网络销售渠道和规模的重要途径。对某些商品或品牌来说，选择合适的目标市场进行精耕细作也是一种重要的策略。各大跨境电商平台都有自己的特点、行业优势以及客户群，因此，选择适合自己的行业、商品、销售计划的跨境电商平台显得尤为重要。下面简要介绍几个典型的跨境电商平台。

一、全球速卖通

全球速卖通（速卖通，AliExpress）是阿里巴巴旗下面向全球市场打造的在线交易平台，是为帮助中小企业直接面对终端批发商、零售商和个人消费者，实现小批量、多批次的快速销售和拓展利润空间而全力打造的集订单、支付、物流于一体的外贸在线交易平台。其以 B2C 为主要跨境贸易模式，被广大卖家称为国际版"淘宝"。

速卖通于 2010 年 4 月正式上线，对外开放，免费注册。经过多年的发展，速卖通已覆盖全球 220 多个国家和地区，支持 18 种语言，目前是我国最大的 B2C 跨境出口电商交易平台。

俄罗斯、美国、西班牙、巴西、法国等国是速卖通的重点市场。速卖通的买家以个人消费者为主，他们约占平台买家总数的 80%，还有 20% 为境外批发商和零售商，所以速卖通的定位是外贸零售网站。

2015 年，速卖通发布新规，从 2016 年 4 月开始，所有卖家必须以企业身份入驻速卖通，不再允许个体商家入驻。2016 年 8 月，速卖通完成了从跨境 C2C 平台向 B2C 平台的转型升级。2016 年下半年，速卖通规定，入驻的商家必须有品牌。也就是说，商家入驻速卖通需符合两个标准：有企业身份和品牌。

卖家在速卖通平台上注册、发布商品都是免费的。订单成交后，速卖通平台会按销售额（包括商品金额和运费）的 5%～8% 收取佣金。卖家通过国际支付宝提现的时候需要支付手续费，目前美元提现每次收取 15 美元的手续费。提现退票后重新提现也将记为一次，需再次收取手续费。另外，速卖通还提供了付费营销工具，如速卖通直通车和联盟推广。速卖通直通车按点击付费，类似于淘宝关键词推广。速卖通联盟推广由卖家设置佣金比例，吸引境外网站推广，按成交付费，类似于阿里妈妈淘宝联盟。

二、亚马逊

亚马逊（Amazon）成立于 1994 年，总部位于美国的西雅图，其旗下的网站分布于美国、中国、澳大利亚、新西兰、巴西、加拿大、法国、德国、印度、墨西哥、意大利、日本、英国、西班牙和挪威等国家。亚马逊在 2012 年通过"全球开店"项目，对中国卖家开放出口

视野拓展

跨境电商平台介绍

跨境电商服务。目前，亚马逊的 19 个海外站点已面向中国卖家开放，吸引了大量中国卖家入驻。图 12.6 所示为亚马逊全球开店首页。2014 年，亚马逊上线进口跨境电商项目"海外购"。

图 12.6　亚马逊全球开店首页

1. 亚马逊的优势

和其他跨境电商平台相比，亚马逊有以下几项优势。

（1）国际货源丰富，买家遍布全球。亚马逊运作多年，其平台上已经聚集了大量的全球各地的供应商和消费者。

（2）物流全链条系统化。亚马逊通过布局大型仓储运营中心，建立了较为完善的物流体系，降低了整个供应链的运行成本。

（3）规模化。亚马逊通过与中国（上海）自由贸易试验区管理委员会、上海市信息投资股份有限公司合作，在上海自由贸易试验区进行跨境电商业务规模化运营。

2. 亚马逊的服务模式

亚马逊平台能够为卖家提供包括物流、推广、商业顾问等在内的一系列服务。

（1）物流服务。通过亚马逊快捷、可靠的多渠道物流服务，FBA（Fulfillment by Amazon，指亚马逊的库存、物流和配送服务）库存也可以用于履行卖家自己的网站或其他第三方网站产生的订单，为卖家提供快捷、方便的跨境业务扩展方式。

视野拓展

亚马逊全球开店流程

视野拓展

FBA 库存

FBA 库存，是指卖家把自己在亚马逊上销售的商品库存直接送到亚马逊当地市场的仓库中。客户下订单后，亚马逊系统就会自动完成后续的发货。发 FBA 库存到亚马逊仓库，商品就会获得 Prime 标识。Prime 是亚马逊的会员服务，每年需支付 99 美元。

（2）推广服务。亚马逊平台提供免费的站内推广服务，卖家的商品可以在主题活动中得到免费推广；亚马逊也提供付费推广服务，包括关键词搜索、页面广告等。

（3）商业顾问。亚马逊拥有专业的顾问团队，可向平台卖家免费提供首次上线的技术支持和咨询服务，并定期提供网络培训服务。

三、易贝

易贝（eBay）成立于 1995 年，其创始人为皮埃尔·奥米迪亚。成立之初，易贝将自身定位为全球网民买卖物品的线上拍卖及购物网站。2002 年 6 月，易贝收购了贝宝网络支付公司；2003 年起，易贝在中国开展跨境电商业务。以美国、英国、澳大利亚和德国为代表的成熟市场目前是易贝大中华区卖家最主要的销售目的地市场。

1. 易贝的销售方式

在易贝平台上，卖家发布的商品主要有拍卖和一口价两种销售方式。拍卖就是通过竞拍的方式进行销售，卖家设置商品的起拍价格和拍卖时间，对商品进行拍卖，最后确定中标者；一口价的方式就是以定价的方式来销售商品。

2. 易贝的收费模式

卖家采用的销售方式不同，易贝向卖家收取的费用也不同。

卖家在易贝上开店铺、销售商品需要支付一定的手续费，主要包括以下五个部分（参见图12.7）。

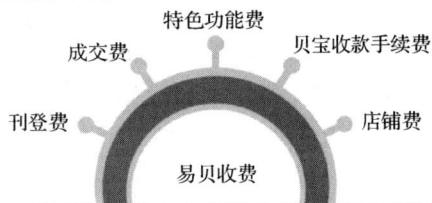

图12.7　易贝收费构成

（1）刊登费，是指非店铺卖家在易贝站点刊登商品进行销售需要缴付的费用。无论商品是否售出，卖家只要刊登商品就要支付刊登费。根据卖家所选刊登方式或商品所属目录的不同，刊登费也会有所区别。

（2）成交费，是指商品成功售出后，卖家需要按照成交价的一定比例缴付相应的费用，商品未售出则无须缴付。

（3）特色功能费，是指卖家为商品添加一些特色功能所要缴付的费用。是否缴付特色功能费取决于卖家是否选择使用特色功能。

（4）贝宝收款手续费，由贝宝来收取。

（5）店铺费，是针对在易贝平台开设店铺的卖家收取的店铺月租费，不同等级店铺的收费标准不同。

视野拓展

贝宝的收费

贝宝付款方在不涉及货币兑换的情况下，无任何手续费；如果涉及货币兑换则需缴付2.5%的手续费。收款方需要支付一定的手续费。贝宝在整个亚太地区统一的收费标准为4.4%+0.3美元；如果商户的月收款金额超过了3 000美元，可以申请将手续费标准下调为3.9%+0.3美元；月收款金额超过1万美元的，可以申请将手续费标准下调为3.7%+0.3美元；月收款金额超过了10万美元后，可以申请将手续费标准下调为3.4%+0.3美元。

四、Wish

Wish于2011年成立于美国旧金山，是一个基于App的商业平台。起初，Wish只是向用户推送信息，并不涉及商品交易；2013年，其升级成为购物平台。Wish的系统通过对买家行为等数据的计算，判断买家的喜好，并且选择相应的商品推送给买家。与多数电商平台不同，Wish的买家一般不会通过关键词搜索来浏览商品，而更倾向于无目的地浏览。这种浏览方式是西方人比较容易接受的，所以超过六成的Wish平台买家来自美国、加拿大及一些欧洲国家或地区。Wish平台最初是免费向卖家开放注册的，从2018年10月1日起，卖家需要缴纳2000美元作为保证金。当商户在Wish平台上成功售出商品时，Wish通常会根据阶梯式佣金模式收取佣金。

Wish的主要销售类目是服装服饰，尤其是时尚类服装服饰，其他销售类目还有母婴用品、家居用品、3C配件、美妆、配饰等。Wish上的商品具有种类丰富、使用更换频率高、话题性强等特点。

相对于其他跨境电商平台，Wish有以下几个特点。

（1）专注于移动端。Wish是一个专注于移动端发展的平台，它通过分析用户的偏好，智能地将用户想要的商品展现给用户，极大地增加了用户下单的可能。相比而言，亚马逊、易贝、速卖通虽然都推出了自己的App，但都只是对PC端的补充。

（2）独特的推荐算法。Wish拥有一套自己的推荐算法，能根据用户喜好以瀑布流的形式向用户推荐其可能感兴趣的商品，以最简单、最快捷的方式帮助卖家将商品销售出去。

（3）图片质量很重要。不少 Wish 的买家并不看重商品的描述，而是更加关注商品的图片，可见图片的精美度和清晰度在一定程度上决定了转化率。因此，在 Wish 上销售的商品要以图片展示为主，而且图片清晰度要高，并应从多角度拍摄，同一件商品的图片数量最好不要超过 6 张。此外，Wish 上的商品具有差异性和独特性。Wish 在同一页或同一推送下，会将重复或相似度高的商品自动屏蔽。

（4）搜索功能不重要。Wish 的用户很少使用搜索功能，通常只是简单地浏览页面，看到喜欢的商品才会点击。因此，商品标题优化、关键词等在 Wish 上不是非常重要。标题只要简洁明确，包括必要的商品名称、品牌名称、关键属性等信息即可。

五、敦煌网

敦煌网是全球知名的在线外贸交易平台，是境内首个为中小企业提供 B2B 网上交易的网站。敦煌网于 2004 年创立，致力于帮助境内中小企业通过跨境电商平台走向全球市场，为其开辟一条全新的国际贸易通道，让在线交易变得更加简单、安全、高效。

敦煌网采取佣金制，免费注册，只在买卖双方交易成功后收取费用。作为 B2B 跨境电商的创新者，敦煌网采用电子邮件营销（E-mail Direct Marketing，EDM）模式，低成本、高效率地拓展境外市场，其自建的 DHgate 平台为境外用户提供了高质量的商品信息。用户可以自由订阅英文电子邮件营销商品信息，第一时间了解市场最新供求情况。

敦煌网主要有交易佣金模式和服务费模式两种商业模式。

1. 交易佣金模式

敦煌网为买卖双方提供了一个交易平台，为卖家提供免费注册、免费上传商品、免费展示等服务。买卖双方可以在该平台上完成交易，交易成功后，平台向买家收取一定比例的佣金。

敦煌网根据单笔订单金额采用"阶梯佣金"的收取方式。当单笔订单金额小于 300 美元时，平台佣金率为 12.5%～25%（中国品牌手机、土耳其合作伙伴专用类目按 5.5%收取）；单笔订单金额达到 300 美元且小于 1 000 美元时，平台佣金率为 4%～8%（中国品牌手机、土耳其合作伙伴专用类目按 1.5%收取）；单笔订单金额大于等于 1 000 美元时，平台佣金率为 0.15%～3.5%。

2. 服务费模式

敦煌网为用户提供物流、金融、代运营等一系列服务，并收取相应的服务费。

（1）基本服务费。敦煌网为卖家提供入驻开店、平台运营、营销推广、资金结算等一系列服务，并收取一定的费用。

（2）营销推广费。为了帮助卖家提高商品曝光度，敦煌网提供了多种营销工具，包括定价广告、竞价广告、展示计划等。卖家可通过购买敦煌币的方式进行付费。

（3）代运营服务费。敦煌网为卖家提供培训、店铺装修及优化、账号托管等服务，并根据服务类型收取相应的费用。

（4）一体化外贸服务费。敦煌网能够为卖家提供跨境交易一体化服务，包括互联网金融服务、物流集约化服务、境内和海外仓储服务，以及通关、退税、质检等服务，并收取相应的服务费。

六、Shopee

Shopee（虾皮）成立于 2015 年，是东南亚主要的电商平台，业务覆盖印度尼西亚、马来西亚、越南、泰国、菲律宾和新加坡等市场，同时在我国的深圳、上海和香港地区设有子公司，以帮助我国跨境卖家把优质货物出口至东南亚。Shopee 拥有的商品种类包括电子消费品、家居用品、美容保健品、母婴用品、服饰及健身器材等。Shopee 自成立起一直保持快速成长。2023 年，Shopee 成交总额达到 785 亿美元，几乎占据东南亚地区成交总额的一半。

Shopee 为卖家提供自建物流、小语种客服和支付保障等解决方案。卖家可通过该平台触达东南亚市场。Shopee 旨在为买家打造一站式的社交购物平台，营造轻松愉快、高效便捷的购物环境，提供高性价比的海量商品，方便买家随时随地浏览、购买商品并进行即时分享。

七、其他跨境电商平台

1. Lazada

Lazada（来赞达）于 2012 年 3 月推出，是东南亚重要的网上购物平台，在印度尼西亚、马来西亚、菲律宾、新加坡、泰国以及越南等国设有分支机构。Lazada 在韩国、英国以及俄罗斯等国设有办事处。Lazada 为阿里巴巴集团的子公司。

Lazada 提供了包括货到付款在内的多种付款方式，其客户服务和免费退货服务也较完善。Lazada 的商品种类涵盖电子商品、家庭用品以及时装等。

Lazada 自创立之初便着眼于自建物流，从而打造出 Lazada 在东南亚突出的物流能力。截至 2023 年 7 月，Lazada 已经在东南亚六国的 17 座城市建立起至少 30 个仓库、超过 3 000 个自提点和"最后一公里"配送中心。Lazada 的快递可以送到东南亚六国的几乎任何一个海岛、渔村。

2. Temu

Temu（海外版拼多多）是拼多多旗下的跨境电商平台，于 2022 年 9 月 1 日在海外上线，首站面向北美市场。Temu 意为"Team Up，Price Down"，即买的人越多，价格越低。平台主要面向中端用户，提供物美价廉的商品和便捷的购物体验。Temu 的商品都来自拼多多旗下的品牌和商家，他们通过 Temu 平台在美国等市场销售自己的商品。2022 年 9 月上线后，Temu 仅一周便冲进了美国购物应用的第 14 名。Temu 对卖家和商品有严格的审核和抽检流程，以确保商品质量。Temu 还提供了安全支付、快速物流、隐私保护和购买保障等服务。仅仅用了一年半的时间，Temu 已经进入全球 50 多个国家和地区，包括美国、加拿大、英国、日本、韩国等，覆盖了广泛的国际市场。

3. TikTok Shop

TikTok 是一款 2017 年 5 月上线的短视频社交平台，用户群体以年轻人为主。截至 2024 年 4 月，其月度活跃用户数已高达 15.82 亿，稳居全球第五大最受欢迎社交 App 之列。

2021 年 2 月 TikTok 上线 TikTok Shop（TikTok 电商）。TikTok Shop 平台汇集商家、达人和买家，该平台上的品牌商、商家和创作者能够直接通过短视频、直播、TikTok 小店等方式展示和销售商品。TikTok Shop 还能为商家和品牌商提供一站式电子商务解决方案，助力在 TikTok 上实现销售和增长。截至 2024 年年初，TikTok Shop 已经在英国、美国、马来西亚、菲律宾、泰国、越南、新加坡等市场正式上线。

4. Ozon

Ozon 是俄罗斯的一家大型在线零售平台，经常被称为"俄罗斯的亚马逊"。Ozon 成立于 1998 年，最初作为一家在线书店启动，随后迅速扩展到电子产品、家居用品、服装、食品等多个类别。Ozon 提供广泛的商品，满足消费者的各种需求，并通过自己的物流网络，包括快递服务和自提点等，为全俄罗斯的顾客提供便捷的配送服务。

Ozon 已经发展成为俄罗斯电子商务领域的领军企业之一，不仅提供 B2C 服务，还扩展到 B2B 市场。Ozon 的成功不仅体现在其庞大的商品数量和多样化的服务上，还在于其能够有效利用俄罗斯广阔的地理优势，为偏远地区的顾客提供在线购物的便利。

5. 美客多

美客多（Mercado Libre）是拉丁美洲领先的电子商务技术公司，创立于 1999 年。该平台是拉丁美洲最大的电子商务平台，也是世界上访问量巨大的零售网站之一，被誉为"南美版的易贝"。美客多提供创新性的解决方案，使个人和企业都能享有在线购买、销售、营销和支付的便捷。

美客多在拉丁美洲地区拥有 19 个国家站点，覆盖多个国家和地区，包括阿根廷、巴西、墨西哥、智利等，能够接触到庞大的用户群体。平台上的商品种类繁多，包括电子产品、家居用品、服装鞋帽、图书、汽车、美妆等，满足了不同用户的购物需求。美客多在 2019 年进入中国，目前对中国卖家开放了墨西哥、巴西、智利、哥伦比亚四大站点。

📖 实训案例

阿里巴巴跨境供应链平台

1. 阿里巴巴跨境供应链平台的发展历程

阿里巴巴跨境供应链平台是阿里巴巴集团旗下为全球中小企业提供确定性履约保障服务的数字化协同平台，其前身为阿里巴巴外贸综合服务平台一达通。成立于2001年的一达通是为外贸中小企业提供进出口代理服务的平台，主要业务包括通关、结汇和退税等。2010年，一达通被阿里巴巴收购，开始进入阿里巴巴外贸生态圈。2014年，一达通正式成为阿里巴巴的全资子公司，迎来爆发式增长时期。2018年11月23日，在阿里巴巴举办的2018年全国供应链拍档年度大会上，阿里巴巴外贸综合服务平台一达通正式升级为阿里巴巴跨境供应链平台。

> 阿里巴巴国际站是 B2B 跨境电商平台，是出口企业拓展国际贸易的网络平台之一，提供一站式的店铺装修、产品展示、营销推广、生意洽谈及店铺管理等全系列线上服务和工具。阿里巴巴国际站的收费主要由基础服务费用+增值服务费用组成，基本会员（出口通）服务费为 2.98 万元/年，优质供应商会员（金品诚企）服务费为 8 万元/年。

阿里巴巴跨境供应链平台依托于阿里巴巴国际站，整合全球知名银行、金融机构、物流服务商以及菜鸟网络和蚂蚁集团等资源，为阿里巴巴国际站平台上的外贸中小企业提供数智化履约服务，满足商家包括信用保障、支付结算、供应链金融、物流和外贸综合服务等在内的一站式需求，为外贸中小企业的稳定发展提供底层服务。

2. 贯通内外资金流通链路

阿里巴巴跨境供应链的信用保障产品可以理解为国际版的支付宝，买卖双方达成交易后通过信用保障产品进行支付或收款。

跨境信用保障产品支持多种支付方式：T/T（含本地T/T）、信用证、信用卡、西联汇款、Pay Later、Online Bank Payment、Online Transfer等。阿里巴巴跨境供应链通过搭建本地T/T网络，成功地将资金跨境时间缩短至1秒，使汇款费用下降到1美元。

依赖大数据技术，通过与SWIFT（国际资金清算系统）合作提供全球支付创新服务SWIFT GPI，阿里巴巴国际站实现了支付资金全链路的数字化和透明化，提高了跨境汇款的确定性。一方面，卖家可以实时掌握买家支付动态、银行处理时效、扣费等信息；另一方面，该服务可以实时地向买家推荐最优惠的汇款路径，同时为卖家提供到账时效及费用预测。

3. 加速物流"端到端"数字化

在支付完成后，卖家通过供应链运输平台能了解运费情况，从而选择合适的物流方案。

通过升级后的跨境供应链平台完成的进出口业务，其物流成本降低了10%。阿里巴巴跨境供应链重新规划了物流合作伙伴体系，引入多方物流服务商，联合菜鸟网络打造货物运输平台，为买家、卖家提供海运拼箱、海运整柜、国际快递、国际空运、集港拖车、中港运输和海外仓、中美专线等跨境货物运输及储存中转服务。例如，联合菜鸟网络让中美专线快递价格在首重和续重上比市场价格低了44%；在中美海运上，从原来的拼箱变成"拼箱+整柜"，大大提高了中美物流时效。

当一个交易订单在平台上形成后，跨境供应链平台通过调取历史履约情况、历史履约确定性，基于数据为客户提供人工智能线路选择和推荐算法，从而缩短买家、卖家的选择时间。

4. 推动通关退税持续迭代

阿里巴巴跨境供应链为客户提供"2+N"和"3+N"关务服务。"2+N"指出口代理服务，为客户提供通关和外汇两个环节的服务，而退免税申报由客户自行在当地完成。客户不需要支付信保交易手续费，发货后信保额度立即释放，累积信保数据，同时享受快速退税和融资贷款服务。"3+N"指外贸综合服务，为客户提供通关、外汇、退税及配套的物流、金融服务等"一揽子"外贸服务。

阿里巴巴跨境供应链利用区块链技术和相关政府部门共同搭建了退税平台，从而可以查看到不可篡改的买卖双方交易情况、流通情况、报关资料申报情况等。

未来，通过物联网和区块链等新技术，打造涵盖供应链伙伴、报关行、国际物流和贸易金融的生态体系，将是阿里巴巴跨境供应链重要的探索方向。

（本案例整理自阿里巴巴国际站）

思考讨论：

1. 阿里巴巴跨境供应链在跨境支付结算上是如何做的？
2. 阿里巴巴跨境供应链是如何加速物流"端到端"数字化的？
3. 阿里巴巴跨境供应链是如何帮助客户退税的？

归纳与提高

跨境电商是近年来电商领域关注的热点。本章简要介绍了跨境电商的含义和分类。跨境电商按交易主体分类可分为 B2B 跨境电商、B2C 跨境电商和 C2C 跨境电商；按进出口方向分类可分为进口跨境电商和出口跨境电商。

物流与支付是跨境电商交易中的两个重要环节。跨境电商卖家在选择物流服务商的时候，要了解自己的实际需求，了解各种物流方式的特点及服务商所能提供的服务内容，多方对比，选择最适合自己的物流方式。通关是出口跨境电商物流必不可少的一个环节，所以卖家需熟悉通关的流程。跨境支付既关系到买家的购物体验，也关系到卖家的收款成本，卖家应知晓各种支付方式的优缺点。

各大跨境电商平台都有自己的特点、行业优势和客户群，卖家要选择适合自己行业和商品的跨境电商平台。

知识巩固与技能训练

一、名词解释

跨境电商　保税模式　海外仓　海淘　FBA

二、单项选择题

1. 在跨境电商模式中占主导地位的是（　　）跨境电商模式，交易规模增长更迅速的是（　　）跨境电商模式。

2. 采用"清单核放,汇总申报"模式办理通关手续的海关监管代码为(   )。

    A. 9610   B. 1210   C. 1239   D. 9710

3. (   )不是进口跨境电商平台。

    A. 全球速卖通   B. 考拉海购   C. 天猫国际   D. 淘宝全球购

4. 阿里巴巴国际站属于(   )类型的跨境电商网站。

    A. B2C   B. B2B   C. C2C   D. B2B2C

5. 专注于移动端的跨境电商平台是(   )。

    A. 全球速卖通   B. Wish   C. 亚马逊   D. 敦煌网

6. (   )跨境物流模式是渠道最广泛的。

    A. 邮政包裹   B. 国内快递   C. 国际快递   D. 专线物流

7. (   )不属于国际商业快递。

    A. UPS   B. DHL   C. 新加坡邮政小包   D. FedEx

三、多项选择题

1. 易贝收取的费用有(   )等。

    A. 刊登费   B. 成交费   C. 店铺费   D. 注册费

2. 跨境物流的主要模式有(   )等。

    A. 邮政物流   B. 商业快递   C. 专线物流   D. 海外仓储

3. 消费者在跨境电商平台购买进口商品,通关时企业向海关传输的"三单"信息包括(   )。

    A. 电子订单   B. 电子运单   C. 电子物流单   D. 电子支付信息

4. 中欧班列属于图定班列,具备(   )等特点,又被称作"五定班列"。

    A. 定点   B. 定线   C. 定车次   D. 定时

    E. 定金   F. 定价

四、复习思考题

1. 搜索资料并结合本章内容谈谈跨境电商和传统国际贸易的区别。

2. 简述阿里巴巴国际站、亚马逊、全球速卖通、敦煌网、Wish等跨境电商平台的特点。

3. 试分析比较邮政物流、商业快递、专线物流等三种物流模式的优缺点。

五、技能实训题

某学校电子商务专业的学生计划面向美国市场开展跨境电商交易,请你帮助他们完成下列任务。

(1)查阅资料,分析美国消费市场的特点。

(2)调研对中国卖家开放的美国跨境电商平台主要有哪些。

(3)结合自己所在地拥有的货源,利用SWOT分析法分析利用哪些平台在美国市场开展跨境电商交易更有优势。

(4)尝试在合适的跨境电商平台(如亚马逊平台)注册开网店并销售本地商品,把商品销售到美国市场。

附　录

<table>
<tr><td>附录一　电子商务
课程常用网站</td><td>附录二　知识巩固与
技能训练参考答案</td><td colspan="2">附录三　自测试卷及答案</td></tr>
<tr><td></td><td></td><td>A卷（含参考答案）</td><td>B卷（含参考答案）</td></tr>
</table>

附录四　更新勘误表和配套资料索取示意图

　　说明1：本书配套教学资料存于人邮教育社区（www.ryjiaoyu.com），资料下载有教师身份、权限限制（身份、权限需网站后台审批，参见示意图）。

　　说明2："用书教师"，是指为学生订购本书的授课教师。

　　说明3：本书配套教学资料将不定期更新、完善，新资料会随时上传至人邮教育社区本书相应的页面内。

更新勘误及意见建议记录表

　　说明4：扫描二维码可查看本书现有"更新勘误记录表""意见建议记录表"。如发现本书或配套资料中有需要更新、完善之处，望及时反馈，我们将尽快处理！

　　咨询邮箱：13051901888@163.com　　**咨询电话/微信**：13051901888

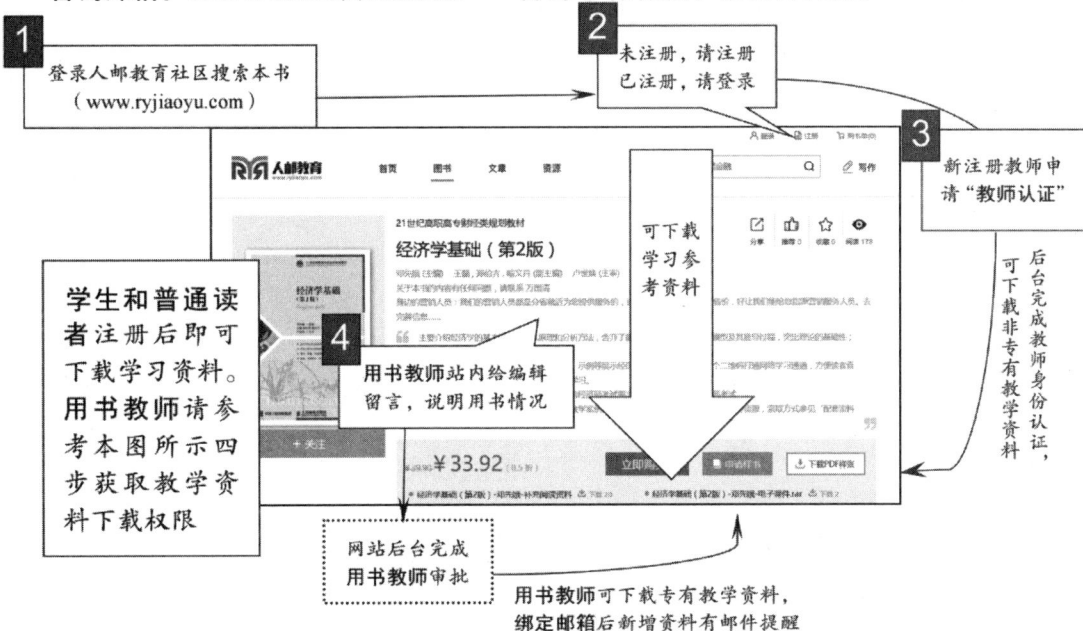

主要参考文献

[1] 白东蕊，2022. 新媒体营销与案例分析（微课版）. 北京: 人民邮电出版社.
[2] 白东蕊，2023. 电子商务基础与实务（双色）. 2 版. 北京: 人民邮电出版社.
[3] 白东蕊，2023. 网店运营实务（附微课）. 北京: 人民邮电出版社.
[4] 白东蕊，2024. 电子商务基础（附微课）. 4 版. 北京: 人民邮电出版社.
[5] 范鹏，2018. 新零售 吹响第四次零售革命的号角. 北京: 电子工业出版社.
[6] 冯英健，2016. 网络营销基础与实践. 5 版. 北京: 清华大学出版社.
[7] 黄旭强，梅琪，洪文良，2021. 直播运营实务. 北京: 清华大学出版社.
[8] 李桂红，耿旭蓉，2023. 新媒体运营与推广（附微课）. 北京: 人民邮电出版社.
[9] 李文立，邓国取，2023. 农村电商（微课版）. 北京: 人民邮电出版社.
[10] 李忠美，2020. 新零售运营管理（慕课版）. 北京: 人民邮电出版社.
[11] 马文娟，杜作阳，2020. 短视频运营实务. 北京: 清华大学出版社.
[12] 梅琪，王刚，黄旭强，2021. 新媒体内容营销实务. 北京: 清华大学出版社.
[13] 彭丽芳，2022. 电子商务 理论、方法与案例（附微课）. 北京: 人民邮电出版社.
[14] 宋文官，2017. 电子商务概论. 4 版. 北京: 清华大学出版社.
[15] 万守付，罗慧，2019. 电子商务基础. 5 版. 北京: 人民邮电出版社.
[16] 汪楠，王妍，李佳洋，2017. 电子商务客户关系管理. 2 版. 北京: 中国铁道出版社.
[17] 王忠元，2018. 电子商务概论与实训教程. 3 版. 北京: 机械工业出版社.
[18] 余以胜，林喜德，邓顺国，2021. 直播电商 理论、案例与实训（微课版）. 北京: 人民邮电出版社.